泉州文庫
選中題

（清）李光坡 著

陳忠義 點校

儀禮述註

泉州文庫整理出版委員會

商務印書館

前　言

　　泉州建制一千三百多年，爲中國歷史文化名城和古代海外交通的重要港口。"比屋弦誦，人文爲閩最"，素稱海濱鄒魯、文獻之邦。代有經邦緯國、出類拔萃之才，歐陽詹、曾公亮、蘇頌、蔡清、王慎中、俞大猷、李贄、鄭成功、李光地等一大批傑出人物留下了大量具有歷史、文學、藝術、哲學、軍事、經濟價值的文化遺産。據不完全統計，見載於史籍的著作家有一千四百二十六人，著作多達三千七百三十九種，其中唐五代二十九人三十二種，宋代二百人三百九十一種，元代二十一人四十種，明代五百三十六人一千五百八十五種，清代六百四十人一千六百九十一種；收入《四庫全書》一百一十五家一百六十四種，《四庫全書存目叢書》五十六家七十四種，《續修四庫全書》十四家十七種。二〇〇八年國務院頒布第一批國家珍貴古籍名録，屬泉人著述、出版者十三種。

　　遺憾的是，雖然泉州典籍贍富，每一時代都有一批重要著作相繼問世，但歷經歲月淘汰、劫難摧殘，加上庋藏環境不良，遺存至今十無二三，多成珍籍孤本。這些文化遺産，是歷史的見證，是泉州人民同時也是中華民族的寶貴文化財富，亟待搶救保護，古爲今用。

　　對泉州地方文獻的搜集與整理，最早有南宋嘉定年間的《清源文集》十卷，明萬曆二十五年《清源文獻》十八卷繼出，入清則有《清源文獻纂續合編》三十六卷問世。這些文獻彙編，或已佚失，或存本極少。二十世紀四十年代，泉州成立"晉江文獻整理委員會"，準備整理出版歷代泉人著作，因經費短缺未果。八十年代，地方文史界發起研究"泉州學"，再次計劃編輯地方文獻叢書，可惜後來也因爲各種條件的限制，其事遂寢。但是這兩次努力，爲地方文獻叢書的整理出版做了準備，留下了珍貴的文獻資料和書目彙編。

　　二〇〇五年三月，中共泉州市委、泉州市政府決定將地方文獻叢書出版工作列爲國民經濟和社會發展第十一個五年規劃的一項文化工程。翌年,正式成立"泉州地方典籍《泉州文庫》整理出版委員會",着手對分散庋藏於全國各大圖書館及民間的古籍進行調查搜集,整理出《泉州文庫備考書目》二百六十七家六百一十四種,以後又陸續檢索出遺漏書目近百家一百八十餘種。經過省內外專家學者多次論證,最後篩選出一百五十部二百五十餘種著作,組成一套有一定規模、自成體系、比較完整,可以概括泉人著作風貌、反映泉州千餘年文化發展脉絡的地方文獻叢書,取名《泉州文庫》,二〇一一年起陸續出版發行。

整理出版《泉州文庫》的宗旨是:遵循國家的文化方針政策,保護和利用珍貴文獻典籍,以期繼承發揚中華民族優秀文化傳統,增進民族團結,維護國家統一,提高民族自信心和凝聚力,加强社會主義核心價值體系建設,增强文化軟實力,爲泉州的物質文明和精神文明建設服務。

《泉州文庫》始唐迄清,原著點校,收錄標準着眼於學術性、科學性、文學性、地域性、原創性、權威性,具有全國重要影響和著名歷史人物的代表作優先。所錄著作涵蓋泉州各縣(市、區),包括金門縣及歷史上泉州府屬同安縣,曾在泉州任職、寄寓、活動過的非泉籍人氏的作品,則取其內容與泉州密切相關的專門著作。文庫採用繁體字横排印刷,內容涉及政治、經濟、歷史、地理、哲學、宗教、軍事、語言文字、文化教育、文學藝術、科學技術等領域,其中不乏孤稀珍罕舊槧秘笈,堪稱溫陵文獻之幟志。

值此《泉州文庫》出版之際,謹向各支持單位、個人和參加點校的專家學者表示誠摯的感謝!由於涉及的學科和內容至爲廣泛,工作底本每有蛀蝕脱漏,加之書成衆手,雖經反復校勘,但限於水平,不足或錯誤之處還是難免,敬請讀者批評指教。

泉州地方典籍《泉州文庫》整理出版委員會
二〇一一年三月

整理凡例

一、《泉州文庫》（以下簡稱"文庫"）收錄對象爲有關泉州的專門著作和泉州籍人士（包括長期寓居泉州的著名人物）著作，地域範圍爲泉州一府七縣，即晋江（包括現在的晋江市、石獅市、鯉城區、豐澤區、洛江區）、南安、惠安（包括泉港區）、同安（包括金門縣）、安溪、永春、德化。成書下限爲一九四九年九月以前（個别選題酌情下延）。選題内容以文學藝術、歷史、地理、哲學、政治、軍事、科技、語言教育等文化典籍爲主，以發掘珍本、孤本爲重點，有全國性影響、學術價值高、富有原創性著作優先，兼及零散資料匯總。

二、每種著作盡量收集不同版本進行比較，選擇其中年代較早、内容完整、校刻最精的版本爲工作底本，并與有關史籍、筆記、文集、叢書參校，文字擇善而從。

三、尊重原著，作者原有注釋與説明文字概予保留。後來增加者，則視其價值取捨。

四、凡底本訛誤衍漏，增字以[ ]表示，正字以（ ）表示，難辨或無法補正的缺脱文字以□表示，明顯錯字徑直改正，均不作校記。

五、凡底本與其他版本文字差異，各有所長，取捨兩難，或原文脱訛嚴重致點讀困難，或史實明顯錯誤者，正文仍從底本，而於篇末校勘記中説明。

六、凡人名、地名、官名脱誤者，均予改正，訛誤而又查不到出處之人名、地名、官名及少數民族部落名同異譯者，依原文不予改動。

七、少數民族名稱凡帶有侮辱性的字樣，除舊史中習見的泛稱以外，均加引號以示區别，并於校記中説明。

八、標點符號執行一九九六年實施的國家《標點符號用法》。文庫點校循新版二十四史及《清史稿》例，一般不使用破折號和省略號。

九、原文不分段者，按文意自然分段。

十、凡異體字、俗體字、通假字，如非人名、地名，改動又無關文旨者，一般改爲通用字；異體字已經約定俗成、容易辨認者不改。個別著作爲保持原本文字語言風貌，其通假字則不校改。

十一、避諱字、缺筆字盡量改正。早期因避諱所產生的詞彙成爲習慣者不改正。

十二、古籍行文中涉及國家、朝廷、皇帝、上司、宗族等所用抬頭格式均予取消。

十三、文庫一般一册收錄一種著作，篇幅小的著作由兩種或若干種組成一册，篇幅大的著作則分成兩册或若干册。

十四、文庫採用橫排、繁體字印刷出版。每册前置前言、凡例。每種著作仿《四庫全書》提要之例，由編者撰寫《校點後記》，簡略介紹作者生平、著作内容及評價、版本情況，說明其他需要說明的問題。

泉州地方典籍《泉州文庫》整理出版委員會辦公室
二〇〇七年二月五日

儀禮述註序

禮有大節三：曰儉，曰節，曰均。取其備物，不美其財賄；適其中節，不責其多儀。貴者不重，賤者不虛。又爲之擯相，以詔之成禮，以及之等級，相役以授之。故國不費而禮常行，節不越而分各得。終事逮下，皆足不餘。《儀禮》十七篇，冠、昏、相見、飲、射、聘、覲、喪、虞、饋食所著，其上下衣服、冕服、絲衣、朝服、布衣、瓦尊、漆器、絲冪、莞席、牲狗、羊豕、體骨、肉儀、黍稷、菹醢乃定。上下位著，堂室廉階，東西門庭，坐立遠近，升降裼襲，君父報禮，臣子拜伏，有數有度，乃及均惠。冠昏媵御飲射之鍾人閽人，饋食之私臣，有司皆與獻酬。自尊及卑，次第以至。吉無止息，凶無陵節，信儉矣！節矣！均矣！遽誦之，若至繁而非便；反復之，實條理而精簡。是以敬意嘉於神人，歡心美於大小也。後世浸失禮，有積重凍餒之防。賈生譏牆壁被文繡。程子歎不教盡禮而使加禮，行今蓋寡，復之無由，昌黎韓公久已致感於是矣。雖然，由今之禮，師古之意，服食用器，靡而樸之，儉可復也。上驕下謟，酌而通之，節可復也。尊者成禮，而後及次；貴者成禮，而後及賤，均可復也。文不相襲，道則不變。人自不復，非復之無由也。難者曰："世誚禮如聚訟，何可一也？"曰："此因諸儒不分經傳之失也！"三代之禮，存者惟《周官》、《儀禮》爲經耳；《三傳》、《禮記》及子、史言禮者，則皆傳也。如郊社，《左氏》、《公羊》、《曲禮》皆言不卜，《穀梁》言卜，而冢宰有卜日則言卜得矣。《晏子春秋》言四時祭祀，皆用孟月。而《大司馬》明著四仲，則仲月得矣。如此之類，議禮者以傳博經之詳略，以經正傳之是非。楊子謂衆言殽亂，則折諸聖。聖存則人，聖亡則書，其統一也。知其統一，何聚訟之二乎？若乃平時幽冥而不究其變，臨辨則亂掇而堅守其殘，誣《周官》爲莽、歆竄入，指其陰雜，病《儀禮》推士以及天子，小其不完，則非所知也。

康熙辛丑十有一月丙午，清溪李光坡謹序。

附　授長兒瓊儀禮跋 庚辰年

　　《儀禮》十有七篇，依古經録出；其斷節分註，則本之信齋楊先生。夫其辨寢廟之四方位名，吉凶之尊卑節級，拜興之繁省體名，肉物之貴賤，饌設之陰陽。嗚呼！小子來前，若是其雜也，抑小而非大也。而深察之，非節欲强力者，不足以終其事；非心存無放者，不足以紀其數；非忠厚慘怛者，不足以致其情。大道依之以爲實體，精爽會之以爲守氣。何以識其必然？如今禮簡矣！爾心或不存，力或不足，即容且失莊，立且失位，拜興且忘其數，況多文縟節如斯禮乎？豈特如是，即試讀斯經。爾口誦之，心思之，則經曲章句，錙銖可竭；不然，則雖盡篇底卷終，置書而茫然。以此而推之，讀斯書也，履斯禮也，必一息無間者乃能之，必一念無荒者乃能之。無間無荒，乃仁義不去諸心者能之。是雜也、小也，正聖人所謂卑也。禮愈卑，則業愈廣。爾其學之，習之，玩之，復之。昌黎韓公有云："子誦其文，則思其義；習其儀，則行其道，則將謂子君子也！"小子勉之。

目　　録

儀禮述註序 ·· 李光坡　1
附　授長兒瓊儀禮跋 ··· 2

儀禮述註卷第一 ··· 1
　士冠禮第一 ··· 1
　　記 ·· 12
儀禮述註卷第二 ·· 15
　士昏禮第二 ··· 15
　　記 ·· 24
　士相見禮第三 ·· 30
儀禮述註卷第三 ·· 36
　鄉飲酒禮第四 ·· 36
　　記 ·· 50
儀禮述註卷第四 ·· 54
　鄉射禮第五之一 ·· 54
儀禮述註卷第五 ·· 70
　鄉射禮第五之二 ·· 70
　　記 ·· 79
儀禮述註卷第六 ·· 87
　燕禮第六 ··· 87

記 …………………………………………………………………… 103
儀禮述註卷第七 …………………………………………………… 107
　　　大射儀第七之一 ………………………………………………… 107
儀禮述註卷第八 …………………………………………………… 124
　　　大射儀第七之二 ………………………………………………… 124
儀禮述註卷第九 …………………………………………………… 138
　　　聘禮第八之一 …………………………………………………… 138
儀禮述註卷第十 …………………………………………………… 161
　　　聘禮第八之二 …………………………………………………… 161
　　　記 …………………………………………………………………… 171
儀禮述註卷第十一 ………………………………………………… 181
　　　公食大夫禮第九 ………………………………………………… 181
　　　記 …………………………………………………………………… 191
　　　覲禮第十 …………………………………………………………… 192
　　　記 …………………………………………………………………… 200
儀禮述註卷第十二 ………………………………………………… 202
　　　喪服第十一之一　子夏傳 …………………………………… 202
儀禮述註卷第十三 ………………………………………………… 224
　　　喪服第十一之二 ………………………………………………… 224
　　　記 …………………………………………………………………… 237
儀禮述註卷第十四 ………………………………………………… 246
　　　士喪禮第十二 …………………………………………………… 246
儀禮述註卷第十五 ………………………………………………… 271
　　　既夕第十三 ……………………………………………………… 271

記 …………………………………………………………………… 284
儀禮述註卷第十六 ……………………………………………………… 296
　　士虞禮第十四 ………………………………………………………… 296
　　記 …………………………………………………………………… 302
儀禮述註卷第十七 ……………………………………………………… 311
　　特牲饋食禮第十五 …………………………………………………… 311
　　記 …………………………………………………………………… 329
儀禮述註卷第十八 ……………………………………………………… 334
　　少牢饋食禮第十六 …………………………………………………… 334
儀禮述註卷第十九 ……………………………………………………… 348
　　有司徹第十七 ………………………………………………………… 348

校點後記 ………………………………………………………………… 370

儀禮述註卷第一

疏曰：《儀禮》、《周禮》，同是周公所制。題號不同者，《周禮》取別夏殷，故言周；《儀禮》不言周者，欲見兼有異代之法。故《士冠》，有醮用酒。《燕禮》云諸公。《士喪禮》云商祝、夏祝，是兼夏、殷。《儀禮》亦名《曲禮》。言"儀"者，見行事有威儀；言"曲"者，見行事有屈曲，故有二名也。○孔疏曰："《漢書·藝文志》云：'漢初，高堂生傳《禮》十七篇是也。至武帝時，河間獻王得古《禮》五十六篇，獻王獻之。'"又《六藝論》云："後得孔子壁中古文《禮》，凡五十六篇。"其十七篇與高堂生所傳同，而字多異。其十七篇外，則"逸禮"是也。

士冠禮第一

冠，古玩反。篇內不音者，並同。○鄭目錄云：童子任職居士位，年二十而冠。主人玄冠朝服，則是仕於諸侯。天子之士，朝服皮弁素積。○坡謂：註據士身自加冠爲目，然士子冠，疑亦用此禮。《曲禮》言"禮不下庶人"。孔疏云，"其有事，則假士禮而行之"是也。

士冠禮，○筮于庿門。筮，市例反。庿，古"廟"字。○註曰：筮者，以蓍問日吉凶於《易》也。冠，必筮日於廟門者，重以成人之禮，成子孫也。廟，謂禰廟。不於堂者，嫌著之靈由廟神。○疏曰：不筮月者，《夏小正》云，二月綏多士女，冠，子娶妻時也；既有常月，故不筮。言子兼言孫者，家事統於尊；若祖在則爲冠主，故兼孫也。主人玄冠朝服，緇帶素韠，即位于門東，西面。冠，如字。朝，直遙反；後"朝服"同。韠，音畢。○註曰：主人，將冠者之父兄也。玄冠，委貌也。朝服者，十五升布衣而素裳也。衣不言色者，衣與冠同也。筮必朝服者，尊蓍龜之道。緇帶，黑繒帶。素韠，白韋韠，長三尺，上廣一尺，下廣二尺，其頸五寸，肩革帶博二寸。天子與其臣，玄冕以視朔，皮弁以日視朝。諸侯與其臣，皮弁以視朔，朝服以日視朝。凡染黑，五入爲緅，七入爲緇，玄則六入與。○疏曰：禮之通例，衣與冠同色，裳與韠同色。○楊氏曰：朝服重於玄端。冠時，主人玄端，爵韠。今此筮亦在廟，不服玄端，而服朝服，是尊蓍龜之道也。○繒，自陵反。長，直亮反。廣，古曠反。凡度長短廣狹，皆倣此。緅，側留反。
有司如主人服，即位于西方，東面，北上。註曰：有司，羣吏。有事（司）者，謂主人之吏，所自辟除府史以下。○辟，音璧。筮與席所卦者，具饌于西塾。饌，士戀反。塾，音孰。○註曰：筮，所以問吉凶，謂蓍也。所卦者，所以畫地記爻。《易》曰：六畫而成卦。饌，陳也。具，俱也。西塾，門外西堂也。布席于門中，闑西閾外，西面。闑，魚列反。閾，音域。○註曰：闑，門橛。閾，閫也。筮人執筴，抽上韇，兼執之，進受命於主人。筴，初革反。韇，音獨。○註曰：筮人，有司主三《易》者。韇，藏筴之器。○疏曰：筴，即蓍也。《曲禮》曰："筴爲筮。"韇，以皮爲之。言上韇者，其制有上下。下者，從下向上承之；上者，從上向下韜之也。宰自右少退，贊命。註曰：自，由也。贊，佐也。命，告也。佐主人告所以筮也。《少儀》曰："贊幣自左，詔辭自右。"○疏曰：士無臣，以屬吏爲宰。地道尊右，故贊命皆在右。引《少儀》者，取贊命在右之義。筮人許諾，右還，即席坐，西面。卦者在左。還，音旋。後倣此。○註曰：即，就也。東面受命，右還，北行就席。卦者，有司主畫地識爻者。○楊氏曰：筮人東面受命于主人，右還，即席西面坐，筮。《少牢禮》亦"東面受命于主人"，"西面""立筮"。又《士喪》卜葬日，宗人"西面"，命龜退負"東扉"，卜人西面"作龜"。以此知龜筮皆西面。○識，音志。卒筮，書卦，執以示主人。註曰：卒，已也。書卦者，筮人以方寫所得之卦也。主人受眡，反之。註曰：反，還也。筮人還，東面，旅占卒，進告吉。註曰：旅，衆也。還與其屬共占之。若不吉，則筮遠日，如初儀。註曰：遠日，旬之外。徹筮席。註曰：徹，去也。宗人告事畢。註曰：宗人，有司主禮者。

主人戒賓，賓禮辭，許。註曰：戒，警也，告也。賓，主人之僚友。禮辭，一辭而許也。再辭而許曰固辭，三辭曰終辭。○疏曰：同官爲僚，同志爲友。廣戒僚友，使來觀禮也。主人再拜，賓答拜。主人退，賓拜送。

前期三日，筮賓，如求日之儀。註曰：前期三日，空二日也。筮賓，筮其可使冠子者，賢者恆吉。○疏曰：冠，既筮賓，《特牲》、《少牢》不筮賓者，彼以祭祀之事，主人自爲獻主，羣臣助祭而已。天子、諸侯之祭，祭前已射于射宫，擇取可預祭者，故不筮。乃宿賓，賓如主人服，出門左，西面再拜。主人東面答拜。註曰：宿，進也。宿者必先戒，戒不必宿。其不宿者爲衆賓，或悉來，或否。主人朝服。○疏曰：上文筮日時朝服，至此無改服之文，則知皆朝服。○楊氏曰：上文主人戒賓者，廣戒僚友，使來觀禮；及前期三日筮賓，乃於廣戒僚友之中，又筮其可使冠子者。筮得其人，於是宿以進之。其衆賓，則但戒則不宿，故曰"宿者必先戒，戒不必宿"。乃宿賓，註曰：乃宿賓者，親相見，致其辭。賓許。主人再拜，賓答拜。主人退，賓拜送。○宿贊冠者一人，亦如之。註曰：贊冠者，佐賓爲冠事者。宿之以筮賓之明日。

厥明夕爲期，于廟門之外，主人立于門東，兄弟在其南，少退，西面，北上。有司皆如宿服，立于西方，東面，北上。註曰：厥，其也。宿服，朝服。○疏曰：厥明夕，謂宿賓贊之明日向暮時也。爲期，爲加冠之期也。擯者請期，宰告曰："質明行事。"擯，必刃反。○註曰：擯者，有司佐禮者。在主人曰擯，在客曰介。質，正也。宰告曰："旦日正明行冠事。"告兄弟及有司。註曰：擯者告也。告事畢。註曰：宗人告也。擯者告期于賓之家。

夙興，設洗。直于東榮，南北以堂深，水在洗東。直，音值。深，式蔭反。凡度淺深曰"深"。後放此。○註曰：夙，早也。興，起也。洗，承盥洗者，棄水器也。士用鐵。榮，屋翼也。周制：自卿大夫以下，其室爲夏屋。水器，尊卑皆用金罍及大小異。○朱子曰：周制：天子諸侯得爲殿屋四註。卿大夫以下，但爲夏屋兩下。四註，則四方皆有霤。兩下，則惟南北有霤，而東西有榮。謂之榮者，爲屋之榮飾；謂之屋翼者，言其軒張如翬斯飛耳。○陳服于房中西墉下，東領，北上。註曰：墉，牆。○爵弁服，纁裳，純衣，緇帶，韎韐。纁，許云反。韎，音妹。韐，音閤。○註曰：此與君祭之服。《雜記》曰：「士弁而祭於公。」爵弁者，冕之次，其色赤而微黑，如爵頭然；或謂之緅，其布三十升。纁裳，淺絳裳。凡染絳，一入謂之縓，再入謂之赬，三入謂之纁，朱則四入與。純衣，絲衣也。餘衣皆用布，唯冕與爵弁服用絲耳。先裳後衣者，欲令下近緇，明衣與帶同色。韎韐，緼韍也。士緼韍而幽衡，合韋爲之。士染以茅蒐，因以名焉。今齊人名蒨爲韎韐。韍之制似韠。冠弁者，不與衣陳而言於上，以冠名服耳。○縓，七絹反。赬，丑貞反。緼，音温。韍，音弗。幽，於糾反。蒨，七見反。○皮弁服，素積，緇帶，素韠。註曰：此與君視朔之服也。皮弁者，以白鹿皮爲冠，象上古也。積，猶辟也，以素爲裳，辟蹙其要中。皮弁之衣，亦用布十五升，其色象焉。○辟，音襞。襞積，即今之裙褶要。○玄端，玄裳，黄裳，雜裳可也，緇帶，爵韠。註曰：此莫夕於朝之服。玄端，即朝服之衣，易其裳耳。上士玄裳，中士黄裳，下士雜裳。雜裳者，前玄後黄。《易》曰：「夫玄黄者，天地之雜也。天玄而地黄。」士皆爵韋爲韠，其爵同。不以玄冠名服者，是爲緇布冠陳之。《玉藻》曰：韠，君朱，大夫素，士爵韋。○疏曰：大帶所以束衣，革帶所以佩韠，及佩玉之等。不言革者，舉韠有革帶可知。○莫，音暮。朝，直遥反。○緇布冠缺項，青組纓屬于缺。緇纚，廣終幅，長六尺。皮弁笄，爵弁笄，緇組紘，纁邊，同篋。缺，依註，音頍，去蘂反。屬，音燭。纚，音徙。笄，音雞。紘，音宏。篋，苦協反。○註曰：缺，讀如「有頍者弁」之頍。緇布冠無笄者，著頍圍髮際，結項中，隅爲四綴，以固冠也。項中有𦁐，亦由固頍爲之耳。今未冠笄者，著卷幘，頍象之所生也。滕、薛名蔮爲頍。屬，猶著。纚，今之幘梁也。終，充也。纚，一幅長六尺，足以韜髮而結之矣。笄，今之簪。有笄者，屈組爲紘，垂爲飾；無笄者，纓而結其條。纁邊，組側，赤也。同篋，謂此以上凡六物。隋方曰篋。○疏曰：「隅爲四綴，以固冠者」，言武以下，既別有頍項，明于首四隅爲綴；上綴于武，然後頍項得安穩也。項中有𦁐，言頍之兩頭皆爲縰。別以繩穿縰中，結之後，頦得牢固。屈組，謂以一條組於左筓上繫定，繞頤下，右相向上仰屬於筓，屈繫之；有餘，因垂爲飾。無筓，則以二條組，兩相屬于頦，既屬訖，則所垂條于頤下結之。隋，狹而長也。六物謂：頦項、青組纓爲一物，纚爲二物，二弁筓、紘各一，通爲六物也。○著，直略反。綴，丁衛反。縰，音蹝。卷，去圓反。蔮，音慣。隋，他果反。絛，音韜。○櫛實于簞。櫛，莊乙反。簞，音丹。○註曰：簞，笥也。○蒲筵二，在南。註曰：筵，席也。○疏曰：二者，一東序，冠子；一户西，醴子。○側尊一甒醴，在服北。有篚，實勺、觶、角柶、脯醢，南上。甒，音武。勺，上若反。觶，之義反。柶，音四。醢，音海。○註曰：側，猶特也。無偶曰側。置酒曰尊。側者，無玄酒。服北者，纁裳北也。篚，竹器如笭者。勺，尊升，所以斟酒也。爵三升，自觶。柶，狀如匕，以角爲之者，欲滑也。南上者，篚次。尊邊豆，次篚。○笭，力呈反。斟，音拘。滑，下刮反。○爵弁、皮弁、緇布冠，各一匴。執以待于西坫南。南面，東上。賓升，則東面。匴，素管反。坫，丁念反。○註曰：爵弁者，制如冕，黑色，但無繅耳。《周禮》："王之皮弁，會五采玉琪①，象邸玉笄"，"諸侯及孤、卿、大夫之冕，皮弁②，各以其等爲之"。則士之皮弁，又無玉象邸飾。緇布冠，今小吏冠其遺象也。匴，竹器名，今之冠箱也。執之者，有司也。坫，在堂角。○繅，音早。琪，音其。邸，丁禮反。

主人玄端爵韠，立于阼階下，直東序，西面。阼，才故反。○註曰：玄端，士入廟之服也。阼，猶酢也。東階所以答酢賓客也。堂東西牆謂之序。○兄弟畢袗玄，立于洗東，西面，北上。袗，止引反，又音真。○註曰：兄弟，主人親戚也。畢，猶盡也。袗，同也。玄者，玄衣、玄裳也。緇帶韠，位在洗東，退於主人。不爵韠者，降於主人也。古文袗爲均也。○擯者玄端，負東塾。註曰：東塾，門内東堂。負之，北面。○疏曰：擯者，是主人之屬，中士若下士，當服黃裳、雜裳。○楊氏曰：三者皆玄端。而於兄弟擯者，皆不言"如主人服"者，兄弟衣裳同而韠異，擯者衣韠同而裳異。○將冠者，采衣紒，在房中,南面。紒,音髻。註:古文紒爲結。○註曰:采衣,未冠者所服;《玉藻》曰:"童子之飾③也,緇布衣,錦緣,錦紳,并紐,錦束髮,皆朱錦也。"紒,結髮。○緣,音願。

賓如主人服,贊者玄端從之,立于外門之外。註曰:外門,大門外。○疏曰:賓與主尊卑同,故得如之。贊者皆降主人一等,衣冠雖同,其裳則異,故別玄端。擯者告,註曰:告者,出請入告。主人迎,出門左,西面,再拜。賓答拜。註曰:左,東出。出以東爲左,入以東爲右。主人揖贊者,與賓揖,先入。註曰:贊者賤,揖之而已。又與賓揖,先入,道之;贊者隨賓。○道,音導。每曲揖。註曰:周左宗廟,入外門,將東曲,揖;直廟,將北曲,又揖。○疏曰:入大門而東,則主人在南,賓在北,俱東向,是一曲,故揖也;至廟南,主人在東,賓在西,俱北面,是曲爲二揖,故云"直廟,將北曲,又揖"也。至于廟門,揖入。三揖,至于階,三讓。註曰:入門,將右曲,揖;將北曲,揖;當碑,揖。○疏曰:主人將右,欲背客,宜揖;將北曲,與客相見,又揖;當碑揖者,碑是庭中之大節,又宜揖。主人升,立于序端,西面;賓西序,東面。註曰:主人、賓俱升,立相鄉。○鄉音向。贊者盥于洗西,升,立于房中,西面,南上。註曰:盥於洗西,由賓階升也;立于房中,近其事也。南上,尊於主人之贊者。

主人之贊者筵于東序,少北,西面。註曰:主人之贊者,其屬中士若下士。筵,布席也。東序,主人位也,適子冠於阼。少北,辟主人。○適,音嫡。辟,音避。將冠者出房,南面。註曰:南面,立于房外之西,待賓命。○疏曰:房外之東,南當阼階。是知房外者,皆在房外之西。故《昏禮》,女出于母左,母在房外之西,故得出時在母左也。贊者奠纚、笄、櫛于筵南端,註曰:贊者,賓之贊冠者也。奠,停也。○疏曰:前頍項已下六物同篚,今不言纓、紘等三物,大略其實皆有可知。○賓揖將冠者,將冠者即筵坐,贊者坐櫛,設纚。註曰:即,就。設,施。賓降,主人降;賓辭,主人對。註曰:主人降,爲賓將盥,不敢安位也。辭對之辭未聞。賓盥卒,壹揖壹讓,升。主人升。復初位。註曰:揖、讓皆壹者,降於初。賓筵前坐,正纚,興,降西階一等。執冠者升一等,東面授賓。註曰:正纚者,將加冠,宜親之。興,起也。降,下也。下一等、升一等,則中等相授。冠,緇布冠也。賓右手執項,左手執前,進容,乃祝;坐如初,乃冠;興,復位。贊者卒。項,胡港反。祝,至宥反。下同。○註曰:進容者,行翔而前鶬焉,至則立祝。坐如初,坐筵前。興,起也。復位,西序,東面。卒,謂設缺項結纓也。○疏曰:執項者,冠後為項,非頰項。其下皮弁、爵弁,無頰項,皆云執項,故知非頰項。冠者興,賓揖之。適房,服玄端爵韠,出房,南面。註曰:復出房南面者,一加禮成,觀眾以容體。○賓揖之,即筵坐櫛,設笄。賓盥,正纚如初。降二等,受皮弁。右執項,左執前,進祝,加之如初,復位。贊者卒紘。註曰:卒紘,謂繫屬之。○疏曰:坐櫛者,坐訖,當脫緇布冠,乃更櫛也。設笄者,凡諸設笄有二種,一是紒內安髮之笄,一是弁及冕固冠之笄。今此櫛訖,未加冠即言設笄者,宜是紒內安髮之笄也。其於固冠之笄,則於賓加弁之時,自設之可知。興,賓揖之,適房,服素積素韠,容,出房,南面。註曰:容者,再加彌成,其儀益繁。○賓降三等,受爵弁加之。服纁裳韎韐。其他如加皮弁之儀。註曰:降三等,下至地。他,謂卒紘、容出。○徹皮弁、冠、櫛、筵入于房。冠,如字。○註曰:徹者,贊冠者。主人之贊者為之。

　　筵于戶西,南面。註曰:筵,主人之贊者。戶西,室戶西。贊者洗于房中,側酌醴,加柶覆之,面葉。柶,音四,醴匕也。凡醴皆設柶,若今匕然。葉,即匕頭。○註曰:房中之洗,在北堂直室東隅。篚在洗東,北面盥。面,前也。葉,柶大端。○疏曰:側酌者,言無人為之薦脯醢,還是此贊者,故下直言"薦脯醢",不言別有人。云"面葉"者,贊者面葉授賓,賓得面枋授冠者,冠者得之面葉以扱醴而祭。○枋,同柄,下文同。扱,與插通,音妾。賓揖。冠者就筵,筵西,南面。賓受醴于戶東,加柶面枋,筵前北面。註曰:戶東,室户東。冠者筵西拜受觶，賓東面答拜。註曰：筵西拜，南面拜也。賓還答拜於西序之位。東面者，明成人與爲禮，異於答主人。○疏曰：按《鄉飲酒》，賓於西階上北面答主人拜，此東面，故云異。又《昏》及《聘禮》，賓皆云"拜送"，此云"答拜"者，彼醴是主人之物，故云"拜送"；此醴非賓物，故云"答拜"也。薦脯醢。註曰：贊冠者也。冠者即筵坐，左執觶，右祭脯醢，以柶祭醴三。興，筵末坐，啐醴，捷柶。興，降筵坐，奠觶拜，執觶興。賓答拜。啐，七内反。捷，與"插"同，又作"扱"。○註曰：捷柶，扱柶於醴中。

冠者奠觶于薦東，降筵，北面坐取脯，降自西階，適東壁，北面見于母。見，賢遍反。下同。○註曰：適東壁者，出闈門也。時母在闈門之外。婦人入廟由闈門。母拜受。子拜送。母又拜。註曰：婦人於丈夫，雖其子，猶俠拜。○疏曰：不見父與賓者，蓋冠畢則已見也。不言者，從可知也。○坡謂：母拜受，乃受脯而拜，非拜子也。婦人於丈夫皆俠拜，於子亦然；非先拜子也。小戴《昏義》，言見於母，母拜之，恐誤矣。

賓降，直西序，東面。主人降，復初位。註曰：初位，初至階讓升之位。冠者立于西階東，南面。賓字之，冠者對。註曰：對，應也。其辭未聞。

賓出，主人送于廟門外。註曰：不出外門，將醴之。○請醴賓，賓禮辭。許。賓就次。註曰：醴，當作禮。次門外，更衣處也，必帷幙、簟席爲之。

冠者見於兄弟，兄弟再拜，冠者答拜。見贊者，西面拜，亦如之。註曰：見贊者，西面拜，則見兄弟東面拜。贊者後賓出。○疏曰：出，亦當就次待禮。入見姑姊，如見母。註曰：入，入寢門也。廟在寢門外。如見母者，亦北面，姑與姊亦俠拜也。不見妹，妹卑。

乃易服，服玄冠，玄端，爵韠；奠摯見于君。遂以摯見於鄉大夫、鄉先生。冠，如字。摯，亦作贄，並音至。○註曰：易服，不朝服者，非朝事也。摯，雉也。鄉先生，鄉中老人爲鄉大夫致仕者。○疏曰：初冠時，服玄端，爲緇布冠服。緇布冠,冠而敝之。易服,宜服玄冠配玄端,故兼云玄冠。朝服與玄端同。玄端,則玄裳、黃裳、雜裳、黑履者。朝服、玄冠、玄端雖同,但裳以素而履色白也。

乃醴賓,以壹獻之禮。註曰:壹獻者,主人獻賓而已。即燕,無亞獻者。獻、酢、酬,賓主人各兩爵而禮成。主人酬賓,束帛、儷皮。儷,音麗,力移反。○註曰:飲賓客而從之以財貨曰"酬"。束帛,十端也。儷皮,兩鹿皮也。贊者皆與,贊冠者爲介。與,音預。○註曰:贊者,衆賓也。皆與,亦飲酒爲衆賓。介,賓之輔。○賓出,主人送于外門外,再拜,歸賓俎。註曰:一獻之禮,有薦有俎,其牲未聞。

若不醴則醮用酒。醮,子召反。○註曰:若不醴,謂國有舊俗可行,聖人用焉不改者也。酌而無酬酢,曰醮。○疏曰:醴,亦無酬酢。但醴大古之物,自然質無酬酢。此醮用酒。酒,本有酬酢;故無酬酢,得名"醮"也。又云:周之適子,三,加一醴;夏商適子,三,加三醮。是以祝辭"醴一而醮三"。○大,音泰。尊于房户之間,兩甒,有禁。玄酒在西,加勺,南枋。註曰:房户間者,房西,室户東也。禁,承尊之器也。名之爲"禁"者,因爲酒戒也。玄酒,新水也;雖今不用,猶設之,不忘古也。洗,有篚在西,南順。註曰:洗,庭洗,當東榮。篚,亦以盛勺觶,陳於洗西。南順,北爲上也。○始加,醮用脯醢。賓降,取爵于篚。辭降如初。卒洗,升酌。註曰:加冠於東序,醮之於户西。賓降者,爵在庭,酒在堂,將自酌也。凡薦脯醢,出自東房。冠者拜受,賓客拜如初。註曰:如初,如醴禮也。於賓答拜,贊者則亦薦之。冠者升筵坐,左執爵,右祭脯醢,祭酒;興,筵末坐,啐酒,降筵拜。賓答拜。冠者奠爵于薦東,立于筵西。註曰:冠者立俟賓命,賓揖之,則就東序之筵。徹薦、爵、筵,尊不徹。註曰:徹薦與爵者,辟後加也。不徹筵尊,三加可相因,由便也。○辟,音避。○加皮弁,如初儀。再醮,攝酒。其他皆如初。註曰:攝,猶整也。整酒,謂撓之。○加爵弁,如初儀。三醮,有乾肉折俎，嚌之，其他如初。北面取脯，見于母。折，之設反。嚌，才計反。○註曰：乾肉，牲體之脯也。折其體以爲俎。嚌，嘗之。○若殺，則特豚，載合升，離肺，實于鼎。設扃鼏。殺，如字。扃，古螢反。鼏，扛也。鼏，迷翼反，鼎覆也。○註曰：㲃於鑊，曰亨。在鼎，曰升。在俎，曰載。載合升者，明亨與載皆合左右胖。離，割也。割肺者，使可祭也，可嚌也。○疏曰：凡肺有二種：一舉肺，二祭肺。就"舉肺"中，復有三稱，一名舉肺，爲食而舉；二名離肺；三名嚌肺，以齒嚌之。此三者爲食而有。就"祭肺"中，亦有三種：一謂祭肺，爲祭先而有之；二謂刌肺，刌切之使斷；三謂切肺，即刌肺也。三者皆爲祭而有。○鑊，戶郭反。亨，音烹。胖，普半反。刌，音忖，取本反。始醮，如初。註曰：亦薦脯醢。徹薦爵，籩尊不徹矣。再醮，兩豆葵菹、蠃醢，兩籩栗、脯。蠃，力禾反。○註曰：蠃醢，螔蝓醢。○螔，音移。蝓，音俞。螔蝓，即蝸牛也。三醮，攝酒如再醮。註曰：攝酒如再醮，則再醮亦攝之矣。加俎嚌之，皆如初嚌肺。卒醮，取籩脯以降，如初。註曰：加俎嚌之，嚌當爲祭字之誤也。祭俎如初，如祭脯醢。○疏曰：祭先之法，祭乃嚌之，又不宜有二嚌，故破加俎之嚌爲祭。

若孤子，則父兄戒、宿。註曰：父兄，諸父諸兄。冠之日，主人紒而迎賓，拜、揖、讓，立于序端，皆如冠主，禮於阼。註曰：冠主，冠者親父若宗兄也。○凡拜，北面于阼階上。賓亦北面于西階上答拜。疏曰：凡拜者，謂初拜至及啐拜之等，賓主皆北面；與父在時，拜于筵西南面，賓拜于序端東面爲異也。○若殺，則舉鼎陳于門外，直東塾北面。註曰：孤子得申禮盛之。父在，有鼎不陳於門外。○疏曰：以上文若殺，不辨外內，類于父在，不陳於門外。凡陳鼎在外者，賓客之禮也；在內者，家私之禮。是在外者，爲盛也。

若庶子，則冠于房外，南面，遂醮焉。註曰：房外，謂尊東也。不於阼階，非代也。不醮於客位，成而不尊。○疏曰：周適子，三，加一醴；夏殷適子，三，加三醮。是以下文祝辭"醴一而醮三"；至三代，庶子皆不見別辭。則周之庶子,宜依適子用一醮;夏殷庶子,亦依三醮。三代適子,有祝辭;若庶子,則無。故下註云,凡醮者不祝。

冠者母不在,則使人受脯于西階下。疏曰:言不在者,或歸寧,或疾病也。

戒賓曰:"某,有子某,將加布於其首,願君子之教之也。"疏曰:布,謂緇布冠也。賓對曰:"某不敏,恐不能共事,以病吾子,敢辭。"主人曰:"某猶願吾子之終教之也。"賓對曰:"吾子重有命,某敢不從?"共,音恭。重,直用反。下同。

宿曰:"某將加布於某之首,吾子將蒞之,敢宿。"賓對曰:"某敢不夙興?"蒞,音利。○註曰:蒞,臨也。

始加,祝曰:"令月吉日,始加元服。棄爾幼志,順爾成德。壽考惟祺,介爾景福。"註曰:既冠爲成德。祺,祥也。介、景,皆大也。○朱先生曰:順,古與"慎"通用。○再加,曰:"吉月令辰,乃申爾服。註曰:申,重也。敬爾威儀,淑慎爾德。眉壽萬年,永受胡福。"註曰:胡,猶遐也,遠也。○三加,曰:"以歲之正,以月之令,咸加爾服。註曰:正,猶善也。咸,皆也。皆加女之三服,謂緇布冠、皮弁、爵弁也。兄弟具在,以成厥德。黃耇無疆,受天之慶。"註曰:黃,黃髮也。耇,凍梨也。皆壽徵也。疆,境。

醴辭曰:"甘醴惟厚,嘉薦令芳。註曰:嘉,善也。善薦,謂脯醢芳香也。拜受祭之,以定爾祥。承天之休,壽考不忘。"註曰:不忘長有令名。

醮辭曰:"旨酒既清,嘉薦亶時。亶,丁但反。○註曰:亶,誠也。始加元服,兄弟具來。孝友時格,永乃保之。"註曰:善父母爲孝,善兄弟爲友。時,是也。格,至也。永,長也。保,安也。行此乃能保之。凡醮者不祝。○疏曰:言凡,謂庶子也。○再醮,曰:"旨酒既湑,湑,思呂反。○註曰:湑,清也。嘉薦伊脯。乃申爾服,禮儀有序。祭此嘉爵,承天之祜。"祜,音户。○三醮,曰:"旨酒令芳,籩豆有楚。咸加爾服,肴升折俎。

承天之慶,受福無疆。"註曰:楚,陳列之貌。肴升折俎,亦謂豚。

字辭曰:"禮儀既備,令月吉日。昭告爾字,註曰:昭,明也。爰字孔嘉。髦士攸宜,註曰:爰,於也。孔,甚也。髦,俊也。攸,所也。宜之于假。永受保之,曰伯某甫,仲叔季,唯其所當。"註曰:于,猶爲也。假,大也。宜之是爲大矣。伯仲叔季,長幼之稱。甫,丈夫之美稱。孔子爲"尼甫",周大夫有"嘉甫",宋大夫有"孔甫",是其類。"甫"字亦作"父"。〇朱先生曰:假,與"嘏"同,福也。註非。〇長,丁丈反。父音甫。

屨,夏用葛。玄端、黑屨,青絇、繶、純。純,博寸。絇,其于反。繶,音億。純,章允反。下並同。〇註曰:屨者,順裳色。玄端、黑屨,以玄裳爲正也。絇之言拘也,以爲行戒,狀如刀衣,鼻在屨頭;繶,縫中紃也;純,緣也;三者皆青。博,廣也。〇疏曰:縫中紃者,謂牙底相接之縫中,有絛紃也。緣者,謂繞口緣邊也。〇縫,扶用反。紃,音旬。絛,音韜。素積、白屨,以魁柎之,緇絇、繶、純。純,博寸。魁,苦回反。柎,音附。〇註曰:魁,蜃蛤。柎,註也。〇屨,上忍反。註,以蛤灰塗註,使色白。爵弁、纁屨,黑絇、繶、純。純,博寸。註曰:爵弁、屨,以黑爲飾。爵弁,尊,其屨飾以繢次。〇疏曰:《冬官》畫繢之事,比方爲"繡次",青與赤是也;對方爲"繢次",青與白是也。複下曰舄,用繢次;禪下曰屨,用繡次。今纁屨,不以白飾,而以黑飾,是用繢次。〇朱先生曰:三屨經不言所陳處,註疏亦無明文,疑亦在房中,故既加冠,而適房改服,即得并易屨而出也。冬,皮屨可也。疏曰:春宜從夏,秋宜從冬。不屨繐屨。繐,音歲。〇註曰:繐屨,喪屨也。縷不灰治,曰繐。〇疏曰:言此者,欲見大功,未可以冠子;恐人以冠子,故於屨末囚禁之也。

記

冠義。疏曰:凡言"記"者,皆是記經不備,兼記經外遠古之言。〇坡謂:記中明引"孔子曰",則雖未定誰所錄,要當是夫子門徒。疏謂在子夏之前,未之考也。○始冠，緇布之冠也。大古冠布，齊則緇之。其緌也，孔子曰："吾未之聞也，冠而敝之可也。"之冠、冠布，並如字。大，音泰。齊，側皆反。緌，如佳反。○註曰：太古，唐虞以上。緌，纓飾。未之聞，大古質無飾，重古。始冠，冠其齊冠。白布冠，今之喪冠是也。○疏曰：太古冠布者，謂著白布冠也。孔子時有緌者，故非之。諸侯則得著緌，士冠不得緌也。冠而敝之可也者，據士以上，冠時用之，冠訖則敝之，不復著也。若庶人，猶著之。

適子冠於阼，以著代也。醮於客位，加有成也。三加彌尊，諭其志也。冠而字之，敬其名也。適，音嫡。○註曰：名者質，所受於父母。冠成，人益文，故敬之。

委貌，周道也；章甫，殷道也；毋追，夏后氏之道也。毋追，音牟堆。○註曰：或謂委貌爲玄冠。委，猶安也。言所以安正容貌。章，明也。殷質，言以表明丈夫也。甫，或爲"父"。毋，發聲也。追，猶堆也。夏后氏質，以其形名之。三冠皆所常服以行道也。其制之異同，未之聞。○疏曰：記人歷陳此三代冠者，上緇布冠也，諸侯已下，始加之冠。此"委貌"之等，記人以經有緇布冠、皮弁、爵弁、玄冠，故還記緇布冠以下四種之冠，以解經之四者。此"委貌"，即解經易服、服玄冠是也。

周弁，殷冔，夏收。冔，況甫反。○註曰：弁，名出於槃。槃，大也。言所以自光大也。冔，名出於幠。幠，覆也。言所以自覆飾也。收，言所以收斂髮也。齋所服而祭也。其制之異，未聞。○槃，音盤。幠，火吳反。

三王共皮弁、素積。註曰：質不變。○疏曰：此亦三代自天子下至士皆是。再加，當在周弁三加之上。退之在下者，欲見此是三代之冠，百王同之，無別代之稱也。

無大夫冠禮，而有其昏禮。古者，五十而后爵，何大夫冠禮之有？註曰：據時有未冠而命爲大夫者，周之初禮。年未五十而有賢才者，試以大夫之事，猶服士服，行士禮。二十而冠，急成人也。五十乃爵，重官人也。大夫或時改娶，有昏禮是也。

公侯之有冠禮也，夏之末造也。註曰：造，作也。自夏初以上，諸侯雖父死子繼，年未滿五十者，亦服士服，行士禮；五十乃命也。至其衰末，上下相亂，篡弒所由生；故作公侯冠禮，以正君臣也。

　　天子之元子，猶士也；天下無生而貴者也。註曰：元子，世子也。無生而貴，皆由下升。○疏曰：此記者，見天子。天子冠時，亦依《士冠禮》，故於此兼記之也。天子之元子，雖四加與十二而冠，其行事猶依士禮也。

　　繼世以立諸侯，象賢也。註曰：象，法也。爲子孫能法先祖之賢，故使之繼世也。○疏曰：記此者，欲見上言天子之子冠行士禮。此諸侯之子，冠亦行此禮。以此士之子恆爲士，有繼世之義。諸侯之子亦繼世，象父祖之賢。雖繼世象賢，亦無生而貴者，行士冠禮，故記之於此也。

　　以官爵人，德之殺也。殺，所戒反。○註曰：殺，猶衰也。德大者，爵以大官；德小者，爵以小官。○疏曰：記此者，欲見仕者從士至大夫而冠，無大夫冠禮者也。

　　死而謚，今也；古者，生無爵，死無謚。謚，神至反。○註曰：今，謂周衰記之時也。古，謂殷。殷士，生不爲爵，死不爲謚。周制，以士爲爵，死猶不爲謚耳，下大夫也。今記之時，士死則謚之，非也。謚之，由魯莊公始也。○疏曰：記此者，欲見自上所陳冠禮，以士爲本者，曰無生而貴，皆從士賤者而升也。

【校記】

① "琪"，據《周禮》應作"瑱"。

② 據《周禮》，此引文中"皮弁"之前脱"韋弁"二字，之後又脱"弁絰"二字。

③ "飾"，據《禮記·玉藻》原文及本句鄭原註，應作"節"。

儀禮述註卷第二

士昏禮第二

鄭目録云：士娶妻之禮，以昏爲期，因而名焉。必以昏者，陽往而陰來，日入三商爲昏。○疏曰：商，謂商量，是漏刻之名。馬氏云：日未出，日没後，皆云二刻半；前後共五刻。今云三商者，據整數而言。

　　昏禮。○下達，納采用雁。註曰：達，通也。將欲與彼合昏姻，必先使媒氏下通其言；女氏許之，乃後使人納其采擇之禮。用雁爲摯者，取其順陰陽往來。○陸佃曰：若逆女之類，自天子達是也。大夫有昏禮而無冠禮，則冠禮不下達矣。○朱先生曰：今按下達之説，陸氏説爲近是。蓋大夫執雁，士執雉，而士昏下達，納采用雁。如大夫乘墨車，士乘棧車，而士昏親迎，乘墨車也。註疏：知乘墨車爲攝盛，而不知下達二字，本爲用雁而發。言自士以下，至於庶人，皆得用雁，亦攝盛之意也。主人筵于戸西，西上，右几。註曰：主人，女父也。筵，爲神布席也。戸西者，尊處。將以先祖之遺體許人，故受其禮於禰廟也。席西上，右設几，神不統於人，席有首尾。使者玄端至。使，所吏反。○註曰：使者，夫家之屬若羣吏，使往來者。擯者出請事，入告。註曰：擯者，有司佐禮者。請，猶問也。禮不必事，雖知猶問之，重慎也。主人如賓服，迎于門外，再拜。賓不答拜。揖入。註曰：門外，大門外。不答拜者，奉使不敢當其盛禮。至于廟門，揖入。三揖至于階，三讓。主人以賓升，西面。賓升西階，當阿，東面致命。主人阼階上，北面再拜。註曰：阿，棟也。入堂深，示親親。○註曰：凡士之廟，五架爲之。棟北一楣，下有室户。中脊爲棟，棟南一架爲前楣。楣前接簷爲庪。棟在室外，故賓得深入當之也。○庪，君委反。授于楹間，南面。註曰：授於楹間，明爲合好，其節同也。南面，並授也。賓降，出。主人降，授老雁。註曰：老，羣吏之尊者。○擯者出請。註曰：不必賓之事有無。賓執雁，請問名。主人許。賓入，授，如初禮。註曰：問名者，將歸卜其凶吉。

擯者出請，賓告事畢。入告，出請醴賓。註曰：此"醴"亦當爲"禮"。禮賓者，欲厚之。賓禮辭，許。註曰：禮辭，一辭。主人徹几改筵，東上。側尊甒醴于房中。註曰：徹几改筵者，向爲神，今爲人。側尊，亦言無玄酒。側尊於房中，亦有篚、有薦豆，如冠禮之設。主人迎賓于廟門外，揖讓如初。升，主人北面再拜。賓西階上，北面答拜。主人拂几授校，拜送。賓以几辟，北面設于坐，左之，西階上答拜。校，胡孝反。辟，音闢。○註曰：拂，拭也。拭几者，尊賓新之也。校，几足。辟，逡遁。○拭，音式。遁，與巡同。贊者酌醴，加角柶，面葉，出于房。註曰：贊，助也，佐主人酌事也。贊者亦洗酌，加角柶覆之，如冠禮矣。出房南面，待主人迎受。主人受醴，面枋，筵前西北面。賓拜受醴，復位。主人阼階上拜送。註曰：主人西北面，疑立待賓即筵也。賓復位於西階上，北面，明相尊敬。此筵不主爲飲食起。○疏曰：凡主人將授酒醴於筵前，待賓即筵前，乃授之，與下賓即筵別也。○疑，魚乙反。爲，于僞反。贊者薦脯醢。註曰：薦，進。賓即筵坐，左執觶，祭脯醢，以柶祭醴三，西階上，北面坐。啐醴，建柶，興，坐奠觶，遂拜。主人答拜。建，註猶扱也。扱，音插。○註曰：凡祭於脯醢之豆間，必所爲祭者謙敬，示有所先也。啐，嘗也。嘗之者，成主人意。○疏曰：所先，謂先世造此食者。賓即筵，奠于薦左，降筵，北面坐取脯。主人辭。註曰：自取脯者，尊主人之賜，將歸執以反命。辭者，辭其親徹。賓降，授人脯，出。主人送于門外，再拜。註曰：人，謂從者。授于階下西面，然後出。○從，才用反。後"從"者同。

納吉，用雁，如納采禮。註曰：歸卜於廟，得吉兆，復使使者往告，婚姻之事於是定。○使使，上如字，下式至反。後倣此。

納徵，玄纁束帛，儷皮，如納吉禮。纁，許云反。儷，音麗。○註曰：徵，成也。使使者納幣，以成昏禮。用玄纁者，象陰陽備也。束帛，十端也。《周禮》曰：凡嫁子娶妻，入幣純帛，無過五兩。儷，兩也。執束帛以致命。兩皮爲庭實。皮，鹿皮。○疏曰：此納徵無雁者，以有束帛爲贄故也。○純，側其反。

請期用雁，主人辭。賓許，告期，如納徵禮。註曰：主人辭者，陽倡陰和，期日宜由夫家來也。夫家必先卜之，得吉日，乃使使者往。辭，即告之。

期初昏，陳三鼎于寢門外，東方，北面，北上。其實：特豚，合升，去蹄，舉肺脊二，祭肺二；魚十有四；腊一肫。髀不升。皆飪，設扃鼏。去，起呂反。肫，音純。髀，筆倚反。扃，古螢反。鼏，迷翼反。註：古文純爲鈞，髀爲脾；今文扃作鉉，鼏皆作密。○註曰：期，取妻之日。鼎三者，升豚、魚、腊也。寢，壻之室也。北面，向內也。特，猶一也。合升，合左右胖，升於鼎也。去蹄，蹄甲不用也。舉肺脊者，食時所先舉也。肺者，氣之主也，周人尚焉。脊者，體之正也，食時則祭之，飯必舉之，貴之也。每皆二者，夫婦各一耳。凡魚之正十五，而鼎減一爲十四者，欲其敵偶也。腊，兔腊也。肫，或作純。純，全也。凡腊用全。髀不升者，近竅，賤也。飪，熟也。扃，所以扛鼎。鼏，覆之。○疏曰：脊體之正者，一身之上體，總有二十一節，前有肩、臂、臑，後有肫、胳。脊在中央，有正脊、脡脊、橫脊；而取中央，正脊故也。《特牲》記魚十有五。註云：陰中之物，取數於月，十有五日而盈。此夫婦、鬼神、陰陽，故同祭禮。十五而去一，若生人則異。故公食大夫，一命者七魚，再命者九魚，三命者十有一魚。天子諸侯無文。或諸侯十三魚，天子十五魚也。○胖，音判。飯，扶晚反。竅，苦弔反。扛，音江。臑，奴報反。胳，音格。設洗于阼階東南。饌于房中：醯醬二豆，菹醢四豆，兼巾之；黍稷四敦，皆蓋。饌，士戀反。醯，呼西反。敦，音對。下並同。○註曰：醯醬者，以醯和醬，生人尚褻味。兼巾之者，六豆共巾也。巾爲禦塵，蓋爲尚溫。《周禮》曰：食齊視春時。○食，音嗣。齊，才計反。下同。大羹湆在爨，大，音泰。註同。湆，音泣。下同。○註曰：大羹湆，煮肉汁也。大古之羹，無鹽菜。爨，火上。《周禮》曰：羹齊視夏時。今文湆皆作汁。尊于室中北墉下，有禁；玄酒在西，絡冪，加勺，皆南枋。冪，莫狄反。○註曰：墉，牆也。禁，所以庪甒者。玄酒，不忘古也。絡，麤葛。今文枋作柄。○庪，音詭。尊于房户之東，無玄酒。篚在南，實四爵合卺。卺，音謹。○註曰：無玄酒者，略之也。夫婦酌於内尊，其餘酌於外尊。合卺，破匏也。四爵兩卺凡六，爲夫婦各三酳。一升曰爵。○匏，音庖。酳，以刃反。

主人爵弁，纁裳緇袘。從者畢玄端。乘墨車。從車二乘。執燭前馬。 袘，以豉反；又，音移。從，才用反。下同。乘，繩證反。○註曰：主人，壻也。壻爲婦主。爵弁而纁裳，玄冕之次。大夫以上親迎，冕服。纁裳者，衣緇衣。不言衣與帶，而言袘者，明其與袘俱用緇。袘，謂緣。以緇緣裳，象陽氣下施。從者，有司乘貳車從行者也。畢，猶皆也。墨車，漆車。士而乘墨車，攝盛也。執燭前馬，使徒役持炬火居前照道。**婦車亦如之，有裧。** 裧，昌占反，同幨。○註曰：亦如之者，車同等。裧，車裳幃。《周禮》謂之容。車有容，則固有蓋。**至于門外。** 註曰：婦家大門之外。○**主人筵于户西，西上，右几。** 註曰：主人，女父也。筵，爲神布席。**女次，純衣纁袡；立于房中，南面。** 袡，如占反。○註曰：次，首飾也。純衣，絲衣。女從者畢袗玄，則此衣亦玄矣。袡，亦緣也。袡之言任也，以纁緣其衣，象陰氣上任也。凡婦人不常施袡之衣，盛昏禮爲此服。**姆纚笄，宵衣，在其右。** 姆，音茂，又音母。纚，所綺反。○註曰：姆，婦人年五十無子，出而不復嫁，能以婦道教人者。纚，綃髮。笄，今時簪也。宵，讀爲"素衣朱綃"之綃。《魯詩》以綃爲綺屬也。姆亦玄衣，以綃爲領。姆在女右，當詔以婦禮。○疏曰：婦人年五十，陰道絕，無子，乃出之。**女從者畢袗玄，纚笄，被纇黼，在其後。** 被，皮義反。纇，犬迥反，音褧。黼，音甫。○註曰：女從者，謂姪娣也。袗，同也。同玄者，上下皆玄。纇，禪也。《詩》云："素衣朱襮。"《爾雅》云："黼領謂之襮。"《周禮》曰："白與黑謂之黼。"后夫人狄衣，卿大夫之妻刺黼以爲領。士妻始嫁，施禪黼於領上，假盛飾耳。言被，明非常服。○娣，大計反。禪，音丹。襮，音博。○**主人玄端，迎于門**

外,西面再拜。賓,東面答拜。註曰:賓,壻。主人揖入,賓執雁從。至于廟門,揖入。三揖至于階。三讓。主人升,西面。賓升,北面,奠雁,再拜稽首,降出。婦從,降自西階。主人不降送。註曰:賓升奠雁拜,主人不答,明主爲授女耳。主人不降送,禮不參。○疏曰:賓奠雁再拜稽首者,此時當在房外,當楣北面。知在房戶者,見隱二年紀裂繻來逆女。何休云:夏后氏逆於庭,殷人逆於堂,周人逆於戶;後代漸交迎於房者,親親之義也。壻御婦車,授綏。姆辭不受。註曰:壻御者,親而下之。綏,所以引升車者;僕人之禮,必授人綏。婦乘以几,姆加景,乃驅,御者代。註曰:景之制,蓋如明衣;加之以爲行道禦塵,令衣鮮明也。景,亦明也。驅,行也。行車輪三周,御者乃代壻。○疏曰:乘以几者,謂登車時也。壻乘其車先,俟于門外。註曰:壻車在大門外,乘之先者,道之也。男率女,女從男,夫婦剛柔之義自此始也。俟,待也。門外,壻家大門外。○道,音導。下註道婦、交道同。

　　婦至,主人揖婦以入。及寢門,揖入,升自西階。媵布席于奧,夫入于室,即席。婦尊西,南面。媵、御沃盥交。媵,音孕。奧,烏報反。御,依註音訝。下同。○註曰:升自西階,道婦入也。媵,送也,謂女從者也。御當爲訝,迎也,謂壻從者也。媵沃壻盥於南洗,御沃婦盥於北洗。夫婦始接,情有廉恥;媵、御交道其志。○疏曰:壻既即席,婦在尊西,未設席;設饌訖,乃設。女從者,即姪娣也。壻從者,以其與婦人爲盥,非男子之事,謂夫家之賤者也。交盥者,有南北二洗。贊者徹尊冪。舉者盥,出,除鼏,舉鼎入,陳于阼階南,西面,北上。匕、俎從設。冪、鼏,並音覓;皆覆尊巾也。又,鼎蓋亦謂之鼏。○註曰:執匕者、執俎者,從鼎而入設之。匕,所以別出牲體也;俎,所以載也。○疏曰:公食,執匕俎之人入,加匕於鼎,陳俎於鼎南,其匕與載,皆舉鼎者爲之。北面載,執而俟。註曰:執俎而立,俟豆先設。○疏曰:執匕俎舉鼎各別人者,吉禮尚威儀也。《特牲禮》:右人於鼎北,南面,匕肉出之;左人於鼎西,俎南,北面,承取肉載於俎,遂執俎而立。此與之同也。凡牲體於鼎,以次別出之。載者,依其次載之。匕者逆退,復位于門東,北面,西上。註曰:執匕者事畢,逆退由便,至此乃著其位略賤也。贊者設醬于席前,菹醢在其北。俎入,設于豆東,魚次,腊特于俎北。註曰:豆東,菹醢之東。贊設黍于醬東,稷在其東,設湆于醬南。註曰:饌要方也。設對醬于東,註曰:對醬,婦醬也。設之當特俎。菹醢在其南,北上。設黍于腊北,其西稷。設湆于醬北,御布對席。贊啓會,卻于敦南,對敦于北。會,如字,合也,謂敦蓋也。○註曰:啓,發也。○疏曰:上設壻湆於醬南,在醬黍之南,特俎出於饌北。此設婦湆於醬北,在特俎東饌內,則不得要方上。註云:要方者,據大判而言耳。卻,仰也,謂仰於地也。贊告具。揖婦,即對筵。皆坐,皆祭,祭薦黍、稷、肺。註曰:贊者西面告饌具也。壻揖婦使即席,薦菹醢。贊爾黍,授肺脊。皆食,以湆醬;皆祭舉,食舉也。註曰:爾,移也;移置席上,便其食也。皆食,食黍也。以,用也。用者,謂用口啜湆,用指㧌醬。古文黍作稷。○疏曰:舉,謂舉肺。○啜,音歠。㧌,子答反,音帀。三飯,卒食。飯,扶晚反。○註曰:卒,已也。同牢示親,不主爲食起,三飯而成禮也。○疏曰:少牢十一飯,特牲九飯而禮成。此獨三飯,故云同牢示親,不主爲食起,三飯而成禮也。贊洗爵,酳酢主人。主人拜受。贊戶內北面答拜。酳婦亦如之。皆祭。註曰:酳,漱也。酳之言演也,安也。漱所以潔口,且演安其所食。酳酌內尊。○疏曰:主人拜受者,壻拜當東面。酳婦亦如之者,婦拜當南面。《少牢》云,賓皆答拜。註云:在東面席者,東而拜;在西面席者,皆南面拜。故知。《特牲》主人洗角酳酢尸。註云:酳,猶衍也,是獻尸也。尸既卒食,又欲頤衍養樂之。《少牢》云,主人"酳酒,乃酢尸",註云:"酢,酒羑也。"既食之,而又飲之,所以樂之。三註不同,文有詳略,相兼乃具。○漱,所又反。演,以善反。饎,同饌。贊以肝從。皆振祭。嚌肝,皆實于菹豆。嚌,才計反。○註曰:肝,肝炙也。飲酒,宜有肴以安之。卒爵,皆拜。贊答拜,受爵。再酳如初,無從;三酳用卺,亦如之。註曰:亦無從也。

贊洗爵,酌于户外尊,入户西,北面奠爵拜。皆答拜。坐祭,卒爵拜。皆答拜。興。註曰:贊酌者,自酢也。○疏曰:言皆者,夫婦也。

主人出,婦復位。註曰:復尊西南面之位。○疏曰:主人出,不云處所,按下文説服于房,則此時亦東房矣。乃徹于房中,如設于室,尊否。註曰:徹室中之饌,設于房中,爲媵御餕之。徹尊不設,有外尊也。主人説服于房,媵受;婦説服于室,御受,姆授巾。説,並音脱。下"親説",同。○註曰:巾,所以自潔清。御袵于奧,媵袵良席在東,皆有枕,北止。袵,而甚反。止,註古文作"趾"。○註曰:袵,臥席也。婦人稱夫曰"良"。止,足也。○疏曰:前布席,夫在西,婦在東者,示陰陽交會有漸;今乃夫在東,婦在西,易處者,取陽往就陰。故男女各於其方也。主人入,親説婦之纓。註曰:入者,從房還入室也。婦人十五許嫁,笄而禮之;因著纓,明有繫也。蓋以五采爲之,其制未聞。燭出。註曰:昏禮畢,將臥息。媵餕主人之餘,御餕婦餘,贊酌外尊酳之。註曰:外尊,房户外之東尊。媵侍于户外,呼則聞。註曰:爲尊者有所徵求。

夙興,婦沐浴,纚笄宵衣以俟見。見,賢遍反。下同。○註曰:夙,早也;昏明日之晨。興,起也。俟,待也;待見於舅姑寢門之外。古者命士以上,年十五,父子異宫。○疏曰:不著純衣纁袡者,彼嫁時之盛服,今已成昏,故退從此服也。質明,贊見婦于舅姑。席于阼,舅即席;席于房外,南面,姑即席。註曰:質,平也。房外,房户外之西。○疏曰:鄭知房外在房户外之西者,以其舅在阼,阼當房户之東。若姑在房户之東,即當舅之北,南面向之,不便;是以知此房外者,房户外之西也。婦執笲棗、栗,自門入,升自西階,進拜,奠于席。笲,音煩。○註曰:笲,竹器而衣者。進拜者,進東面乃拜。奠之者,舅尊不敢授也。舅坐撫之,興,答拜。婦還,又拜。註曰:還又拜者,還於先拜處拜。婦人與丈夫爲禮,則俠拜。降階,受笲腶脩;升進,北面拜,奠于席。姑坐舉以興,拜,授人。註曰:人,有司。姑執笲以起,答婦拜;授有司徹之。舅則宰徹之。○疏曰：《公羊傳》云："棗栗云乎？腵脩云乎？棗栗，取其早自謹敬；腵脩，取其斷斷自脩也。"○腵，丁玩反。

贊醴婦。註曰：醴，當爲"禮"。贊禮婦者，以其婦道新成，親厚之。席于户牖間，註曰：室户西牖東，南面位。側尊甒醴于房中。婦疑立于席西。疑，魚乙反。○註曰：疑，正立自定之貌。贊者酌醴，加柶，面枋，出房，席前北面。婦東面拜受。贊西階上北面拜送。婦又拜，薦脯醢。註曰：婦東面拜，贊北面答之，變于丈夫始冠成人之禮。○疏曰：冠禮禮子，與此禮婦，俱在賓位。彼南面受醴者，以向賓拜；此東面者，以舅姑在東，亦面之拜也。婦升席，左執觶，右祭脯醢，以柶祭醴三；降席，東而坐，啐醴，建柶，興拜。贊答拜。婦又拜，奠于薦東，北面坐，取脯，降出，授人于門外。註曰：奠于薦東，升席奠之，取脯降出授人。親徹，且榮得禮。人，謂婦氏人。

舅姑入于室，婦盥饋，饋，其位反。○註曰：饋者，婦道既成，成以孝養。特豚合升，側載，無魚、腊，無稷；並南上。其他如取女禮。取，七住反。○註曰：側載者，右胖載之舅俎，左胖載之姑俎，異尊卑。並南上者，舅姑共席于奧，其饌各以南爲上。其他，謂醬湆菹醢。女，謂婦也。如取婦禮，同牢時。○疏曰：並南上者，決同牢男女東西相對，各上其右也。雖不言酒，既有饋，明有酒在其他中。酒在內者，亦在北墉下。外尊，亦當在房户外之東。婦贊成祭。卒食，一酳，無從。註曰：贊成祭者，授處之。今文無成也。席于北墉下。註曰：室中北牆下。婦徹，設席前如初，西上。婦餕，舅辭，易醬。註曰：婦餕者，即席將餕也。辭易醬者，嫌淬汙。○淬，七內反，本或作"染"。婦餕姑之饌。御贊祭豆、黍、肺。舉肺、脊，乃食，卒。姑酳之，婦拜受。姑拜送。坐祭，卒爵。姑受奠之。註曰：奠于篚。婦徹于房中。媵御餕，姑酳之，雖無娣，媵先於是與始飯之錯。錯，七各反，交錯也。○註曰：古者嫁女，以娣姪從之，謂之"媵"。姪，兄之子；娣，女弟也。娣尊姪卑。若或無娣，猶先媵，客之也。始飯，謂舅姑錯者，媵餕舅餘，御餕姑餘也。○疏曰：諸侯夫人自有姪娣，并二媵各有姪娣，則九女；是媵與姪娣別也。若大夫士無二媵，即以姪娣爲媵。

舅姑共饗婦以一獻之禮。舅洗于南洗，姑洗于北洗。奠酬。註曰：以酒食勞人曰饗。南洗，在庭；北洗，在北堂。設兩洗者，獻酬酢以潔清爲敬。奠酬者，明正禮成，不復舉。凡酬酒，皆奠於薦左，不舉。○疏曰：此饗，與上盥饋同日爲之。知者，《昏義》言"厥明舅姑共饗婦"，彼註云：昏禮不言厥明，此言之者，容大夫以上禮多，或異日。故知此士同日可知也。此與上事相因，亦於舅姑寢堂之上，與醴婦同在客位也。○楊氏曰：舅洗于南洗，洗爵以獻婦也；姑洗于北洗，洗爵以酬婦也。賈疏云：舅獻姑酬，共成一獻；仍無妨姑薦脯醢。此説是也。但婦酢舅，更爵自薦；又云奠酬。酬、酢皆不言處所，以例推之，舅姑之位，當如婦見舅席於阼，姑席于房外，而婦行更爵自薦及奠酬之禮與。舅姑先降自西階，婦降自阼階。註曰：授之室，使爲主，明代己。歸婦俎于婦氏人。註曰：言俎，則饗禮有牲矣。婦氏人，丈夫送婦者，使有司歸以婦俎，當以反命於女之父母，明其得禮。○疏曰：按《雜記》云大饗"卷三牲之俎，歸于賓館"，是賓所當得也。饗時，設几而不倚，爵盈而不飲，肴乾而不食，故歸俎。此饗婦，婦亦不食，故歸之也。經雖不言牲，既言俎，俎所以盛肉，故知有牲。此婦氏人，即上婦所授脯者也。

舅饗送者以一獻之禮，酬以束錦。註曰：送者，女家有司也。爵至酬賓，又從之以束錦，所以相厚。古文錦皆作帛。○疏曰：此一獻，依常饗賓客法。姑饗婦人送者，酬以束錦。註曰：婦人送者，隸子弟之妻妾。若異邦，則贈丈夫送者以束錦。註曰：贈，送也。就賓館。○疏曰：贈賄之等，皆就館，故知此亦就館也。

若舅姑既没，則婦入三月，乃奠菜。註曰：没，終也。奠菜者以筐。祭菜也，蓋用堇。○疏曰：此言舅姑俱歿者。若舅歿姑存，則當時見姑，三月亦廟見舅；若舅存姑歿，婦人無廟可見；或更有繼姑，自然如常禮也。○坡謂：姑歿雖未得入廟，亦當祀於別寢，豈可全不修見禮？似宜亦三月如禮見之。○堇，音謹。席于廟奧，東面，右几。席于北方，南面。註曰：廟，考妣之廟。北方，墉下。○疏曰：《周禮·司几筵》註云："祭於廟，同几，精氣合"。又《祭統》云："設同几。"同几，即同席。今祭於廟而別席者，生時見舅姑，舅姑別席異面；此廟見亦別席異面，象生，不與常祭同也。祝盥，婦盥于門外。婦執笲菜，祝帥婦以入。祝告稱婦之姓曰："某氏來婦，敢奠嘉菜于皇舅某子。"註曰：帥，道也。入，入室也。某氏者，齊女則曰姜氏，魯女則曰姬氏。來婦，言來爲婦。嘉，美也。皇，君也。婦拜扱地，坐奠菜于几東席上；還，又拜如初。扱，初洽切，音鍤。○註曰：扱地，手至地也。婦人扱地，猶男子稽首。婦降堂，取笲菜入，祝曰："某氏來婦，敢告于皇姑某氏。"奠菜于席，如初禮。註曰：降堂，階上也。室事交乎戶；今降堂者，敬也。於姑言敢告，舅尊於姑。○疏曰：降堂，階上也。室事交乎戶，堂事交乎階；今室事當交於戶，乃交於階者，敬也。婦出，祝闔牖戶。註曰：凡廟無事，則閉之。老醴婦于房中，南面，如舅姑醴婦之禮。註曰：因於廟見禮之。

壻饗婦送者丈夫、婦人，如舅姑饗禮。疏曰：舅姑沒，則壻兼饗。

記

士昏禮，凡行事，必用昏、昕，受諸禰廟。辭無"不腆"無"辱"。昕，音欣。禰，乃禮反。腆，他典反。○註曰：用昕，使者；用昏，壻也。壻，悉計反；從士從胥，俗作婿。腆，善也。賓不稱幣不善，主人不謝來辱。○疏曰："用昕，使者"，謂男氏使向女家納采、問名、納吉、納徵、請期五者，皆用昕，即《詩》所謂"旭日始旦"也。昏，親迎時也。摯不用死，皮帛必可制。註曰：摯，雁也。皮帛，儷皮束帛也。○疏曰：可制者，可制爲衣物。此亦教婦以誠信之義也。

腊必用鮮，魚用鮒，必殽全。鮒，音附。○註曰：殽全者，不餒敗，不剝傷。○疏曰：鮮，取夫婦日新之義。鮒，取夫婦相依附也。殽必全者，取夫婦全節無虧之理。此並據同牢時也。

女子許嫁，笄而醴之，稱字。註曰：許嫁，已受納徵禮也。笄女之禮，猶冠男也，使主婦女賓執其禮。祖廟未毁，教于公宫三月；若祖廟已毁，則教于宗室。註曰：祖廟，女高祖爲君者之廟也。以有緦麻之親，就尊者之宫，教以婦德、婦言、婦容、婦功。宗室，大宗之家。○疏曰：此謂諸侯同族之女也，共承高祖，則四世之内，皆教於公宫。註止言"緦麻"，舉疏以見親也；及與君絶服，則於大宗之家教之。

問名。主人受雁，還，西面對。賓受命，乃降。註曰：受雁于兩楹間，南面；還于阼階上，對賓以女名。

祭醴。始扱一祭，又扱再祭。賓右取脯，左奉之，乃歸，執以反命。奉，芳勇反。○註曰：反命，謂使者問名、納吉、納徵、請期，還報于壻父。○楊氏曰：經但言取脯；記又明右手取脯，以左手奉之，尤見其恭也。

納徵。執皮攝之，内文；兼執足，左首。隨入，西上；參分庭，一在南。攝，之涉反。下同。○註曰：攝，猶辟也。兼執足者，左手執前兩足，右手執後兩足。左首，象生。《曲禮》曰："執禽者左首。"隨入，爲門中阨狹。西上，中庭位並。○疏曰：隨入，爲門中阨狹者，皮皆横執之，二人相隨，乃可以入；至中庭稍寬，故得俱北面西上。○辟，必亦反。爲，于偽反。阨，於賣反。賓致命，釋外足見文。主人受幣，士受皮者自東出于後，自左受；遂坐攝皮，逆退適東壁。見，賢遍反。○註曰：賓致命，主人受幣，庭實所用爲節。○疏曰：出于後者，出於執皮者之後，至於左，北面受之。逆退者，二人相隨，自東而西；今以後者先向東行，故云"逆退"也。

父醴女而俟迎者，母南面于房外。迎，魚敬反。後同。○註曰：女既次純衣，父醴之于房中。南面，蓋母薦焉，重昏禮也。女奠爵于薦東，立于位而俟壻。壻至，父出，使擯者請事；母出房外，示親授壻，且當戒女也。○疏曰：舅姑共饗婦，姑薦脯醢，故知父母醴女，亦母薦脯醢。按：士冠子與醮子，及此篇醴賓醴婦，皆奠爵于薦東，明此亦奠薦東也。女出于母左，父西面戒之，必有正焉，若衣若笄；母戒諸西階上，不降。註曰：必有正焉者，以託戒之，使不忘。○疏曰：母初立房西，女出房，母行至西階上，乃戒之也。託戒者，謂託衣笄恒在身而不忘。持戒亦然也。○婦乘以几。從者二人，坐持几，相對。註曰：持几者，重慎之。○疏曰：此几，謂將上車而登。若王后，則履石。大夫諸侯，無文。○坡按：朱子《儀禮經傳通解》本，"婦乘"上，有"壻授綏，姆辭曰：'未教不足與為禮也！'"一十四字。

婦入寢門。贊者徹尊冪，酌玄酒，三屬于尊；棄餘水于堂下階間，加勺。屬，音註，又音燭。○註曰：屬，註也。玄酒況水，貴新。昏禮又貴新，故事至乃取之，三註于尊中。○況，音稅。

笄，緇被纁裹，加于橋。舅答拜，宰徹笄。註曰：被，表也。笄有衣者，婦見舅姑，以飾為敬。橋，所以庪笄。其制未聞。

婦席、薦，饌于房。註曰：醴婦，饗婦之席薦也。○疏曰：醴婦時，唯席與薦，無俎。其饗婦並有俎，俎則不饌于房，從鼎升于俎，入設于席前。今據醴婦時而言也。饗婦，姑薦焉。註曰：舅姑共饗婦，舅獻爵，姑薦脯醢。婦洗在北堂，直室東隅；篚在東，北面盥。註曰：洗在北堂，所謂北洗。北堂，房中半以北，洗南北。直室東隅，東西直房戶與隅間。○疏曰：房，與室相連謂之房，無北壁，故得北堂之名。婦酢舅，更爵自薦，註曰：更爵，男女不相因也。不敢辭洗；舅降，則辟于房，不敢拜洗。辟，音避。○註曰：不敢與尊者為禮。

凡婦人相饗，無降。註曰：姑饗婦人送者于房。無降者，以北洗篚在上。○疏曰：婦人有事不下堂。舅姑饗婦，及姑饗婦人送者，皆然。

婦入三月，然後祭行。註曰：入夫之室，三月之後，於祭乃行，謂"助祭"也。○疏曰：若舅在無姑，三月不須廟見，則助祭。或舅歿，姑年六十，亦傳家長婦,婦入三月廟見後,亦得助夫祭。

庶婦則使人醮之,婦不饋。醮,子召反。○註曰:庶婦,庶子之婦也。使人醮之,不饗也。酒不酬酢曰"醮"。亦有脯醢。適婦酳之以醴,庶婦酳之以酒,其儀則同。不饋者,共養統於適也。○疏曰:其儀則同者,適婦用醴於客位,東面拜受。贊者北面拜送。庶婦於房外之西,亦東面拜受。醮者亦北面拜送。○適,音嫡。下同。共,音供。

昏辭曰:"吾子有惠,貺室某也。貺,音況。○註曰:昏辭,擯者請事告之辭。吾子,謂女父也。貺,賜也。室,猶妻也。某,壻名。○妻,七計反。某有先人之禮,使某也請納采。"註曰:某,壻父名。某也,使名也。對曰:"某之子蠢愚,又弗能教。吾子命之,某不敢辭。"蠢,失容反。○註曰:對曰者,擯出納賓之辭。某,女父名也。吾子,謂使者。致命曰:"敢納采。"疏曰:此使者升堂致命於主人之辭。然亦當有主人對辭,如納徵。不言之者,文不具也。此下納吉、納徵、請期之等,皆有門外賓與擯者傳辭,及升堂致命,主人對辭,而或不言者,文不具耳。

問名曰:"某既受命,將加諸卜,敢請女爲誰氏?"註曰:某,使者名也。誰氏者,謙也,不必其主人之女。對曰:"吾子有命,且以備數而擇之,某不敢辭。"註曰:卒曰"某氏不記之"者,明爲主人之女。○疏曰:若他女,主人終卒對客之辭當云:"某氏,主人之女舊知之,故不對也。"○楊氏曰:《昏義》問名,疏曰"問名者,問其女之所生母之姓名",故《昏禮》云爲誰氏,言女之母何姓氏也。此說與《儀禮疏義》不同,當考。

醴曰:"子爲事故,至於某之室;某有先人之禮,請醴從者。"註曰:言從者,謙不敢斥也。對曰:"某既得將事矣,敢辭。"註曰:將,行。"先人之禮,敢固以請。"註曰:主人辭。"某辭不得命,敢不從也?"註曰:賓辭也。不得命者,不得許己之命。

納吉曰:"吾子有貺命,某加諸卜,占曰'吉';使某也敢告。"對曰："某之子不教,唯恐弗堪。子有吉,我與在,某不敢辭。"與,音預。○註曰:與,猶"兼"也。

納徵曰:"吾子有嘉命,貺室某也;某有先人之禮,儷皮束帛使某也,請納徵。"致命曰:"某敢納徵。"對曰:"吾子順先典,貺某重禮;某不敢辭,敢不承命?"註曰:典,常也,法也。○疏曰:"吾子有命"以下,至"請納徵",是門外向擯者辭也。"某敢納徵"者,是升堂致命辭也。"對曰"者,是堂上主人對辭也。

請期曰:"吾子有賜命,某既申受命矣。惟是三族之不虞,使某也請吉日。"註曰:三族,謂父昆弟、己昆弟、子昆弟。此三族者,己及子,皆爲服。期,期服,則踰年。欲及今之吉也。《雜記》曰:大功之末,可以冠子、嫁子。○疏曰:大功之喪服內,不廢成禮。若期親內,則廢。故舉合廢者而言。對曰:"某既前受命矣,唯命是聽。"曰:"某命某聽命于君子。"對曰:"某固唯命是聽。"使者曰:"某使某受命,吾子不許,某敢不告期?"曰:"某日。"註曰:某,吉日之甲乙。對曰:"某敢不敬須?"註曰:須,待。

凡使者歸,反命曰:"某既得將事矣,敢以禮告。"註曰:告禮,所執脯。主人曰:"聞命矣。"

父醮子。註曰:子,壻。○疏曰:女父禮,女用醴,又在廟。父醮子用酒。又在寢,知不在廟者,不言筵于户西,以布神位,則在寢可知。命之辭曰:"往迎爾相,承我宗事。相,息亮反。○註曰:相,助也。宗事,宗廟之事也。勖率以敬先妣之嗣,若則有常。"勖,許玉反。○註曰:勖,勉也。若,猶女也。勉率婦道,以敬其爲先妣之嗣。女之行,則當有常,深戒之。《詩》言:"太姒嗣徽音。"○疏曰:先妣之嗣,謂婦入室代姑祭。○女,並音汝。大,音泰。子曰:"諾。惟恐弗堪,不敢忘命。"

賓至,擯者請。對曰:"吾子命某,以兹初昏,使某將。請承命。"註曰:賓,壻也。命某,某壻父名。兹,此也。將,行也。使某行昏禮來迎。對曰："某固敬具以須。"

父送女,命之曰:"戒之敬之,夙夜毋違命。"註:古文"毋"爲"無"。○註曰:命,舅姑之教命。母施衿結帨,曰:"勉之敬之,夙夜無違宫事。"衿,其鴆反。帨,舒鋭反。○註曰:帨,佩巾。○疏曰:宫事,謂姑命婦之事。○庶母及門内施鞶,申之以父母之命。命之曰:"敬恭聽宗爾父母之言,夙夜無愆,視諸衿鞶。"鞶,步于反。○註曰:庶母,父之妾也。鞶,囊也。男鞶革,女鞶絲,所以盛帨巾之屬。申,重也。宗,尊也。示之以衿鞶,皆託戒使識之也。○盛,音成。識,音志。

宗子無父,母命之。親皆没,己躬命之。註曰:宗子者,適長子也。命之,命使者。母命之,在《春秋》紀裂繻來逆女是也。躬,猶親也。親命之,則宋公使公孫壽來納幣是也。言宗子無父,是有有父者禮。七十老而傳,八十齊喪之事不及。若是者,子代其父爲宗子。其取也,父命之。○齊,音齋。支子則稱其宗。註曰:支子,庶昆弟也。稱其宗子命使者。弟則稱其兄。註曰:弟,宗子母弟。

若不親迎,則婦入三月,然後壻見,曰:"某以得爲外昏姻,請覿。"見,賢遍反。下並同。○註曰:女氏稱昏,壻氏稱姻。覿,見也。○疏曰:《爾雅·釋親》,男曰昏,女曰姻者,取壻昏時往娶,女則因之而來;及其親則女氏稱昏,男氏稱姻,取送女者昏時往,男家因得見之故也。主人對曰:"某以得爲外昏姻之數,某之子未得濯摡於祭祀,是以未敢見。今吾子辱,請吾子之就宫,某將走見。"濯,音濁。摡,音概。○註曰:主人,女父也。以自造緇曰"辱"。○造,七報反。對曰:"某以非他故,不足以辱命,請終賜見。"註曰:非他故,彌親之辭。命,謂將走見之言。今文無"終賜"。對曰:"某以得爲昏姻之故,不敢固辭,敢不從?"註曰:不言外,亦彌親之辭。主人出門左,西面。壻入門,東面,奠摯,再拜,出。註曰:出門,出内門。入門,入大門。出内門不出大門者,異於賓客也。壻見於寢奠摯者,壻有子道,不敢授也。摯，雉也。擯者以摯出，請受。註曰：欲使以賓客禮相見。壻禮辭，許。受摯，入。主人再拜受，壻再拜送，出。註曰：出，已見女父。○楊氏曰：不言面位。賈疏云：聘禮賓執贄，入門右奠摯，從臣禮。辭之乃出，由門左升堂，北面，從賓客禮。此亦當然。主人北面再拜受，賓北面再拜送。見主婦，主婦闔扉，立于其內。註曰：主婦，主人之婦也。闔扉者，婦人無外事。扉，左扉。壻立于門外，東面。主婦一拜，壻答再拜；主婦又拜，壻出。註曰：必先一拜者，婦人於丈夫必俠拜。主人請醴，及揖讓入，醴以一獻之禮。主婦薦，奠酬，無幣。註曰：及，與也。無幣，異於賓客。壻出，主人送，再拜。

士相見禮第三

鄭目錄云：士以職位相親，始承摯相見之禮。○疏曰：篇內含卿大夫相見。以其新升爲士，或士自相見，或士往見卿大夫，或卿大夫下見士，或見己國君，或士大夫見他國君來朝者。新出仕，從微至著，以士爲先；後更有功，乃升爲大夫已上，故以士爲總號也。又，天子之孤卿大夫士，與諸侯之孤卿大夫士，執摯既同，相見之禮亦無別也。

士相見之禮。○摯，冬用雉，夏用腒；左頭奉之，曰："某也，願見無由達。某子以命命某見。"摯，本又作贄，音同。腒，其居反。奉，芳勇反。下同。見，賢遍反。下皆同。○註曰：摯，所執以至者，君子見於所尊敬，必執摯以將其厚意也。士摯用雉者，取其耿介，交有時，別有倫也。雉必用死者，爲其不可生服也。夏用腒，備腐臭也。左頭，頭陽也。無由達，言久無因緣以自達也。某子，今所因緣之姓名。以命者，稱述主人之意。○疏曰：某子，是紹介中間之人。註云"交有時，別有倫"者，倫，類也。交接有時，至於別後，則雌雄不雜，謂春交秋別也。士之義亦然。又云"雉必用死者"，《尚書》云"一死"，鄭云"士執雉也"，義取耿介，爲君致死也。腒，乾雉。主人對曰："某子命某見，吾子有辱。請吾子之就家也，某將走見。"註曰：有，又也。某子命某往見,今吾子又自辱來,序其意也。走,猶往也。賓對曰:"某不足以辱命,請終賜見。"註曰:命,謂請吾子之就家。主人對曰:"某不敢爲儀,固請吾子之就家也,某將走見。"註曰:不敢爲儀,言不敢外貌爲威儀,忠誠欲往也。固,如"故"也。賓對曰:"某不敢爲儀,固以請。"註曰:言如故,請終賜見。主人對曰:"某也固辭不得命,將走見;聞吾子稱摯,敢辭摯。"註曰:不得命者,不得見許之命也。走,猶出也。稱,舉也。辭其摯,爲其大崇也。○大,音泰。賓對曰:"某不以摯,不敢見。"註曰:見於所尊敬而無摯,嫌太簡。主人對曰:"某不足以習禮,敢固辭。"註曰:言不足習禮者,不敢當其崇禮來見己。賓對曰:"某也不依於摯,不敢見,固以請。"註曰:言依於摯,謙自卑也。主人對曰:"某也固辭不得命,敢不敬從?"出迎于門外,再拜。賓答再拜。主人揖,入門右。賓奉摯,入門左。主人再拜受,賓再拜送摯,出。註曰:右,就右也。左,就左也。受摯於庭,既拜受送,則出矣。不受摯於堂,下人君也。○疏曰:凡門,出則以西爲右,以東爲左;入則以東爲右,西爲左。依賓西主東之位也。主人請見,賓反見,退。主人送于門外,再拜。註曰:請見者,爲賓崇禮來,相接以矜莊,歡心未交也。賓反見,則燕矣。下云"凡燕見於君",至"凡侍坐於君子",博記"反見"之燕義。臣初見於君,再拜奠摯而出。○疏曰:上《士冠》禮賓,《士昏》納采等,皆有禮賓事;明此行禮,主人留,必不虛,宜有歡燕,故云"則燕"矣。相見非聘問之禮,燕既在寢,明前相見亦在寢之庭矣。臣始見出,君亦當遣人留之燕也。下有"它邦之人則還摯",雖不見反燕,臣尚燕,它邦有燕可知。

主人復見之,以其摯,曰:"嚮者吾子辱,使某見。請還摯於將命者。"復,扶又反,又音服。嚮,許亮反。○註曰:復見之者,禮尚往來也。以其摯,謂嚮時所執來者也。嚮,曩也。將,猶傳也。傳命者,謂擯相者。○疏曰:五等諸侯,身自出朝,及遣臣出聘,圭璋重,不可遙復,朝聘訖,即還之。璧、琮財物,故不還。彼朝聘用玉,自爲一禮,有不還之義。其在國之臣,自執摯相見,雖禽摯皆還之；臣見於君，則不還。義與朝聘異，不可相決也。出接賓，曰擯；入詔禮，曰相，一也。故聘禮與冠義皆云，每一門止一相，是謂擯介爲相也。主人對曰："某也既得見矣，敢辭？"註曰：讓其來答己也。○疏曰：上言主人者，據前爲主人而言；此云主人者，謂前賓，今在其家而説也。賓對曰："某也非敢求見，請還摯于將命者。"註曰：言不敢求見，嫌褻主人，不敢當也。○疏曰：賓主頻見是褻，故不敢當；相見之法，直云"還摯"而已。主人對曰："某也既得見矣，敢固辭。"註曰：固，如"故"也。賓對曰："某不敢以聞，固以請於將命者。"註曰：言不敢以聞，又益不敢當。○疏曰：上云"非敢求見"，此云"不敢以聞"，耳聞疏於目見，故云"又益不敢當"也。主人對曰："某也固辭不得命，敢不從？"賓奉摯入，主人再拜受。賓再拜送摯，出。主人送于門外，再拜。

　　士見於大夫，終辭其摯。於其入也，一拜其辱也。賓退，送，再拜。註曰：終辭其摯，以將不親答也。凡不答而受其摯，唯君於臣耳。大夫於士，不出迎；入一拜，正禮也。送再拜，尊賓。

　　若嘗爲臣者，則禮辭其摯，曰："某也辭不得命，不敢固辭。"註曰：禮辭，一辭其摯而許也，將不答，而聽其以摯入，有臣道也。賓入，奠摯，再拜。主人登壹拜。註曰：奠摯，尊卑異，不親授也。賓出。使擯者還其摯于門外，曰："某也使某還摯。"註曰：還其摯者，辟正君也。○辟，音避。賓對曰："某也既得見矣，敢辭？"擯者對曰："某也命某，某非敢爲儀也；敢以請。"註曰：還摯者，請使受之。賓對曰："某也夫子之賤私，不足以踐禮；敢固辭？"註曰：家臣稱私。踐，行也。言某臣也，不足以行賓客禮。擯者對曰："某也使某，不敢爲儀也；固以請。"賓對曰："某固辭不得命，敢不從？"再拜受。註曰：受其摯而去之。○疏曰：以其嘗爲臣，爲輕；既不受其摯，又相見無饗燕之禮，故鄭云"去之"。

　　下大夫相見以雁，飾之以布，維之以索，如執雉。見，如字。下"相見"並同。索,悉各反。○註曰:雁,取知時,飛翔有行列也。飾之以布,謂裁縫衣其身也。維,謂繫聯其足。○行,户郎反。衣,於既反。上大夫相見以羔,飾之以布,四維之,結于面,左頭,如麛執之。麛,音迷。○註曰:上大夫,卿也。羔,取其從帥,羣而不黨也。面,前也。繫聯四足,交出背上,於胸前結之也。如麛執之者,秋獻麛有成禮,如之。或曰:麛,孤之摯也。其禮蓋謂左執前足,右執後足。○疏曰:秋行犢麛,則獻當在秋時也。國皆有三卿、五大夫。言上大夫,據三卿,則此下是五大夫也。三卿宜六大夫而五者,何休云:司馬事省,闕一大夫。案《曲禮》云:"飾羔雁者以繢。"彼天子卿大夫,非直以布,上又畫之。此諸侯卿大夫,摯雖同羔雁,直用布爲飾,無繢。如士相見之禮。註曰:大夫雖摯異,其儀猶如士。

　　始見于君,執摯,至下,容彌蹙。蹙,子六反。○註曰:下,謂君所也。蹙,猶促也。促,恭慤貌也。其爲恭,士大夫一也。○庶人見於君,不爲容,進退走。註曰:容,謂趨翔。○疏曰:行而張足曰"趨",行而張拱曰"翔"。○士大夫則奠摯,再拜稽首,君答壹拜。稽,音啓。下同。○註曰:言君答士大夫一拜,則於庶人不答之。庶人之摯鶩。○疏曰:君於士不答拜,此得與大夫同答一拜者,士賤,君不答拜,此以新升爲士,故答拜。《聘禮》問勞云"答士拜"者,亦以新使反,故拜之。

　　若他邦之人,則使擯者還其摯,曰:"寡君使某還摯。"賓對曰:"君不有某外臣,臣不敢辭。"再拜稽首,受。疏曰:凡臣無境外之交,今得以摯見他邦君者,謂他國之君來朝,此國之臣因見之,若掌客卿,皆見以羔之類也。

　　凡燕見於君,必辯君之南面;若不得,則正方,不疑君。辯,與辨同。疑,音擬。○註曰:辯,猶正也。君南面,則臣見正北面。君或時不然,當正東面;若正西面,不得疑君所處,邪鄉之。此謂特見圖事,非立賓主之燕也。疑,度之。○邪,音斜。鄉,音向。君在堂,升見無方階,辯君所在。註曰:升見,升堂見於君也。君近東,則升東階;君近西,則升西階。

凡言，非對也，妥而後傳言。妥，他果反。○註曰：凡言，謂己爲君言事也。妥，安坐也。傳言，猶出言也。若君問，可對則對，不待安坐也。與君言，言使臣；與大人言，言事君；與老者言，言使弟子；與幼者言，言孝弟于父兄；與衆言，言忠信慈祥；與居官者言，言忠信。孝弟之弟，音悌。○註曰：博陳燕見言語之儀也。言使臣者，使臣之禮也。大人，卿大夫也。言事君者，臣事君以忠也。祥，善也。居官，謂士以下。○疏曰：與衆言，文承老幼之下，亦非朝臣，但是鄉間長幼共聚之處。

凡與大人言，始視面，中視抱，卒視面，毋改。衆皆若是。中，如字。毋，音無。下同。○註曰：始視面，謂觀其顏色，可傳言未也。中視抱，容其思之，且爲敬也。卒視面，察其納己言否也。毋改，謂傳言見答應之間，當正容體以待之，毋自變動，爲嫌懈惰不虛心也。衆，謂諸卿大夫同在此者，皆若是其視之，儀無異也。若父，則遊目毋上於面，毋下於帶。上，時掌反。○註曰：子於父，主孝不主敬，所視廣也，因觀安否何如也。若不言，立則視足，坐則視膝。註曰：不言，則伺其行起而已。

凡侍坐於君子，君子欠伸，問日之早晏，以食具告；改居，則請退可也。欠，起劍反。伸，音申。○註曰：君子，謂卿大夫及國中賢者也。志倦則欠，體倦則伸。問日晏，近於久也。具，猶辨也。改居，謂自變動也。夜侍坐，問夜膳葷，請退可也。葷，香云反。○註曰：問夜，問其時數也。膳葷，謂食之葷辛物葱薤之屬，食之以止臥也。○薤，户界反。

若君賜之食，則君祭先飯，徧嘗膳，飲而俟。君命之食然後食。飯，扶晚反。○註曰：君祭先飯，食其祭食，臣先飯，示爲君嘗食也。此謂君與之禮食。膳，謂進庶羞。既嘗庶羞，則飲俟君之徧嘗也。若有將食者，則俟君之食然後食。註曰：將食，猶進食，謂膳宰也。膳宰進食，則臣不嘗食。《周禮》：膳夫品嘗食，王乃食。若君賜之爵，則下席，再拜稽首，受爵，升席祭，卒爵而俟；君卒爵，然後授虛爵。註曰：受爵者於尊所，至於授爵，坐授人耳。必俟君卒爵者,若欲其醻然也。○疏曰:醻,盡爵也。

退坐取屨,隱辟而后屨。君爲之興,則曰:"君無爲興,臣不敢辭。"君若降送之,則不敢顧辭,遂出。辟,音闢。○註曰:謂君若食之、飲之而退也。隱辟,俯而逡遁。興,起也。辭君興,而不敢辭其降,於己太崇,不敢當也。大夫則辭退下,比及門,三辭。比,毗志反。○註曰:下,亦降也。

若先生、異爵者請見之,則辭;辭不得命,則曰:"某無以見,辭不得命,將走見。"先見之。註曰:先生,致仕者也。異爵,謂卿大夫也。辭,辭其自降而來。走,猶出也。先見之者,出先拜也。《曲禮》曰:"主人敬賓,則先拜賓。"①

非以君命使,則不稱寡。大夫士,則曰寡君之老。註曰:謂擯贊者辭也。不稱寡君,不言寡君之某,言姓名而已。大夫卿士,其使則皆曰"寡君之某"。《檀弓》曰:"仕而未有禄者,君有饋焉曰獻,使焉曰寡君之老。"②

凡執幣者不趨,容彌蹙以爲儀。註曰:不趨,主慎也。以進而益恭爲威儀耳。執玉者則唯舒武,舉則曳踵。踵,諸勇反。○註曰:唯舒者,重玉器,尤慎也。武,跡也。舉前曳踵,備躓跲也。○朱先生曰:陸佃讀武字絶句,謂容彌蹙同,唯武則舒。陸說近是。○躓,音致。跲,其業反。

凡自稱於君,士大夫則曰"下臣";宅者,在邦則曰"市井之臣",在野則曰"草茅之臣";庶人則曰"刺草之臣";他國之人則曰"外臣"。註曰:宅者,謂致仕者去官而居宅,或在國中,或在野。《周禮·載師》有"宅田"。刺,猶剗除也。

【校記】

① 據《曲禮下》,此句應作"主人敬客,則先拜客"。
② 據《禮記·檀弓下》,"寡君"之後無"之老"二字。

儀禮述註卷第三

鄉飲酒禮第四

鄭目錄云：諸侯之鄉大夫，三年大比，獻賢者能者於其君，以禮賓之，與之飲酒。○疏曰：知是諸侯之鄉大夫者。案：《春官·小胥》云："凡縣鐘磬，半爲堵，全爲肆。"註云：鐘磬者，編縣二八十六枚，而在一虡，謂之堵。鐘一堵，磬一堵，謂之肆。半之者，謂諸侯之卿大夫士也。諸侯之卿大夫，半天子之卿大夫，西縣鐘，東縣磬。士，亦半天子之士，縣磬而已。今此下唯縣磬而無鐘，故以爲諸侯卿大夫也。若然，大夫亦應鐘磬俱有；而直有磬者，鄭云賓鄉人之賢者，從士禮也。若然，天子鄉大夫賓賢能從士禮，亦鐘磬俱有，不獨磬也。凡鄉飲酒之禮，其名有四：此賓賢能，一也；六十者坐，五十者立侍，是黨正蜡祭飲酒，二也；州長春秋習射於序，先行鄉飲酒，三也；《鄉飲酒義》又有鄉大夫士飲國中賢者，用鄉飲酒，四也。其《王制》云："習射尚功，習鄉尚齒。"即是"州長""黨正"飲酒法。

鄉飲酒之禮。○主人就先生而謀賓介。註曰：主人，謂諸侯之鄉大夫也。先生，鄉中致仕者。賓介，處士賢者。《周禮·大司徒》："以鄉三物教萬民，而賓興之。"及三年大比，而興賢者能者，鄉老及鄉大夫帥其吏，與其眾寡，以禮禮賓之；厥明，獻賢能之書於王。是禮乃三年正月而一行也。諸侯之鄉大夫貢士於其君，蓋如此云。古者年七十而致仕，老於鄉里，大夫名曰"父師"，士名曰"少師"，而教學焉。恒知鄉人之賢者，是以大夫就而謀之。賢者爲"賓"，其次爲"介"，又其次爲"眾賓"。而與之飲酒，是亦將獻之，以禮禮賓之也。今郡國十月行此飲酒禮，以黨正每歲邦索鬼神而祭祀，則以禮屬民而飲酒于序，以正齒位之說。然此篇無正齒位之事焉。凡鄉黨飲酒，必於民聚之時，欲其見化，知尚賢尊長也。孟子曰："天下有達尊三：爵也，德也，齒也。"○疏曰：若據鄉貢一人，其介與衆賓不貢之矣。但立介與衆賓，輔賓行鄉飲酒之禮，待後年還以貢之耳。案：《射義》"諸侯歲獻貢士"註，大國三人，次國二人，小國一人。大國，三鄉；次國，二鄉；小國，一鄉。所貢之士與鄉同，則鄉送一人至君所。其國有遂，數亦同其鄉。并有公邑采地，皆有賢能貢之，而貢士與鄉數同。不言遂與公邑采地所貢者，蓋當鄉送一人至君所，君又總校德之大小，取以貢之；縱取鄉外，仍准鄉數爲定。鄉大夫雖行飲酒禮，賓之于君，其簡訖，仍更行飲酒禮。賓之於王，黨正正齒位之禮。六十者坐，五十者立侍；六十者三豆，七十者四豆，八十者五豆，九十者六豆。年長者在上，是正齒位之法也。漢時，十月飲酒禮取黨正之文；此篇則無黨正，正齒位法也。民聚之時，謂大比、大蜡之時。尚賢，據此篇鄉飲酒；尊長，據黨正鄉飲酒也。但黨正飲酒，以鄉大夫臨觀行禮，或鄉大夫居此黨内，則亦名鄉飲酒也。引孟子者，以證鄉大夫飲酒，是尚德也；黨正飲酒，尚齒也。爵於此無所當，連引之耳。或曰："賓若有遵者"一章，即尚爵之義也。

　　主人戒賓，賓拜辱。主人答拜，乃請賓。賓禮辭，許主人再拜，賓答拜。主人退，賓拜辱。註曰：戒，告也。拜辱，出拜其自屈辱至己門也。請，告以其所爲來之事。不固辭者，素所有志。○朱先生曰：學成行脩，進仕於朝，上以致君，下以澤民，此士之素所有志也。介亦如之。註曰：如戒賓也。○疏曰：不言衆賓，衆賓德劣；但謀介時，亦當謀之。故上註兼言"其次爲衆賓"。至於戒速之日，必當遣人戒速使知；但略而不言，故下云"賓及衆賓皆從之"。

　　乃席賓、主人、介。註曰：賓席，牖前，南面；主人席，阼階上，西面；介席，西階上，東面。衆賓之席皆不屬焉。屬，音燭。○註曰：席衆賓於賓席之西，不屬者，不相續也；皆獨坐，明其德各特。○尊兩壺于房户間，斯禁；有玄酒，在西。設篚于禁南，東肆，加二勺于兩壺。註曰：斯禁，禁切地無足者。玄酒在西，上也。肆，陳也。○疏曰：言東肆，以頭首爲記，從西向東爲肆，則大頭在西也。○設洗于阼階東南，南北以堂深，東西當東榮；水在洗東,篚在洗西,南肆。深,式陰反。後皆放此。○註曰:榮,屋翼。○疏曰:堂深,謂從堂廉北至房屋之壁。堂下洗北去堂遠近深淺,取於堂上深淺。假令堂深二丈,洗亦去堂二丈,以此爲度。

羹定,註曰:肉謂之羹。定,猶孰也。主人速賓,賓拜辱;主人答拜,還;註曰:速,召也。還,猶退也。賓拜辱。疏曰:《聘禮》云:賓至近郊,使下大夫;至賓館遂以賓入。《公食禮》使大夫戒賓,賓皆不拜送,送從之。鄭註云:不拜送者,爲從之。不終事皆不拜送,此獨拜送者,亦是鄉大夫尊賓卑,又擬貢,故特拜辱而送之,異於餘者。介亦如之。賓及衆賓皆從之。註曰:從,猶隨也。言及衆賓,介亦在其中。

主人一相迎于門外,再拜賓,賓答拜;拜介,介答拜;相,息亮反。○註曰:相,主人之吏;擯,贊傳命者。揖衆賓。註曰:差益卑也。拜介,揖衆賓,皆西南面。主人揖,先入。註曰:揖,揖賓也。先入門而西面。賓厭介,入門左。介厭衆賓,入。衆賓皆入門左,北上。厭,於葉反。註:今文皆作"揖"。○註曰:皆入門西,東面。推手曰"揖",引手曰"厭"。○疏曰:引手曰"厭"者,以手向身引之。

主人與賓三揖,至于階;三讓,主人升,賓升。主人阼階上當楣,北面再拜;賓西階上當楣,北面答拜。楣,密夷反。○註曰:三揖者,將進揖,當陳揖,當碑揖。楣,前梁也。○疏曰:楣,前梁,對後梁,爲室户上。主人坐,取爵于篚,降洗,註曰:將獻賓。賓降。註曰:從主人。主人坐,奠爵于階前,辭;賓對。主人坐,取爵,興,適洗,南面坐,奠爵于篚下,盥洗。註曰:已盥乃洗爵,致潔敬也。賓進東,北面辭洗。註曰:必進東行,示情。○疏曰:言東,北面,則位南於洗矣。是其賓初降立,至于洗南,東鄉;至主人洗爵,乃東行,故此得北面辭洗也。示情者,賓進前就主人,示謙下主人之情也。主人坐,奠爵于篚,興對。賓復位,當西序,東面。註曰:始降位在此。主人坐,取爵。沃洗者西,北面;註曰:沃洗,主人之羣吏。卒洗。主人壹揖,壹讓,升。疏曰:《鄉射》云,"主人卒洗,一揖,一讓,以賓升",是俱升也。上文主人先升,賓乃升者,以初至之時,賓客之道,進宜難,故主人升導之;至此以辭讓訖,故略威儀而俱升也。賓拜洗。主人坐,奠爵,遂拜,降盥。註曰:復盥,爲手坋汙。○坋,步困反。賓降,主人辭。賓對,復位,當西序。卒盥,揖讓升。賓西階上疑立。疑,魚乙反。後"疑立"並同。○註曰:疑,正立自定之貌。主人坐,取爵,實之賓之席前西,北面獻賓。疏曰:賓在西階北面,將就席受,故西,北面向其席也。賓西階上拜,主人少退;賓進受爵,以復位。註曰:復西階上位。主人阼階上拜送爵,賓少退,薦脯醢。註曰:薦,進也。進之者,主人有司。賓升席自西方。註曰:升由下也,升必中席。○疏曰:案《曲禮》云:"席南鄉北鄉,以西方爲上。"今升席自西方,云升由下者,以賓統於主人,以東方爲上,故以西方爲升由下也。乃設折俎。折,之設反。○註曰:牲體枝解,節折在俎。主人阼階東疑立。賓坐,左執爵,祭脯醢;註曰:坐,坐於席。祭脯醢者以右手。奠爵于薦西,興,右手取肺,卻左手執本;坐,弗繚,右絕末以祭;尚左手嚌之,興,加于俎。繚,音了。嚌,才計反。○註曰:肺離之本,端厚大者。繚,猶紾也。尚左手者,明垂紾之,乃絕其末。嚌,嘗也。○疏曰:奠爵于薦右者,爲取肺;奠之將舉,故奠於右。記云:取俎、進俎不坐。是以取時"奠爵""興",至"加于俎"又"興"也。本,謂根本,肺之大端。此《鄉飲酒》大夫禮,故云繚祭。《鄉射》士禮云絕祭。但云"繚",必兼"絕";言"絕"不得兼"繚"也。《周禮·大祝》辨九祭:"七曰絕祭,八曰繚祭"註云:繚祭,以手從肺本循之至于末,乃絕以祭。絕祭不循其末,直絕以祭。二祭本同,禮多者繚之,禮略者絕則祭之。云嚌嘗也者,嚌至齒則嘗之也。坐挩手,遂祭酒;興,席末坐,啐酒;降席,坐奠爵,拜,告旨;執爵,興。主人阼階上答拜。挩,舒衛反。啐,七內反。○註曰:挩,拭也。降席,席西也。賓西階上北面坐,卒爵,興;坐奠爵,遂拜;執爵,興。主人阼階上答拜。註曰:卒,盡也。於此盡酒者,明此席非專爲飲食起。○疏曰：此席非專爲飲食起，爲賓賢能起，故不在席盡爵，於此西階上卒之。

　　賓降洗，註曰：將酢主人。主人降。註曰：降立阼階東，西面。賓坐，奠爵，興，辭。註曰：西階前也。主人對。賓坐，取爵，適洗南，北面。主人阼階東，南面辭洗。賓坐，奠爵于篚，興對。主人復阼階東，西面。賓東，北面盥，坐取爵，卒洗。揖讓如初，升。主人拜洗。賓答拜，興，降盥如主人禮。賓實爵主人之席前東，南面酢主人。主人阼階上拜，賓少退；主人進受爵，復位。賓西階上拜送爵，薦脯醢。主人升席自北方，設折俎，祭如賓禮。註曰：祭者，祭薦俎及酒，亦嚌啐。○疏曰：《鄉射》，賓盥訖將洗，主人乃辭洗，禮之常也。此將賓舉之，故未盥而辭洗，以重之也。不告旨。註曰：酒已物也。自席前適阼階上，北面坐，卒爵，興；坐奠爵，遂拜；執爵，興。賓西階上答拜。註曰：自席前者，啐酒席末，因從北方降，由便也。○疏曰：《曲禮》席東鄉西鄉，以南方爲上；南鄉北鄉，以西方爲上。凡升席必由下，降由上。今主人當降自南方，以啐酒於席末，遂因從席北頭降，又從北向南北面拜，是由便也。主人坐，奠爵于序端，阼階上北面再拜崇酒。賓西階上答拜。註曰：東西牆謂之"序"。崇，充也。言酒惡相充實。○疏曰：賓告旨，甘主人之味，故啐則拜之；主人謝賓，以酒惡相充實，故飲訖乃拜。

　　主人坐，取觶于篚，降洗。賓降，主人辭降。賓不辭洗，立當西序，東面。註曰：不辭洗者，以其將自飲。卒洗，揖讓升。賓西階上疑立。主人實觶，酬賓，阼階上北面，坐奠觶，遂拜，執觶興。賓西階上答拜。觶，支義反。○註曰：酬，勸酒也。酬之言周，忠信爲周。坐祭，遂飲，卒觶，興；坐奠觶，遂拜，執觶興。賓西階上答拜。主人降洗，賓降辭，如獻禮。升，不拜洗。註曰：不拜洗，殺於獻。○疏曰：辭如獻禮者，主人辭賓降，賓辭主人爲己洗爵。此與獻賓時同。○殺，所界反。下註禮"殺"同。賓西階上立。主人實觶賓之席前，北面。賓西階上拜。主人少退，卒拜進，坐奠觶于薦西。註曰：賓已拜，主人奠其觶。賓辭，坐取觶，復位。主人阼階上拜送。賓北面坐，奠觶于薦東，復位。註曰：酬酒不舉，君子不盡人之歡，不竭人之忠，以全交也。主人揖，降。賓降，立于階西當序，東面。註曰：主人將與介爲禮，賓謙不敢居堂上。

主人以介揖讓升拜如賓禮。主人坐取爵于東序端，降洗；介降。主人辭降，介辭洗，如賓禮。升，不拜洗。註曰：介禮殺也。○疏曰：主人與賓三揖至階之時，介與眾賓亦隨至西階下，東面。今此文云"揖讓升如賓禮"，則唯於升堂時相讓，無庭中三揖之事矣。升堂而云拜者，謂拜至亦如賓矣。介西階上立。註曰：不言疑者，省文。主人實爵介之席前西，南面。獻介。介西階上，北面拜，主人少退。介進，北面受爵，復位。主人介右北面拜送爵，介少退。註曰：主人拜於介右，降尊以就卑也。主人立于西階東，薦脯醢。介升席自北方，設折俎。祭如賓禮，不嚌肺，不啐酒，不告旨。自南方降席，北面坐，卒爵，興；坐奠爵，遂拜，執爵興。主人介右答拜。註曰：不啐嚌，下賓。

介降洗，主人復阼階，降辭如初。註曰：如賓酢之時。○疏曰：云"如初"者，如賓酢主人之時，介辭主人從己降，主人辭介爲己洗也。卒洗，主人盥。註曰：盥者當爲介酌。○疏曰：此主人自飲而盥者，尊介也。介揖讓，升，授主人爵于兩楹之間。註曰：就尊南授之，介不自酌。下賓酒者，賓主共之。○疏曰：知兩楹間是尊南者。以上云"尊於房戶之間"，房戶間，當兩楹之北也。介西階上立。主人實爵，酢于西階上介右；坐奠爵，遂拜；執爵興。介答拜。主人坐祭，遂飲，卒爵興；坐奠爵，遂拜；執爵興。介答拜。主人坐，奠爵于西楹南，註曰：以當獻眾賓。介右再拜崇酒。介答拜。主人復阼階，揖降；介降立于賓南。

主人西，南面，三拜眾賓。眾賓皆答壹拜。註曰：不升拜，賤也。主人揖，升，坐取爵于西楹下；降洗，升，實爵于西階上，獻眾賓。眾賓之長，升拜受者三人。長，丁丈反。○疏曰：云"主人揖升"者，從三人爲首，一一揖之而升也。云"降洗，升，實爵"者，以下不更言洗，則以下因此不復洗矣。云"拜受者三人"，則堂下眾賓不拜受矣。主人拜送。註曰：於眾賓右。坐祭，立飲，不拜；既爵，授主人爵，降，復位。註曰：既，卒也。卒爵不拜，立飲立授，賤者禮簡。眾賓獻則不拜受爵，坐祭，立飲。註曰：次三人以下也，不拜，禮彌簡。每一人獻，則薦諸其席。註曰：謂三人也。眾賓辯有脯醢。辯，音遍。○註曰：亦每獻薦於其位，位在下。今文"辯"，皆作"遍"。○疏曰：以其言堂下立侍，不合有席；故不言"席"而云"位在下"也。不言其數者，鄉人有學識者，皆來觀禮，皆入飲酒之內；是以《鄉射》云，旅酬堂上，"辯。卒受者興"，以旅在下者，明眾賓在堂下也。主人以爵降，奠于篚。①

揖讓升。賓厭介，升；介厭眾賓，升；眾賓序升，即席。厭，於葉反。註：今文"厭"皆爲"揖"。○註曰：序，次也。即，就也。○一人洗，升，舉觶于賓；註曰：一人，主人之吏。發酒端曰"舉"。實觶，西階上坐，奠觶，遂拜，執觶興。賓席末答拜。坐祭，遂飲，卒觶興；坐，奠觶，遂拜，執觶興，賓答拜。降洗，升，實觶，立于西階上。賓拜。註曰：賓拜，拜將受觶。○疏曰：云"賓席末答拜"者，謂於席西，南面，非謂席上。近西爲末，以其無席上拜法也。已下賓拜皆然。進坐，奠觶于薦西。賓辭，坐受以興。註曰：舉觶不授下，主人也。言坐受者，明行事相接若親受，謙也。○疏曰：若於人手相接受，則名爲"受"。不於人取之，不得言"受"。今於地取之而言"受"者，以主人奠之，賓取之，而無隔絕，雖於地，若手受之也。舉觶者西階上拜送。賓坐，奠觶于其所。註曰：所，薦西也。舉觶者降。註曰：事已。

設席于堂廉，東上。註曰：爲工布席也。側邊曰"廉"。《燕禮》曰："席工於西階上，少東。樂正先升，北面。"此言樂正先升，立于西階東，則工席在階東。工四人：二瑟，瑟先；相者二人，皆左何瑟，後首，挎越，內弦，右手相。相,並息亮反。下同。何,下可反。拊,音枯。○註曰:四人,大夫制也。二瑟,二人鼓瑟,則二人歌也。瑟先者,將入,序在前也。相,扶工也;衆賓之少者爲之,每工一人。《鄉射禮》曰:"弟子相工如初入""天子相工使眡瞭"者,凡工,瞽矇也,故有扶之者。師冕見及階,子曰:階也。及席,子曰:席也。固相師之道。後首者,變于君也。拊,持也。相瑟者,則爲之持瑟。其相歌者,徒相也。越,瑟下孔也。內弦,側擔之者。○疏曰:工四人,二人瑟,相二人;則工二人歌,雖不言相,亦二人可知。以空手無事,故不言。《燕禮》云:"小臣左何瑟,面鼓。"註云:燕尚樂,可鼓者在前也。此不面鼓,是變於君也。樂正先升,立于西階東。註曰:正,長也。工入,升自西階,北面坐;相者東面坐。遂授瑟,乃降。註曰:降立于西方,近其事。○疏曰:《鄉射》云"樂正適西方,命弟子贊工遷樂",故知西方是近其事也。工歌《鹿鳴》、《四牡》、《皇皇者華》。註曰:三者皆《小雅》篇也。《鹿鳴》,君與臣下及四方之賓燕、講道、修政之樂歌也。此采其已有旨酒,以召嘉賓。嘉賓既來,視我以善道。又樂嘉賓有孔昭之明德,可則傚也。《四牡》,君勞使臣之來樂歌也。此采其勤苦王事,念將父母,懷歸傷悲,忠孝之至,以勞賓也。《皇皇者華》,君遣使臣之樂歌也。此采其更是勞苦,自以爲不及;欲諮謀于賢知,而以自光明也。○朱先生曰:《鹿鳴》,謂今日燕飲之事,所以道達主人之誠意,而美嘉賓之德也。《四牡》,言其去家而仕於朝,辭親而從王事,於此乎始也。《皇皇者華》,言其將爲君使,而賦政於外也。《學記》曰:"《宵雅》肄三,官其始也。"正謂此也。蓋此三詩,先王所制以爲燕飲之樂,用之鄉人,用之邦國,各取其象而歌之也。卒歌,主人獻工。註曰:《鄉射禮》曰:"取爵于上篚,獻工。"工左瑟,一人拜,不興,受爵。主人阼階上拜送爵。註曰:一人,工之長也。凡工賤,不爲之洗。薦脯醢,使人相祭。相,息亮反。○註曰:使人相者,相其祭酒、祭薦。工飲,不拜既爵,授主人爵。註曰:坐授之。衆工則不拜受爵,祭飲,辯有脯醢,不祭。辯,音遍。下並同。○註曰:祭飲,獻酒重,無不祭也。○疏曰：下記云：凡旅不洗；不洗者，不祭。註云：敬禮殺也，不甚潔也。此衆工亦不洗而祭，故云獻酒重，無不祭也。大師則爲之洗。賓介降，主人辭降。工不辭洗。大，音泰。爲，于僞反。〇註曰：大夫若君賜之樂，謂之大師，則爲之洗，尊之也。賓介降，從主人也。工，大師也。上既言獻工矣，乃言大師者，大師，或瑟，或歌也。其獻之，瑟則先，歌則後。笙入，堂下磬南，北面立。樂《南陔》、《白華》、《華黍》。陔，古才反。白華②，呼瓜反。〇註曰：笙，吹笙者也；以笙吹此詩以爲樂也。《南陔》、《白華》、《華黍》，《小雅》篇也，今亡，其義未聞。昔周之興也，周公制禮作樂，采時世之詩以爲樂歌，所以通情相風切也，其有此篇明矣。後世衰微，幽厲尤甚，禮樂之書，稍稍廢棄。孔子曰：“吾自衛反魯，然後樂正，《雅》、《頌》各得其所。”謂當時在者而復重雜亂者也，惡能存其亡者乎？且正考父校商之名《頌》十二篇于周大師，歸以祀其先王；至孔子二百年之間，五篇而已，此其信也。〇劉敞云：此三篇皆笙詩也。小序云：有其義而亡其辭。亡謂本無，非亡逸之亡也。《鄉飲酒禮》鼓瑟而歌《鹿鳴》、《四牡》、《皇皇者華》；然後笙入堂下磬南，北面立，樂《南陔》、《白華》、《華黍》。《燕禮》亦鼓瑟歌《鹿鳴》、《四牡》、《皇皇者華》，然後笙入，立于縣中，奏《南陔》、《白華》、《華黍》。《南陔》以下，今無以考其名篇之義；然曰笙、曰樂、曰奏，而不言歌，則有聲而無詞明矣。下《由庚》、《崇丘》、《由儀》，放此。主人獻之于西階上。一人拜，盡階不升堂，受爵。主人拜送爵。階前坐祭，立飲，不拜既爵，升授主人爵。註曰：一人，笙之長者也。笙三人，和一人，凡四人。《鄉射禮》曰：“笙一人拜于下。”〇疏：一人拜者，謂在地拜。衆笙則不拜受爵，坐祭，立飲；辯有脯醢，不祭。註曰：亦受爵于西階上；薦之皆於其位磬南。〇乃間歌《魚麗》，笙《由庚》；歌《南有嘉魚》，笙《崇丘》；歌《南山有臺》，笙《由儀》。間，記莧反。麗，力知反，本或作“離”。〇註曰：間，代也；謂一歌則一吹。六者皆《小雅》篇也。《魚麗》，言太平年豐物多也；此采其物多酒旨，所以優賓也。《南有嘉魚》，言太平君子有酒、樂與賢者共之也；此采其能以禮下賢者，賢者纍蔓而歸之，與之燕樂也。《南山有臺》，言太平之治以賢者爲本；此采其愛友賢者，爲邦家之基，民之父母，既欲其身之壽考，又欲其名德之長也。《由庚》、《崇丘》、《由儀》今亡，其義未聞。○疏曰：堂下吹笙，堂上升歌，間代而作，故謂之乃間也。○纍，力追反。蔓，音萬。樂，音洛。○乃合樂，《周南》《關雎》、《葛覃》、《卷耳》，《召南》《鵲巢》、《采蘩》、《采蘋》。合，如字；又音閤。雎，七徐反。覃，大南反。卷，九轉反。召，音邵。蘋，毗人反。○註曰：合樂者，謂歌樂與眾聲俱作也。《周南》、《召南》，國風篇也，王后國君夫人房中之樂歌也。《關雎》，言后妃之德。《葛覃》，言后妃之職。《卷耳》，言后妃之志。《鵲巢》，言國君夫人之德。《采蘩》，言國君夫人不失職。《采蘋》，言卿大夫之妻能循其法度。昔大王王季，居于岐山之陽，躬行召南之教，以興王業；及文王而行周南之教以受命。《大雅》云"刑于寡妻，至于兄弟，以御于家邦"，謂此也。其始一國耳，文王作邑于豐，以故地爲卿士之采地，乃分爲二國。周，周公所食。召，召公所食。于時，文王三分天下有其二，德化被于南土，是以其詩有仁賢之風者，屬之"召南"焉；有聖人之風者，屬之"周南"焉。夫婦之道，生民之本，王政之端。此六篇者，其教之原也。故國君與其臣下及四方之賓燕，用之合樂也。鄉樂者，"風"也。"小雅"爲諸侯之樂，"大雅"、"頌"爲天子之樂。鄉飲酒，升歌《小雅》，禮盛者可以進取也。燕合鄉樂，禮輕者可以逮下也。《春秋》傳曰：《肆夏》繁遏，渠天子所以享元侯也。《文王》、《大明》、《綿》，兩君相見之樂也。然則諸侯相與燕，升歌"大雅"，合"小雅"。天子與次國小國之君燕，亦如之。與大國之君燕，升歌"頌"，合"大雅"。其笙間之篇未聞。○疏曰：歌樂眾聲俱作者，謂堂上有歌瑟，堂下有笙磬，合奏此詩也。○朱先生曰："'二南'之分，註疏說未安；唯程子曰：'以周公主內治，故以畿內之詩，言文王太姒之化者，屬之《周南》；以召公掌諸侯，故以畿外之詩，言列國諸侯大夫之室家者，屬之《召南》。'此爲得之。"謂之"南"者，言其化自岐雍之間，被于江漢之域，自北而南也。詩曰"以雅以南"，即謂此也。
工告于樂正曰："正歌備。"樂正告于賓，乃降。註曰：樂正降者，以正歌備，無事也，降立西階東北面。○疏曰：以其上堂時，在西階之東北面，知降堂下亦然，在笙磬之西，亦得監堂下之樂，知位在此也。

主人降席自南方，註曰：不由北方，由便。○疏曰：主人之席南上。升由下，降由上，是其常；而言"由便"者，解禮所以升由下降由上者，是由便也。側降，註曰：賓介不從。○疏曰：側，特也。賓介不從，故言"側"。作相爲司正。司正禮辭，許諾。主人拜，司正答拜。相，悉亮反。下相拜、相旅及註升相，並同。○註曰：作，使也。禮樂之正既成，將留賓，爲有懈惰，立司正以監之。拜，拜其許。主人升，復席。

司正洗觶，升自西階，阼階上北面受命于主人。主人曰："請安于賓。"司正告于賓；賓禮辭，許。註曰：爲賓欲去留之，告賓於西階。司正告于主人。主人阼階上再拜，賓西階上答拜。司正立于楹間以相拜，皆揖，復席。註曰：再拜，拜賓許也。司正既以賓許告主人，遂立楹間以相拜。賓主人既拜，揖就席。司正實觶，降自西階，階間北面坐奠觶，退共，少立；共，九勇反。○註曰：階間北面，東西節也。其南北當中庭。共，拱手也。少立，自正，慎其位也。己帥而正，孰敢不正？《燕禮》曰："右還北面。"坐取觶，不祭，遂飲，卒觶興；坐奠觶，遂拜；執觶興，盥洗；北面坐奠觶于其所，退立于觶南。註曰：洗觶奠之，示潔敬；立於其南，以察衆。○疏曰：據鄉射、大射，皆不云"盥"，此有"盥"字者誤，合刪去。

賓北面坐，取俎西之觶，阼階上北面酬主人。主人降席，立于賓東。註曰：初起"旅酬"也。凡旅酬者，少長以齒，終於沃盥者，皆弟長而無遺矣。○疏曰：前一人舉觶，奠于薦右，今取爲旅酬。記云：主人之贊者，西面，北上，不與。與，及也；言不及獻酒，則旅酬亦不與矣。旅酬，所以酬正獻也。記又云：無算爵，然後與。此旅酬得終於沃洗者，鄭解酬之大法，故連引無算爵。旅酬而言終沃洗也，其實此時未及沃洗也。○弟長，弟，大計反；長，丁丈反。與，並音預。賓坐奠觶，遂拜；執觶興。主人答拜。不祭，立飲，不拜，卒觶，不洗；實觶，東南面授主人。註曰：賓立欲卒觶，因更酌以鄉主人，將授。○鄉，許亮反。主人阼階上拜，賓少退，主人受觶；賓拜送于主人之西。註曰：旅酬同階，禮殺。賓揖復席。註曰：酬主人訖。主人西階上酬介。介降席自南方，立于主人之西，如賓酬主人之禮。主人揖，復席。註曰：其酌實觶，西南面授介。自此以下，旅酬酌者亦如之。司正升相旅曰："某子受酬。"受酬者降席。註曰：旅，序也。於是介酬衆賓，衆賓又以次序相酬。某者，衆賓姓也；同姓，則以伯仲別之；又同，則以其字別之。司正退立于序端，東面。註曰：辟受酬者，又便其贊上贊下也。始升相，西階西，北面。○辟，音避。受酬者，自介右，註曰：由介東也；尊介，使不失故位。○疏曰：北面以東爲右，故云由介東也。凡授受之法者，授由其右，受由其左。此受介酬者，應自介左，而自介右者，介位在西，故云尊介，使不失故位也。衆受酬者，受自左。註曰：後將受酬者，皆由西，變於介也。○疏曰：言衆受酬者，謂上衆賓之內爲首者一人，自介右受之；自第二以下，並堂下衆賓，皆自左受之。言變於介者，即是授受之常法也。拜、興、飲，皆如賓酬主人之禮。註曰：嫌賓以下異也。辯，卒受者以觶降，坐奠于篚。辯，音遍。○註曰：辯，辯衆賓之在下者。《鄉射禮》曰："辯，遂酬在下者；皆升，受酬于西階上。"司正降，復位。註曰：觶南之位。

使二人舉觶于賓、介，洗，升，實觶于西階上，皆坐奠觶，遂拜，執觶興。賓、介席末答拜。皆坐祭，遂飲，卒觶興，坐奠觶，遂拜，執觶興。賓、介席末答拜。註曰：二人，亦主人之吏。若有大夫，則舉觶于賓與大夫。《燕禮》曰："媵爵者立于洗南，西面，北上，序進盥洗。"○疏曰：若有大夫，則舉觶于賓與大夫者，以其大夫尊於介故也。逆降，洗；升，實觶，皆立于西階上。賓、介皆拜。註曰：於席末拜。○疏曰：賓在席西，南面；介在席南，東面。皆進薦西奠之。賓辭，坐取觶以興；介則薦南奠之，介坐受以興。退皆拜送，降。賓、介奠于其所。註曰：賓言"取"，介言"受"，尊卑異文。

司正升自西階，受命于主人。主人曰："請坐于賓。"賓辭以俎。註曰：至此盛禮俱成，酒清肴乾，賓主百拜，强有力者猶倦焉。張而不弛，弛而不張，非文武之道。請坐者，將以賓燕也。俎者，肴之貴者。辭之者，不敢以禮殺當貴者。○疏曰：《燕禮》，司正奠觶于中庭，請徹俎而坐。此禮司正監旅訖，二人舉觶後將行無算爵，始請坐于賓。燕禮司正之前，云二人致爵，三舉旅得爵多，故司正奠時即坐燕。此禮由來未行旅酬，故使二人舉觶徹俎後乃坐也。主人請徹俎，賓許。註曰：亦司正傳請告之。司正降階前，命弟子俟徹俎。註曰：西階前也。弟子，賓之少者。俎者，主人之吏設之。使弟子俟徹者，明徹俎賓之義。司正升，立于序端。註曰：待事。賓降席，北面。主人降席，阼階上北面。介降席，西階上北面。遵者降席席東，南面。註曰：皆立，相須徹俎也。遵者，謂此鄉之人仕至大夫者也；今來助主人樂賓，主人所榮而遵法者也，因以爲名。或有無，來不來，用時事耳。賓取俎，還授司正；司正以降，賓從之。主人取俎，還授弟子；弟子以降自西階，主人降自阼階。介取俎，還授弟子；弟子以降，介從之。若有諸公大夫，則使人受俎，如賓禮。衆賓皆降。還，音旋。下同。○註曰：取俎者皆鄉其席。既授弟子，皆降，復初入之位。○鄉，音向。

說屨，揖讓如初；升，坐。說，吐活反。○註曰：說屨者，爲安燕當坐也。必說於下者，屨賤，不空居堂。說屨，主人先左，賓先右。乃羞。註曰：羞，進也。所進者狗胾醢也。鄉設骨體，所以致敬也；今進羞，所以盡愛也。敬之愛之，所以厚賢也。○疏曰：下記云：其牲狗。《禮記》又云：薦羞不踰牲。則所羞者，狗胾也。但醢是舊作之物，諸經又不見以狗作醢；則胾必狗也，醢則當兼有餘牲也。無算爵。註曰：算，數也。賓主燕飲，爵行無數，醉而止也。《鄉射禮》曰："使二人舉觶于賓與大夫。"又曰"執觶者洗，升，實觶，反奠於賓與大夫"，皆是。○楊氏曰：《鄉飲酒禮》無算爵，其文略。註疏引《鄉射》無算爵以釋之。按：《鄉射》無算爵，賓與大夫不興，取奠觶飲，卒觶不拜。執觶者受觶,遂實之。賓觶以之主人;大夫之觶,衆賓長受而錯,皆不拜。註:錯者,實主人之觶,以之次賓;實賓長之觶,以之次大夫。此鄉飲酒禮亦同。但鄉射,有賓無介;鄉飲酒,有賓有介。當實賓之觶,以之主人;實大夫之觶,以之介,及其交錯而行也。當實主人之觶,以之衆賓長;實介之觶,以之次大夫;又實衆賓長之觶,以之第三位次大夫;實次大夫之觶,以之第二位次賓長。如此交錯以辯。卒受者興,以旅在下者于西階上,及其辯也,執觶者洗、升、實觶,反奠于賓與大夫。所以復奠之者,燕以飲酒爲歡,醉乃止。此所以爲無算爵也。無算樂。註曰:燕樂亦無數,或間或合,盡歡而止也。《春秋》襄二十九年,吳公子札來聘,請觀於周樂。此國君之無算也。

賓出,奏《陔》。陔,古才反。後記同。○註曰:陔,《陔夏》也。陔之言"戒"也。終日燕飲酒罷,以陔爲節,明無失禮也。《周禮》鐘師"以鐘鼓奏九'夏'",是奏"陔夏③",則有鐘鼓矣。鐘鼓者,天子諸侯備用之,大夫士鼓而已,蓋建於阼階之西南。鼓④《鄉射禮》曰:"賓興,樂正命奏《陔》。賓降及階,《陔》作。賓出,衆賓皆出。"主人送于門外,再拜。註曰:門東,西面拜也。賓介不答拜,禮有終也。

賓若有遵者諸公、大夫,則既一人舉觶,乃入。註曰:不于主人正禮也。遵者,諸公大夫也。謂之賓者,同從外來耳。大國有孤,四命謂之"公"。席于賓東,公三重,大夫再重。重,直龍反。○註曰:席此二者於賓東,尊之,不與鄉人齒也。天子之國,三命者不齒。於諸侯之國,爵爲大夫,則不齒矣。不言遵者,遵者亦卿大夫。公如大夫入,主人降,賓介降,衆賓皆降;復初位。主人迎,揖讓升。公升如賓禮。辭一席,使一人去之。去,起呂反。○註曰:主人迎之於門內也。辭一席,謙自同於大夫。大夫則如介禮。有諸公,則辭加席,委于席端,主人不徹;無諸公,則大夫辭加席,主人對,不去加席。註曰:加席,上席也。大夫席再重。

明日,賓服鄉服以拜賜,註曰:拜賜,謝恩惠。鄉服,昨日與鄉大夫飲酒之朝服也。不言朝服,未服以朝也。○疏曰:此賓言"鄉服",其鄉射賓言

"朝服"不去者，按鄉射以公士爲賓，謂在朝者，朝服是其常；此賓鄉人子弟未仕，雖著朝服，仍以鄉服言之故也。○**主人如賓服以拜辱。**註曰：拜賓復自屈辱也。《鄉射禮》曰："賓朝服以拜賜于門外；主人不見，如賓服，遂從之拜辱於門外，乃退。"○疏曰：彼此賓主，皆不相見，造門外拜謝而已。

主人釋服，註曰：釋朝服，更服玄端也。**乃息司正。**註曰：息，勞也。勞賜昨日贊執事者。獨云"司正"，司正，庭長也。○勞，力報反。**無介，**註曰：勞禮，略也。司正爲賓。**不殺，**殺，如字。○註曰：市買，若因所有可也。不殺則無俎。**薦脯醢。**註曰：羞同也。○疏曰：與正行飲酒同。**羞唯所有，**註曰：在有何物。**徵唯所欲，**註曰：徵，召也。○疏曰：昨日正行飲酒，不得喚親友；故今禮食之餘，可別召知友也。**以告于先生、君子可也。**註曰：告，請也。先生，不以筋力爲禮，於是可以來。君子，國中有盛德者。可者，召不召惟所欲。**賓、介不與。**與，音預。○註曰：禮瀆則褻。**鄉樂唯欲。**註曰：鄉樂，《周南》、《召南》六篇之中，唯所欲，作不從次也；不歌《鹿鳴》、《魚麗》者，辟國君也。○辟，音避。

記

鄉朝服而謀賓、介，皆使能，不宿戒。註曰：鄉，鄉人，謂鄉大夫也。朝服，冠玄端，緇帶，素韠，白屨。再戒爲"宿戒"，禮將有事，先戒而後宿戒。

蒲筵，緇布純。純，章允反。○註曰：筵，席也。純，緣也。**尊，綌冪；賓至徹之。**註曰：綌，葛也。冪，覆尊巾。

其牲，狗也。註曰：狗取擇人。**亨于堂東北。**亨，音烹。○註曰：祖陽氣之所始也。陽氣主養。

獻用爵，其他用觶。註曰：爵尊，不褻用之。○楊氏曰：上篚在禁南東肆，下篚在洗西南肆。上篚爵三觶一，獻賓、獻遵、獻工皆異爵，三也；主人取觶，降洗以酬賓，一也。下篚之觶四，一人舉觶，爲旅酬始，一也；司正舉觶，二也；二人舉觶,爲無算爵始,四也。薦脯五挺,橫祭于其上,出自左房。挺,大潁反,本亦作"脡",同。○註曰:挺,猶"臄"也。《鄉射禮》曰:"祭半臄。"臄,長尺有二寸。左在東,陽也。陽主養。房,饌陳處也。《冠禮》之饌,"脯醢南上"。《曲禮》曰:"以脯脩置者,左朐右末。"○疏曰:此橫祭于其上者,於脯爲橫,於人爲縮;其挺有五,通祭者六。○臄,音職。朐,其于反。俎由東壁,自西階升。註曰:亨狗既孰,載之俎,饌於東方。○疏曰:亨狗於東方,孰乃載之於俎,饌陳於東壁。既饌於東方,恐由東階升,故記辯之云自西階升也。賓俎:脊、脅、肩、肺;主人俎:脊、脅、臂、肺;介俎:脊、脅、胳、肺。肺皆離,皆右體進腠。胳,音格。腠,于豆反。○註曰:凡牲,前脛骨三:肩、臂、臑也;後脛骨二:膊、胳也。尊者俎尊骨,卑者俎卑骨。《祭統》曰:凡爲俎者,以骨爲上。骨有貴賤,凡前貴後賤⑤。離,猶揧也。腠,理也。進理,謂前其本也。今文"胳"作"骼"。○疏曰:此序體,賓用肩,主人用臂,介用胳,前貴於後也。其間有臑、肫在而介不用者,蓋以大夫俎,故此闕焉。○朱先生曰:"肫"字,釋文無音。疏又云"有臑肫而介不用",明本無此字也,合刪。○脛,戶定反。臑,乃報反。膊,音純。揧,苦圭反。骼,古白反。

　　以爵拜者,不徒作。註曰:作,起也。言拜既,爵者不徒起,起必酢主人。坐卒爵者,拜既爵。立卒爵者,不拜既爵。註曰:降殺各從其宜,不使相錯。唯工不從此禮。○疏曰:以其工無目,故不使立卒爵,唯坐卒爵,不拜既爵,與立卒爵者同。○殺,所界反。凡奠者於左,註曰:不飲者,不欲其妨。○疏曰:謂主人酬賓之觶,主人奠於薦右;客不盡主人之歡,奠之於左。是不欲其妨後奠爵也。將舉於右。註曰:便也。○疏曰:謂若上文一人舉觶爲旅酬,使二人舉觶爲無算爵始,皆奠於右。

　　衆賓之長一人辭洗,如賓禮。註曰:於三人之中,復差有尊者,餘二人雖爲之洗,不敢辭其下不洗。立者,東面,北上;若有北面者,則東上。註曰:賢者衆寡無常也,或統於堂,或統於門。○疏曰:此謂堂下立者。鄉人賢者,或多或少。若少,則東面,北上,統於堂也;若多,東面立不盡,即門西,北面,東上,統於門也。樂正與立者,皆薦以齒。與,音預。○註曰:謂其飲之次也。尊樂正,同於賓黨,不言"飲"而言"薦",以明"飲"也。既飲皆薦於其位,樂正位西階東,北面。

　　凡舉爵,三作而不徒爵。註曰:謂獻賓、獻大夫、獻工,皆有薦。

　　樂作,大夫不入。註曰:後樂,賢也。獻工與笙,取爵于上篚;既獻,奠于下篚。註曰:明其異器,敬也。如是,則獻大夫亦然。上篚三爵。○疏曰:獻賓、獻衆賓訖,降奠于篚,是其上篚一爵也。獻工與笙,既獻奠于下篚,是上篚二爵也。又《鄉射禮》云:主人以爵降洗,獻大夫。此篇亦有大夫,故知上篚有三爵也。其笙,則獻諸西階上。註曰:謂主人拜送爵也。於工拜于阼階上者,以其坐于西階東也。○疏曰:以工坐于西階東,主人不得西階上拜送爵故也。此笙在西階,獻於西階上嫌,亦阼階拜送,故此明之也。

　　磬,階間縮霤,北面鼓之。縮,所六反。霤,力又反。○註曰:縮,從也。霤以東西爲從。鼓,猶擊也。大夫面特縣,方賓鄉人之賢者,從士禮也。射則磬在東。○疏曰:磬階間者,在堂下兩階之間,東西節也。縮,從也。上當堂之南霤,南北節也。凡東西爲橫,南北爲從。南霤則以東西爲從,謂之縮霤。○楊氏曰:《春官·小胥》"正樂縣之位:王,宮縣;諸侯,軒縣;卿大夫,判縣;士,特縣"。宮縣,四面象宮室;軒縣,三面去南面,辟王也;判縣,判左右二面,又去北面;特縣,縣於東方,或於階間而已。凡鐘磬,編縣二八十六枚,而在一虡,謂之堵。鐘一堵,磬一堵,謂之肆。所謂卿大夫判縣者,天子之卿大夫判縣,左右二肆,鐘磬各二堵也。士特縣,一肆,鐘磬各一堵也。諸侯之卿大夫,半天子之卿大夫,判縣一肆,西鐘東磬各一堵也。諸侯之士半天子之士,縣磬一堵而已。射則避射位,故鄉射,磬在東;鄉飲則在階間縮霤也。鄉飲諸侯之大夫禮,以其賓鄉人之賢者,從士禮也。○從,子容反。縣,平聲。辟,音避。編,悲堅切。虡,臼許切。堵,音睹。

　　主人、介,凡升席自北方,降自南方。註曰:席,南上;升由下,降由上,由便。

　　司正既舉觶,而薦諸其位。註曰:司正,主人之屬也,無獻,因其舉觶而薦之。○疏曰:下文云,"主人之贊者,西面,北上;不與,無算爵,然後與",是其無獻也。故因舉觶,薦諸其位。○與,音預。

　　凡旅不洗,註曰:敬禮殺也。不洗者不祭,註曰:不甚潔也。既旅,士不入。註曰:後正禮也。既旅,則將燕矣。

　　徹俎。賓介遵者之俎,受者以降,遂出授從者;從,才用反。○註曰:送之。主人之俎以東。註曰:藏於東方。

　　樂正命奏《陔》。賓出,至于階,《陔》作。

　　若有諸公,則大夫於主人之北,西面。註曰:其西面者,北上,統於公。

　　主人之贊者,西面,北上,不與;與,音預。下同。○註曰:贊,佐也,謂主人之屬,佐助主人禮事,徹鼎、沃盥、設薦俎者。西面,北上,統於堂也。與,及也。不及,謂不獻酒。無算爵,然後與。註曰:燕乃及之。

【校記】

① 此下原衍"任"字,徑删。按,句下依例當有鄭註:"不復用也。"
② "白華"之後脱"之華"二字。
③ "陔夏",查"九夏",或作"祴夏",祴讀作"陔"。
④ "鼓",疑爲衍文。
⑤《祭統》原文爲:"凡爲俎者,以骨爲主。骨有貴賤,殷人貴髀,周人貴肩。凡前貴于後。"

儀禮述註卷第四

鄉射禮第五之一

鄭目録云：州長春秋以禮會民而射於州序之禮，謂之"鄉"者，州，鄉之屬，鄉大夫或在焉，不改其禮。○疏曰：《周禮》"五州爲鄉"，是州屬鄉也。云"鄉大夫或在焉"者，一鄉管五州，鄉大夫或宅居一州之内，求臨此射禮，是爲鄉大夫在焉，則名"鄉射"。又，鄉大夫三年大比，興賢者能者，訖而以鄉射之禮五物詢衆庶，亦行此州長射禮以詢之，亦是鄉大夫在焉，故名"鄉射"。云"不改其禮"者，雖鄉大夫在，其禮仍依州長射禮也。然此經鄉大夫射於庠，云"堂則由楹外"，又云"堂則物當楣"，又云"大夫用兕中"，其禮與士射於序別。而云"不改"者，大判鄉大夫、士射，先行鄉飲酒禮，及未旅而射，爲不改耳，其實亦有少異也。

鄉射之禮。○主人戒賓。賓出迎，再拜。主人答再拜，乃請。註曰：主人，州長也。鄉大夫若在焉，則稱鄉大夫也。戒，猶警也，語也，出迎出門也，請告也。告賓以射事，不言拜辱，此爲習民以禮樂，不主爲賓已也。不謀賓者，時不獻賢能，事輕也。今郡國行此禮以季春。《周禮》鄉老及鄉大夫，三年正月獻賢能之書於王，退而以鄉射之禮五物詢衆庶。諸侯之鄉大夫，既貢士於其君，亦用此禮射而詢衆庶乎？○疏曰：按，鄉大夫是諸侯鄉大夫，則此州長亦諸侯之州長，以士爲之。是以經云：釋獲者執鹿中。而記云：士鹿中也。若天子州長，中大夫爲之矣。賓禮辭，許。主人再拜，賓答再拜。主人退，賓送再拜。註曰：退，還射宮，省録射事。無介。註曰：雖先飲酒，主於射也。其序賓之禮略。

乃席賓南面，東上。註曰：不言於户牖之間者，此射於序。○疏曰：此射於序，鄉飲酒在庠。以其序無室，庠有室。無室則無户牖，設席亦當户牖之處耳。言"東上"，亦主人在東，故席端在東；不得以《曲禮》席南向、北向以西方爲上解之。眾賓之席繼而西。註曰：言"繼"者，甫欲習眾庶未有所殊别。〇疏曰：鄉飲酒，三賓之席不屬，彼有德之人，各自特不繼，故有殊别。席主人於阼階上，西面。註曰：阼階，東階。〇尊於賓席之東，兩壺斯禁；左玄酒，皆加勺。篚在其南，東肆。勺，上灼反。篚，音匪。〇註曰：斯禁，禁切地無足者也。設尊者北面，西曰左，尚之也。肆，陳也。〇疏曰：左玄酒，據人設尊北面，故西爲左。〇設洗于阼階東南，南北以堂深，東西當東榮。水在洗東，篚在洗西，南肆。深，式蔭反。〇註曰：榮，屋翼。縣于洗東北，西面。縣，音懸。〇註曰：此縣，謂磬也。縣於東方，辟射位也。但縣磬者，半天子之士，無鐘。〇疏曰：縣謂磬者，對《大射》縣鐘、磬、鎛具有也。辟射位者，決鄉飲酒無射事，縣于階間也。諸侯之卿大夫，半天子之卿大夫。天子之卿大夫判縣者，東西各有鐘、磬爲肆；諸侯之卿大夫判縣者，分一肆於兩廂，東縣磬，西縣鐘。若天子之士特縣者，直東廂有鐘、磬，二虡爲一肆。諸侯之士，分取磬而已；縣于東方爲特縣。此既兼鄉大夫詢眾庶，當爲判縣。而總云無鐘者，方以禮樂化民，雖大夫亦同士特縣也。其天子諸侯鐘、磬、鎛具；卿大夫、天子士以下，亦無鎛。蓋若有鎛，添鐘、磬爲三，半不得也。〇辟，音避。

乃張侯，下綱不及地武。註曰：侯，謂所射布也。綱，持舌繩也。武，迹也。中人之迹，尺二寸。侯，象人；綱，即其足也。是以取數焉。不繫左下綱，中掩束之。繫，吉詣反。〇註曰：事未至也。〇疏曰：按下記云"東方謂之右个"註，侯以向堂爲面也，則此"左下綱"以西畔而言。乏參侯道，居侯黨之一，西五步。註曰："容"謂之"乏"，所以爲獲者御矢也。侯道五十步，此之去侯，北十丈，西三丈。〇爲，于僞反。獲，如字。

羹定，定，多佞反。〇註曰：肉謂之羹；定，猶熟也。謂狗熟可食。主人朝服，乃速賓。賓朝服出迎，再拜。主人答再拜，退。賓送，再拜。

朝，直遥反。○註曰：速，召也。射賓輕也，戒時玄端。賓及衆賓遂從之。○及門，主人一相出迎于門外，再拜。賓答再拜，相，息亮反。○註曰：相，主人家臣，擯贊傳命者。揖衆賓。註曰：差卑，禮宜異。主人以賓揖，先入。註曰：以猶"與"也。先入，入門右西面。賓厭衆賓，衆賓皆入門左，東面，北上，賓少進。厭，於葉反。下"賓厭"同。○註曰：引手曰"厭"。少進，差在前也。主人以賓三揖，皆行。及階，三讓；主人升一等，賓升。註曰：三讓而主人先升者，是主人先讓於賓；不俱升者，賓客之道進宜難也。主人阼階上當楣北面再拜，賓西階上當楣北面答再拜。楣，密夷反。○註曰：主人拜賓至此堂。

主人坐取爵於上篚以降，註曰：將獻賓也。賓降。註曰：從主人也。主人阼階前西面，坐奠爵；興，辭降。註曰：重以主人事煩賓也。賓對。註曰：對，答。主人坐取爵，興，適洗，南面坐奠爵于篚下，盥洗。註曰：盥手又洗爵，飲潔敬也。古文"盥"，皆作"浣"。○浣，戶管反。賓進東，北面辭洗。註曰：必進者方辭洗，宜違位也。言"東，北面"，則位南於洗矣。主人坐奠爵于篚，興對。賓反位。註曰：反從降之位也。《鄉飲酒》曰，當西序東面。主人卒洗，壹揖壹讓，以賓升。賓西階上北面拜洗。主人阼階上北面奠爵，遂答拜，乃降。註曰：乃降，將更盥也。古文"壹"皆作"一"。賓降，主人辭降，賓對。主人卒盥，壹揖壹讓升。賓升，西階上疑立。疑，魚乙反。下同。○註曰：疑，止也，有矜莊之色。主人坐取爵，實之賓席之前西，北面獻賓。註曰：進於賓也。凡進物曰"獻"。賓西階上北面拜，主人少退。註曰：少退，猶少辟也。○辟，音避。賓進受爵于席前，復位。註曰：復位，西階上位。主人阼階上拜送爵，賓少退。薦脯醢。註曰：薦，進。賓升席自西方。註曰：賓升降由下也。乃設折俎。折，之設反。後放此。○註曰：牲體枝解節折，以實俎也。主人阼階東疑立。賓坐，左執爵，右祭脯醢；奠爵于薦西，興取肺，坐絕祭，註曰：卻左手執本，右手絕末以祭也。肺離上爲本，下爲末。尚左手，嚌之。嚌，才計反。○疏曰：嚌，嘗也。右手在下，絶以授口嘗之。興，加于俎；坐，挩手；執爵，遂祭酒；興，席末坐啐酒；挩，始鋭反。啐，七内反。○註曰：挩，拭也。啐，嘗也。降席，坐奠爵，拜告旨；註曰：降席，席西也。旨，美也。執爵，興。主人阼階上答拜。賓西階上北面坐卒爵，興；坐奠爵，遂拜，執爵興。註曰：卒，盡。主人阼階上答拜。

　　賓以虛爵降，註曰：將洗以酢主人。主人降。註曰：從賓也，降立阼階東，西面，當東序。賓西階前東面坐奠爵，興，辭降；主人對。賓坐取爵，適洗，北面坐奠爵于篚下，興，盥洗。註曰：賓北面盥洗，自外來。○疏曰：對主人自内出南面是也。主人阼階之東，南面辭洗。賓坐奠爵于篚，興對。主人反位。註曰：反位，從降之位也。主人辭洗，進也。賓卒洗，揖讓如初，升。○主人拜洗。賓答拜，興，降盥，如主人之禮。賓升，實爵主人之席前東，南面酢主人。註曰：酢，報。主人阼階上拜，賓少退；主人進受爵，復位。賓西階上拜送爵，薦脯醢。主人升席自北方，乃設折俎，祭如賓禮，註曰：祭薦俎及酒，亦嚌、啐。不告旨。註曰：酒己物。自席前適阼階上，北面坐卒爵，興；坐奠爵，遂拜，執爵興。賓西階上北面答拜。註曰：自，由也。啐酒於席末，由前降便也。主人坐奠爵于序端，阼階上再拜崇酒；賓西階上答再拜。註曰：序端，東序頭也。崇，充也。謝酒惡相充滿也。

　　主人坐取觶于篚，以降。觶，支義反。下同。○註曰：將酬賓。賓降。主人奠觶，辭降。賓對，東面立。主人坐取觶，洗。賓不辭洗。註曰：不辭洗，以其將自飲。卒洗，揖讓升。賓西階上疑立。主人實觶酬之，阼階上北面坐奠觶，遂拜，執觶興。註曰：酬，勸酒。賓西階上北面答拜。主人坐祭，遂飲，卒觶，興；坐奠觶，遂拜，執觶興。賓西階上北面答拜。主人降洗，賓降辭，如獻禮；註曰：以將酌己。升不拜洗。註曰：

酬禮殺也。○殺，所界反。賓西階上立。主人實觶賓之席前，北面。賓西階上拜。主人坐奠觶于薦西。賓辭，坐取觶以興，反位。註曰：賓辭，辭主人復親酌己。○復，扶又反。主人阼階上拜送。賓北面坐奠觶于薦東，反位。註曰：酬酒不舉。主人揖降。賓降，東面立于西階西，當西序。註曰：主人將與衆賓爲禮，賓謙，不敢獨居堂。

主人西南面三拜衆賓，衆賓皆答一拜。註曰：三拜，示遍也。壹拜，不備禮也。獻賓畢，乃與衆賓拜，敬不能並。主人揖升，坐取爵于序端，降洗；升，實爵西階上獻衆賓。衆賓之長，升拜受者三人。長，丁丈反。○註曰：長，其老者；言三人，則衆賓多矣。國以多德行道藝爲榮，何常數之有乎？○疏曰：此雖非賓賢能，其衆亦三人在堂上，與鄉飲酒數同，其堂下衆賓無定數。故鄭云：言三人，則衆賓多矣。主人拜送。註曰：拜送爵於衆賓右。坐祭，立飲；不拜既爵，授主人爵；降復位。註曰：既，盡。○疏曰：此還上三人者，降復賓南東面位。衆賓皆不拜受爵，坐祭，立飲。註曰：自第四以下，又不拜受爵，禮彌略。○疏曰：此謂堂下衆賓無數者。每一人獻，則薦諸其席。註曰：諸，於。○疏曰：此還據堂上三人有席者，故云"薦諸其席"，謂席前也。衆賓辯有脯醢。辯，音遍。○註曰：薦於其位。○疏曰：還據堂下無席者，故鄭云"薦於其位"，不云席也。主人以虛爵降，奠于篚。註曰：不復用。

揖讓升。賓厭衆賓升。衆賓皆升就席。一人洗，舉觶于賓，註曰：一人，主人之吏。升實觶，西階上坐奠觶，拜，執觶興。賓席末答拜。舉觶者坐祭，遂飲，卒觶，興；坐奠觶，拜，執觶興。賓答拜。降洗，升實之西階上北面。註曰：將進奠觶。賓拜。註曰：拜受觶。舉觶者進，坐奠觶于薦西。註曰：不授，賤不敢也。賓辭，坐取以興。註曰：若親受然。舉觶者西階上拜送。賓反奠于其所。舉觶者降。

大夫若有遵者，則入門左。註曰：謂此鄉之人爲大夫者也。謂之遵者，方以禮樂化民，欲其遵法之也。其士也，於旅乃入。鄉大夫士非鄉人禮亦然，主於鄉人耳。今文"遵"爲"僎"。○疏曰：下記云，士既旅不入，明未旅間皆得入，是以未旅而射，其士皆在也。知鄉大夫士非鄉人禮亦然者，以其同是鄉大夫士，禮無異故也。但異鄉不助主人樂賓爲別也。主人降。註曰：迎大夫於門內也。不出門，別於賓。○別，彼列反。賓及衆賓皆降，復初位。註曰：不敢居堂俟大夫入也。初位，門內東面。主人揖讓以大夫升，拜至；大夫答拜。主人以爵降，大夫降。主人辭降，大夫辭洗。如賓禮，席于尊東。註曰：尊東，明與賓夾尊也。不言東上，統於尊也。○疏曰："統於尊也"者，席於尊東，繼尊而言；又不言東上西上，是以下云"大夫降席東，南面"。降由上，故知西上，統於尊也。升，不拜洗。主人實爵，席前獻于大夫。大夫西階上拜，進受爵，反位。主人大夫之右拜送。大夫辭加席。主人對，不去加席。去，起呂反。○註曰：辭之者，謙不以己尊加賢者也。不去者，大夫再重席，正也；賓一重席。○重，直容反。下皆同。乃薦脯醢。大夫升席。設折俎。祭加賓禮。不嚌肺，不啐酒，不告旨。西階上卒爵，拜。主人答拜。註曰：凡所"不"者，殺於賓也。大夫升席由東方。○疏曰：以其大夫席西上，升由下，故知大夫升席由東方也。

大夫降洗。註曰：將酢主人也。大夫若衆，則辯獻長乃酢。○辯，音遍。主人復阼階，降辭如初。卒洗。主人盥。註曰：盥者，雖將酌自飲，尊大夫不敢褻。揖讓升。大夫授主人爵于兩楹間，復位。主人實爵，以酢于西階上；坐奠爵，拜。大夫答拜。坐祭，卒爵，拜。大夫答拜。主人坐奠爵于西楹南，再拜崇酒。大夫答拜。主人復阼階，揖降。疏曰：爲士於旅乃入，擬獻士，故奠爵於西楹南。大夫降立于賓南。註曰：雖尊，不奪人之正禮。主人揖讓以賓升。大夫及衆賓皆升，就席。

席工于西階上，少東。樂正先升，北面立於其西。註曰：言"少東"者，明樂正西側階，不欲大東，辟射位。○大，音泰。辟，音避。工四人，二瑟，瑟先。相者皆左何瑟，面鼓，執越，內弦，右手相；入，升自西階，北面，東上。工坐，相者坐授瑟，乃降。相，息亮反。何，胡可反。○註曰：相，扶工也。面，前也。鼓在前，變於君也。執越，內弦，右手相，由便也。越，瑟下孔，所以發越其聲也。前越言執者，內有絃結，手入之淺也。相者降立西方。○疏曰：《鄉射》與《大射》相對。《大射》，君禮而後首；此臣禮前首，故云"變於君"。《燕禮》與《鄉飲酒》相對，是以《燕禮》面鼓，又與《鄉飲酒》後首相變。笙入，立于縣中，西面。縣，音懸。○註曰：堂下樂相從也。縣中，磬東立，西面。乃合樂：《周南》《關雎》、《葛覃》、《卷耳》，《召南》《鵲巢》、《采蘩》、《采蘋》。合，如字；又音閤。召，音邵。○註曰：不歌，不笙，不閒，志在射，略於樂也。不略合樂者，《周南》、《召南》之風，鄉樂也，不可略其正也。昔太王、王季、文王始居岐山之陽，躬行以成王業；至三分天下，乃宣周南、召南之化，本其德之初，刑于寡妻，至于兄弟，以御于家邦，故謂之"鄉樂"。用之房中，以及朝廷饗燕、鄉射飲酒。此六篇，其風化之原也，是以合金石、絲竹而歌之。○疏曰：《鄉飲酒禮》燕飲作樂四節，今不歌、不笙、不閒，唯有合樂，故云"志在射，略於樂也"。"二南"，是大夫士之鄉樂，己之正樂，故云"不可略其正也"。工不興，註曰：瞽矇，禮略也。告于樂正曰："正歌備。"樂正告于賓，乃降。註曰：樂正降者，堂上正樂畢也。降立西階東，北面。○主人取爵于上篚，獻工；大師，則爲之洗。大，音泰。爲，于僞反。○註曰：尊之也，君賜大夫樂又從之，以其人謂之大師也。賓降，主人辭降。註曰：大夫不降，尊也。工不辭洗。卒洗，升實爵。工不興，左瑟；一人拜受爵。主人阼階上拜送爵。薦脯醢，使人相祭。工飲，不拜既爵，授主人爵。眾工不拜，受爵，祭飲。辯有脯醢，不祭。不洗，遂獻笙于西階上。相，息亮反。辯，音遍；下並同。○註曰：不洗者，賤也。眾工而不洗矣，而眾笙不洗者，笙賤於眾工。正君賜之，猶不洗也。○疏曰：鄭云此者，欲見工在上貴。君賜之大師，爲之洗；笙賤，位在下，正使君賜之笙人，猶不爲之洗，況眾笙乎！笙一人拜于下，盡階，不升堂。受爵，主人拜送爵。階前坐祭，立飲，不拜既爵；升，授主人爵。衆笙不拜，受爵；坐祭，立飲。辯有脯醢，不祭。主人以爵降，奠于篚；反，升就席。註曰：亦揖讓，以賓升，衆賓皆升。〇疏曰：上賓降，經雖不言"衆賓降"，衆賓卑，從降可知，故今"從賓升"也。

主人降席自南方，註曰：禮殺，由便。側降，註曰：賓不從降。作相爲司正。司正禮辭，許諾。主人再拜，司正答拜。相，息亮反。〇註曰：爵備樂畢，將留賓以事，爲有體倦失禮，立司正以監之，察儀法也。《詩》云："既立之監，或佐之史。"〇監，古咸反。主人升就席。

司正洗觶，升自西階，由楹内適阼階上，北面受命于主人；西階上，北面請安于賓。賓禮辭，許。司正告于主人，遂立于楹間以相拜。主人阼階上再拜，賓西階上答再拜，皆揖就席。司正實觶，降自西階，中庭北面坐奠觶，興，退少立；進，坐取觶，興；反坐，不祭，遂卒觶，興；坐奠觶，拜，執觶興；洗，北面坐奠于其所；興，少退，北面立于觶南。相，息亮反。〇註曰：立觶南，亦其故擯位。〇疏曰：按上未有擯位，此云擯位者，按《射禮》云：擯者退中庭。是擯者在中庭有位。《燕禮》、《大射》皆擯者爲"司正"，則此《鄉射》及《鄉飲酒》云"作相爲司正"，相，即擯者也。故知觶南者，中庭故擯位也。〇未旅。註曰：旅，序也。未以次序相酬，將射也。旅，則禮終也。〇疏曰：未旅而射者，旅則醉而禮終，恐不得射也。

三耦俟于堂西，南面，東上。註曰：司射選弟子之中德行道藝之高者，以爲三耦。〇楊氏曰：此時擬取三耦之人，俟事於此，未比三耦。司射適堂西，袒、決、遂，取弓于階西，兼挾乘矢，升自西階；階上北面告于賓曰："弓矢既具，有司請射。"袒，徒旱反。決，古穴反。挾，音協。乘，繩證反。下並同。〇註曰：司射，主人之吏也。於堂西袒、決、遂者，主人無次，隱蔽而已。袒，左免衣也。決，猶闓也；以象骨爲之，著右大擘指以鉤弦闓體也。遂，射韝也；以韋爲之，所以遂弦者也。其非射時，則謂之"拾"。拾，斂也；所以蔽膚

61

斂衣也。方持弦矢曰"挾"。乘矢,四矢也。《大射》曰:"挾乘矢於弓外,見鏃於弣,右巨指鉤弦。"○疏曰:大射諸侯禮,有大射正爲長,射人次之,司射又次之,小射正次之,皆是士爲之。則此大夫士禮,不得用士,故知是主人之吏。有司謂"司馬"也。諸侯之州長無司馬官,故直言有司也。○閩,音開。著,直略反。擘,補革反。韝,古侯反。見,賢遍反。弣,芳甫反。賓對曰:某不能爲二三子許諾。爲,于僞反。○註曰:言"某不能",謙也。二三子,謂衆賓已下。司射適阼階上,東北面告于主人曰:"請射于賓,賓許。"○司射降自西階,階前西面,命弟子納射器。註曰:弟子,賓黨之年少者也。納,内也。射器,弓、矢、決、拾、旌、中、籌、楅、豐也。賓黨,東面;主人之吏,西面。○疏曰:賓黨西方東面。今以西面命之,明是賓黨。言弟子,故知少者。○楅,音福。乃納射器,皆在堂西。賓與大夫之弓,倚于西序;矢在弓下,北括。衆弓倚于堂西,矢在其上。倚,於綺反。括,古活反。○註曰:上,堂西廉;矢亦北括。○疏曰:序在堂上,故矢在弓下;堂西在堂下,故矢隨其弓,而直堂西廉棱之上也。主人之弓矢,在東序東。註曰:亦倚于東序也;矢在其下,北括。司射不釋弓矢,遂以比三耦於堂西。三耦之南,北面,命上射曰:"某御於子。"命下射曰:"子與某子射。"比,毗志反。又,筆倚反。下同。○註曰:此選次其才相近者也。○司正爲司馬。註曰:兼官,由便也。立司正爲涖酒耳;今射,司正無事。司馬命張侯,弟子説束,遂繫左下綱。説,吐活反。○註曰:事至也。司馬又命獲者"倚旌于侯中"。註曰:爲當負侯也。獲者,亦弟子也。謂之"獲者",以事名之。○疏曰:堂下位,主人之黨在東,賓弟子在西。下云"獲者由西方,坐取旌",是賓黨弟子可知,亦上張侯者也。獲者由西方,坐取旌,倚于侯中,乃退。樂正適西方,命弟子贊工遷樂于下。註曰:當辟射也。贊,佐也。遷,徙也。○辟,音避。弟子相工如初入,降自西階,阼階下之東南,堂前三笴,西面,北上坐。相,息亮反。笴,古我反。○註曰:笴,矢幹也。○疏曰:"矢人"註,矢幹長三尺,是去堂九尺也。樂正北面，立于其南。註曰：北面，向堂，不與工序也。

司射猶挾乘矢以命三耦："各與其偶讓，取弓矢拾。"拾，其劫反。除決拾之外，皆同。○註曰：猶，有故之辭。拾，更也。○疏曰：更遞取弓矢，見威儀也。非"決拾"之"拾"。○更，音庚。三耦皆袒、決、遂。有司左執拊，註曰：有司，弟子納射器者也。凡納射器者，皆執以俟事。右執弦，而授弓，遂授矢。三耦皆執弓，搢三而挾一个。搢，音晉。○註曰：搢，插也。插於帶右。○插，初洽反。下同。○司射先立于所設中之西南，東面。楊氏曰：此時未設中，但言司射立於將設中處之西南。三耦皆進由司射之西，立于其西南，東面，北上而俟。○司射東面立于三耦之北，搢三而挾一个；註曰：爲當誘射也。固東面矣，復言之者，明卻時還。○疏曰：司射先在中西南，東面；今三耦立定，司射卻來向三耦之北，東面，明司射卻時右還西南，東面也。揖進：當階北面揖，及階揖，升堂揖。豫則鉤楹內，堂則由楹外。當左物北面揖。豫，音榭。註，今文"豫"作"序"。○註曰：鉤楹，繞楹而東也。序無室，可以深也。周立四代之學於國，而又以有虞氏之庠爲鄉學。《鄉飲酒義》曰主人迎賓於庠門外是也。庠之制，有堂有室也。今言"豫"者，謂州學也，讀如"成周宣榭災"之"榭"，《周禮》作"序"。凡屋無室曰"榭"，宜從榭。州立榭者，下鄉也。左物，下物也。○疏曰：云"周立四代之學於國"者，按《王制》云，有虞氏上庠、下庠，夏后氏東序、西序，殷人左學、右學，周人東膠、虞庠。周立四代者，通己爲四代也。但質家貴右，故虞殷大學在西郊，小學在國中；文家貴左，故夏周大學在國中王宮之東，小學在西郊。周所立前代學者，立虞、夏、殷三代大學。若然，則虞氏上庠，則周之小學，爲有虞氏之庠制，在西郊也。立殷之右學，則瞽宗周立之，亦在西郊。立夏后氏之東序，則周之東膠，立在王宮之東。及物揖。左足履物不方足，還視侯中，俯正足。還，音旋。○註曰：方，猶"併"也。志在於射，左足至右足還併足，則是立也。南面視侯之中，乃俯視併正其足。○朱先生曰：詳註意，蓋謂左足履物，而右足不併，便還足南面視侯之中也；若便併右足，則是立矣。以志在相射，故未暇立而視侯；既視侯而後俯併其足也。不去旌。去，起呂反。○註曰：以其不獲。誘射，註曰：誘，猶"教"也。將乘矢；註曰：將，行也；行四矢。執弓不挾，註曰：不挾，矢盡。右執弦，南面揖，揖如升射；降，出于其位南，適堂西，改取一个挾之，遂適階西，取扑搢之，以反位。扑，普卜反。○註曰：扑，所以撻犯教者。《書》云，"扑作教刑"。

司馬命獲者執旌以負侯。註曰：欲令射者見侯與旌，深有志於中。○疏曰：凡射主欲中侯，中則使獲者舉旌唱獲，以是豫使見之。獲者適侯，執旌負侯而俟。註曰：俟，待也。

司射還當上耦，西面，作上耦射。還，音旋。○註曰：還，左還也。作，使也。司射反位。上耦揖進，上射在左，並行當階，北面揖，及階揖。上射先升三等，下射從之，中等。註曰：中，猶間也。上射升堂，少左；下射升，上射揖；並行，註曰：並，併也；併東行。皆當其物；北面揖，及物揖；皆左足履物，還視侯中，合足而俟。還，音旋。

司馬適堂西，不決遂，袒執弓，註曰：不決遂，因不射不備。出于司射之南，升自西階；鉤楹由上射之後，西南面立于物間；右執簫，南揚弓，命去侯。註曰：鉤楹，以當由上射者之後也。簫，弓末也。《大射》曰"左執拊"。揚，猶"舉"也。○疏曰："右執簫"者，不可一手揚弓，故引《大射》曰左手執拊，左當卻手；則右執簫者，右當覆手也。獲者執旌，許諾聲不絕，以至于乏；坐，東面偃旌；興而俟。註曰：聲不絕，不以宮商，不絕而已。鄉射威儀省。偃，猶"仆"也。司馬出于下射之南，還其後，降自西階；反由司射之南適堂西，釋弓，襲，反位，立于司射之南。還，音環，一音患。○註曰：圍下射者，明爲二人命去侯。○疏曰：圍下射者，若出物間西行，則似爲上射命去侯；是以并下射圍繞之，明爲二人命去侯也。○司射進，與司馬交于階前相左，由堂下西階之東，北面視上射，命曰："無射獲！無獵獲！"無射之"射",食亦反。○註曰:射獲,謂矢中人也。獵,矢從傍。上射揖,司射退反位。

乃射。上射既發,挾弓矢,而后下射射;拾發以將乘矢。獲者坐而獲。拾,其刼反。○註曰:射者中,則大言獲,獲,得也。射講武,田之類,是以中爲獲也。舉旌以宮,偃旌以商。註曰:宮爲君,商爲臣;聲和律呂相生。○疏曰:舉旌以宮,大言獲也;偃旌以商,小言獲也。獲而未釋獲。註曰:但大言獲,未釋其算。○今按:第一番射獲者,但大言其獲,未釋算;及第二番射,始設中而釋算。卒射,皆執弓不挾,南面揖;揖如升射。註曰:不挾,亦右執弦,如司射。上射降三等,下射少右從之;中等並行,上射於左;註曰:降,下。○疏曰:此上射、下射升與降,皆上射爲先。又,上射升降皆在左。與升射者相左交于階前,相揖;由司馬之南適堂西,釋弓,説決拾,襲而俟於堂西,南面,東上。説,吐活反。○三耦卒射亦如之。

司射去扑,倚于西階之西,升堂,北面告于賓曰:"三耦卒射。"註曰:去扑乃升,不敢佩刑器即尊者之側。賓揖。註曰:以揖"然"之。司射降,搢扑,反位。

司馬適堂西,袒執弓,由其位南進,與司射交于階前相左;升自西階,鉤楹自右物之後,立于物間,西南面揖弓。註曰:揖,推之也。命取矢。獲者執旌,許諾聲不絶。以旌負侯而俟。註曰:俟弟子取矢,以旌指教之。司馬出于左物之南,還其後,降自西階,遂適堂前,北面立于所設福之南,命弟子設福。還,音環,一音患。福,音福。○註曰:福,猶"幅"也,所以承笴齊矢者。○疏曰:訓福爲幅者,義取若布帛有邊幅整齊之意。乃設福于中庭,南當洗東肆。註曰:東肆,統於賓。○疏曰:《大射》云,"小臣師設福"。司馬正東面,以弓爲畢。鄭註云,畢所以教助執事者,明此亦然。記云,福,龍首。鄭註云,兩端爲龍首。若然,則有首無尾。而言西上者,應有刻飾,記之爲首尾也。司馬由司射之南,退釋弓于堂西,襲,反位。弟子取矢，北面坐委于楅，北括，乃退。司馬襲進，當楅南，北面坐，左右撫矢而乘之。乘，繩證反。○註曰：撫，拊之也。就委矢，左右手撫而四四數分之也。上既言襲矣，復言之者，嫌有事即袒也。凡事升堂乃袒。○疏曰："北括"者，順射時矢南行也。云"凡事升堂乃袒"者，堂下雖有事亦不袒，若司射不問堂上堂下，有事即袒；司馬與司射遞行事，恐同，故明之也。若矢不備，則司馬又袒執弓如初，升命曰："取矢不索。"索，悉各反。○註曰：索，猶"盡"也。弟子自西方應曰："諾！"乃復求矢，加于楅。復，扶又反。

司射倚扑于階西，升，請射于賓，如初。賓許諾。賓、主人、大夫若皆與射，則遂告于賓，適阼階上告于主人；主人與賓爲耦。與射之"與"，音預。○註曰：言若者，或射或否，在時欲耳。射者繹已之志，君子務焉，大夫遵者也。告賓曰："主人御于子。"告主人曰："子與賓射。"○疏曰：射禮三而止：第一番，直司射與三耦誘射，不釋算；第二番，三耦與衆耦俱射，釋算；第三番，兼有作樂爲射節，賓、主、大夫，則或射或否。遂告于大夫；大夫雖衆，皆與士爲耦。以耦告于大夫曰："某御於子。"註曰：大夫來觀禮，同爵自相爲偶，則嫌自尊，別大夫爲下射，而云"御於子"，尊大夫也。士謂衆賓之在下者及羣士來觀禮者也。禮，一命已下齒于鄉里。○疏曰：《鄉飲酒》、《鄉射》雖無正齒位之禮，士立於下，是以一命者在下，與鄉里齒是其常法；諸侯之士，無再命以上。若爲公卿大夫，自在尊東爲遵也。言士謂衆賓之在下者，則堂上三賓不與大夫爲耦矣，亦皆射；故下文云"衆賓與射者皆降"是也。西階上北面，作衆賓射。司射降，搢扑，由司馬之南適堂西，立，比衆耦。註曰：衆耦，大夫耦及衆賓也。衆賓將與射者皆降，由司馬之南適堂西，繼三耦而立，東上。大夫之耦爲上；若有東面者，則北上。賓、主人與大夫皆未降。註曰：未降，其志在射。司射乃比衆耦辯。辯，音遍。

遂命三耦拾取矢，司射反位。拾，其刼反。下同。○註曰：反位者，俟其袒、決、遂來。三耦拾取矢，皆袒、決、遂，執弓進立于司馬之西南。司射作上耦取矢。司射反位。上耦揖進，當楅北面揖，及楅揖。上射東面，下射西面。上射揖進，坐橫弓，卻手自弓下取一个，兼諸弣，順羽且興；執弦而左還，退反位，東面揖。卻，去約反。弣，音撫。還，音旋。下並同。○註曰："橫弓"者，南躇弓也。卻手由弓下取矢者，以左手在弓表，右手從裡取之，便也。兼并矢於弣，當順羽，既又當執弦也。順羽者，手放而下，備不整理也。○疏曰：表，弓背也。"且興"者，謂以右手順羽之時則興，故云"且"也。"左還"者，以左手向外而西回也。東面揖，揖下射取矢也。○朱先生曰：《燕禮》云"司正右還"，疏云，以右手向外者，以奠觶處為內而言也。《鄉射》云"三耦左還"，疏云，以左手向外者，以所立處為內而言也。《大射》云"毋周"者，既以左手向外，繞其所立之處，及至將匜之時，乃復以右手向外而轉身也。《鄉射》註云"周可也"，則以左手向外繞其立處，以至於匜，乃不復以右手向外，而即便轉身也。《燕禮》則右還而未至於匜，故不言周與不周也。○躇，蒲北反。匜同"帀"，子答反。下射進，坐橫弓，覆手自弓上取一个，興。其他如上射。覆，芳伏反。○註曰：覆手由弓上取矢者，以左手在弓裏，右手從表取之，亦便。○疏曰：不言躇弓，蓋卻左手向上執弓而南躇可知。○朱先生曰：上文東向覆手，南躇弓，則弦向身；此云西向卻手，南躇弓，則弦向外。既拾取乘矢，揖，皆左還；南面揖，皆少進；當楅南，皆左還；北面搢三挾一个，揖，皆左還，上射於右；註曰：上射轉居右，便其反位也。下射左還少南行，乃西面。與進者相左，相揖反位。註曰：相左者，由進者之北。三耦拾取矢亦如之。後者遂取誘射之矢，兼乘矢而取之，以授有司于西方，而后反位。註曰：取誘射之矢，挾五个，弟子逆受於東面位之後。○疏曰："挾五个"者，以前拾取矢，皆搢二挾一个，乃反位；此則先取四矢，亦搢三挾一个，乃并取誘射四矢兼挾之，故五个也。有司，即弟子納射器者。因留主授受於堂西西方，今見下耦將司射矢來向位，仍西面，弟子即往逆受之訖，下射乃反向東之位。○朱先生曰：後者兼取誘射之矢，則是下耦之下射也，此疏文不備。又：

東面位，蓋在司馬之西南。○衆賓未拾取矢，皆袒、決、遂、執弓，搢三挾一个；由堂西進，繼三耦之南而立，東面，北上。大夫之耦爲上。註曰：未，猶"不"也。衆賓不拾者，未射，無楅上矢也。○疏曰：第一番射時，未有拾取矢禮，以其第一番唯有三耦射，無賓射，楅上無矢可取故也。

司射作射如初。一耦揖升如初。司馬命去侯，獲者許諾。司馬降，釋弓反位。司射猶挾一个，去扑，與司馬交于階前；升，請釋獲于賓。去，起呂反。○註曰：猶，有故之辭。司射既誘射，恒執弓挾矢，以掌射事，備尚未知當教之也。今三耦卒射，衆足以知之矣，猶挾之者，君子不必也。賓許。降，搢扑，西面立于所設中之東北面，命釋獲者設中，遂視之。註曰：視之，當教之。釋獲者執鹿中，一人執算以從之。註曰：鹿中，謂射於榭也；於庠當兕中。釋獲者坐設中，南當楅，西當西序，東面；興，受算；坐，實八算于中，橫委其餘于中西，南末；興，共而俟。共，九勇反。○註曰：興，還北面受算，反東面實之。司射遂進由堂下，北面命曰："不貫不釋！"貫，古亂反。○註曰：貫，猶"中"也。不中正，不釋算也。○中，丁仲反。正，音征。上射揖。司射退反位。釋獲者坐取中之八算，改實八算于中，興，執而俟。註曰：執所取算。乃射。若中，則釋獲者坐而釋獲，每一个釋一算；上射於右，下射於左。若有餘算，則反委之。中，丁仲反。○註曰：委餘算，禮尚異也。委之，合於中西。又取中之八算，改實八算于中，興執而俟。三耦卒射。

賓、主人、大夫揖，皆由其階降揖。主人堂東，袒、決、遂、執弓，搢三挾一个；賓於堂西，亦如之。皆由其階，階下揖，升堂揖。主人爲下射，皆當其物，北面揖，及物揖，乃射；卒，南面揖，皆由其階，階上揖，降階揖。賓序西，主人序東，皆釋弓，説決拾、襲，反位；升，及階揖，升堂揖，皆就席。説，吐活反。○註曰：或言堂，或言序，亦爲庠、榭互言也。賓、主人射，大夫止於堂西。○朱先生曰：後記有"君袒朱襦"、"大夫袒薰襦"；

君在大夫射，則肉袒。然則士射皆肉袒與？

　　大夫袒、決、遂，執弓，搢三挾一个，由堂西出于司射之西，就其耦。大夫爲下射，揖進；耦少退，揖如三耦。及階，耦先升。卒射，揖如升射。耦先降。降階，耦少退。皆釋弓于堂西，襲。耦遂止于堂西，大夫升就席。註曰：耦於庭不並行，尊大夫也。在堂如上射之儀，近其事得申。○衆賓繼射，釋獲皆如初。司射所作唯上耦。註曰：於是言"唯上耦"者，嫌賓、主人射亦作之。

　　卒射，釋獲者遂以所執餘獲，升自西階盡階，不升堂；告于賓曰："左右卒射。"降，反位，坐委餘獲于中西；興，共而俟。共，九勇反。○註曰：司射不告卒射者，釋獲者於是有事，宜終之也。餘獲，餘算也。無餘算則空手耳。俟，俟數也。

儀禮述註卷第五

鄉射禮第五之二

司馬袒決，執弓，升，命取矢，如初。獲者許諾。以旌負侯，如初。司馬降，釋弓，反位；弟子委矢，如初。大夫之矢，則兼束之以茅，上握焉。註曰：兼束大夫矢，優之，是以不拾也。束于握上，則兼取之順羽便也。握，謂中央也。不束主人矢者，不可以殊於賓也。言大夫之矢，則矢有題識也。○朱先生曰：註疏"上握"之説未明，疑束之之處，當在中央手握處之下；使握在上，則去鐵近而去羽遠，取之便易也。○題，大兮反。識，申志反。司馬乘矢如初。司射遂適西階西，釋弓，去扑，襲；進由中東，立于中南，北面視算。去，起呂反。○註曰：釋弓去扑，射事已。釋獲者東面，于中西坐，先數右獲。數，疏羽反。○註曰：固東面矣，復言之者，爲其少南，就右獲。二算爲純，註曰：純，猶"全"也，耦陰陽。一純以取，實于左手；十純則縮而委之，註曰：縮，"從"也。於數者，東西爲"從"。○從，子容反。下註同。每委異之。註曰：易校數。有餘純，則橫於下。註曰：又異之也。自近爲下。一算爲奇，奇則又純諸純下。奇，居宜反。○註曰：奇，猶"虧"也。又從之。興，自前適左，東面。註曰：起由中東就左獲，少北於故，東面向之。○疏曰：云"少北於故"，故則右算也；又移至左算之後，東面向之，是以云"少北於故"。坐兼斂算，實于左手；一純以委，十則異之。註曰：變於右。○疏曰：右則一一取之於地，實于左手，此則總斂於左手，一一取之於左手，委於地，禮以變爲敬也。其餘如右獲。註曰：謂所縮所橫。司射復位。釋獲者遂進取賢獲，執以升自西階，盡階，不升堂；告于賓。註曰：賢獲，勝黨之算也。齊之而取其餘。○疏曰：左右數齊，有餘則賢獲，故以告也。若右勝，則曰："右賢於左。"若左勝，則曰："左賢於右。"以純數告；若有奇者，亦曰"奇"。註曰：賢，猶"勝"也。言賢者射之，以中爲雋也。假如右勝，告曰"右賢於左若干純、若干奇"。若左右鈞，則左右皆執一算以告曰："左右鈞。"降，復位；坐，兼斂算，實八算于中，委其餘于中西；興，共而俟。共，九勇反。

　　司射適堂西，命弟子設豐。註曰：將飲，不勝者設豐，所以承其爵也。豐，形蓋似豆而卑。○飲，於鴆反。弟子奉豐升，設于西楹之西，乃降。勝者之弟子洗觶，升酌，南面坐奠于豐上；降，袒執弓，反位。司射遂袒執弓，挾一个，搢扑，北面于三耦之南，命三耦及衆賓，勝者皆袒決遂，執張弓；奉，芳勇反。○註曰：執張弓，言能用之也。右手執弦，如卒射。不勝者皆襲，説決拾，卻左手，右加弛弓于其上，遂以執拊。司射先反位。三耦及衆射者皆與其耦，進立于射位，北上。司射作升飲者如作射，一耦進揖如升射。及階，勝者先升，升堂少右。説，吐活反。弛，尸紙反。拊，音府。○註曰：先升，尊賢也。少右，辟飲者，亦相飲之位。○疏曰：相飲者，皆北面於西階，授者在東，飲者在西，故云"亦相飲之位"。○朱先生曰：右自北面而言，則東也。相飲之位，謂飲之者立於飲者之右。○辟，音避。不勝者進，北面坐取豐上之觶；興，少退，立卒觶；進，坐奠于豐下；興，揖。註曰：立卒觶，不祭不拜受，罰爵不備禮也。不勝者先降，註曰：後升先降，略之不由次。與升飲者相左，交于階前相揖；出于司馬之南，遂適堂西，釋弓，襲而俟。有執爵者。註曰：主人使贊者代弟子酌也；於既升飲，而升自西階，立于序端。執爵者坐取觶，實之，反奠于豐上；升飲者如初。三耦卒飲。賓、主人、大夫不勝，則不執弓。執爵者取觶，降洗，升，實之以授于席前。受觶以適西階上，北面立飲；註曰：受罰爵者，不宜自尊別。卒觶，授執爵者，反就席。大夫飲，則耦不升。註曰：以賓主人飲，耦在上，嫌其升。若大夫之耦不勝，則亦執弛弓，特升飲；衆賓繼飲。射爵者辯，乃徹豐與觶。辯，音遍。○註曰：徹，猶"除"也。設豐者反豐于堂西，執爵者反觶於篚。

　　司馬洗爵，升，實之以降，獻獲者于侯。註曰：鄉人獲者賤，明其主以侯爲功得獻也。○疏曰：按《大射》云"司馬正洗散，遂實爵獻服不；服不侯西北三步，北面拜受爵"，註云，近其所爲獻。彼國君禮，使服不士官唱獲，故就其所爲唱獲獻之。此鄉人獲者賤，故獻於侯，明以侯爲功得獻也。薦脯醢，設折俎。俎與薦皆三祭。註曰：皆三祭，爲其將祭侯也。祭侯三處也。○處，昌慮反。獲者負侯，北面拜受爵；司馬西面拜送爵。註曰：負侯，負侯中也。拜送爵不同面者，辟正主也。其設薦、俎，西面錯，以南爲上；爲受爵于侯，薦之於位。○疏曰：上文正主獻賓、獻衆賓，皆北面，與受獻者同面。今此與受獻不同面，故云"辟正主"也。獲者，據文"東面"，而云"西面錯"，據設人而言，以南爲上者，《特牲》、《少牢》，東面籩豆，皆以南方爲上，故知此亦然。云"薦之於位"者，下云"左个之西北三步，東面設薦"，是薦之於位也。若《大射》，則獻與薦俱在乏，乃適侯祭之。君禮與此異也。獲者執爵，使人執其薦與俎從之，適右个，設薦俎。註曰：獲者以侯爲功，是以獻焉。人，謂主人贊者，上設薦俎者也，爲設籩在東，豆在西，俎當其北也。言使設新之。○疏曰：侯以北面爲正。依《特牲》、《少牢》，皆籩在右，故知籩在東右廂，豆在西左廂可知也。獲者南面坐，左執爵，祭脯醢，執爵興；取肺坐祭，遂祭酒。註曰：爲侯祭也，亦二手祭酒，反註如《大射》。○疏曰：《大射》禮，二手祭酒者，獲者南面於俎北，當爲侯祭於豆間；爵反註，爲一手不能正也。此薦俎之設，如於北面人焉。興，適左个，中亦如之。註曰：先祭左个後中者，以外即之至中，若神在中也。左个之西北三步，東面設薦、俎，獲者薦右，東面立飲，不拜既爵。註曰：不就乏者，明其享侯之餘也。立飲薦右，近司馬；於是司馬北面。○疏曰：知司馬北面者，此約下文司射獻釋獲者，"釋獲者薦右，東面拜受爵；司射北面拜送爵"，故知此時司馬亦北面也。若然，釋獲者在司射之西，北面立飲。此獲者不北面飲者，按《大射》註，此嚮受獻之位也。不北面者，嫌爲侯卒爵；此亦然，故不北面也。司馬受爵，奠于篚，復位。獲者執其薦，使人執俎從之，辟設于乏南。辟，音闢。註同。○註曰：遷設薦、俎就乏，明已所得禮也。言辟之者，不使當位，辟舉旌偃旌也。設于南，右之也。凡他薦、俎，皆當其位之前。獲者負侯而俟。

司射適階西，釋弓矢，去扑，說決拾，襲；適洗，洗爵，升，實之以降；獻釋獲者于其位，少南。薦脯醢，折俎，有祭。註曰：不當其位，辟中。釋獲者薦右，東面拜受爵；司射北面拜送爵。釋獲者就其薦坐，左執爵，祭脯醢；興，取肺，坐祭，遂祭酒；興司射之西，北面立飲，不拜既爵。司射受爵，奠于篚。釋獲者少西辟薦，反位。辟，音闢。註同。○註曰：辟薦少西之者，爲復射妨司射視算也，亦辟俎。

司射適堂西，袒、決、遂，取弓于階西，挾一个，揳扑，以反位。註曰：爲將復射。司射去扑，倚于階西；升，請射于賓如初。賓許。去，起呂反。○司射降，揳扑，由司馬之南適堂西，命三耦及衆賓皆袒、決、遂，執弓就位。註曰：位，射位也。不言射者，以當序取矢。司射先反位。註曰：言先三耦及衆賓也。既命之，即反位，不俟之也。嚮不言先三耦，未有拾取矢位，無所先。○疏曰：凡射，大射與鄉射各有三位，此鄉射無次，有堂西取弓矢袒、決、遂及比耦之位，又有三耦射位在司射位西南，又有拾取矢及再番射位，是三位。大射有次，次內有袒、決、遂，取弓矢之位，又有堂東次比耦之位，又有射位并拾取矢之位，是亦有三位。但君臣禮異，故知事不同也。○三耦及衆賓，皆袒、決、遂，執弓，各以其耦進，反于射位。司射作拾取矢。三耦拾取矢如初，反位。○賓、主人、大夫降揖如初。主人堂東，賓堂西，皆袒、決、遂，執弓；皆進，階前揖，註曰：南面相俟而揖行也。及楅揖，拾取矢如三耦。註曰：及楅，當楅東西也。主人西面，賓東面，相揖拾取矢；不北面揖，由便也。卒，北面摺三挾一个，揖退。賓堂西，主人堂東，皆釋弓矢，襲；及階揖，升堂揖，就席。註曰：將袒，先言主人；將襲，先言賓，尊賓也。

　　大夫袒、決、遂，執弓，就其耦；註曰：降袒、決、遂於堂西，就其耦於射位，與之拾取矢。揖皆進，如三耦。耦東面，大夫西面。大夫進，坐說矢束；說，吐活反。○註曰：說矢束者，下耦以將拾取。○疏曰：云大夫西面者，爲下射故也。興，反位。而後耦揖進，坐兼取乘矢，順羽而興，反位，揖。註曰：兼取乘矢者尊大夫，不敢與之拾也。相下相尊，君子之所以相接也。大夫進，坐，亦兼取乘矢，如其耦；北面，摺三挾一个，註曰：亦於三耦爲之位。揖退。耦反位。大夫遂適序西，釋弓矢，襲；升即席。註曰：大夫不序於下，尊也。○衆賓繼拾取矢，皆如三耦以反位。

　　司射猶挾一个以進，作上射如初。一耦揖升如初。註曰：進，前也。嚮言還當上耦西面，是言進，終始互相明也。司馬升，命去侯；獲者許諾。司馬降，釋弓反位。司射與司馬交于階前，去扑，襲；升，請以樂樂于賓。賓許諾。司射降，摺扑，東面命樂正曰："請以樂樂于賓，賓許。"去，起呂反。樂樂，上如字，下音洛。○註曰：東面於西階之前也。不就樂正命之者，傳尊者之命於賤者，遥號命之可也。樂正亦許諾，猶北面不還，以賓在堂。司射遂適階間，堂下北面命曰："不鼓不釋。"註曰：不與鼓節相應，不釋算也。鄉射之鼓五節，歌五終，所以將八矢；一節之間當拾發，四節四拾，其一節當以聽也。○疏曰：《射人》云，王以騶虞九節，諸侯以貍首七節，卿大夫以采蘋五節，士以采蘩五節，卿大夫士同五節。尊卑樂節，雖多少不同，四節以盡乘矢則同，其餘外皆以聽。王九節者，五節先以聽；諸侯七節者，三節先以聽；卿大夫士五節者，一節先以聽，皆以四節拾發乘矢。但尊者先以聽則多，卑者先以聽則少，優尊者先知審故也。上射揖。司射退，反位。樂正東面命大師曰："奏《騶虞》，間若一。"大，音泰。下同。○註曰：東面者，進還鄉大師也。《騶虞》，《國風·召南》之詩篇也。《射義》曰：《騶虞》者，樂官備也。其詩有"一發五犯"、"五豵"、"于嗟騶虞"之言，樂得賢者衆多，嘆思至仁之人以充其官。此天子之射節也，而用之者方有樂賢之志，取其宜也。其他賓客鄉大夫，則歌《采蘋》。"間若一"者，重節。○疏曰：間若一，謂五節之間，長短疏數皆如一，則是重樂節也。○朱先生曰：據《詩》，但取"一發五犯"之義耳；騶虞，則爲仁獸之名，以庶類蕃殖，美國君之仁如之也。樂官備去者，諸儒有以"騶"爲文王之囿，"虞"爲主囿之官，故立此義，而鄭註因之，與其《詩箋》自相違異，今姑存之。大師不興，許諾。樂正退反位。乃奏《騶虞》以射。三耦卒射。賓、主人、大夫、衆賓繼射，釋獲如初。卒射，降。○註曰：皆應鼓與歌之節，乃釋算。降者，衆賓。○疏曰：次番射時，賓與主人、大夫卒射，皆升堂；知此時者，但衆賓也。

　　釋獲者執餘獲，升告左右卒射，如初。註曰：卒，已也。司馬升，命取矢。獲者許諾。司馬降，釋弓，反位。弟子委矢，司馬乘之，皆如初。司射釋弓視算，如初。註曰：算，獲算也。釋獲者以"賢獲與鈞"告，如初。降復位。

　　司射命設豐，設豐、實觶如初；遂命勝者執張弓，不勝者執弛弓，升飲如初。

　　司射猶袒、決、遂，左執弓，右執一个，兼諸弦，面鏃。註曰：面，猶"尚"也。并矢於弦，尚其鏃，將止變於射也。適堂西，以命拾取矢，如初。司射反位。三耦及賓、主人、大夫、衆賓皆袒、決、遂，拾取矢，如初。矢不挾，兼諸弦拊以退，不反位，遂授有司于堂西。註曰：不挾，亦謂執之如司射也。不以反射位授有司者，射禮畢。○疏曰：執之如司射，兼諸弦拊，則與司射異；以其司射直執一个，無三矢兼於拊。三耦以下，則執一个并於弦，又以三矢并於拊，所以異也。辯拾取矢，揖，皆升就席。辯，音遍。○註曰：謂賓、大夫及衆賓也。相俟堂西，進立于西階之前，主人以賓揖升，大夫及衆賓從升，立時少退于大夫，三耦及弟子，自若留下。

司射乃適堂西，釋弓，去扑，說決拾，襲，反位。司馬命弟子說侯之左下綱而釋之，命獲者以旌退，命弟子退福。司射命釋獲者，退中與算而俟。去，起呂反。說，並吐活反。決拾，音十。〇註曰：諸所退，皆俟堂西，備復射也。"旌"言"以"者，旌恒執也。獲者、釋獲者，亦退其薦俎。

司馬反爲司正，退復觶南而立。註曰：當監旅酬。〇監，古銜反。樂正命弟子贊工即位。弟子相工，如其降也，升自西階，反坐。相，息亮反。〇註曰：贊工遷樂也。降時如初入，樂正反自西階東，北面。〇疏曰：前爲將射，遷工于東方，西面；樂正北面。今將旅酬作樂，故遷升于堂上也。云"樂正反自西階東，北面"，知不升者，以正樂畢，上無告請于賓之事，宜與正歌，備已後同也。賓北面坐，取俎西之觶；興，阼階上北面酬主人。主人降席，立于賓東。賓坐奠觶，拜；執觶興。主人答拜。賓不祭，卒觶，不拜，不洗，實之進東南面。註曰：所不者，酬而禮殺也，賓立飲。〇殺，所界反。下註禮"殺"，同。主人阼階上北面拜，賓少退；主人進受觶，賓主人之西北面拜送。註曰：旅酬而同階，禮殺也。賓揖，就席。主人以觶適西階上酬大夫；大夫降席，立于主人之西，如賓酬主人之禮。註曰：其既實觶，進西南面立，鄉所酬。〇鄉，音向。主人揖，就席。若無大夫，則長受酬，亦如之。長，丁丈反。〇註曰：長，謂以長幼之次酬衆賓。〇疏曰：若有大夫，先酬之。無大夫，則酬長。以鄉射無介，直有三賓。以長幼之次受酬衆賓，則三賓也。司正升自西階相旅，作受酬者曰："某酬某子。"相，息亮反。下註同。〇註曰：某者，字也。某子者，氏也。稱酬者之字，受酬者曰"某子"。旅酬下爲上尊之也。《春秋傳》曰：字不若子。此言某酬某子者，射禮略於飲酒。飲酒言某子受酬，以飲酒爲主。受酬者降席。司正退立于西序端，東面。註曰：退立，俟後酬者也；始升，相立階西，北面。衆受酬者拜，興，飲；皆如賓酬主人之禮。辯，遂酬在下者；皆升，受酬于西階上。

辯,音遍。○註曰:在下,謂賓黨也。《鄉飲酒記》曰:"主人之贊者,西面,北上,不與;無算爵,然後與。"此異於賓。○疏曰:引《鄉飲酒記》者,欲見賓黨在西,主黨在東。主黨不與酬之義。○與,音預。卒受者以觶降,奠于篚。司正降復位,使二人舉觶于賓與大夫。註曰:二人,主人之贊者。舉觶者皆洗觶,升實之;西階上北面,皆坐奠觶,拜,執觶興。賓與大夫皆席末答拜。舉觶者皆坐祭,遂飲,卒觶;興,坐奠觶,拜;執觶興。賓與大夫皆答拜。舉觶者逆降,洗,升實觶,皆立于西階上,北面,東上。賓與大夫拜。舉觶者皆進,坐奠于薦右。賓與大夫辭,坐受觶以興。舉觶者退,反位;皆拜送,乃降。賓與大夫坐,反奠于其所,興。若無大夫,則唯賓。註曰:長一人舉觶,如《燕禮》媵爵之爲。

　　司正升自西階,阼階上受命于主人,適西階上北面,請坐于賓;賓辭以俎。註曰:俎者,肴之貴者也。辭之者,不敢以燕坐褻貴肴。反命于主人,主人曰:"請徹俎。"賓許。司正降自西階,階前命弟子俟徹俎。註曰:弟子,賓黨也。俎者,主人贊者設之。今賓辭之,使其黨俟徹,順賓意也。上言"請坐于賓",此言"主人曰",互相備耳。○疏曰:知弟子是賓黨者,以其司正降自西階,階前命之,明賓黨弟子在西階東面也。必使賓黨弟子者徹俎,是賓請之,故鄭云"順賓意也"。司正升立于序端。賓降席,北面。主人降席自南方,阼階上北面。大夫降席,席東南面。註曰:俟弟子升受俎。賓取俎,還授司正。司正以降自西階,賓從之降,遂立于階西,東面。司正以俎出,授從者。還,音旋。下同。從,才用反。註及下"從"者同。○註曰:授賓家從來者也。古者與人飲食,必歸其盛者,所以厚禮之。主人取俎,還授弟子。弟子受俎,降自西階以東。主人降自阼階,西面立。註曰:以東,授主人侍者。大夫取俎,還授弟子。弟子以降自西階,遂出授從者;大夫從之降,立于賓南。註曰:凡言還者,明取俎,各自鄉其席。○鄉音向。眾賓皆降,立于大夫之南,少退,北上。註曰:從降,亦爲將燕。〇疏曰：賓、主人、大夫有俎，從俎而降；三賓無俎，亦爲將燕，故同降同升也。

主人以賓揖讓，說屨，乃升。大夫及衆賓皆說屨，升，坐。說，吐活反。〇乃羞。〇無算爵。使二人舉觶，賓與大夫不與，取奠觶飲，卒觶，不拜。註曰：二人，謂媵者二人也；使之升立于西階上，賓與大夫將旅，當執觶也。卒觶者，固不拜矣。著之者嫌坐，卒爵者拜既爵，此坐于席，禮既殺，不復崇。執觶者受觶，遂實之；賓觶以之主人。大夫之觶，長受註曰：長，衆賓長。而錯，皆不拜。錯，倉各反。〇註曰：錯者，實主人之觶，以之次賓也；實賓長之觶，以之次大夫。其或多者，迭飲於坐而已，皆不拜受。〇疏曰：衆賓之長，在賓西者三人；大夫則席於賓東。若大夫亦三人，則與衆賓等，得交錯相酬。言"其或多者"，若有一大夫，則衆賓二人無所酬，直二人迭飲而已。若大夫四人已上，多於三賓，自三人之外，亦無所酬，則亦自相酬迭飲而已。辯，卒受者興，以旅在下者于西階上。辯，音遍。註及下"辯旅"同。〇註曰：衆賓之未飲而酬主人之贊者，大夫之未飲而酬賓黨，亦錯焉。不使執觶者酌，以其將旅酬，不以己尊於人也。其未若皆衆賓，則先酬主人之贊者；若皆大夫，則先酬賓黨而已。執觶者酌在上辯，降復位。長受酬，酬者不拜，乃飲，卒觶以實之。註曰：言酬者不拜者，嫌酬堂下；異位當拜也。受酬者不拜受。註曰：禮殺，雖受尊者之酬，猶不拜。辯旅，皆不拜。註曰：主人之贊者於此始旅，嫌有拜。執觶者皆與旅。與，音預。〇註曰：嫌已飲，不復飲也。上使之勸人耳，非逮下之惠也，亦自以齒與於旅也。卒受者以虛觶降奠于篚。執觶者洗，升實觶，反奠于賓與大夫。註曰：復奠之者，燕以飲酒爲歡，醉乃止，主人之意也。〇無算樂。

賓興，樂正命奏《陔》。賓降及階，《陔》作。賓出，衆賓皆出；主人送于門外，再拜。陔，音該；又，通作"祴"。

明日，賓朝服以拜賜于門外；主人不見，如賓服，遂從之拜辱于門外,乃退。朝,音潮。○註曰:不見,不褻禮也。

主人釋服,乃息司正;無介,不殺。使人速,迎于門外,不拜。入,升。不拜至,不拜洗,薦脯醢,無俎。賓酢主人,主人不崇酒,不拜衆賓;既獻衆賓,一人舉觶,遂無算爵,無司正。殺,如字。○註曰:使儐者而已,不立之。賓不與。與,音預;下記大夫"與",同。○註曰:至尊不可褻也。徵惟所欲,以告於鄉先生君子可也。羞惟所有,鄉樂惟欲。

記

大夫與,則公士爲賓。註曰:不敢使鄉人加尊於大夫也。公士,在官之士。鄉賓主用處士。○疏曰:據此鄉射使處士無爵命者爲賓,故有大夫來,不以鄉人加尊於大夫;故易去之,使公士爲賓。《鄉飲酒》貢士法,有大夫來,不易去之;以其賓擬貢故也。處士,即君子也。使能,不宿戒。註曰:能者敏於事,不待宿戒而習之。

其牲,狗也。註曰:狗取擇人。亨于堂東北。亨,音烹。○註曰:《鄉飲酒義》曰:祖陽氣之所發也。○尊,綌幂。賓至徹之。註曰:以綌爲幂,取其堅潔。○蒲筵,緇布純。純,之門反,又諸允反。註同。○註曰:筵,席也。純,緣也。○疏曰:鄭註《周禮·序官》云:"鋪陳曰筵,藉之曰席。"然共言之,筵、席通。但在地者爲筵,取鋪陳之義;在上曰席,取相承藉之義耳。○西序之席,北上。註曰:衆賓統於賓。○疏曰:衆賓之席,繼賓已西,東上。今謂衆賓有東面者,則北上,非常,故記之也。若公卿大夫多,尊東不能受,則於尊西。賓近於西,則三賓東面,北上,統於賓也。○獻用爵,其他用觶。註曰:爵尊,不可褻也。以爵拜者,不徒作。註曰:以爵拜,謂拜既爵。徒,猶"空"也。作,起也。不空起,言起必酢主人。○薦:脯用籩,五臟,祭半臟,橫于上;醢以豆,出自東房。臟長尺二寸。臟,音職。○註曰:脯用籩,籩宜乾物也。醢以豆,豆宜濡物也。臟,猶"脡"也;爲記者異耳。祭"橫于上",殊之也。於人爲縮,臟廣狹未聞也。○俎由東壁,自西階升。註曰:狗既亨,載于東方。①既由東壁,恐如祭饌由東階升,故記人明之。若祭饌,則東階升,特牲少牢是也。尊神,故由阼階升。賓俎:脊、脅、肩、肺。主人俎:脊、脅、臂、肺。肺皆離,皆右體也,進腠。腠,七豆反。○註曰:以骨名肉,貴骨也。賓俎用肩,主人用臂,尊賓也。離,猶"揳"也。腠,膚理也;進理,謂前其本。右體,周所貴也。若有尊者,則俎其餘體也。○揳,苦圭反。

凡舉爵,三作而不徒爵。註曰:謂獻賓、獻大夫、獻工,皆有薦。凡奠者於左,註曰:不飲,不欲其妨。將舉者於右。註曰:便其舉也。

衆賓之長,一人辭洗,如賓禮。註曰:尊之於其黨。

若有諸公,則如賓禮,大夫如介禮;無諸公,則大夫如賓禮。註曰:尊卑之差。諸公,大國之孤也。樂作,大夫不入。註曰:後樂,賢也。

樂正與立者齒。與,音預。○註曰:謂其飲之次也。尊樂正同於賓黨。《鄉飲酒記》曰:"與立者,皆薦以齒。"三笙一和而成聲。和,户臥反。○註曰:三人吹笙,一人吹和,凡四人也。《爾雅》曰:笙小者謂之"和"。獻工與笙,取爵于上篚。既獻,奠于下篚。其笙,則獻諸西階上。註曰:奠爵于下篚,不復用也。今文無與笙。

立者東面,北上。註曰:賓黨。○疏曰:此謂一命及不命來觀禮者,與堂下衆賓齒,東面,北上而立。司正既舉觶,而薦諸其位。註曰:薦於觶南。

三耦者,使弟子。司射前戒之。註曰:弟子,賓黨之少者也。前戒,謂先射請戒之。司射之弓矢與扑,倚于西階之西。註曰:便其事也。○司射既袒、決、遂而升。司馬階前命張侯,遂命倚旌。註曰:著並行也。古文曰:遂命獲者倚旌。○疏曰:如上經納射器及比三耦以前,司射獨行事;及司正爲司馬,與司射並行事。

凡侯:天子熊侯,白質;諸侯麋侯,赤質;大夫布侯,畫以虎豹;士布侯,畫以鹿豕。註曰:此所謂獸侯也,燕射則張之。鄉射及賓射,當張采侯二正。而記此者，天子諸侯之燕射，各以其鄉射之禮，而張此侯，則經獸侯是也，由是云焉。白質、赤質，皆謂采其地。其地不采者，白布也。熊、麋、虎豹、鹿豕，皆正面畫其頭象於正鵠之處耳。君畫一、臣畫二，陽奇陰耦之數也。燕射射熊、虎豹，不忘上下相犯；射麋、鹿豕，志在君臣相養。其畫之皆毛物之。○疏曰：按《周禮》，射人掌賓射，大夫士同"二正"。是賓射二正，鄉射無文，知亦采侯二正者。《周禮》賓射與賓客爲射，此鄉射雖與鄉人習禮，亦如賓主行射禮，又非私相燕射，故約與賓射同也。天子諸侯之燕射，各以其鄉射之禮者，謂張侯道五十步及三耦，一與鄉射同。"不忘上下相犯"者，二者皆猛獸，不苟相下；若君臣之道，亦獻可者、替否者，不苟相從，輒當犯顏而諫似獸等，故用之。"相養"者，按《內則》云麋鹿豕皆有軒，並是可食之物，故云相養也。其"畫之皆毛物之"者，畫五正、三正之侯，各以其色；明畫獸侯，亦以毛物畫之可知也。凡畫者丹質。註曰：賓射之侯，燕射之侯，皆畫雲氣於側以爲飾；必先以丹采其地。丹，淺於赤。○疏曰：若賓射之侯，天子九十步侯，朱、白、蒼、黃、玄五正者，還畫此五色雲氣於其側；七十步侯，朱、白、蒼三正者，還畫此三色雲氣於其側；五十步侯，朱、綠二正者，還畫此二色雲氣於其側也。欲畫之時，又必先用丹采其地，乃於其上畫雲氣也。

射自楹間，物長如笴。其間容弓，距隨長武。笴，古老反。○註曰："自楹間"者，謂射於庠也。楹間中央，東西之節也。物，謂射時所立處也。謂之"物"者，"物"猶"事"也，君子所有事也。"長如笴"者，謂從畫之長短也。笴，矢幹也，長三尺，與跬相應，射者進退之節也。"間容弓"者，上下射相去六尺也。"距隨"者，物橫畫也，始前足至東頭爲"距"，後足來合而南面爲"隨"。武，跡也，尺二寸。○疏曰："從畫之長短"者，南北之長短也。○序則物當棟，堂則物當楣。註曰：是制五架之屋也。正中曰"棟"，次曰"楣"；前曰"庪"。○庪，九委反。

命負侯者由其位。註曰：於賤者禮略。○疏曰：司馬自在己位遙命之，是於賤者略也；經無司馬命負侯之位，故記之也。

凡適堂西，皆出入于司馬之南。唯賓與大夫降階，遂西取弓矢。註曰：尊者宜逸，由便也。

旌，各以其物。註曰：旌，總名也。雜帛爲物，大夫士之所建也。言"各"者，鄉射或於庠，或於榭。○疏曰：《周禮》"通帛爲旜，雜帛爲物"。通者，通體並絳帛；周尚赤也。雜者，中絳，緣邊白也。白，殷之正色也。諸侯鄉大夫是大夫，詢衆庶，故於庠；諸侯州長是士，故春秋習射士榭。物，大夫五仞，士三仞，故言"各"。無物，則以白羽與朱羽糅，杠長三仞，以鴻脰韜上二尋。糅，人酉反。杠，音江。脰，音豆。韜，吐刀反。○註曰："無物"者，謂小國之州長也。其鄉大夫一命，其州長士不命，不命者無物。此翿旌也。翿，亦所以進退衆者。糅者，雜也。杠，橦也。七尺曰"仞"。鴻，鳥之長脰者也。八尺曰"尋"。今文糅爲縮，韜爲翿。○疏曰：脰，項也。○翿，徒刀反。橦，直江反。

凡挾矢，於二指之間橫之。註曰：二指，謂左右手之第二指；此以食指將指挾之。○疏曰：以左擘指拓弓，右擘指鉤弦，故知挾矢以第二第三指間。第二指爲食指，《左傳》云子公之食指動是也。第三指爲將指，《左傳》云吳王闔閭傷於將指是也。○將，子匠反。

司射在司馬之北，司馬無事不執弓。註曰：以不主射故也。

始射，獲而未釋獲；復，釋獲；復，用樂行之。復，扶又反。○註曰：君子取人以漸。○疏曰："始射，獲而不釋獲"，據三耦射時。云"復，釋獲"者，據第二番射時。"復，用樂"，據第三番射時。

楅，長如笴，博三寸，厚寸有半，龍首，其中蚪交，韋當。註曰：博，廣也。兩端爲龍首，中央爲蛇身相交也。直心背之衣曰"當"，以丹韋爲之。司馬左右撫矢而乘之，分委於當。楅，髤，橫而奉之，南面坐而奠之，南北當洗。髤，虛求反。奉，芳勇反。○註曰：髤，赤黑漆也。

射者有過，則撻之。註曰：過，謂矢揚中人。凡射時，矢中人，當刑之。今鄉會衆賢，以禮樂勸民，而射者中人，本意在侯，去傷害之心遠，是以輕之，以扑撻於中庭而已。衆賓不與射者，不降。與，音預。

取誘射之矢者，既拾取矢，而後兼誘射之乘矢而取之。拾，其刼反。後同。○註曰：謂反位已禮成，乃更進取之，不相因也。○疏曰：云"不相因"者，既自拾取己之乘矢，反位東西望訖，上射乃更向前兼取誘射之矢。禮以變爲敬，故不相因。

賓、主人射，則司射擯升降；卒射，即席，而反位卒事。註曰：擯，賓主人升降者，皆尊之也。不使司馬擯其升降，主於射。

鹿中：髤，前足跪，鑿背容八算。釋獲者奉之，先首。奉，芳勇反。○註曰："前足跪"者，象敎擾之獸，受負也。

大夫降，立于堂西以俟射。註曰：尊大夫，不使久列于射位。○疏曰：謂主人大夫降時，賓主先射；大夫則立于堂西。其耦在司馬之西射位，大夫且立于堂西；射至，乃取其耦共升射。大夫與士射，袒纁襦。襦，人于反。○註曰：不肉袒，殊於耦。耦少退于物。註曰：下大夫也。既發則然。

司射釋弓矢：視算與獻釋獲者，釋弓矢。註曰：唯此二事，休武主文，釋弓矢耳。然則擯升降不釋。

禮射不主皮。主皮之射者，勝者又射，不勝者降。註曰：禮射，謂以禮樂射也，大射、賓射、燕射是矣。"不主皮"者，貴其容體比於禮，其節比於樂，不待中爲雋也。言"不勝者降"，則不復升射也。主皮者無侯，張獸皮而射之，主於獲也。《尚書》傳曰：戰鬭不可不習，故於蒐狩以閑之也。閑之者，貫之也；貫之者，習之也。凡祭，取餘獲陳於澤，然後卿大夫相與射也。中者，雖不中也取；不中者，雖中也不取。何以然？所以貴揖讓之取也，而賤勇力之取。嚮之取也於囿中，勇力之取；今之取也於澤宮，揖讓之取也。澤，習禮之處，非所於行禮。其射又主中，此主皮之射與？天子大射，張皮侯；賓射，張五采之侯；燕射，張獸侯。

主人亦飲于西階上。註曰：就射爵而飲也。已無儁才，不可以辭罰。

獲者之俎，折脊、脅、肺、臑。臑，奴報反。○註曰：臑，若膞胳觳之，折以大夫之餘體。○疏曰：前足肩、臂、臑；後足膊、胳、觳。賓、主人已用肩、臂，唯有臑及膊、胳、觳。若無大夫，則獲者得臑。若大夫一人，則獲者得膊；二，則胳；三，則觳；更多，則折之，不得整體，或更得餘體也。○膊，音純。胳，音格。觳，苦角反。東方謂之右个。个，音幹。○註曰：侯以鄉堂爲面。**釋獲者之俎，折脊、脅、肺；皆有祭。**註曰：皆，皆獲者也。祭，祭肺也。以言肺，謂刌肺不離，嫌無祭肺。○刌，寸本反。

大夫説矢束，坐説之。説，並吐活反。○註曰：明不自尊，别也。

歌《騶虞》若《采蘋》，皆五終。射無算。註曰：謂衆賓繼射者。衆賓無數也，每一耦射，歌五終也。

古者於旅也，語。註曰：禮成樂備，乃可以言語；先王禮樂之道也。疾今人慢，於禮樂之盛，言語無節，故追道古也。**凡旅，不洗。**不洗者，不祭。**既旅，士不入。**註曰：後正禮也。既旅，則將燕矣；士入，齒於鄉人。

大夫後出。主人送于門外，再拜。

鄉侯：上个五尋，註曰：上个，謂最上幅也。八尺曰尋。上幅，用布四丈。**中十尺。**註曰：方者也。用布五丈。今官布，幅廣二尺二寸，旁削一寸。《考工記》曰：梓人爲侯，廣與崇方，謂"中"也。侯道五十弓，弓二寸以爲侯中。註曰：言侯中所取數也，量侯道以貍步。而云弓者，侯之所取數，宜用射器也。正二寸，骹中之博也。○疏曰：《周禮·弓人》云"骹解中有變焉"，謂弓弣把中側骨之處，博二寸，故於此取數焉。○骹，若交反。**倍中以爲躬；**註曰：躬，身也。謂中之上下幅也，用布各二丈。**倍躬以爲左右舌。**註曰：謂上个也。居兩旁謂之"个"，左右出謂之"舌"。**下舌半上舌。**註曰：半者，半其出於躬者也。用布三丈，所以半上舌者，侯人之形類也。上个象臂，下个象足。中人張臂八尺，張足六尺；五八四十，五六三十，以此爲衰也。凡鄉侯，用布十六丈數起；侯道，五十弓以計。道七十弓之侯，用布二十五丈二尺；道九十弓之侯，用布三十六丈。○疏曰：云凡"鄉侯，用布十六丈數起；侯道，五十弓以計"者，用布十六丈者,中五幅,幅一丈,用布五丈;上下躬各二丈,總四丈。上个四丈,下个三丈,是總十六丈也。云道七十弓之侯,用布二十五丈二尺;道九十弓之侯,用布三十六丈,亦以此計之。

　　箭籌八十。註曰:箭,篠也。籌,算也。算八十者,略以十耦爲正,貴全數。長尺有握,握素。註曰:握,本所持處。素,謂刊之也。刊本一[作]膚。○疏曰:云"長尺",復云"有握",則此籌尺四寸矣。云"刊本一作膚"者,《公羊》"膚寸而合",何休云:"側手爲膚。"又《投壺》云:"室中五扶。"註云:"鋪四指曰扶。"一指按寸,皆謂布四指。一指一寸,四指則四寸。引之者證握膚爲一,謂刊四寸也。楚扑長如笴,刊本尺。註曰:刊,其可持處。

　　君射則爲下射。上射退于物一笴,既發,則答君而俟。笴,古老反。○註曰:答,對也。此以下雜記也。今文君射則爲下。君樂作而后就物。君袒朱襦以射。襦,人于反。○註曰:君尊。小臣以巾執矢以授。註曰:君尊,不撙矢,不挾矢,授之稍屬。○撙,音晉。若飲君,如燕,則夾爵。註曰:謂君在不勝之黨也,賓飲君,如燕賓媵觚于公之禮,則夾爵。夾爵者,君既卒爵,復自酌。

　　君,國中射,則皮樹中,以翿旌獲,白羽與朱羽糅;翿,徒刀反。○註曰:國中,城中也,謂燕射也。皮樹,獸名。以翿旌獲,尚文德也。於郊,則閭中,以旌獲;註曰:於郊,謂大射也。大射於大學。《王制》曰:"小學在公宫之左②,大學在郊。"閭,獸名,如驢,一角;或曰,如驢,岐蹄。《周書》曰:"北唐以閭,析羽爲旌。"於竟,則虎中,龍旜。竟,音境。旜,之然反。○註曰:於竟,謂與鄰國君射也。畫龍於旜,尚文章也。通帛爲旜。大夫,兕中,各以其物獲。註曰:兕,獸名,似牛,一角。士,鹿中,翿旌以獲。註曰:用翿爲旌,以獲無物也。

　　唯君有射于國中,其餘否。註曰:臣不習武事於君側也。古文"有"作"又",今文無"其餘否"。○疏曰:天子、諸侯,皆燕射在國。又,天子賓射在朝，亦在國；大夫、士燕射、賓射，不在國。大夫又得行大射，雖無郊學，亦不得在國。是以孔子爲鄉射，射於矍相之圃，是其一隅。若然，此鄉射亦不在國中，亦宜在國外，故記於此見之也。君在，大夫射，則肉袒。註曰：不袒纁襦，厭於君也。今文無"射"。○厭，益涉反。

【校記】

① 按：以下非鄭註文，疑脱"疏"字。
② "小學在公宮"之後脱一"南"字。

儀禮述註卷第六

燕禮第六

鄭目錄云：諸侯無事，若卿大夫有勤勞之功，與羣臣燕飲以樂之。○疏曰：按上下經註，燕有四等。目錄云：諸侯無事而燕，一也；卿大夫有王事之勞，二也；卿大夫有聘而來還，與之燕，三也；四方聘客，與之燕，四也。

燕禮。○小臣戒與者，與，音預。○註曰：小臣相君燕飲之法。"戒與者"，謂留羣臣也。君以燕禮勞使臣。若臣有功，故與羣臣樂之；小臣則警戒告語焉。飲酒以合會爲歡也。○疏曰："戒與者"，以其燕爲聘使者爲主，兼與舊在者歡樂之；故今戒可與之人，使依期而至。按《周禮》大僕職云：王燕飲則相其法。又按小臣職云：凡大事，佐大僕。則王燕飲，大僕相，小臣佐之。此諸侯禮降於天子，故宜使小臣相，當大僕之事。○朱先生曰："留羣臣"，謂羣臣朝畢將退，君欲與之燕，故使小臣留之。○戒與戒可與，並音預。相，息亮反。勞，力報反。使，所吏反。樂，音洛。語，魚據反。

膳宰具官饌于寢東。註曰："膳宰"，天子曰"膳夫"，掌君飲食膳羞者也。"具官饌"，具其官之所饌，謂酒也、牲也、脯醢也。寢，路寢。樂人縣。縣，音懸。○註曰：縣，鐘磬也。國君無故不徹縣；言縣者，爲燕新之。○疏曰：大射在學宮，學宮不常縣樂，射乃設之；故射前一日縣之。又，辨樂縣之位，此燕在路寢，有常縣之樂。今言"樂人縣"者，爲燕新之而已；故不在燕前一日，又不辨樂縣之處。設洗篚于阼階東南，當東霤。罍水在東，篚在洗西，南肆。設膳篚在其北，西面。霤，力又反。罍，音雷。○註曰：設此不言其官，賤也。"當東霤"者，人君爲殿屋也，亦南北以堂深。肆，陳也。"膳篚"者，君象觚所饌也，亦南陳。言"西面"，尊之，異其文。○疏曰：不言"南肆"，而言"西面",是尊君之筐,故異其文也。司宮尊于東楹之西,兩方壺,左玄酒,南上。公尊瓦大兩,有豐,冪用綌若錫,在尊南,南上。尊士旅食于門西,兩圜壺。大,音泰。綌,去逆反。錫,屑益反。圜,音圓。〇註曰:"司宮",天子曰"小宰",聽酒人之成要者也。尊方壺爲卿大夫士也。臣道直方,於東楹之西,予君專此酒也。《玉藻》曰:"惟君面尊。"玄酒在南,順君之面也。瓦大,有虞氏之尊也。《禮器》曰:"君尊瓦甒。"豐,形似豆,卑而大。"冪用綌若錫",冬夏異也。在尊南,在方壺之南也。"尊士旅食"者,用圜壺,變於卿大夫也。旅,衆也。"士衆食",謂未得正禄,所謂庶人在官者也。〇疏曰:按《天官》小宰職,"掌建邦之宮刑以治王宮之政令"。此諸侯無小宰,有司宮;明司宮亦當掌宮刑,治宮之政令,與小宰同。司宮筵賓于户西,東上,無加席也。註曰:筵,席也。席用蒲筵緇布純;無加席,燕私禮。臣屈也,諸侯之官無司几筵也。〇純,之閏反,又章允反。下註同。

　　射人告具。註曰:告事具於君。射人主此禮,以其或射也。〇疏曰:按大射,告具之上,有"羹定";此不言"羹定"者,文不具也。小臣設公席于阼階上,西鄉,設加席。公升,即位于席,西鄉。鄉,許亮反。下同。本又作"嚮"。〇註曰:《周禮》,諸侯酢席,莞筵紛純,加繅席畫純。後設公席者,凡禮卑者先即事,尊者後也。〇疏曰:此燕私禮,故賤者先即事。大射辨尊卑,故先設公席,後設賓席也。〇莞,音官。繅,音早。小臣納卿大夫,卿大夫皆入門右,北面,東上。士立于西方,東面,北上。祝史立于門東,北面,東上。小臣師一人在東堂下,南面。士旅食者立于門西,東上。註曰:納者,以公命引而入也。自士以下,從而入即位耳。師,長也。小臣之長一人,猶天子太僕,正君之服位者也。凡入門而右,由闑東;左,則由闑西。〇疏曰:"西方,東面,北上"者,此是士之定位。士賤,故不待君揖入門,即就定位。鄭云:凡入門者,廣解賓主人入門之義。"入門而右,由闑東"者,是臣朝君之法也;"左,即由闑西"者,是聘賓入門之法。

　　公降立于阼階之東南,南鄉爾卿;卿西面,北上,爾大夫,大夫皆少進。爾、逼通。○註曰：爾，近也，移也。揖而移之，近之也。大夫猶北面，少前。射人請賓。註曰：命當由君出也。○疏曰：燕禮以因燕而射，禮輕。或大射，正爲擯；或小射，正爲擯。此二者皆是射人。故直云射人，不定尊卑也。既當請君，不辨射人面位者，以其君南面，射人北面可知，故不言。公曰："命某爲賓。"註曰：某，大夫也。射人命賓。賓少進，禮辭。註曰："命賓"者，東面南顧。"禮辭"，辭不敏也。○疏曰：《少儀》云："詔辭自右。"明知在君之右，東面者向君；南顧者，向賓便也。反命，註曰：射人以賓之辭告於君。又命之。賓再拜稽首，許諾。註曰：又，復。○復，扶又反。射人反命。註曰：告賓許。賓出，立于門外，東面。註曰：當更以賓禮入。公揖卿大夫，乃升就席。註曰：揖之，人之也。○疏曰：言人之者，公將反升堂，故以人意相存偶，是以揖之乃升。小臣自阼階下，北面，請執冪者與羞膳者。註曰：執冪者，執瓦大之冪也。方圓壺無冪。羞膳，羞於公，謂庶羞。乃命執冪者，執冪者升自西階，立于尊南，北面，東上。註曰：以公命，於西階前命之也。東上，玄酒之冪爲上也。羞膳者從而東，由堂東升自北階，房中西面，南上。不言之者，不升堂，略之也。○疏曰：下記云："羞膳者與執冪者，皆士也。"士位在西方，故知西階前命之。經直云"執冪者升自西階"，羞膳者無升文。又且東面階、西面階、婦人之階，非男子之所升；則羞者升自北階。知由堂東者，以羞在房。知房中西面、南上者，約士冠禮，贊者盥于洗，西升，立于房中，西面，南上。不請羞賓者，下記約與君同，亦用士也。膳宰請羞于諸公卿者。註曰：小臣不請而使膳宰，於卑者彌略也。禮以異爲敬。○疏曰：知膳宰卑於士者，禮之大例，薦羞者尊於設俎者。公士爲薦羞，膳宰設俎，故知膳宰卑也。射人納賓。註曰：射人爲擯者。賓入及庭，公降一等揖之。註曰：及，至也。至庭，謂既入而左、北面時。公升就席。註曰：以其將與主人爲禮，不參之也。賓升自西階。主人亦升自西階，賓右，北面，至再拜；賓答再拜。註曰：主人，宰夫也。宰夫，大宰之屬，掌賓客之獻飲食者也；其位在洗北，西面。君於其臣，雖爲賓，不親獻；以其尊，莫敢伉禮也。至再拜者，拜賓來至也。天子膳夫爲獻主。○疏曰：知主人是宰夫者，按《禮記·燕義》云"使宰夫爲獻主"是也。云其位在洗北西面者，按下文獻大夫下"胥薦主人于洗北，西面"是也。○伉，苦浪反；敵也。

主人降洗，洗南西北面。註曰：賓將從降，向之。○疏曰：此宰夫代君爲獻主，升降不由阼階，與賓同由西階升降。賓降階西，東面；主人辭降，賓對。註曰：對，答。主人北面盥，坐取觚洗；賓少進，辭洗。主人坐奠觚于篚，興對；賓反位。觚，音孤。註：古文"觚"皆爲"觶"。○註曰：賓少進者，又辭，宜違其位也。獻不以爵，辟正主也。○辟，音避。主人卒洗，賓揖，乃升。註曰：賓每先升，尊也。主人升，賓拜洗。主人賓右奠觚，答拜，降盥。註曰：主人復盥，爲拜手坋塵也。○坋，步困反。賓降，主人辭，賓對。卒盥，賓揖升。主人升，坐取觚。註曰：取觚，將就瓦大酌膳。執冪者舉冪，主人酌膳；執冪者反冪。註曰：君物曰"膳"。膳之言，善也。酌君尊者，尊賓也。主人筵前獻賓。賓西階上拜，筵前受爵，反位。主人賓右拜送爵。註曰：賓既拜，前受觚，退復位。膳宰薦脯醢，賓升筵。膳宰設折俎。註曰：折俎，牲體骨也。《鄉飲酒記》曰："賓俎：脊、脅、肩、肺。"賓坐，左執爵，右祭脯醢，奠爵于薦右；興，取肺；坐絶祭，嚌之；興，加于俎；坐挩手，執爵，遂祭酒；興，席末坐啐酒；降席，坐奠爵，拜告旨，執爵興。主人答拜。嚌，才計反。挩，舒銳反。啐，七內反。○註曰：降席，席西也。旨，美也。○疏曰：鄭云，降席席西，不言面；按前例，降席席西拜者，皆南面。賓西階上北面，坐卒爵；興，坐奠爵，遂拜。主人答拜。註曰：遂拜，拜既爵也。

賓以虛爵降。註曰：將酢主人。主人降；賓洗南坐奠觚，少進，辭降；主人東面對。註：今文從此以下，"觚"皆爲"爵"。○註曰：上既言爵矣，復言觚者，嫌易之也。《大射》禮曰："主人西階西，東面，少進對。"○疏曰：一升曰爵，二升曰觚；散文即通，"觚"亦稱"爵"。賓坐取觚，奠于篚下，盥洗。註曰：篚下，篚南。主人辭洗。註曰：謙也。賓坐奠觚于篚，興對，卒洗；及階揖升。主人升，拜洗如賓禮。賓降盥，主人降。賓辭降，卒盥；揖升，酌膳、執冪如初，以酢主人于西階上。主人北面拜受爵，賓主人之左拜送爵。註曰：賓既南面授爵，乃之左。主人坐祭，不啐酒，註曰：辟正主也。未薦者，臣也。不拜酒，不告旨；註曰：主人之義。遂卒爵，興；坐奠爵，拜，執爵興。賓答拜。主人不崇酒，以虛爵降，奠于篚。註曰：崇，充也。不以酒惡謝賓，甘美君物也。賓降立于西階西。註曰：既受獻矣，不敢安盛。射人升賓，賓升立于序內，東面。註曰：東西牆謂之序。《大射》禮曰："擯者以命升賓。"

主人盥，洗象觚，升實之，東北面獻于公。註曰：象觚，觚有象骨飾也。取象觚者，東面。公拜受爵。主人降自西階，阼階下北面拜送爵。士薦脯醢，膳宰設折俎，升自西階。註曰：薦，進也。《大射》禮曰，"宰胥薦脯醢"，由左房。○疏曰：凡此篇內，公應先拜者，皆後拜之，尊公故也。是以下舉旅行酬，皆受酬者先拜，公乃答拜；此公先拜受爵者，受獻禮重故也。公祭如賓禮，膳宰贊授肺；不拜酒，立卒爵，坐奠爵，拜；執爵興。註曰：凡異者，君尊，變於賓也。主人答拜，升，受爵以降，奠于膳篚。○更爵，洗；升，酌膳酒以降，酢于阼階下，北面坐奠爵，再拜稽首。公答再拜。註曰："更爵"者，不敢襲至尊也。○疏曰：襲，因也。不敢因君之爵。主人坐祭，遂卒爵，再拜稽首。公答再拜。主人奠爵于篚。

主人盥洗，升，媵觚于賓；酌散，西階上坐奠爵，拜。賓降筵，北面答拜。媵，以證反。散，思旦反。註及下同。○註曰：媵，送也；讀或為"揚"。揚，舉也。酌散者，酌方壺酒也，於膳為散。○疏曰：按，前受獻訖，立于序內以來，未有升筵之事，言降筵者，蓋誤。主人坐祭，遂飲；賓辭。卒爵，拜；賓答拜。註曰：辭者，辭其代君行酒，不立飲也。此降於正主酬也。主人降洗，賓降；主人辭降，賓辭洗。卒洗，揖升。不拜洗。註曰：不拜洗，酬而禮殺。○殺，所界反。主人酌膳。賓西階上拜，註曰：拜者，拜其酌己。受爵于筵前，反位。主人拜送爵。賓升席，坐祭酒，遂奠于薦東。註曰：遂者，因坐而奠，不北面也。奠之者，酬不舉也。○疏曰：《鄉飲酒》、《鄉射》主人酬賓，皆主人實觶，席前北面，賓始西階上拜。此及大射，主人始酌膳時，賓已西階上拜者，以其《燕禮》、《大射》皆是主人代君勸酒，其賓是臣，急承君勸，不敢安暇，故先拜也。主人又不坐奠於薦西，賓祭訖，遂南面奠於薦東，不北面奠也。主人降復位。賓降筵西，東南面立。註曰：賓不立於序內，位彌尊也。位彌尊者，其禮彌卑；記所謂一張一弛者，是之類與。○疏曰：案，上初賓得獻降，升之時，序內立，是不敢近賓席，是禮尊而賓卑。至此酬訖，立于席西，是賓位彌尊，禮漸殺，故云彌卑也。獻時爲盛，是一張也；酬時爲殺，是一弛也。

小臣自阼階下請媵爵者，公命長。長，知丈反。下並同。○註曰：命長，使選卿大夫之中長幼可使者。小臣作下大夫二人媵爵。註曰：作，使也。卿爲上大夫，不使之者，爲甚尊。媵爵者阼階下，皆北面，再拜稽首；公答再拜。註曰：再拜稽首，拜君命也。媵爵者立于洗南，西面，北上；序進，盥，洗角觶；升自西階，序進，酌散，交于楹北；降阼階下，皆奠觶，再拜稽首；執觶興。公答再拜。註曰：序，次第也，猶代也。楹北，西楹之北也。交而相待於西階上，既酌，右還而反。往來以右爲上。○疏曰：西楹之北者，二大夫盥手洗爵訖，先者升西階，由西楹之北，向東楹之西，東面酌酒訖，右還由西楹北，向西階上北面；後者升西階亦由西楹之北，向東楹之西，酌酒訖，亦由西楹之北，西階上北面相待，乃次第而降。以右爲上者，謂在洗南西面及階上北面時，先者在右，地道尊右故也。媵爵者皆坐祭，遂卒觶；興，坐奠觶，再拜稽首；執觶興。公答再拜。媵爵者執觶，待于洗南。註曰：待君命也。小臣請致者。註曰：請使一人與？二人與？優君也。若君命皆致，則序進，奠觶于篚；阼階下皆再拜稽首。公答再拜。媵爵者洗象觶，升，實之；序進，坐奠于薦南，北上；降阼階下，皆再拜稽首，送觶。公答再拜。註曰：序進，往來由尊北，交于東楹之北，奠于薦南，不敢必君舉也。《大射》禮曰："媵爵者皆退反位。"○疏曰：酌酒奠於君所，故交于東楹之北，以其酒尊所陳在東楹之西，西向而陳，其尊有四，并執羃者在南，不得南頭以之君所；又唯君面尊，若西面酌酒，則背君。故先酌者東面酌訖，由尊北，又楹北往君所奠訖，右還而反。後酌者亦於尊北，又於楹北與反者而交。先者於南西過，後者於北東行，奠訖，亦右還而反，相隨降自西階也。

公坐取大夫所媵觶，興以酬賓。賓降西階下，再拜稽首。公命小臣辭，賓升成拜。註曰：興以酬賓，就其階而酬之也。升成拜，復再拜稽首也。先時，君辭之，於禮若未成然。○疏曰：取觶者，取上楹北觶。賓降拜，不降阼階下，而言西階下，故知公在賓西階上也。凡臣於君，雖爲賓，與君相酬受爵，不敢拜於堂上，皆拜於堂下。若君辭之，聞命即升；若堂下拜訖，升復再拜稽首。所以然者，以堂下再拜，而君辭之，若未成然；故復升堂再拜稽首，以成之。若堂下未拜之間，聞命則升，升乃再拜稽首，則不言升成拜，即下經云"小臣辭，賓升再拜稽首"。鄭註不言成拜者，爲拜故下，實未拜是也。凡臣拜於君，有三等：初受獻，拜於堂下；或親辭，或遣小臣辭，成與不成，如上說。至於酬酒，雖下堂拜，未即拜，待君辭；即所云爲拜故下，實未拜者，禮殺也。此篇末無算爵，受公賜爵者，皆下席，堂上拜稽首，不堂下拜者，禮末，又輕於酬時。公坐奠觶，答再拜，執觶興，立卒觶；賓下拜，小臣辭；賓升，再拜稽首。註曰：不言成拜者，爲拜故下，實未拜也。下未輒拜，禮殺也。此賓拜于君之左，不言之者，不敢敵偶於君。公坐奠觶，答再拜，執觶興；賓進，受虛爵，降奠于篚。○易觶，洗。註曰：君尊，不酌故也。凡爵，不相襲者也。於尊者言"更"，自敵以下言"易"。更，作新；易，有故之辭。進受虛爵，尊君也。不言公酬賓於西階上及公反位者，亦尊君，空其文也。公有命，則不易、不洗。反，升酌膳觶，下拜。小臣辭。賓升，再拜稽首。註曰：下拜，下亦未拜。凡下未拜有二：或禮殺，或君親辭。君親辭，則聞命即升，升乃拜。是以不言成拜。○疏曰：云凡下未拜有二，禮殺者，謂若此酬時也。或君親辭者，謂若公食大夫，云公拜至，賓降西階東北面答拜；公降一等辭，賓升階上，北面再拜稽首。是階下未拜，不得言升成拜也。公答再拜。註曰：拜於阼階上也。於是賓請旅侍臣。○疏曰：案下記云，凡公所酬既拜，請旅侍臣，大射於此時，賓請旅於諸臣，此不言者，文不具，故記人辨之。賓以旅酬於西階上。註曰：旅，序也。以次序勸卿大夫飲酒。射人作大夫長，升受旅。註曰：言"作大夫"，則卿存矣。長者，尊先而卑後。○疏曰：長者尊先而卑後者，君酬賓，賓酬旅三卿；三卿徧，次第至五大夫；大夫徧，不及士。賓大夫之右坐奠觶，拜，執觶興；大夫答拜。註曰：賓在右者，相飲之位。○飲，於禁反。賓坐祭，立飲；卒觶不拜。註曰：酬而禮殺。若膳觶也，則降，更觶，洗；升，實散。大夫拜受，賓拜送。註曰：言更觶，卿尊也。大夫辯受酬，如受賓酬之禮，不祭。卒受者以虛觶降，奠于篚。辯，音遍。下同。○註曰：卒，猶後也。《大射》禮曰：奠于篚，復位。

主人洗，升，實散，獻卿于西階上。註曰：酬而後獻卿，別尊卑也。飲酒成於酬也。○疏曰：此酬非謂尋常獻酬，乃是君爲賓，舉旅行酬。以其主人獻君，君酢主人，主人不敢酬君，故使二大夫媵爵于公，以當酬處所以覆獻也。但君恩既大，爲賓舉旅，飲酒之禮成於酬，故酬辯，乃獻卿，以君尊卿卑；是以君禮成，卿乃得獻，故云別尊卑也。司宮兼卷重席，設于賓左，東上。卷，居遠反。重，直容反。下同。○註曰：言"兼卷"，則每卿異席也。重席，重蒲筵緇布純也。卿坐，東上，統於君也。席自房來。○疏曰：《公食記》曰：宰夫筵，出自東房。卿升，拜受觚；主人拜送觚。卿辭重席，司宮徹之；註曰：徹，猶"去"也。重席雖非加，猶爲其重累；去之，辟君也。○疏曰：公食大夫，蒲筵緇布純，加萑席玄純；有兩種席，故稱加。此一種席重設之，故曰重席，非加。辭之者，以兩重似君，故辭以辟之。○辟，音避。下註同。乃薦脯醢。卿升席坐，左執爵，右祭脯醢，遂祭酒，不啐酒；降席，西階上北面坐。卒爵，興；

坐奠爵,拜;執爵,興。主人答拜,受爵。卿降,復位。註曰:不酢,辟君也。卿無俎者,燕主於羞。辯獻卿,主人以虛爵降,奠于篚。射人乃升卿,卿皆升就席。○若有諸公,則先卿獻之,如獻卿之禮。先,悉薦反。○註曰:諸公者,謂大國之孤也。孤,一人;言諸者,容牧有三監。席于阼階西,北面,東上,無加席。註曰:席孤北面,爲其大尊,屈之也;亦因阼階西,位近君,近君則屈。親寵苟敬私昵之坐。○大,音泰。昵,女乙反。坐,才臥反。

小臣又請媵爵者,二大夫媵爵如初。註曰:又,復。請致者。若命長致,則媵爵者奠觶于篚,一人待于洗南。長致,致者阼階下再拜稽首,公答再拜。註曰:命長致者,公或時未能舉,自優暇也。洗象觶,升實之,坐奠于薦南,降,與立于洗南者二人,皆再拜稽首送觶。公答再拜。註曰:奠於薦南者,於公所用酬賓觶之處。二人俱拜,以其共勸君。○楊氏曰:今按經云,二大夫媵爵如初,謂如前下大夫二人媵爵時之禮也。然有同,亦有異。前二人媵爵,此亦二人媵爵,故序進酌散,交于兩楹之北,降阼階下奠觶,卒觶,再拜稽首,執觶待于洗南,是則同。前小臣請致者,君命皆致,故序進酌膳,奠于薦南,與後者交于東楹之北,降而之阼階下,再拜稽首,送觶。此則不然,君命長致,故一人待于洗南,惟長一人進酌膳,奠于薦南,降而之阼階下,與二人皆再拜稽首,送觶,無序進交于東楹北之事。此其異也。

公又行一爵,若賓若長,唯公所酬。註曰:一爵,先媵者之下觶也。若賓若長,則賓禮殺矣。長,公卿之尊者也。賓則以酬長,長則以酬賓。以旅于西階上,如初。楊氏曰:今按經云"如初",謂如前公爲賓舉旅時禮也。前君命二人皆致有兩觶,奠于薦南;後命長致,有一觶奠于薦南,前後凡有三觶。燕禮有立司正以前,凡有三舉旅,用此三觶也。初酬賓時,公坐取所媵一觶以酬賓,是行一觶也;此"公又行一爵,若賓若長,唯公所酬",註云,公又行一爵,"先媵者之下觶也",下觶未舉,今舉之,是行二觶也;工歌之後,笙入之前,公又舉奠觶,唯公所賜,"以旅于西階上,如初",是行三觶也。又,主人獻士之後,賓媵觶于公，公取此觶爲士舉旅，此又在三觶之外也。大夫卒受者，以虛觶降，奠于篚。

主人洗，升，獻大夫于西階上。大夫升，拜受觚；主人拜送觚。大夫坐祭，立卒爵，不拜既爵；主人受爵。大夫降，復位。註曰：既，盡也。不拜之者，禮又殺。〇疏曰：前卿受獻，不酢，辟君，已是禮殺；今大夫受獻，不但不酢主人，又不拜既爵，故云"禮又殺"也。**胥薦主人于洗北，西面，脯醢無脀。**脀，之承反。〇註曰：胥，膳宰之吏也。主人，大夫之下。先大夫薦之，尊之也。不於上者，上無其位也。脀，俎實也。〇疏曰：此燕禮，大夫堂上，士在下。獨此宰夫言堂上無位者，以其主人位在阼階；君已在阼，故主人辟之，位在下。是以《大射》註云："不薦於上，辟正主也。"**辯獻大夫，遂薦之，繼賓以西，東上。**註曰：徧獻之乃薦，略賤也。亦獻而後布席也。〇疏曰：《大射》席，"小卿賓西，東上"。註云"辨貴賤也"。此燕禮主歡，不辨貴賤，小卿與大卿皆在賓東，故此賓西無小卿位。**卒，射人乃升大夫；大夫皆升，就席。**

席工于西階上，少東。樂正先升，北面立于其西。註曰：工，瞽矇歌諷誦詩者也。凡執技藝者稱工。《少牢饋食禮》曰："皇尸命工祝。"《樂記》："師乙曰：'乙，賤工也。'"樂正，于天子樂師也；凡樂，掌其序事，樂成則告備。〇疏曰：大射主於射，略於樂，故小樂正告樂備；此燕主歡心，故大樂正告樂備，故不同。**小臣納工，工四人，二瑟。小臣左何瑟，面鼓，執越，內弦，右手相入，升自西階，北面東上坐。小臣坐授瑟，乃降。**何，胡可反。相，息亮反。〇註曰：工四人者，燕禮輕，從大夫制也。面鼓者，燕尚樂，可鼓者在前也。越，瑟下孔也。內弦，弦爲主也。相，扶工也。後二人徒相，天子大僕二人也。小臣四人，祭僕六人，御僕十二人，皆同官。**工歌《鹿鳴》、《四牡》、《皇皇者華》。卒歌，主人洗，升獻工。工不興，左瑟；一人拜受爵。主人西階上拜送爵。**註曰：工歌乃獻之，賤者先就事也。左瑟，便其右。一人，工之長者也。工拜於席。〇疏曰：工北面，以西爲左，空其右。受獻便者，酒從東楹之西來,故以右爲便。薦脯醢。註曰:輒薦之,變於大夫也。使人相祭。註曰:使扶工者相其祭薦、祭酒。卒爵不拜。註曰:賤不備禮。主人受爵。註曰:將復獻衆工也。衆工不拜,受爵;坐祭,遂卒爵。辯有脯醢,不祭。主人受爵,降奠于篚。註曰:遂,猶"因"也。

公又舉奠觶,唯公所賜。以旅于西階上,如初。註曰:言"賜"者,君又彌尊,賓長彌卑。○疏曰:燕尚飲酒,故工歌之後,笙奏之前,而爲大夫舉旅。大射主於射,至三射之後,乃爲大夫舉旅。按士爲賓舉旅,直云"公興以酬賓";爲卿舉旅,而云"若賓若長"。是君禮漸尊,賓禮漸殺,然猶言酬也。至此言"唯君所賜"者,是君又彌尊,賓長彌卑也。卒。註曰:旅畢也。

笙入,立于縣中,奏《南陔》、《白華》、《華黍》。縣,音懸。陔,音該。○註曰:以笙播此三篇之詩。縣中,縣中央也。《鄉飲酒禮》曰:"磬南,北面。"○疏曰:此云笙入,立于縣中,以其諸侯軒縣,闕南面而已,故得言縣中。鄉飲酒唯有一磬縣而已,不得言縣中,而云磬南,註引鄉飲酒者,欲見此雖軒縣,近北面縣之,南也。主人洗,升,獻笙于西階上。一人拜,盡階不升堂;受爵,降;主人拜送爵。階前坐祭,立卒爵,不拜既爵,升授主人。註曰:一人,笙之長者也。《鄉射禮》曰:"笙一人拜于下。"衆笙不拜,受爵,降;坐祭,立卒爵。辯有脯醢,不祭。○乃間歌《魚麗》,笙《由庚》;歌《南有嘉魚》,笙《崇丘》;歌《南山有臺》,笙《由儀》。間,古莧反。麗,力知反。○遂歌鄉樂:《周南》《關雎》、《葛覃》、《卷耳》,《召南》《鵲巢》、《采蘩》、《采蘋》。大師告于樂正曰:"正歌備。"雎,七徐反。覃,大南反。召,上照反。蘋,音頻。○註曰:大師,上工也,掌合陰陽之聲,教六詩,以六律爲之音者也。子貢問師乙曰:"吾聞聲歌各有宜也,如賜者,宜何歌也?"是明其掌而知之也。正歌者,升歌及笙各三終,間歌三終,合樂三終,爲一備。備,亦成也。樂正由楹內東楹之東,告于公,乃降復位。註曰:言由楹內者,以其立于堂廉也。復位,位在東縣之北。○疏曰:樂正與工,俱在堂廉,則楹南無過處,故由楹內。位在東縣之北者,按大射略於樂,小樂正升堂,明工升堂時,小樂正升。大樂正東方西面,工來東坫之東南、西面時,大樂正東縣之北、北面,其小樂正則立于西階下東面。此燕禮主於樂,故知大樂正升堂;今降,明復於東縣之北、北面也。

　　射人自阼階下,請立司正;公許。射人遂爲司正。註曰:君許其請,因命用爲司正。君三舉爵,樂備作矣;將留賓飲酒,更立司正以監之,察儀法也。射人俱相禮,其事同。○疏曰:案《鄉飲酒》、《鄉射》立司正後,始行旅酬者,彼是士饗禮。此燕禮,國君燕其臣子,雖一獻以辨尊卑,故主人獻君而受酬,主人卑,不敢酬公。獻之禮成於酬,故使大夫媵觶於公,當酬公。君行大惠,即舉之爲賓;賓得觶請旅諸臣,徧卿大夫,乃成一獻之禮。復獻卿大夫,皆爲之舉旅行酬,皆成其獻;但卿大夫,皆堂上有位,近君不敢失禮,故雖舉旅行酬,而未立司正。作樂後,將獻羣士,士職卑,位在堂下,將爲士舉旅,恐失禮,故未獻之前,即立司正監之。**司正洗角觶,南面坐奠于中庭;升,東楹之東受命,西階上北面,命卿大夫:"君曰:'以我安。'"卿大夫皆對曰:"諾!敢不安?"**註曰:洗奠角觶于中庭,明其事以自表,威儀多也。君意殷勤,欲留賓飲酒,命卿大夫以我故安,故亦其實不主意於賓。○疏曰:不主意於賓者,欲兼羣臣共安也。○**司正降自西階,南面坐取觶;升,酌散;降,南面坐奠觶;右還,北面少立;坐取觶,興;坐不祭,卒觶,奠之;興,再拜稽首;**還,音旋。下同。○註曰:右還,將適觶南,先西面也。必從觶西,爲君之在東也。少立者,自嚴正慎其位。**左還,南面坐取觶,洗,南面反奠于其所。**註曰:反奠虛觶,不空位也。

　　升自西階,東楹之東。請徹俎,降;公許,告于賓。賓北面取俎以出。膳宰徹公俎,降自阼階以東。註曰:膳宰降自阼階,以賓親徹若君親徹然。○疏曰:臣之升降當西階,今不降西階,而降自阼階當君降處,故云"若君親徹",降自阼然也。**卿大夫皆降,東面,北上。**註曰:以將坐降,待賓反也。○疏曰:按《大射》云"大夫降復位",註云,門東北面位,不與卿同東面位者，彼卿有俎，卿取俎以出；故大夫不敢獨在西階下，故復位，復門東北面位。此燕卿無俎，故大夫與卿同降西階下，東面、北上位也。

賓反入，及卿大夫皆說屨，升就席。公以賓及卿大夫皆坐，乃安。說，吐活反。○註曰：凡燕坐必說屨；屨賤，不在堂也。禮者尚敬，敬多則不親。燕安坐，相親之心。○疏曰：不云君降說屨者，據《少儀》，尊者坐在室，則說屨於戶內；今此燕在堂上，則君尊，說屨於堂上席側可知。羞庶羞。註曰：謂膷肝膋、狗胾醢也。骨體，所以致敬也；庶羞，所以盡愛也。敬之愛之，厚賢之道。○疏曰：按《大射》云"羞庶羞"，註云，所進衆羞，謂膷肝膋、狗胾醢也。或有炮鱉、膾鯉、雉兔、鶉鴽。大射先行燕禮，明與彼同有此物者；以經云"庶羞"，則不惟二豆而已。此註不言"炮鱉"已下，註文不具也。肝膋，見《內則》，用狗肝，蒙之以其膋而炙之。○膷，音饗。大夫祭薦。註曰：燕乃祭薦，不敢於盛成禮也。○疏曰：盛，謂未立司正之前立行禮時也。成禮，謂祭先也。大夫彼時受獻，不祭脯醢，是不敢成禮於盛時也。司正升受命，皆命："君曰：'無不醉！'"賓及卿大夫皆興，對曰："諾！敢不醉？"皆反坐。註曰：皆命者，命賓命卿大夫也。起對必降席，司正退立西序端。

主人洗，升，獻士于西階上。士長升，拜受觶；主人拜送觶。註曰：獻士用觶，士賤也。○疏曰：大夫已土①，獻用觚，旅酬乃用觶。獻士即用觶，士賤。士坐祭，立飲，不拜既爵。其他不拜，坐祭，立飲。註曰：他，謂衆士也。亦升受爵，不拜。○乃薦司正與射人一人、司士一人、執冪二人，立于觶南，東上。註曰：天子射人、司士，皆下大夫二人；諸侯則上士，其人數亦如之。司正爲上。○疏曰：此等皆士而先薦者，以其皆有事，故先得薦。司士，掌羣士爵禄廢置之事，士中之尊，故亦先得薦。司正爲上者，雖同是士，以其爲庭長，故設在上，先薦之。辯獻士。士既獻者，立于東方，西面，北上。乃薦士。註曰：每已獻而即位于東方，蓋尊之。畢獻，薦于其位。○疏曰：卿大夫在東方。今卿大夫得獻，升堂上，東方位空，故士得獻即東方卿位，是尊之。

以無正文,故蓋以疑之也。祝史,小臣師,亦就其位而薦之。註曰：次士獻之,已不變位,位自在東方。主人就旅食之尊而獻之。旅食不拜受爵,坐祭,立飲。註曰：北面酌,南向獻之於尊南。不洗者,以其賤,略之也。亦畢獻乃薦之,主人執虛爵奠于篚,復位。○疏曰：按《大射》旅食尊在西鑮之南,北面;則此主人在南,亦北面,以陳尊向君。若東楹之西,東向設尊,亦是向君爲正。彼酌者尊後東面酌,此亦尊後北面酌,南面獻之於尊南也。此乃庶人在官,府史胥徒之輩,故云賤也。○鑮,匹各反,音粕。

若射,則大射正爲司射,如鄉射之禮。註曰：大射正,射人之長者也。如鄉射之禮者,燕爲樂,卿大夫宜從其禮也。如者,如其告弓矢既具,至退中與算也。納射器而張侯,其告請先於君,乃以命賓及卿大夫。其爲司正者,亦爲司馬。君與賓爲耦。《鄉射記》曰：自"君射"至"龍旝",亦其異者也。薦旅食乃射者,是燕射主於飲酒。○疏曰：大射正爲司射者,燕禮輕,又不主爲射,故射人爲擯,又爲司正。至射時,大射正爲司射。大射之時,略於燕,主於射,故大射正爲擯,又爲司正。至射又親其職,故不同爲司射也。云宜從之者,鄉射是卿大夫禮,故樂之,還從之也;此獻士,旅食後乃射,是燕射主於飲酒。決大射,未爲大夫舉旅之前則射,是役大射主於射故也。

賓降洗,升媵觚于公,酌散,下拜。公降一等,小臣辭。賓升,再拜稽首。公答再拜。觚,依註音觶。○註曰：此當言"媵觶",酬之禮皆用觶,言"觚"者,字之誤也。古者"觶"字,或作角旁氏,由此誤爾。**賓坐祭,卒爵,再拜稽首。公答再拜。賓降,洗象觶;升,酌膳,坐奠于薦南;降拜。小臣辭。賓升,成拜。公答再拜。賓反位。**註曰：反位;反席也。

公坐取賓所媵觶,興,唯公所賜。註曰：至此又言"興"者,明公崇禮不倦也。**受者如初受酬之禮,降,更爵洗;升,酌膳,下拜。小臣辭。升成拜,公答拜。乃就席,坐行之,**註曰：坐行之,若今坐相勸酒。**有執爵者。**註曰：士有盥升,主酌授之者。○疏曰：若然,前三舉旅,皆酬者自酌授人也。唯受于公者拜。註曰：公所賜者也，其餘則否。司正命執爵者。爵辯，卒受者興以酬士。註曰：欲令惠均。○疏曰：前三舉旅，辯大夫則止。今此爲士舉旅，故及之。大夫卒受者，以爵興，西階上酬士。士升，大夫奠爵拜，士答拜。註曰：興酬士者，士立堂下，無坐。○疏曰：凡禮，堂上有席者坐，堂下無席者立。是以工尹商陽是士，而云朝不坐，堂下無坐位者也。大夫立卒爵，不拜；實之，士拜受，大夫拜送。士旅于西階上，辯。註曰：祝史小臣，旅食皆及焉。○疏曰：其庶子以下未得獻者，至獻後無算爵及焉。士旅酬。註曰：旅，序也。士以次序自酌相酬，無執爵者。卒。

主人洗，升自西階，獻庶子于阼階上，如獻士之禮。辯，降洗，遂獻左右正與内小臣，皆於阼階上，如獻庶子之禮。註曰：庶子，掌正六牲之體及舞位，使國子修德學道，世子之官也；而與膳宰、樂正聯事。樂正亦學國子以舞，左右正謂樂正，僕人正也。小樂正立于西縣之北；僕人正、僕人師、僕人士，立于其北，北上；大樂正立于東縣之北。若射，則僕人正、僕人士陪于工後。内小臣、奄人，掌君陰事陰令，后夫人之官也，皆獻于阼階上，別於外内臣也。獻正下及内小臣，則磬人、鐘人、鏄人、鼓人、僕人之屬，盡獻可知也。凡獻皆薦也。○疏曰："與膳宰、樂正聯事"者，以掌正六牲之體，得與膳宰聯事；掌國子修德學道，得與樂正聯事。内小臣別於外内臣。《周禮》有外内命夫。内命夫，朝廷卿大夫；外命夫，諸侯臣在鄉遂及采地者。但外内臣皆獻於西階上，此内小臣獻於阼階。

無算爵。註曰：算，數也。爵行無次、無數，唯意所勸，醉而止。士也，有執膳爵者，有執散爵者。執膳爵者，酌以進公，公不拜受。執散爵者，酌以之公，命所賜；所賜者興，受爵，降席下，奠爵，再拜稽首。公答拜。註曰：席下，席西也。○疏曰：自旅酬已前，受公爵皆降拜，升成拜；至此不復降拜者，禮殺故也。受賜爵者以爵就席坐，公卒爵，然後飲。註曰：不敢先虛爵，明此勸惠從尊者來也。執膳爵者受公爵，酌，反奠之。註曰：

宴歡在於飲酒，成其意。受賜爵者興，授執散爵；執散爵者乃酌行之。註曰：予其所勸者。唯受爵於公者拜。卒受爵者興，以酬士于西階上。士升，大夫不拜，乃飲，實爵。註曰：乃，猶"而"也。士不拜，受爵。大夫就席。士旅酬亦如之。公有命徹冪，則卿大夫皆降西階下，北面，東上，再拜稽首。公命小臣辭。公答再拜，大夫皆辟。辟，音闢，又房益反。○註曰：命徹冪者，公意殷勤，必盡酒也。小臣辭，不升成拜，明雖醉，正臣禮也。不言賓，賓彌臣也。君答拜於上，示不虛受也。○疏曰：云"不言賓"，直言"卿大夫皆降"。不別言賓，是燕末，賓同於臣。言彌臣者，上旅酬猶言賓，但言賜，不言酬，已是賓卑；今乃没賓不言賓，是賓彌臣也。遂升，反坐。士終旅於上，如初。註曰：卿大夫降而爵止，於其反席，卒之。○朱先生曰：此士方旅酬，而大夫降，則爵止不行；公辭而大夫復升，士乃終旅於上也。無算樂。註曰：升歌間合無數也，取歡而已；其樂章亦然。宵，則庶子執燭於阼階上，司宮執燭於西階上，甸人執大燭於庭，閽人爲大燭於門外。甸，大練反。閽，音昏。○註曰：宵，夜也。燭，燋也。甸人，掌供薪蒸者。庭大燭，爲位廣也。閽人，門人也。爲，作也，作大燭以俟賓客出。○燋，哉約反，又哉炒反②。

賓醉，北面坐取其薦脯以降。註曰：取脯，重得君賜。奏《陔》。註曰：《陔》，《陔夏》，樂章也。賓出奏《陔夏》以爲行節也。凡《夏》，以鐘鼓奏之。賓所執脯，以賜鐘人於門内霤，遂出。註曰：必賜鐘人。鐘人掌以鐘鼓奏九《夏》；今奏《陔》以節，已用賜脯以報之，明雖醉不忘禮。卿、大夫皆出。註曰：隨賓出也。公不送。註曰：賓禮訖，是臣也。

公與客燕，註曰：謂四方之使者。曰："寡君有不腆之酒，以請吾子之與寡君須臾焉，使某也以請。"腆，天典反。○註曰：君使人戒客辭也。禮，使人各以其爵。寡，鮮也，猶言少德，謙也。腆，善也。上介出請入告。對曰："寡君，君之私也；君無所辱賜于使臣，臣敢辭？"註曰：上介出答主國使者辭也。"寡君固曰'不腆',使某固以請?""寡君,君之私也;君無所辱賜于使臣,臣敢固辭?"朱先生曰:"寡君,君之私也"以下,是客對辭。"寡君固曰'不腆',使某固以請。""某固辭不得命,敢不從?"朱先生曰:"某固辭"以下,是客對辭。致命曰:"寡君使某有不腆之酒,以請吾子之與寡君須臾焉。"註曰:親相見,致君命辭也。"君貺寡君多矣,又辱賜于使臣,臣敢拜賜命?"朱先生曰:"君貺寡君多矣"以下,是客對辭。

記

燕,朝服于寢。註曰:朝服者,諸侯與其羣臣日視朝之服也,謂冠玄端、緇帶、素韠、白屨也。燕於路寢,相親暱也。○疏曰:天子諸侯吉事,皆舄,云"白屨"者,引《士冠禮》成文。其實,諸侯當白舄,其臣則白屨也。複下曰舄,禪下曰屨。饗在廟,而燕在寢,是親暱。其牲狗也,註曰:狗取擇人也,明非其人,不與爲禮也。亨于門外東方。亨,普庚反。○註曰:亨于門外,臣所掌也。○疏曰:此與公食皆君禮,故亨于門外。鄉飲酒亨于堂東北,不在外者,臣禮,宜主人親供也。

若與四方之賓燕,則公迎之于大門內,揖讓升。註曰:四方之賓,謂來聘者也。自戒至于拜至,皆如公食,亦告饌具,而後公即席,小臣請執冪請羞者,乃迎賓也。○疏曰:此燕用狗,彼用大牢,此戒,賓再辭,彼三辭,至於卿大夫立位皆不同。而云"如公食"者,謂除此之外如之。云"亦告饌具"至"乃迎賓也"者,欲見燕四方賓。此等依上文,與燕己臣子同,亦不如公食;以其公食,公無席,又無入廟之事,又公食無請執冪羞膳,故別言此也。○公食,音嗣。賓爲苟敬,席于阼階之西,北面;有脀,不嚌肺,不啐酒,其介爲賓。註曰:苟,且也,假也。主國君,饗時,親進醴于賓。今燕,又宜獻焉。人臣不敢褻煩尊者,至此,升堂而辭讓,欲以臣禮燕,爲恭敬也;於是席之如獻公之位。言"苟敬"者,賓實主國所宜敬也。脀,折俎也。不嚌、啐,似若尊者然也。介,門西,

103

北面，西上。公降迎，上介以爲賓，揖讓升，如初禮。主人獻賓、獻公。既獻苟敬，乃媵觚，羣臣即位如燕也。○疏曰：言"苟敬者，賓實主國所宜敬"，但爲辭讓；故以命"介爲賓"，不得敬之。今雖以介爲賓，不可全不敬；於是席之於阼階西，而且敬之，故云"苟敬"也。上燕已臣子之時，獻賓、獻公既，即媵觶以酬賓。今苟敬之前，有薦、有俎，實與君同；則知獻公後"即獻苟敬"，乃可酬賓也。**無膳尊，無膳爵。**註曰：降尊以就卑也。

與卿燕，則大夫爲賓；與大夫燕，亦大夫爲賓。註曰：不以所與燕者爲賓者，燕爲序歡心，賓主敬也。公父文伯飲南宮敬叔酒，以路堵父爲客，此之謂也。君恒以大夫爲賓者，大夫卑；雖尊之，猶遠于君。○疏曰：此謂與己臣子燕法。若與異國之賓燕，皆用上介爲賓也。○父，音甫。飲，於鳩反。堵，音者。遠，于萬反。

羞膳者與執冪者，皆士也。註曰：尊君也。膳宰卑於士。○疏曰：士則膳宰之長也。**羞卿者，小膳宰也。**註曰：膳宰之佐也。

若以樂納賓，則賓及庭，奏《肆夏》；賓拜酒，主人答拜，而樂闋。公拜受爵，而奏《肆夏》；公卒爵，主人升，受爵以下，而樂闋。闋，曲雪反。○註曰：《肆夏》，樂章也，今亡。以鐘鎛播之，鼓磬應之，所謂金奏也。記曰：入門而縣興，示易以敬也。卿大夫有王事之勞，則奏此樂焉。○疏曰：常燕己臣子無樂。王事之勞，或有或無，故言若也。九《夏》，皆詩篇名，頌之族類也。《鐘師》云"掌金奏"。金，謂鐘及鎛。又云"凡樂事，以鐘鼓奏九《夏》"，鄭註云"先擊鐘，次擊鼓"。是奏《肆夏》時有鐘、鎛、鼓、磬。彼經註雖不言磬，但縣内有此四者，故鄭兼言磬也。言"賓及庭，奏《肆夏》"，則非尋常大夫爲賓，與宰夫爲主人相對者。謂若"賓爲苟敬"，四方賓之類。時奏《肆夏》，其事既重；若非有王事之勞，何以致此故也。**升歌《鹿鳴》，下管《新宮》，笙入三成。**註曰：《新宮》，《小雅》逸篇。○疏曰：《鹿鳴》不言工歌，《新宮》不言笙奏，而言"升歌""下管"，欲明笙奏異於常燕。常燕即上所陳四節是也。特言"下管《新宮》，笙入三成"者，謂笙奏《新宮》三終，申說"下管"之義。**遂合鄉樂。**註曰：鄉樂，《周南》、《召南》六篇。言"遂"者，不間也。若舞，則《勺》。勺，音灼。○註曰：《勺》，《頌》篇，告成《大武》之樂歌也。其詩曰："於鑠王師，遵養時晦。"又曰："實維爾公允師。"既合鄉樂，萬舞而奏之，所以美王侯、勸有功也。○疏曰：言若者，或爲之舞，或不爲之舞。舞則作周萬舞之舞而奏《勺》。《詩》傳曰：萬者，干舞也。○於鑠，上音烏，下舒若反。

惟公與賓有俎。註曰：主於燕，其餘可以無俎。

獻公，曰："臣敢奏爵以聽命。"註曰：授公，釋此辭，不敢必受之。

凡公所辭，皆栗階。註曰：栗，蹙也。謂越等急趨君命也。**凡栗階不過二等。**註曰：其始升，猶聚足連步，越上等，左右足各一發而升堂。○疏曰：天子之堂九尺，諸侯七尺，大夫五尺，士三尺，一尺爲一階。今云"凡栗階不過二等"。言"凡"則天子九等已下，至士三等，皆有栗階之法；天子已下，皆留上等爲栗階，左右足各一發而升堂，其上等以下皆連步。故鄭云"其始升，猶聚足連步"也。聚足，謂前足躡一等，後足從之，併連步，謂足相隨不相過也。凡升階之法，有四等：連步，一也。栗階，二也。歷階，三也；歷階，謂下至上皆越等，無連步。越階，四也；越階，謂左右足越三等，若趙盾蹋階而走是也。○蹋，敕略切。

凡公所酬，既拜，請旅侍臣。註曰：既拜，謂自酌升拜時也。擯者阼階下告于公，還西階下告公許旅行也，請行酒于羣臣。必請者，不專惠也。

凡薦與羞者，小膳宰也。註曰：謂於卿、大夫以下也。上特言羞卿者，小膳宰，欲絕於賓。羞賓者，亦士。○疏曰：鄭意於此言"凡"，總卿、大夫，於文足矣。上文君下，特言"羞卿者，小膳宰"者，欲見直言君，不須言賓，以其賓之薦俎與君同，明羞膳亦與君同，不使小膳宰，故云"欲絕於賓"。**有內羞。**註曰：羞豆之實酏食、糝食。羞籩之實糗餌粉餈。○酏，以支反。食，音嗣。糝，素感反。糗，去久反。餌，音二。餈，才私反。

君與射，則爲下射，袒朱襦，樂作而后就物。與，音預。襦，人于反。○註曰：君尊。小臣以巾授矢，稍屬。屬，章欲反。○註曰：君尊，不揖矢。

不以樂志。註曰：辟不敏也。○辟，音避。既發，則小臣受弓以授弓人。註曰：俟復發也。不使大射正，燕射輕。上射退于物一笴；既發，則答君而俟。若飲君，燕，則夾爵。笴，古我反，又古老反。○註曰：謂君在不勝之黨，賓飲之；如燕媵觚，則又夾爵。○疏曰：將飲君，先自飲；及君飲訖，又自飲，爲"夾爵"。君在，大夫射則肉袒。註曰：不繻襦，厭於君。○厭，一涉反。

　　若與四方之賓燕，媵爵曰："臣受賜矣。臣請贊執爵者。"註曰：受賜，謂公鄉者酬之。至燕，主人事賓之禮殺；賓降洗，升媵觶于公，答恩惠也。○鄉，許亮反。相者對曰："吾子無自辱焉。"相，息亮反。○註曰：亦告公，以公命答之也。

　　有房中之樂。註曰：弦歌，《周南》、《召南》之詩，而不用鐘磬之節也。謂之"房中"者，后夫人之所諷誦，以事其君子。○疏曰：此文承"四方之賓燕"下而云有，明四方之賓而有之。云"不用鐘磬"，按《磬師》云"教縵樂、燕樂之鐘磬"，註云燕樂"房中之樂，所謂陰聲也"，二樂皆教其鐘磬。房中樂得有鐘磬者，彼據教房中樂，待祭祀而用之，故有鐘磬也。房中及燕，則無鐘磬也。

【校記】

① "土"，疑應作"上"。

② "炒"乃"妙"之誤。

儀禮述註卷第七

大射儀第七之一

鄭目録云：名曰《大射》者，諸侯將有祭祀之事，與其羣臣射，以觀其禮。數中者，得與於祭；不數中者，不得與於祭。於"五禮"，屬"嘉禮"。

大射之儀。疏曰：不言"禮"言"儀"者，以射禮盛，威儀多，故以"儀"言之。〇君有命戒射。註曰：將有祭祀之事，當射。宰告於君，君乃命之，言君有命，政教宜由尊者。〇宰戒百官有事於射者。註曰：宰，於天子冢宰，治官卿也；作大事，則掌以君命戒於百官。〇疏曰：諸侯兼官無冢宰，以司徒兼之。故《聘禮》註云：宰，上卿，貳君事者也。諸侯謂司徒爲宰是也。〇射人戒諸公、卿、大夫射。〇司士戒士射與贊者。註曰：射人，掌以射法治射儀。司士，掌國中之士治，凡其戒命。皆司馬之屬也。殊戒公、卿、大夫與士辨貴賤也。贊，佐也，謂士佐執事不射者。〇疏曰：上文宰官尊總戒，此射人、司士，色別重戒之；謂若天官冢宰戒百官，宗伯大司寇之等重戒也。此所云"戒"者，謂祭前旬有一日。知者，《祭統》云："先期旬有一日，宮宰宿夫人，夫人亦散齋七日，致齋三日。"又《天宰》云"前期十日，帥執事而卜日，遂戒"，註云：前期，前所諏之日也。若然，則卜及戒，皆在旬有一日矣。〇前射三日，宰夫戒宰及司馬，射人宿視滌。註曰：宰夫，冢宰之屬，掌百官之徵令者。司馬，於天子政官之卿；凡大射，則令其六耦。滌，謂溉器，掃除射宮。

司馬命量人量侯道與所設乏以貍步。大侯九十，參七十，干五十；設乏，各去其侯西十、北十。參，音糝，素感反。干，音豻，五旦反。〇註曰：量人，司馬之屬，掌量道、巷塗數者。侯，謂所射布也。尊者射之，以威不寧侯；卑者射之，以求爲侯。量侯道，謂去堂遠近也。"容"，謂之"乏"，所以爲獲者之禦矢。貍之伺物，每舉足者止視遠近，爲發必中也，是以量侯道取象焉。《鄉射記》曰："侯道五十弓。"《考工記》曰："弓之下制六尺。"則此貍步六尺明矣。大侯，熊侯，謂之大者，與天子熊侯同。參，讀爲"糝"。糝，雜也。雜侯者，豹鵠而麋飾，下天子大夫也。干，讀爲"豻"。豻侯者，豻鵠豻飾也，大夫將祭於己射麋侯。士無臣，祭不射。○疏曰：熊侯而謂之大者，言畿外諸侯亦得用三侯，其數上同于天子，而非畿内諸侯所可比，故於熊侯加大以別之。然不嫌於偪上者，天子三侯，則虎侯、熊侯、豹侯；諸侯不得用虎侯而以熊侯、糝侯、豻侯爲三侯。若畿内，則但有熊侯、豹侯。此其所以別也。云"豹鵠而麋飾，下天子大夫也"者，《司裘》云，"卿、大夫則共麋侯"。此則豹皮爲鵠，以麋飾其側，不用純麋，是下天子大夫也。豻，鄭註《周禮》云"胡犬"。豻侯，亦取捷黠意。大夫得置家臣，故將祭得大射擇士。士卑無臣，故祭不得射也。○遂命量人、巾車張三侯。大侯之崇，見鵠於參；參見鵠於干；干不及地武。不繫左下綱。設乏西十、北十。凡乏用革。見，賢遍反。鵠，姑沃反。繫，吉詣反。○註曰：巾車，於天子宗伯之屬，掌裝衣車者，亦使張侯。侯，巾類。崇，高也。高必見鵠，鵠，所射之主。鵠之言較，較，直也。射者所以直己志。或曰"鵠"，鳥名，射之難中，中之爲俊，是以取名。《淮南子》曰："鴻鵠知來。"然則所云"正"者，正也，亦鳥名。齊魯之間，名"題肩"爲"正"。正、鵠，皆鳥之捷黠者。《考工記》曰："梓人爲侯，廣與崇方；參分其廣，而鵠居一焉。"則大侯之鵠，方六尺；糝侯之鵠，方四尺六寸大半寸；豻侯之鵠，方三尺三寸少半寸。及，至也。武，迹也。中人之足，長尺二寸。以豻侯計之，糝侯去地一丈五寸少半寸；大侯去地二丈二尺五寸少半寸。凡侯，北面、西方謂之"左"。前射三日，張侯設乏，欲使有事者豫志焉。○疏曰：《鄉射》云："乏參侯道，居侯黨之一，西五步。"註云："此乏去侯，北十丈，西三丈。"此經云"西十、北十"，則西與北皆六丈，不得爲三分居侯黨之一者，以其三侯入堂深故也；西亦六丈者，以三侯恐矢揚傷人，與一侯亦異也。三侯之下，總云"西十、北十"，則其乏皆"西十、北十"矣。侯之廣狹，取度於侯道。大侯道九十弓，弓取二寸，二九十八，侯中丈八尺；三分其侯，而鵠居一，故知鵠六尺也。參侯于侯，亦以侯道弓數及弓取二寸推之。大侯中丈八尺，鵠方六尺；參侯中丈四尺，鵠方四尺六寸大半寸；干侯中一丈，鵠方三尺三寸少半寸。凡言大半寸者，三分寸之二；少半寸者，三分寸之一。

　　樂人宿縣于阼階東，笙磬西面，其南笙鐘，其南鑮，皆南陳。縣，音懸。鑮，音博。○註曰：笙，猶"生"也。東爲陽中，萬物以生，是以東方鐘磬謂之"笙"，皆編而縣之。《周禮》曰："凡縣鐘磬，半爲堵，全爲肆。"有鐘有磬爲全。鑮，如鐘而大，奏樂以鼓鑮爲節。建鼓在阼階西，南鼓；應鼙在其東，南鼓。鼙，貧倪反。○註曰：建，猶樹也。以木貫而載之，樹之跗也。南鼓，謂所伐面也。應鼙，應朔鼙也。先擊朔鼙，應鼙應之。鼙，小鼓也。在東，便其先擊小，後擊大也。鼓不在東，縣南，爲君也。○疏曰：爲君者，決下一建鼓，在其南。東鼓者，爲賓。復不在東，縣北者，取順君面故也。西階之西，頌磬東面，其南鐘，其南鑮，皆南陳。一建鼓在其南，東鼓，朔鼙在其北。註曰：言成功曰"頌"。西爲陰中，萬物之所成，是以西方鐘磬謂之"頌"。朔，始也。奏樂先擊西鼙。樂爲賓所由來也。鐘不言頌，鼙不言東鼓，義同，省文也。古文"頌"爲"庸"。一建鼓在西階之東，南面。註曰：言"面"者，國君於其羣臣，備三面爾，無鐘、磬，有鼓而已。其爲諸侯，則軒縣。○疏曰：國君合有三面，爲辟射位；又與羣臣射，闕北面無鐘、磬、鑮，直有一建鼓而已，故不言南鼓，而言南面也。若與諸侯饗燕之類，則依諸侯軒縣，三面皆有鼓與鐘、磬、鑮。簜在建鼓之間。簜，音蕩。○註曰：簜，竹也；謂笙簫之屬，倚於堂。○疏曰：下云"乃管新宮"，註云：管，謂吹簜。則此簜管也。鼗倚于頌磬，西紘。鼗，音桃。紘，戶耕反。○註曰：鼗，如鼓而小，有柄；賓至搖之以奏樂也。紘，編磬繩也。設鼗於磬西，倚于紘也。

　　厥明，司宮尊于東楹之西，兩方壺；膳尊兩甒，在南；有豐，冪用錫若絺，綴諸箭；蓋冪加勺，又反之。皆玄尊，酒在北。甒，音武。冪，迷繹反。綴，竹衛反。○註曰：膳尊，君尊也；後陳之，尊之也。豐，以承尊也。冪，覆尊巾也。錫，細布也。絺，細葛也。箭，篠也。爲冪蓋，卷辟綴於篠，橫之也。

109

又反之，爲覆勺也。皆玄尊，二者皆有玄酒之尊，重本也。酒在北，尊統於君，南爲上也；唯君面尊，言專惠也。○疏曰：唯君面尊，謂君燕臣子，專其恩惠，故尊鼻向君。○綴，陟衛切。○尊士旅食于西鑮之南，北面，兩圜壺。圜，音圓。○註曰：旅，衆也。士衆食，未得正禄，謂庶人在官者。圜壺，變於方也。賤無玄酒。又尊于大侯之乏東北，兩壺獻酒。獻，音莎。○註曰：爲隸、僕人、巾車，樴侯、豻侯之獲者。獻，讀爲"沙"。沙酒濁，特泲之，必摩沙者也。兩壺皆沙酒，《郊特牲》曰："汁獻涗于醆酒。"服不之尊，俟時而陳於南，統於侯，皆東面。○疏曰：云"特泲之，必摩沙者也"者，此解名沙酒之意；引《郊特牲》者，此以五齊中取醆酒盎齊泲鬱鬯之事也。獻，沙也。泲鬱鬯之時，和盎齊，以手摩沙，出其香汁。涗，清也。泲之，使清也。此爲隸僕以下卑賤之人而獻鬱鬯者。此所得獻，皆因祭侯；謂侯之神，故用鬱鬯也。○泲，子禮反。涗，始鋭反。齊，才計反。○設洗于阼階東南，罍水在東，篚在洗西，南陳。設膳篚在其北，西面。又設洗于獲者之尊西北，水在洗北，篚在南，東陳。註曰：無爵，因服不也。有篚，爲奠虛爵也。服不之洗，亦俟時而陳於其南。○小臣設公席于阼階上，西鄉。司宮設賓席于户西，南面，有加席。卿席賓東，東上。小卿賓西，東上。大夫繼而東上。若有東面者，則北上。席工于西階之東，東上。諸公阼階西，北面，東上。鄉，許亮反。下同。○註曰：唯賓及公席布之也，其餘樹之於位後耳。小卿，命於其君者也。席于賓西，《射禮》辨貴賤也。諸公，大國有孤卿一人，與君論道，亦不典職，如公矣。○官饌。註曰：百官各饌，其所當共之物。○共，音供。

羹定。註曰：烹肉熟也。《射義》曰：諸侯之射也，必先行燕禮。燕禮牲用狗。射人告具于公。公升，即位于席，西鄉。小臣師納諸公、卿、大夫。諸公、卿、大夫皆入門右，北面，東上。士西方，東面，北上。大史在干侯之東北，北面，東上。士旅食者在士南，北面，東上。小臣師從者在東堂下，南面，西上。大史音泰。從，才用反。○註曰：大史在干侯東北,士旅食者在士南,爲有侯,入庭深也。〇疏曰:《燕禮》,士旅食者立于門西,東上。此不繼門,而在士南繼士者,爲有侯,故入庭深也。〇公降,立于阼階之東南,南鄉。小臣師詔揖諸公、卿、大夫;諸公、卿、大夫西面,北上。揖大夫,大夫皆少進。註曰:詔,告也。變"爾"言"揖",亦以其入庭深也。上言"大夫",誤衍耳。〇疏曰:《燕禮》言爾,以其近門,去君遠,而言爾,爾,近也,移也,揖之使移近。此入庭深,故不言"爾"而言"揖"。揖之而已,不須移近之也。

大射正擯。註曰:大射正,射人之長。擯者請賓,公曰:"命某爲賓。"註曰:某,大夫名。擯者命賓,賓少進,禮辭。註曰:"命賓"者,東面南顧。辭,辭以不敏。反命,註曰:以賓之辭告於君。又命之。賓再拜稽首,受命。註曰:又,復。擯者反命。賓出,立于門外,北面。公揖卿、大夫,升就席。小臣自阼階下,北面,請執冪者與羞膳者。註曰:請士可使執君兩甒之冪及羞、脯醢、庶羞于君者,方圜壺。獻,無冪。乃命執冪者。執冪者升自西階,立于尊南,北面,東上。註曰:命者於西階前,以公命命之。東上,執玄尊之冪爲上。羞膳者從而東,由堂東升自北階,立于房中,西面,南上。不言命者不升堂,略之。膳宰請羞于諸公卿者。註曰:膳宰請者,異於君也。

擯者納賓。賓及庭,公降一等揖賓,賓辟。辟,音闢。〇註曰:及,至也。辟,逡遁不敢當盛。公升即席。註曰:以賓將與主人爲禮,不參之。奏《肆夏》。註曰:《肆夏》,樂章名,今亡。呂叔玉云:《肆夏》,《時邁》也。《時邁》者,太平巡守祭山川之樂歌。其詩曰:"明昭有周,式序在位。"又曰:"我求懿德,肆于時夏。"奏此以延賓,其著宣王德勸賢與?《周禮》曰:"賓出入,奏《肆夏》。"賓升自西階;主人從之,賓右北面,至再拜;賓答再拜。註曰:主人,宰夫也;又掌賓客之獻飲食。君於臣,雖爲賓,不親獻,以其莫敢亢禮。

主人降洗,洗南,西北面。註曰:賓將從降,鄉之;不於洗北,辟正主。

〇鄉，音向。辟，音避。下註同。賓降階西，東面；主人辭降，賓對。主人北面盥，坐取觚洗；賓少進，辭洗。主人坐奠觚于篚，興對。賓反位。註曰：賓少進者，所辭異，宜違其位也。獻不用爵，辟正主。主人卒洗，賓揖乃升。註曰：賓每先升揖之。主人升，賓拜洗。主人賓右奠觚答拜，降盥。賓降，主人辭降，賓對。卒盥，賓揖升。主人升，坐取觚。註曰：取觚，將就瓦甒酌膳。執冪者舉冪，主人酌膳，執冪者蓋冪。酌者加勺，又反之。註曰：反之，覆勺。筵前獻賓。賓西階上拜，受爵于筵前，反位。主人賓右拜送爵。註曰：賓既拜，于筵前受爵，退復位。宰胥薦脯醢。註曰：宰胥，宰官之吏也。不使膳宰薦，不主於飲酒，變於燕。賓升筵。庶子設折俎。註曰：庶子，司馬之屬，掌正六牲之體者也。《鄉射記》曰：“賓俎：脊、脅、肩、肺。”不使膳宰設俎，爲射變於燕。賓坐，左執觚，右祭脯醢，奠爵于薦右；興，取肺；坐絕祭，嚌之；興，加于俎；坐捝手，執爵，遂祭酒；興，席末坐啐酒；降席，坐奠爵，拜，告旨；執爵興。主人答拜。捝，音稅。〇註曰：降席，席西也。旨，美也。樂闋。闋，曲雪反。〇註曰：闋，止也。樂止者，尊賓之禮，盛於上也。〇疏曰：《燕禮記》亦云：“賓及庭，奏《肆夏》。賓拜酒，主人答拜而樂闋。”亦據啐酒時。按《郊特性》“賓入大門而奏《肆夏》”，又曰“卒爵而樂闋”，不同者，彼註謂朝聘者，故卒爵而樂闋；此燕己臣子法，故啐酒而樂闋也。賓西階上北面坐，卒爵，興；坐奠爵，拜；執爵，興。主人答拜。

賓以虛爵降，註曰：既卒爵，將酢也。主人降。賓洗南西北面坐奠觚，少進，辭降；主人西階西東面，少進，對。賓坐取觚，奠于篚下，盥洗；註曰：篚下，篚南。主人辭洗。賓坐奠觚于篚，興對；卒洗，及階揖升。主人升，拜洗如賓禮。賓降盥，主人降。賓辭降，卒盥，揖升。酌膳、執冪如初，以酢主人于西階上；主人北面拜受爵，賓主人之左拜送爵。註曰：賓南面授爵，乃於左拜。凡授爵，鄉所受者。主人坐祭，不啐酒，註曰：辟正主也。未薦者，臣也。不拜酒，註曰：主人之義。《燕禮》曰："不拜酒，不告旨。"遂卒爵，興；坐奠爵，拜；執爵興。賓答拜。主人不崇酒，以虛爵降，奠于篚。註曰：不崇酒，辟正君也。崇，充也；謂謝酒惡相充實。賓降立于西階西，東面。註曰：既受獻矣，不敢安盛。擯者以命升賓。賓升，立於西序，東面。註曰：命，公命也。東西牆謂之"序"。

　　主人盥，洗象觚，升酌膳，東北面獻于公。註曰：象觚，觚有象骨飾也。取象觚東面，不言實之，變於燕。公拜受爵，乃奏《肆夏》。註曰：言"乃"者，其節異於賓。○疏曰：言"異"者，賓及庭奏，此君受爵乃奏，是其節異故也。云"乃"者，緩辭也。主人降自西階，阼階下北面拜送爵。宰胥薦脯醢，由左房。庶子設折俎，升自西階。註曰：自，由也。左房，東房也。人君左右房。《鄉射記》曰"主人俎：脊、脅、臂、肺"也。公祭如賓禮，庶子贊授肺；不拜酒，立，卒爵；坐奠爵，拜；執爵，興。註曰：凡異者，君尊，變於賓。○疏曰：言異者，使庶子授肺，不拜酒，立，卒爵之等，皆異於賓也。主人答拜；樂闋，升，受爵；降，奠于篚。○更爵洗，升，酌散以降；酢于阼階下，北面，坐奠爵，再拜稽首。公答拜。註曰：更，易也。易爵，不敢襲至尊。主人坐祭，遂卒爵，興；坐奠爵，再拜稽首。公答拜。主人奠爵于篚。

　　主人盥洗，升媵觚于賓；酌散，西階上坐奠爵，拜。賓西階上北面答拜。註曰：媵，送也。散，方壺之酒也。主人坐祭，遂飲；賓辭。卒爵，興；坐奠爵，拜；執爵，興。賓答拜。註曰：辭者，辭其代君行酒。不立飲也，比於正主酬也。主人降洗，賓降。主人辭降，賓辭洗。卒洗。賓揖升，不拜洗。註曰：不拜洗，酬而禮殺也。主人酌膳。賓西階上拜，受爵于筵前，反位。主人拜送爵，賓升席，坐祭酒，遂奠于薦東。註曰：遂者，因坐而奠之，不北面也。尊之者，酬不舉也。主人降，復位。賓降筵西，東南面立。註曰：賓不立于序內，位彌尊。

小臣自阼階下請媵爵者，公命長。長，知丈反。○註曰：命之使選於長幼之中也。卿則尊，士則卑。小臣作下大夫二人媵爵。註曰：作，使。媵爵者阼階下，皆北面，再拜稽首。公答拜。註曰：再拜稽首，拜君命。媵爵者立于洗南，西面，北上；序進盥，洗角觶；升自西階；序進酌散，交于楹北；降適阼階下，皆奠觶，再拜稽首；執觶，興。公答拜。註曰：序，次第也，猶代也。先者既酌，右還而反，與後酌者交於西楹北相左，俟於西階上，乃降。往來以右爲上。○還，音旋。媵爵者皆坐祭，遂卒觶，興；坐奠觶，再拜稽首；執觶，興。公答再拜。媵爵者執觶，待於洗南。註曰：待，待君命。小臣請致者。註曰：請君使一人與，二人與，不必君命。若命皆致，則序進，奠觶于篚；阼階下皆北面再拜稽首。公答拜。媵爵者洗象觶，升實之，序進；坐奠于薦南，北上；降適阼階下，皆再拜稽首送觶。公答拜。註曰：既酌而代進，往來由尊北，交於東楹北，亦相左，奠於薦南，不敢必君舉。媵爵者皆退，反位。註曰：反門右北面位。

　　公坐取大夫所媵觶，興以酬賓。賓降，西階下再拜稽首。小臣正辭，賓升成拜。註曰：公起酬賓於西階，降尊以就卑也。正，長也。小臣長辭，變於燕。升成拜，復再拜稽首；先時君辭之，於禮若未成然。○疏曰：燕禮直使小臣辭，亦是燕主歡；此射禮辨尊卑，故使小臣長辭。公坐奠觶，答拜，執觶興。公卒觶，賓下拜，小臣正辭。賓升，再拜稽首。註曰：不言成拜者，爲拜故下，實未拜也。下不就拜，禮也。下，亦降也。發端言降拜，因上事言下拜。○疏曰：自此已下，皆云"公答拜"，不言再拜。燕禮皆言"公答再拜"。不同者，燕主歡，不用尊卑，故公拜皆再拜；此射禮主辨尊卑，故直云答拜，答一拜。此一拜者，正禮也。經云"公卒觶，賓下拜"者，公尊不拜既爵；賓降拜，若爲君拜既爵也。公坐奠觶，答拜，執觶，興。賓進，受虛觶，降奠于篚；易觶興，洗。註曰：賓進，以臣道也。君受虛爵，若不親酌。凡爵不相襲者，於尊者言"更"，自敵以下言"易"。更，作新；易，有故之辭也。不言公酬賓於西階上及公反位者，尊君，空其文也。公有命，則不易、不洗。反升酌膳。下拜。小臣正辭。賓升，再拜稽首。公答拜。註曰：不易，君義也；不洗，臣禮也。賓告于旅者，請旅諸臣。擯者告于公，公許。註曰：旅，序也。賓欲以次序勸諸臣酒。賓以旅大夫于西階上。擯者作大夫長升，受旅。註曰：作，使也。使之以長幼之次，先孤。賓大夫之右，坐奠觶，拜；執觶，興，大夫答拜。賓坐祭，立，卒觶，不拜。若膳觶也，則降，更觶洗，升實散；大夫拜受。賓拜送，遂就席。大夫辯受酬，如受賓酬之禮，不祭酒。卒受者以虛觶降，奠于篚，復位。

　　主人洗觚，升實散，獻卿於西階上。司宮兼卷重席，設於賓左，東上。卷，舉遠反。重，直容反。○疏曰：上文"設席"之下，註謂"唯賓及公席布之，其餘樹之於位後"，至獻卿乃布之；則此云"兼卷"者，不謂至是始卷之，直是鋪設之時兼卷而設之也。卿升，拜受觚。主人拜送觚，卿辭重席，司宮徹之。註曰：徹，猶"去"也。重席雖非加，猶爲其重；累辭之，辟君。乃薦脯醢。卿升席。庶子設折俎。註曰：卿折俎未聞。蓋用脊、脅、臑、折肺。卿有俎者射禮尊。○疏曰：未聞者，以燕禮卿無俎。《鄉射記》云："賓俎：脊、脅、肩、肺。主人俎：脊、脅、臂、肺。"又，獲者之俎，折脊、脅、肺、臑。彼註云：臑若膊、胳、觳之折，以大夫之餘體。以此言之，則此賓俎，亦用脊、脅、肩、肺，君俎亦脊、脅、臂、肺。前體有肩、臂、臑，後體有膊、胳、觳；尊卑以次用之，故卿宜用臑。若有公，公用臑，卿宜用膊也。卿坐，左執爵，右祭脯醢，奠爵于薦右；興，取肺；坐絕祭，不嚌肺；興，加于俎；坐捝手，取爵，遂祭酒；執爵，興，降席；西階上北面坐，卒爵，興；坐奠爵，拜，執爵興。註曰：陳酒肴，君之惠也。不嚌啐，亦自貶於君。主人答拜，受爵。卿降，復位。註曰：復西面位。不酢，辟君。辯獻卿。主人以虛爵降，奠于篚。擯者升卿。卿皆升，就席。若有諸公，則先卿獻之，如獻卿之禮；席于阼階西，北面，東上；無加席。註曰：公，孤也。席之北面爲大，尊；屈之也，亦因阼階上近君，近君則親寵,苟敬私昵之坐。

小臣又請媵爵者,二大夫媵爵如初。請致者。若命長致,則媵爵者奠觶于篚,長,知丈反。下並同。○註曰:命長致者,使長者一人致也。公或時未能舉,自優暇。一人待于洗南。註曰:不致者。長致者,阼階下再拜稽首,公答拜。註曰:再拜稽首,拜君命。洗象觶,升實之,坐奠于薦南,降;與立于洗南者,二人皆再拜稽首送觶。公答拜。註曰:奠于薦南,先媵者上觶之處也。二人皆拜如初,共勸君飲之。

公又行一爵,若賓若長,唯公所賜。註曰:一爵,先媵者之下觶也。若賓若長,禮殺也。長,孤卿之尊者也。於是言"賜",射禮明尊卑。以旅于西階上,如初。註曰:賜賓,則以酬長;賜長,則以酬賓。大夫長升,受旅以辯。大夫卒受者以虛觶降,奠于篚。

主人洗觚,升,獻大夫于西階上。大夫升,拜受觚;主人拜送觚。大夫坐祭,立,卒爵,不拜既爵;主人受爵。大夫降,復位。註曰:既,盡也。大夫卒爵不拜,賤不備禮。胥薦主人于洗北,西面,脯醢,無胾。胥,音征。○註曰:胥,宰官之吏,主人下大夫也。先大夫薦之,尊之也。不薦于上,辟正主。胥,俎實。辯獻大夫,遂薦之;繼賓以西,東上。若有東面者,則北上。卒,擯者升大夫;大夫皆升,就席。註曰:"辯獻",乃薦略賤也;亦獻後布席也。○疏曰:辯獻,擯者乃總升之就席;就席訖,乃薦之。

乃席工于西階上,少東。小臣納工,工六人,四瑟。註曰:工,謂瞽矇善歌諷誦詩者也。六人,大師、少師各一人,上工四人。四瑟者,禮大樂衆也。僕人正徒相大師,僕人師相少師,僕人士相上工,相,息亮反。下同。大,音泰。少,詩召反。下大師、少師同。○註曰:徒,空手也。僕人正,僕人之長;師,其佐也;士,其吏也。天子視瞭相工,諸侯兼官,是以僕人掌之。大師、少師,工之長也,凡國之瞽矇正焉。杜蒯曰:曠也,大師也。於是分別工及相者,射禮明貴賤。○疏曰:正爲長,師爲衆;故僕人正爲長,師爲佐。士在僕人之下,故知僕人之吏。相者皆左何瑟，後首，內弦，挎越，右手相。何，胡可反。挎，口孤反。○註曰：謂相上工者，後首，主於射，略於此樂；內弦，挎越，以右手相工，由便也。越，瑟下孔，所以發越其聲者也。後者徒相入。註曰：謂相大師、少師者也。上列官之尊卑，此言先後之位，亦所以明貴賤。凡相者以工出入。小樂正從之。註曰：從大師也。後升者，變於燕也。小樂正，於天子樂師也。○疏曰：燕禮樂正先升，又不使小樂正者，彼主於樂，此則略於樂也。升自西階，北面，東上。註曰：工六人。坐授瑟，乃降。註曰：相者也。降立于西縣之北。小樂正立于西階東。註曰：不統於工，明工雖衆，位猶在此。乃歌《鹿鳴》三終。註曰：歌《鹿鳴》三終，而不歌《四牡》、《皇皇者華》，主於講道，略於勞苦與諮事。主人洗，升實爵，獻工。工不興，左瑟；註曰：洗爵獻工，辟正主也。獻不用觶，工賤，異之。工不興，不能備禮。左瑟，便其右。一人拜受爵。註曰：謂大師也。言一人者，工賤，同之也。工拜於席。主人西階上拜送爵。薦脯醢，使人相祭。註曰：使人相者，相其祭薦祭酒。卒爵，不拜。主人受虛爵。衆工不拜受爵，坐祭，遂卒爵。辯有脯醢，不祭。主人受爵，降奠于篚，復位。大師及少師、上工皆降，立于鼓北；羣工陪于後。註曰：鼓北，西縣之北也。言鼓北者，與鼓齊面，餘長在後也。羣公陪于後，三人爲列也。《考工記》曰：鼓人爲皋陶，長六尺有六寸。○疏曰：下文"太師、少師始遷向東"，明此降者，在西縣之北可知。云"鼓北"者，案前列樂縣之時，鼓在鏄南；今不言在鐘磬之北，遥繼鼓面言之者，欲取形大又面向東，工亦面向東，故遥取鼓面也。言餘長在後者，欲見鼓長六尺六寸，工面與鼓面齊，鼓有餘長，在人後。乃管《新宫》三終。註曰：管，謂吹簜以播《新宫》之樂。其篇亡，其義未聞。笙從工而入，既管不獻，略下樂也，立于東縣之中。○疏曰：此云"管"，上云"簜"，故鄭合爲一事解之。云"笙從公而入"者，按燕禮有笙入之文，此上下不見笙入，故知"笙從工而入"也。已解簜爲管，復云笙者，《燕禮記》云"下管《新宫》，笙入三成"，則吹管者亦吹笙，故兼言笙，欲見笙管相將也。云"立于東縣之中"者，燕禮"笙入，立于縣中"，則於此縣而言北，辟射位，故知立于東縣之中也。卒管。大師及少師、上工，皆東坫之東南，西面，北上坐。註曰：不言縣北，統於堂也。於是時大樂正還北面，立于其南。○疏曰：不言去堂遠近，當如鄉射遷工阼階下之東南，堂前三笴，西面，北上。○笴，古覽切，音秆。箭幹通作"稾"。

擯者自阼階下，請立司正。註曰：君將留羣臣而射，宜更立司正以監之，察儀法也。公許，擯者遂為司正。註曰：君許其請，因命用之；不易之者，俱相禮，其事同也。司正適洗，洗角觶，南面，坐奠于中庭；註曰：奠觶者，著其位以顯其事，威儀多也。升東楹之東，受命于公；西階上北面命賓、諸公、卿、大夫："公曰：'以我安！'"註曰："以我安"者，君意慇懃欲留之，以我故安也。賓、諸公、卿、大夫皆對曰："諾！敢不安？"司正降自西階，南面，坐取觶；升，酌散；降，南面，坐奠觶；註曰：奠於中庭故處。興，右還，北面，少立；坐取觶，興；坐，不祭，卒觶，奠之；興，再拜稽首，左還，南面，坐取觶；洗，南面，反奠于其所；北面，立。還，音旋。註同。○註曰：皆所以自昭明於衆也。將於觶南、北面，則右還；於觶北、南面，則左還。如是得從觶西往來也。必從觶西往來者，為君在阼，不背之也。

司射適次，袒、決、遂，執弓，挾乘矢，於弓外見鏃於弣，右巨指鉤弦。挾，子協反。乘，繩證反。見，賢遍反。鏃，子木反。弣，音撫。○註曰：司射，射人也。次，若今時更衣處，張幃席為之。耦次在洗東南。袒，左免衣也。決，猶闓也，以象骨為之，著右巨指，所以鉤弦而闓之。遂，射韝也，以朱韋為之，著左臂，所以遂弦也。方持弦矢曰"挾"。乘矢，四矢。弣，弓把也。見鏃焉，順其射也。右巨指，右手大擘，以鉤弦，弦在旁，挾由便也。○疏曰：云"司射，射人也"者，按《燕禮》"射人告具"，又云"射人納賓"，又云"射人遂為司正"，則射人、司正一人也。又云"乃薦司正與射人一人"，又曰"若射，則大射正為司射"，註"大射正，射人之長"。此篇云"射人告具"，又曰"大射正擯"，自此以後皆止云"擯"。擯者遂爲司正,則此篇司正與大射正爲一人也。下云"公就物,大射正執弓",註云:大射正舍司正。"親其職,乃薦司正",註云:司正,大射正是也。云耦次在洗東南者,按《鄉射記》設楅,南北當洗,此下云"三耦出次,西行拾取矢",又當北行向楅,則次在洗東南矣。云方持弦矢曰'挾'者,以矢橫爲方。自阼階前曰:"爲政請射。"註曰:爲政,謂司馬也。司馬,政官,主射禮。遂告曰:"大夫與大夫,士御於大夫。"註曰:因告選三耦於君。御,猶"侍"也。大夫與大夫爲耦;不足,則士侍於大夫,與爲耦也。遂適西階前,東面,右顧,疏曰:有司,則前文"司士戒士射與贊者",註云"謂士佐執事不射者"是也。鄉射西階前西面命弟子納射器,此言東面者,君在阼,宜向之,右顧者以其有司是士,士在西階南東面,是以右顧向之。命有司納射器。射器皆入。君之弓矢,適東堂;賓之弓矢,與中、籌、豐,皆止于西堂下。衆弓矢不挾。總衆弓矢、楅,皆適次而俟。註曰:中,閒中,算器也。籌,算也。豐,可爲罰爵者。衆弓矢,三耦及卿、大夫以下弓矢也。司射矢亦止西堂下。衆弓矢不挾,則納公與賓弓矢者挾之。楅,承矢器也。○疏曰:"司射矢亦止西堂下"者,下文云"司射卒誘射,遂適堂西",改取一个挾之是也。若然,司射有矢無弓,在堂西有弓者,誤。或則據司射將獻釋獲者,適階西去扑,適堂西釋弓,脫決拾,是時弓在西堂下也。工人士與梓人升自北階,兩楹之間疏數容弓,若丹若墨,度尺而午。射正蒞之。數,疏屋反。度,如字。○註曰:工人士、梓人,皆司空之屬,能正方圓者。一從一橫曰"午",謂畫物也。射正,司射之長。卒畫,自北階下。司宮掃所畫物,自北階下。畫,胡麥反。○註曰:掃物,重射事也。工人士、梓人、司宮,位在北堂下。○疏曰:"位在北堂下",雖無正文,南方不見有位,其人升降自北階,明位在北堂下。大史俟于所設中之西,東面以聽政。大,音泰。下"大史"並同。○註曰:中未設也。大史俟焉,將有事也。《鄉射禮》曰:"設中,南當楅,西當西序,東面。"司射西面誓之曰:"公射大侯,大夫射參,士射干。射者非其侯,中之不獲。

卑者與尊者爲耦，不異侯。"大史許諾。遂比三耦。中，竹用反。比，毗至反，又筆倚反。○註曰：比，選次之也。不言面者，大夫在門右北面，士西方東面。○疏曰：天子大射賓射，六耦三侯；畿內諸侯，則二侯四耦；畿外諸侯大射賓射，皆三侯三耦。但諸侯畿外畿內，各有一申一屈；故畿外三侯遠尊，得申與天子同；三耦則屈。畿內二侯，近尊則屈；四耦則申。若燕射，則天子、諸侯例同三耦一侯而已，以其燕私屈也。若卿、大夫士，例同一侯三耦。三耦俟于次北，西面，北上。司射命上射曰："某御於子。"命下射曰："子與某子射。"卒，遂命三耦取弓矢于次。註曰：取弓矢，不拾者，次中隱蔽處。

司射入于次，搢三挾一个，出于次，西面揖，當階北面揖，及階揖，升堂揖，當物北面揖，及物揖；由下物少退，誘射。註曰：搢，扱也。挾一个，挾於弦也。个，猶"枚"也。由下物而少退，謙也。誘，猶"教"也。夫子循循然善誘人。○疏曰：射人誘射，與鄉射同。但鄉射往階西取弓矢，此則入次取弓矢爲異。然此云入次搢三挾一个，則已前皆挾乘矢不改。鄉射亦然。射三侯，將乘矢，始射干，又射參，大侯再發。射，並食亦反。○註曰：將，行也。行四矢，象有事於四方。《詩》云："四矢反兮，以御亂兮。"卒射，北面揖，註曰：揖於當物之處。不南面者，爲不背卿。○疏曰：鄉射南面揖者，彼尊東。或公或卿、大夫，位同不別，故司射不特尊之。此大射辨尊卑。尊東，唯有天子命卿；其餘小卿及大夫，皆賓西。故特尊之，不背之也。及階揖，降，如升射之儀；遂適堂西，改取一个挾之；註曰：改，更也。不射而挾矢，示有事也。遂取扑搢之，以立于所設中之西南，東面。扑，普卜反。○註曰：扑，所以撻犯教者也，於是言"立"，著其位也。《鄉射記》曰："司射之弓矢與扑，倚于西階之西。"○疏曰：鄉射三耦，立于司射西南，東面，北上。大射三耦，俟于次北，西面，北上。

司馬師負侯者執旌以負侯。註曰：司馬師，正之佐也。欲令射者見侯與旌深志於侯中也。負侯，獲者也。天子"服不氏，下士一人，徒四人"，掌以旌，居乏待獲，析羽爲旌。○疏曰：引天子服不氏爲獲者，明諸侯亦當然也。負侯者皆適侯，執旌負侯而俟。司射適次，作上耦射。註曰：作，"使"也。司射反位。上耦出次，西面揖進。上射在左，並行；當階北面揖，及階揖。上射先升三等；下射從之，中等。註曰：上射在左，便射位也。中，猶"閒"也。○疏曰：鄉射亦云"上射在左"，不云"便射位"者，彼東面位，上射在北，故在左，不取便射位之義。此次北、西面位，亦上射在北居右，故上射須在左，以其發位並行；及升北面就物，位皆言居左，履物南面，上射乃在右，故云"上射在左，便射位"也。上射升堂，少左。下射升，上射揖，並行；註曰：並，併也。併東行。皆當其物，北面揖，及物揖，皆左足履物，還，視侯中，合足而俟。還，音旋。○註曰：視侯中，各視其侯之中。大夫耦則視參中；參中十四尺。士耦則視干中，干中十尺。

司馬正適次，袒、決、遂，執弓，右挾之出；升自西階，適下物，立于物閒；左執弣，右執簫，南揚弓，命去侯。註曰：司馬正，政官之屬。簫，弓末。揚弓者，執下末。揚，猶"舉"也。適下物，由上射後東過也。"命去侯"者，將射當獲也。《鄉射禮》曰："西南面立於物閒。"○疏曰：按：天子有大司馬，卿一人；小司馬，中大夫二人。此雖諸侯禮，亦應有小司馬，號爲"司馬正"也。負侯皆許諾以宮，趨直西；及乏南，又諾以商；至乏，聲止。註曰：宮爲君，商爲臣，其聲和相生也。《鄉射禮》曰："獲者執旌許諾。"○疏曰：宮數八十一，商數七十二；彈宮則商應，故云"聲和"也。授獲者退立于西方。獲者興，共而俟。共，九勇反。○註曰：大侯，服不氏負侯；徒一人居乏，相代而獲；參侯、干侯，徒負侯居乏，不相代。《鄉射禮》曰："獲者執旌許諾，聲不絕以至于乏，坐，東面偃旌，興而俟。"司馬正出于下射之南，還其後，降自西階，遂適次，釋弓，説決拾，襲，反位。還，音環。説，吐活反。下同。○註曰：拾，"遂"也。《鄉射禮》曰：司馬"反位，立于司射之南"。司射進，與司馬正交于階前相左，由堂下西階之東，北面視上射，命曰："毋射獲！毋獵獲！"上射揖。司射退反位。毋射，食亦反。〇註曰：射獲，矢中乏也。從旁爲獵。

乃射。上射既發，挾矢；而後下射射，拾發以將乘矢。拾，其刼反。〇註曰：拾，更也。將，行也。獲者坐而獲，註曰：坐言"獲"也。舉旌以宮，偃旌以商；註曰：等言"獲"也。獲而未釋獲。註曰：但言獲，未釋獲。卒射，右挾之，北面揖，揖如升射。註曰：右挾之，右手挾弦。上射降三等，下射少右從之，中等並行。上射於左；與升射者相左，交于階前，相揖；適次，釋弓，說決拾，襲，反位。註曰：上射於左，由下射階上少右，乃降待之。言"襲"者，凡射皆"袒"。〇疏曰：云"上射降三等"者，諸侯階有七等，言三等者，欲明下射中等，是降一等之上下；下射過向西畔由右，故上射至地待之，乃得二人並行，上射于左也。〇三耦卒射，亦如之。〇司射去扑，倚於階西，適阼階下。北面告于公曰："三耦卒射。"反，擯扑，反位。去，起呂反。

司馬正袒、決、遂，執弓，右挾之，出；與司射交于階前，相左；註曰：出，出於次也。袒時亦適次。〇疏曰：凡袒、襲皆於隱處。《鄉射》無次。司馬適堂西，袒，執弓矢，不在位。此《大射》有次，明入次袒，不在位可知。升自西階，自右物之後。立于物間，西南面揖弓，命取矢。註曰：揖，推之。負侯許諾，如初去侯，皆執旌以負其侯而俟。註曰：俟小臣取矢，以旌指教之。〇司馬正降自西階，北面命設福。註曰：此出于下射之南，還其後而降之。小臣師設福。司馬正東面，以弓爲畢。註曰：畢，所以教助執事者。《鄉射記》曰："乃設福于中庭，南當洗，東肆。"①既設福，司馬正適次，釋弓，說決拾，襲，反位。小臣坐委矢于福，北括。司馬師坐乘之，乘，繩證反。〇註曰：乘，四數之。卒。若矢不備，則司馬正又袒執弓，升，命取矢如初，曰："取矢不索！"乃復求矢，加于福。卒，司馬正進坐，左右撫之,興,反位。索,悉各反。復,扶又反。○註曰:左右撫,分上下射。此坐,皆北面。

【校記】
① 此處所引文,乃《鄉射禮》,非《鄉射記》。

儀禮述註卷第八

大射儀第七之二

司射適西階西,倚扑;升自西階,東面,請射于公。註曰:"倚扑"者,將即君前,不敢佩刑器也。升堂者,欲諸公、卿、大夫辯聞也。公許。遂適西階上,命賓御于公。諸公、卿則以耦告于上,大夫則降即位而後告。註曰:告諸公、卿於堂上,尊之也。司射自西階上,北面告于大夫曰:"請降。"司射先降,搢扑,反位。大夫從之降,適次,立于三耦之南,西面,北上。註曰:適次,由次前而北,西面立。〇疏曰:上云司射等適次,謂入次中;此適次者,大夫降自西階,東行適次,所過向堂東,西面立,因過次爲適次,非入次也。司射東面于大夫之西北,耦大夫與大夫,命上射曰:"某御於子。"命下射曰:"子與某子射。"卒,遂比衆耦。註曰:衆耦,士也。衆耦立于大夫之南,西面,北上。若有士與大夫爲耦,則以大夫之耦爲上。註曰:爲上,居羣士之上。命大夫之耦曰:"子與某子射。"告於大夫曰:"某御於子。"註曰:士雖爲上射,其辭猶尊大夫。命衆耦如命三耦之辭。諸公、卿皆未降。註曰:言未降者,見其志在射。

遂命三耦,各與其耦拾取矢,皆袒、決、遂、執弓,右挾之。拾,其刼反。〇註曰:此命入次之事也。司射既命而反位,不言之者,上射出,當作取矢,事未訖。〇疏曰:司射命訖當反位,不言者,以其三耦入次,出乃當作取矢;待作取矢,即是事未訖,故不言反位也。仍未知令入次之後、未出之間,且在西方位?且在階下位?二者雖無文,以事緩急言之,三耦入次,出則作之,宜在階下位,於義可也。一耦出,西面揖;當楅,北面揖;及楅揖。註曰:三耦同入次,其出也一,上射出,西面立;司射作之,乃挹行也。當楅,楅正南之東西。上射東面,下射西面。上射挹進,坐橫弓,卻手自弓下取一个,兼諸弣;興①,順羽,且左還,毋周,反面挹。還,音旋。下並同。○註曰:橫弓者,南蹄弓也。卻手自弓下取矢者②,以左手在弓表,右手從裏取之,便也。兼,并也。并矢於弣,當順羽,既又當執弦。順羽者,手放而下,備不整理也。左還,反其位。毋周,右還而反東面也。君在阼,還周則下射將背之。○疏曰:上射左還,已還背君;而據下射而言者,上射去君遠。故據下射而言,以其下射若又還周爲背君,若左還向東,覆即右還西面,是不背君,周即背故也。下射進,坐橫弓,覆手自弓上取一个,兼諸弣;興,順羽,且左還,毋周,反面挹。覆,芳伏反。○註曰:橫弓,亦南蹄弓也。人東西向,以南北爲橫。覆手自弓上取矢,以左手在弓裏,右手從表取之,便也。既拾取矢,梱之。拾,其刼反。梱,音閫。○註曰:梱,齊等之也。兼挾乘矢,皆内還,南面挹。註曰:内還者,上射左,下射右,不皆右還;亦以君在阼,嫌下射,故左還而背之也。上以陽爲内,下以陰爲内,因其宜可也。適楅南,皆左還,北面挹;搢三挾一个,註曰:楅南,鄉當楅之位也。挹;以耦左還,上射於左。註曰:以,猶"與"也。言"以"者,耦之事成於此,意相人耦也。上射轉居左,便其反位也。上射少北,乃東面。○疏曰:云"上射轉居左,便其反位也"者,位在次北,西面;是以上射居左,至次北,右還西面,便也。退者與進者相左,相挹。退,釋弓矢于次,説決拾,襲,反位。二耦拾取矢,亦如之。後者遂取誘射之矢,兼乘矢而取之,以授有司于次中;皆襲,反位。説,吐活反。決拾,如字。餘,其刼反③。後放此。○註曰:有司納射器,因留主授受之。

司射作射如初。一耦挹、升如初。司馬命去侯,負侯許諾如初。司馬降,釋弓,反位。司射猶挾一个,去扑;與司馬交于階前,適阼階下,北面請釋獲于公,公許;反,搢扑,遂命釋獲者設中,以弓爲畢,北面。註曰:北面立于所設中之南,當視之也。《鄉射禮》曰:"設中,南當楅,西當西序。"大史釋獲。小臣師執中，先首，坐設之，東面，退。大史實八算于中，橫委其餘于中西，興，共而俟。共，九勇反。○註曰：先，猶"前"也。命大史而小臣師設之，國君官多也。小臣師退反東堂下位。《鄉射禮》曰"橫委其餘于中西，南末"。○疏曰：鄉射臣禮官少，釋獲者自執中設之，尚使人執算，況國君官臣多，大史不自執中，豈得自執算？明亦使人執之。司射西面命曰："中離維綱，揚觸梱復，公則釋獲，衆則不與；中，竹用反。下"所中，中三"，同。與，音預。○註曰：離，猶"過"也，"獵"也。侯有上下綱，其邪制躬舌之角者爲"維"。或曰"維"當爲"絹"。絹，綱耳。揚觸者，謂矢中他物，揚而觸侯也。梱復，謂矢至侯不著而還復。復，反也。公則釋獲，優君也。衆當中鵠而著。○疏曰：離維綱，離猶"過"也，"獵"也，謂矢過獵，因著維與綱也。維者，謂上躬上舌、下躬下舌，兩頭皆有角，以小繩綴角而繋之於綱。綱者，謂上綱下綱，皆出舌八尺，亦用繩爲之，所以繋侯於植者。然則綱與維，皆用繩爲之，故矢或離綱，或離維也。或曰維當爲絹，絹綱耳者，鄭更爲一義，謂非是綴角之繩，乃止下綱之耳也。唯公所中，中三侯皆獲。"註曰：值中．侯則釋獲。釋獲者命小史，小史命獲者。註曰：傳告服不，使知此司射所命。司射遂進由堂下，北面視上射命曰："不貫不釋。"上射揖。司射退，反位。貫，古玩反。○註曰：貫，猶"中"也。射不中鵠不釋算。釋獲者坐取中之八算，改實八算，興，執而俟。註曰：執所取算。○乃射。若中，則釋獲者每一个釋一算，上射於右，下射於左。若有餘算，則反委之。中，竹用反。○註曰：委餘算，禮貴異。又取中之八算，改實八算于中，興，執而俟。三耦卒射。

賓降，取弓矢于堂西。註曰：不敢與君並俟告，取之以升，俟君事畢。○疏曰：君得告，乃取弓矢，賓不敢與君並俟告也。然此但取之以俟，不即袒、決、遂者，去射時遠，故不即袒。諸公、卿則適次，繼三耦以南。註曰：言繼三耦，明在大夫北。○公將射，則司馬師命負侯，皆執其旌以負其侯而侯。註曰：君尊，若始焉。司馬師反位，隸僕人掃侯道。註曰：新之。司射去扑，適阼階下，告射于公；公許。適西階東，告于賓；註曰：告當射也。遂搢扑，反位。小射正一人，取公之決拾于東坫上，一小射正授弓、拂弓，皆以俟于東堂。註曰：授弓，當授大射正。拂弓，去塵。〇疏曰：大射正一人爲上，司射次之。司射或謂之小射正。但大射正與司射各一人，小射正不止一人。此既云"小射正一人"，又云"一小射正"，則小射正二人也。〇公將射，則賓降，適堂西，袒、決、遂，執弓，搢三挾一个；升自西階，先待于物北，北一笴，東面立。註曰：不敢與君併。笴，矢幹。東面立，鄉君也。〇疏曰：前文"賓降"，無升堂之文，但文不具，其實即升矣，是以此文云"賓降"。司馬升，命去侯如初；還右乃降，釋弓，反位。還，音環，又音患。〇註曰：還右，還君之右也，猶出下射之南還其後也。〇公就物，小射正奉決拾以笴，大射正執弓，皆以從於物。笴，心字反。〇註曰：笴，萑葦器。大射正舍司正，親其職。小射正坐奠笴于物南，遂拂以巾，取決，興；贊設決、朱極三。註曰：極，猶"放"也；所以韜指，利放弦也，以朱韋爲之。三者，食指、將指、無名指。無極放弦，契於此指，多則痛；小指短，不用。小臣正贊袒，公袒朱襦。卒袒，小臣正退，俟于東堂。小射正又坐取拾，興；贊設拾，以笴退奠于坫上，復位。註曰：既袒，乃設拾，拾當以韝襦上。大射正執弓，以袂順左右隈，上再下壹，左執弣，右執簫，以授公。公親揉之。隈，烏回反。揉，而九反。〇註曰：順，放之也。隈，弓淵也。揉，宛之，觀其安危也。小臣師以巾內拂矢，而授矢于公，稍屬。屬，之玉反。〇註曰：內拂，恐塵及君也。稍屬，不搢矢。大射正立于公後，以矢行告于公。註曰：若不中，使君當知而改其度。下，曰"留"；上，曰"揚"；左右，曰"方"。註曰：留，不至也。揚，過去也。方，出旁也。公既發，大射正受弓而俟，拾發以將乘矢。拾，其刧反。〇註曰：公，下射也；而先發，不留尊也。〇公卒射，小臣師以巾退，反位；大射正受弓；註曰：受弓，以授有司於東堂。小射正以笥受决拾,退奠于坫上,復位。大射正退,反司正之位。小臣正贊襲。公還而復賓降,釋弓于堂西,反位于階西,東面。還,音旋。〇註曰:階西、東面,賓降位。公即席,司正以命升賓;賓升復筵,而後卿、大夫繼射。〇諸公、卿取弓矢于次中,袒、决、遂,執弓,搢三挾一个,出;西面揖,揖如三耦;升射。卒射,降如三耦,適次,釋弓,説决拾,襲,反位。衆皆繼射,釋獲皆如初。説,吐活反。〇註曰:諸公、卿言"取弓矢",衆言"釋獲",互言也。

卒射,釋獲者遂以所執餘獲,適阼階下,北面告于公曰:"左右卒射。"楊氏曰:此後註多與鄉射同,更不重出,其不同者著之。反位,坐委餘獲于中西;興,共而俟。共,九勇反。〇司馬袒執弓,升,命取矢如初。負侯許諾,以旌負侯如初。司馬降,釋弓如初。小臣委矢于楅如初。註曰:司馬,司馬正;於是司馬師亦坐乘矢。賓、諸公、卿、大夫之矢,皆異束之以茅,卒;正坐,左右撫之,進束,反位。註曰:異束,大夫矢尊,殊之也。正,司馬正也。進,前也。又言"束",整結之,示親也。〇疏曰:公、卿皆異束。但大夫或與士耦,則士矢不束,大夫束之,故註特言"大夫尊,殊之也"。賓之矢,則以授矢人于西堂下。註曰:是言矢人,則納射器之有司,各以其器名官職。不言君矢,小臣以授矢人于東堂下可知。司馬釋弓,反位;而后卿、大夫升席。註曰:此言其升,前小臣委矢于楅。〇疏曰:據上文,則升席當在司馬釋弓之後,小臣委矢之前,故註言其次第也。

司射適階西,釋弓,去扑,襲,進由中東,立于中南,北面視算。釋獲者東面,于中西坐,先數右獲。二算爲純,一純以取,實于左手;十純,則縮而委之,每委異之;有餘純,則橫諸下;一算爲奇,奇則又縮諸純下。興,自前適左,東面坐;坐兼斂算,實于左手。一純以委,十則異之,其餘如右獲。司射復位。釋獲者遂進取賢獲,執之,由阼階下,北面告于公。若右勝,則曰"右賢於左";若左勝,則曰"左賢於右"。

以純數告；若有奇者，亦曰奇。若左右鈞，則左右各執一算以告曰："左右鈞。"還，復位；坐，兼斂算，實八算于中，委其餘于中西；興，共而俟。去，起呂反。數，疏羽反。奇，居宜反。

司射命設豐。司宮士奉豐由西階升，北面坐設于西楹西，降復位。勝者之弟子洗觶，升酌散，南面坐奠于豐上，降反位。奉，芳勇反。○註曰：弟子，其少者也。不授者，射爵猶罰爵，略之。○疏曰：按獻酬之爵，皆手授也。罰爵不手授，此飲射爵，亦不手授，故云"猶罰爵，略之"也。若然，士以下飲罰爵者，取於豐；大夫已上，皆手授，尊之。其三耦之內，雖大夫亦取於豐者，以其作三耦與衆耦同事，故不復殊之。司射遂袒，執弓，挾一个，搢扑，東面于三耦之西，命三耦及衆射者："勝者皆袒、決、遂，執張弓；註曰：執張弓，言能用之也。不勝者皆襲，説決拾，卻左手，右加弛弓于其上，遂以執弣。"説，吐活反。卻，去約反。弛，陝倚反。○註曰：固"襲，説決拾"矣，復言之者，起勝者也。不勝者執弛弓，言不能用之也。兩手執弣，無所挾也。司射先反位。註曰：居前，俟所命；入次，而來飲。三耦及衆射者皆升，飲射爵于西階上。註曰：不勝之黨無不飲。○疏曰：大射者，所以擇士以助祭。今若罰爵，在於不勝之黨，雖數中，亦受罰；及其助祭，雖飲射爵，亦得助祭；但在勝黨，雖不飲罰爵，若不數中，亦不得助祭。以其飲罰據一黨而言，其助祭取一身之藝義，故不同也。小射正作升飲射爵者，如作射。一耦出，揖如升射；及階，勝者先升，升堂少右；不勝者進，北面，坐取豐上之觶，興，少退，立卒觶，進坐奠于豐下，興，揖。註曰：右手執觶，左手執弓。不勝者先降，註曰：後升先降，略之，不由次也。降而少右，復並行。與升飲者相左，交于階前，相揖；適次，釋弓，襲，反位。僕人師繼酌射爵，取觶實之，反奠于豐上，退俟于序端。註曰：僕人師酌者，君使之代弟子也。自此以下，辯爲之酌。升飲者如初。三耦卒飲。○若賓、諸公、卿、大夫不勝，則不降，不執弓，耦不升。註曰：此耦謂士也。諸公、卿或闕士爲之耦者不升；其諸公、卿、大夫、相爲耦者，不降席，重恥尊也。僕人師洗，升實觶以授；賓、諸公、卿、大夫受觶于席以降，適西階上，北面，立飲，卒觶，授執爵者，反就席。註曰：雖尊亦西階上立飲，不可以已尊柱正罰也。授爵而不奠豐，尊大夫也。○若飲公，則侍射者降，洗角觶，升酌散，降拜；註曰：侍射，賓也。飲君，則不敢以爲罰，從致爵之禮也。公降一等，小臣正辭，賓升，再拜稽首，公答再拜。賓坐祭，卒爵，再拜稽首；公答再拜。賓降，洗象觶，升酌膳以致，下拜，小臣正辭；升，再拜稽首，公答再拜。公卒觶，賓進受觶，降，洗散觶，升實散，下拜，小臣正辭；升，再拜稽首，公答再拜。註曰：賓復酌自飲者，夾爵也。但如致爵，則無以異於燕也。夾爵亦所以恥公也，所謂若飲君燕則夾爵。賓坐，不祭，卒觶，降奠于篚，階西東面立。註曰：不祭，象射爵。擯者以命升賓，賓升就席。註曰：擯者，司正也。若諸公、卿、大夫之耦不勝，則亦執弛弓，特升飲。註曰：此耦亦謂士也。特，猶"獨"也。以尊與卑爲耦，而又不勝，使之獨飲，若無倫匹，孤賤也。衆皆繼飲射爵，如三耦。射爵辯，乃徹豐與觶。

司宮尊侯于服不之東北，兩獻酒，東面，南上，皆加勺，設洗于尊西北，篚在南，東肆，實一散于篚。註曰：爲大侯獲者設尊也。言"尊侯"者，獲者之功由侯也。不於初設之者，不敢必君射也。君不射，則不獻大侯之獲者。散，爵名，容五升。○司馬正洗散，遂實爵，獻服不。註曰：言"服不"者，著其官，尊大侯也。服不，司馬之屬，掌教猛獸而教擾之者。洗酌皆西面。服不侯西北三步，北面拜受爵。註曰：近其所爲獻。○疏曰：服不得獻，由侯所爲，故不近乏而近侯。司馬正西面拜送爵，反位。註曰：不俟卒爵，略賤也。此終言之，獻服不之徒，乃反位。○疏曰：服不祭侯而後卒爵。今司馬反位，在未祭侯之前，是略賤也。但大侯尊，服不與一徒，共在獲所，雖不俟卒爵，然亦必兼獻其徒，而後始反位。宰夫有司薦，庶子設折俎。註曰：宰夫有司，宰夫之吏也。《鄉射記》曰："獲者之俎，折脊、脅、肺[4]。"卒錯，獲者適右个，薦俎從之。註曰：不言"服不"，言"獲者"，國君大侯，服不負侯，其徒居乏待獲，變其文，容二人也。司馬正皆獻之，薦俎已錯，乃適右个，明此獻已，已歸功於侯也。適右个，由侯內。《鄉射記》曰："東方謂之右个。"獲者左執爵，右祭薦俎，二手祭酒。註曰：祭俎不奠爵，不備禮也。"二手祭酒"者，獲者南面於俎，北當爲侯；祭於豆間，爵反註爲一手，不能正也。此薦俎之設，如於北面人焉。天子祝侯曰："維若寧侯，無或若女。不寧侯，不屬於王所。故抗而射女，彊飲彊食。貽女曾孫，諸侯百福。"諸侯以下，祝辭未聞。適左个，祭如右个，中亦如之。卒祭，左个之西北三步，東面。註曰：此鄉受獻之位也。不北面者，嫌爲侯卒爵。設薦俎，立卒爵。註曰：不言"不拜既爵"，司馬正已反位，不拜可知也。《鄉射禮》曰："獲者薦右，東面立飲。"○司馬師受虛爵，洗獻隸僕人與巾車獲者，皆如大侯之禮。註曰：隸僕人掃侯道，巾車張大侯，及參侯、干侯之獲者，其受獻之禮，如服不也。隸僕人、巾車於服不之位受之，功成於大侯也。不言"量人"者，此自後以及先可知。卒，司馬師受虛爵，奠于篚。註曰：獲者之篚。獲者皆執其薦，庶子執俎從之，設于乏少南。註曰：少南，爲復射妨旌也。隸僕人、巾車、量人自服不而南。服不復負侯而俟。復，扶又反。

司射適階西，去扑；適堂西，釋弓，說決拾，襲；適洗，洗觚，升實之；降，獻釋獲者于其位，少南。去，起呂反。說，吐活反。○註曰：獻釋獲者，與獲者異，文武不同也。"去扑"者，扑不升堂也。少南，辟中。○辟，音避。薦脯醢、折俎，皆有祭。註曰：俎與服不同，惟祭一爲異。釋獲者薦右東面拜受爵。司射北面拜送爵。釋獲者就其薦坐，左執爵，右祭脯醢；興，取肺；坐祭，遂祭酒；註曰：祭俎不戴爵，亦賤不備禮。興，司射之西，北面立卒爵，不拜既爵。司射受虛爵，奠于篚。釋獲者少西辟焉，反位。辟，音避，又音闢。

司射適堂西，袒、決、遂，取弓，挾一个；適階西，搢扑以反位。註曰：爲將復射。司射倚扑于階西，適阼階下，北面請射于公，如初。註曰：不升堂，賓、諸公、卿、大夫既射矣，聞之可知。反搢扑，適次，命三耦皆袒、決、遂、執弓，序出取矢。註曰：嚮言"拾"，是言"序"，互言耳。司射先反位。註曰：言先，先三耦也。司射既命三耦以入次之事，即反位；三耦入次，袒、決、遂、執弓，挾矢，乃出，反次外西面位。三耦拾取矢如初，小射正作取矢如初。拾，其刼反。下同。○註曰：小射正，司射之佐。作取矢，禮殺代之。三耦既拾取矢，諸公、卿、大夫皆降，如初位；與耦入於次，皆袒、決、遂、執弓，皆進當楅，進坐，説矢束。上射東面，下射西面，拾取矢如三耦。説，吐活反。下同。○註曰：凡繼射命耦而已；不作射，不作取矢，從初。○疏曰：言"凡繼射命耦"者，前三耦卒射後，大夫降至三耦之南，西面，北上；司射東面于大夫西北，耦大夫與大夫，命上射曰："某御於子。"命下射曰："子與某子射。"卒，遂比衆耦，云云。至公即席後，賓升階，復位還筵；而後卿、大夫繼射後，衆皆繼射，釋獲皆如初。註云："諸公、卿言'取弓矢'，衆言'釋獲'，互言也。"既司射註，司射所作唯上耦，是此文小射正但作三耦拾取矢，公以下亦無作拾文，故曰"不作取矢，從初"，從三耦法也。

若士與大夫爲耦，士東面，大夫西面。大夫進，坐説矢束，退反位。註曰：説矢束，自同於三耦，謙也。耦揖，進坐，兼取乘矢；興，順羽且左還，毋周，反面揖。還，音旋。○註曰：兼取乘矢，不敢與大夫拾。大夫進坐，亦兼取乘矢如其耦，北面搢三挾一个，揖進。大夫與其耦皆適次，釋弓，説決拾，襲，反位。諸公、卿升就席。註曰：大夫反位，諸公卿乃升就席，大夫與己上下位。○疏曰：公、卿乃上大夫，雖取矢在前，猶待下大夫。○衆射者繼拾取矢，皆如三耦；遂入于次，釋弓矢，説決拾，襲，反位。拾取字，其刼反。

司射猶挾一个以作射，如初。一耦揖升，如初。司馬升，命去侯。負侯許諾。司馬降，釋弓，反位。司射與司馬交于階前，倚扑于階西，適阼階下，北面請以樂于公。公許。註曰：請奏樂以爲節也。始射，獲而未釋獲；復釋獲，復用樂行之。君子之於事也，始取苟能，中課有功，終用成法，教化之漸也。射用應樂爲難。孔子曰："射者何以聽，循聲而發；發而不失正鵠者，其惟賢者乎！"司射反，搢扑，東面命樂正曰："命用樂。"註曰：言君有命用樂。射也，樂正在工南，北面。樂正曰："諾。"司射遂適堂下，北面視上射命曰："不鼓不釋。"註曰：不與鼓節相應，不釋算也。鼓亦樂之節。《學記》曰："鼓無當於五聲，五聲不得不和。"凡射之鼓節，投壺其存者也。《周禮》射節，天子九，諸侯七，卿大夫以下五。上射揖。司射退反位。樂正命大師曰："奏《貍首》，間若一。"大，音泰。貍，力之反。○註曰：樂正西向受命，左還東面命大師以大射之樂章，使奏之也。《貍首》，逸詩，《曾孫》也。貍之言不來也。其詩有射諸侯首不朝者之言，因以名篇。后世失之，謂之《曾孫》。曾孫者，其章頭也。《射義》所載詩曰："曾孫，侯氏是也。"以爲諸侯射節者，采其既有弧矢之威，又言小大莫處，御於君所，以燕以射，則燕則譽，有樂以時會君事之志也。"間若一"者，調其聲之疏數，重節。○疏曰：重節，謂必疏數；如一者，重此樂節故也。大師不興，許諾。樂正反位。奏《貍首》以射，三耦卒射。賓待于物如初。公樂作而后就物，稍屬，不以樂志。其他如初儀。屬，之欲反。○註曰：不以樂志，君之射儀，遲速從心。其發不必應樂，辟不敏也。志，意所擬度也。《春秋傳》曰："吾志其目。"卒射如初。賓就席，諸公、卿、大夫、衆射者皆繼射，釋獲如初。卒射，降，反位。釋獲者執餘獲，進告"左右卒射"，如初。

司馬升，命取矢，負侯許諾。司馬降，釋弓，反位。小臣委矢，司馬師乘之，皆如初。司射釋弓，視算，如初。釋獲者以賢獲與鈞告，如初；復位。

司射命設豐，實觶，如初；遂命勝者執張弓，不勝者執弛弓，升，飲，如初。卒，退豐與觶，如初。

司射猶袒、決、遂，左執弓，右執一个，兼諸弦，面鏃；適次，命拾取矢，如初。拾，其刼反。下同。○註曰：側持弦矢曰"執"。面，猶尚也。兼矢於弦尚鏃，將止，變於射也。司射反位。三耦及諸公、卿、大夫、衆射者，皆袒、決、遂，以拾取矢，如初；矢不挾，兼諸弦，面鏃，退適次，皆授有司弓矢，襲，反位。註曰：不挾，亦謂執之如司射。卿、大夫升，就席。

　　司射適次，釋弓，說決拾，去扑，襲，反位。司馬正命退楅解綱。小臣師退楅，巾車、量人解左下綱。司馬師命獲者以旌與薦俎退。註曰：解，猶"釋"也。司射命釋獲者退中與算而俟。註曰：諸所退射器皆俟，備君復射。釋獲者亦退其薦俎。

　　公又舉奠觶，唯公所賜。若賓若長，以旅于西階上，如初。大夫卒受者，以虛觶降奠于篚，反位。

　　司馬正升自西階，東楹之東，北面告于公，請徹俎；公許。註曰：射事既畢，禮殺人倦，宜徹俎燕坐。○殺，色界反。遂適西階上，北面告于賓。賓北面取俎以出。諸公、卿取俎如賓禮，遂出授從者于門外。大夫降復位。從，才用反。○註曰：門東，北面位。○疏曰：大夫雖無俎，以賓及公卿皆送俎，不可獨立於堂，故降復位。云"門東，北面位"者，謂初小臣納卿、大夫門東、北面揖位。庶子正徹公俎，降自阼階以東。註曰：降自阼階，若親徹也。以東去藏。

　　賓、諸公、卿皆入門，東面，北上。註曰：諸公、卿不入門而右，以將燕，亦因從賓。司正升賓。賓、諸公、卿、大夫皆說屨，升就席。公以賓及卿、大夫皆坐，乃安。註曰：鄉命以我安臣於君，尚猶踧踖；至此，乃敢安。羞庶羞。註曰：羞，進也。庶，衆也。所進衆羞，謂膴、肝、膮、狗胾醢也，或有炮鼈、膾鯉、雉、兔、鶉、鴽。○膴，音損。大夫祭薦。註曰：燕乃祭薦，不敢於盛成禮。司正升受命，皆命："公曰：'衆無不辭。'"賓及諸公、卿、大夫皆興，對曰："諾！敢不醉？"皆反位，坐。註曰：皆命者，命賓、命諸公、命卿、大夫，皆鄉其位也。興對必降席，敬也。司正退立西序端。

主人洗，酌，獻士于西階上。士長升，拜受觶；主人拜送。註曰：獻士用觶，士賤也。士坐祭，立飲，不拜既爵。其他不拜，坐祭，立飲。註曰：其他，謂衆士也。升不拜受爵。乃薦司正與射人于觶南，北面，東上，司正爲上。註曰：司正，射人上也。以齒受獻，既乃薦之也。司正，大射正也。射人，小射正。略其佐。辯獻士。士既獻者，立于東方，西面，北上。乃薦士。辯，音遍，下並同。○註曰：士既獻易位者，以卿、大夫在堂，臣位尊東也。畢獻薦之，略賤。祝史、小臣師，亦就其位而薦之。註曰：亦者，亦士也。辯獻乃薦也。祝史門東，北面，東上。主人就士旅食之尊而獻之。旅食不拜，受爵，坐祭，立飲。註曰：主人既酌西面，士旅食北面受之。不洗者，於賤略之也。主人執虛爵，奠于篚，復位。

賓降洗，升媵觶于公，酌散，下拜；公降一等，小臣正辭；賓升，再拜稽首；公答再拜。註曰：賓受公賜多矣，禮將終，宜勸公，序厚意也。賓坐祭，卒爵，再拜稽首；公答再拜。賓降，洗象觚，升酌膳，坐奠于薦南，降拜；小臣正辭，賓升成拜，公答拜。反位。註曰：反位，反席也。此觚當爲觶。

公坐取賓所媵觚，興，唯公所賜。受者如初受酬之禮，降，更爵，洗；升酌膳，下，再拜稽首；小臣正辭，升成拜，公答拜。乃就席，坐行之。註曰：坐行之，若今坐相勸酒。有執爵者，註曰：士有盥升主酌授之。唯受于公者拜。註曰：公所賜者拜，其餘則否。司正命執爵者爵辯。卒受者興以酬士。註曰：欲令惠均。大夫卒受者以爵興，西階上酬士。士升，大夫奠爵拜，士答拜。註曰：興酬士者，士立堂下，與上坐者異。大夫立卒爵，不拜，實之；士拜受，大夫拜送。士旅于西階上，辯。註曰：祝史、小臣師旅食皆及焉。士旅酌。註曰：旅，序也。士以次自酌相酬，無執爵者。

若命曰"復射"，則不獻庶子。復，扶又反。○註曰：獻庶子，則正禮畢，後無事。司射命射唯欲。註曰：司射命賓及諸公、卿、大夫射；欲者則射，不欲者則止；可否之事，從人心也。卿、大夫皆降，再拜稽首；公答拜。註曰：拜君樂與臣下執事無已。不言賓，賓從羣臣禮在上。壹發，中三侯皆獲。註曰：其功一也，而和者亦多，尚歡樂也。矢揚觸，或有參中者。

主人洗，升自西階，獻庶子于阼階上，如獻士之禮。辯獻。降洗，遂獻左右正與內小臣，皆於阼階上，如獻庶子之禮。註曰：庶子既掌正六牲之體，又正舞位、授舞器，與膳宰、樂正聯事，又掌國子戒令教治，世子之官也。左右正，謂樂正、僕人正也，位在中庭之左右。小樂正在頌磬之北，右也。工在西，即北面；工遷於東，則東面。大樂正在笙磬之北，左也。工在西，則西面；工遷於東，則北面。僕人正相大師工升堂，與其師士降立於小樂正之北，北上。工遷於東，則陪其工後。國君無故不釋縣。二正，君之近官也。內小臣、奄人，掌君陰事、陰令，后夫人之官也。獻三官於阼階，別內外臣也。同獻更洗，以時事不聯也。獻正下及內小臣，則磬人、鐘人、鏄人、鼓人、僕人師、僕人士，盡獻可知也。庶子內小臣，位在小臣師之東，少退，西上。

無算爵。註曰：算，數也。爵行無次數，唯意所勸，醉而止。士也，有執膳爵者，有執散爵者。執膳爵者，酌以進公；公不拜受。執散爵者，酌以之公命所賜。所賜者興，受爵，降席下奠爵，再拜稽首；公答再拜。註曰：席下，席西。受賜爵者以爵就席坐，公卒爵，然後飲。註曰：酬之禮爵代舉；今即並行，嫌不代也。並行猶代者，明勸惠從尊者來。○疏曰：凡行酬之法，轉爵遞飲；今膳、散兩有，宜得即飲；猶待公卒爵乃飲，猶代飲然，明惠從公來。執膳爵者受公爵，酌，反奠之。註曰：燕之歡在飲酒，成其意也。受賜者興，授執散爵者。執散爵者乃酌行之。註曰：與其所歡者。唯受于公者拜。卒爵者興，以酬士于西階上。士升。大夫不拜，乃飲，實爵。註曰：乃，猶"而"也。士不拜受爵。大夫就席。士旅酌，亦如之。公有命徹冪,則賓及諸公、卿、大夫皆降西階下,北面,東上,再拜稽首。註曰:命徹冪者,公意殷勤,欲盡酒。公命小臣正辭,公答拜。大夫皆辟。升,反位。辟,音避。○註曰:升不成拜,於將醉正臣禮。士終旅於上,如初。註曰:卿、大夫降而爵止,於其反席卒之。無算樂。註曰:升歌間合無次數,唯意所樂。宵,則庶子執燭於阼階上,司宮執燭於西階上,甸人執大燭於庭,閽人爲燭於門外。註曰:宵,夜也。燭,燋也。甸人,掌共薪蒸者。庭大燭,爲其位廣也。爲,作也。作燭,候賓出。

賓醉,北面坐取其薦脯以降。註曰:取脯,重得君之賜。奏《陔》。註曰:《陔夏》,樂章也。其歌頌類也,以鐘鼓奏之。其篇今亡。賓所執脯,以賜鐘人于門內霤,遂出。註曰:必賜鐘人。鐘人以鐘鼓奏《陔夏》,賜之脯,明雖醉,志禮不忘樂。卿、大夫皆出,註曰:從賓出。公不送。註曰:臣也,與之安燕交歡,嫌亢禮也。公入,《驁》。驁,牛刀切,音敖。○註曰:《驁夏》,亦樂章也。以鐘鼓奏之,其詩今亡。此公出而言入者,射宮在郊,以將還爲入。燕不《驁》者,於路寢無出入也。○疏曰:天子射在虞庠。周之小學在西郊。按《鄉射記》"於郊,則閶中",鄭云"諸侯大學在郊",是諸侯大射所;故言入者,射宮在郊,以將還爲入也。

【校記】

① "興",原誤作"與",據《四部叢刊》影印《儀禮》改。
② "卻手",原作"卻子",據經文改。
③ "決拾如字餘其劫反",應作"決,如字;拾,其劫反",或"決拾,前如字,後其劫反"。
④ "肺"之後脱一"臑"字。

儀禮述註卷第九

聘禮第八之一

鄭云："大問曰'聘'。諸侯相於久無事，使卿相問之禮也。""小聘使大夫。"《周禮》：諸侯邦交，歲相問，殷相聘，世相朝。○疏曰："大問曰聘，小問曰問。"此聘禮是侯伯之卿大聘，以其經云"五介"，又云"及竟張旜"，"孤卿建旜"。周公作經，互見爲義，此見侯伯之卿大聘。《玉人》云："瑑圭、璋八寸，璧琮八寸，以覜聘。"上公之臣、公食大夫俎實云"倫膚七"。據子男之臣，是各舉一邊而言，明五等俱有，是其互見爲義也。

聘禮。○君與卿圖事，註曰：圖，謀也。謀聘，故及可使者，謀事者必因朝。其位：君南面，卿西面，大夫北面，士東面。遂命使者。使，所吏反。下"使者"並同。○註曰：聘使卿。使者再拜稽首，辭；註曰：辭以不敏。君不許，乃退。註曰：退，反位也。受命者必進。既圖事，戒上介亦如之。註曰：已謀事，乃命上介。難於使者，易於介。宰命司馬戒衆介，衆介皆逆命，不辭。註曰：宰，上卿，貳君事者。諸侯謂司徒爲宰。衆介者，士也。士屬司馬。《周禮》司馬之屬司士，掌"作士適四方使，爲介"。逆，猶"受"也。○疏曰：天子有六卿，天地四時之官。諸侯兼官，但有三卿：地官司徒兼冢宰，夏官司馬兼春官，冬官司空兼秋官。是以《左傳》杜洩云：季孫爲司徒，叔孫爲司馬，孟孫爲司空。

宰書幣，註曰：書聘所用幣多少也。命宰夫官具。註曰：宰夫，宰之屬也。命之使衆官具幣及所宜齎。

及期，夕幣。註曰：夕幣，先行之日夕，陳幣而視之，重聘也。使者朝服，帥衆介夕。朝，直遥反。下並同。註：古文"帥"皆作"率"。○註曰：視其事也。管人布幕于寢門外。幕，音莫。○註曰：管，猶"館"也。館人，謂掌次舍帷幕者也。布幕以承幣。寢門外，朝也。○疏曰："寢門外，朝也"者，謂路門外，即正朝之處也。官陳幣：皮，北首，西上；加其奉於左皮上。馬則北面，奠幣于其前。註曰：奉，所奉以致命，謂束帛及玄纁也。馬言則者，此享主用皮，或時用馬；馬入則在幕南。皮馬皆乘。○疏曰：束帛加璧以享君，玄纁加琮以享夫人。鄭不言璧、琮者，璧琮不陳，厥明乃授之也。使者北面，衆介立于其左，東上。註曰：既受行同位也。位在幕南。卿、大夫在幕東，西面，北上。註曰：大夫西面，辟使者。○疏曰：此謂處者，大夫常北面；今與卿同西面，故云"辟使者"。○辟，音避。宰入告具于君。君朝服，出門左，南鄉。鄉，許亮反。下以意求之。○註曰：入告，入路門而告。史讀書展幣。註曰：展，猶"校錄"也。史幕東，西面讀書；賈人坐撫其幣，每者曰"在"。必西面者，欲君與使者俱見之也。○疏曰：若然，賈人當在幕西，東面撫之，亦欲使君與賓俱見之也。○賈，音嫁，掌物價之官也。後"賈人"同。宰執書，告備具于君，授使者。使者受書，授上介。註曰：史展幣畢，以書還授宰；宰既告備，以授使者。其受授皆北面。○疏曰：三者皆北面，向君故也。公揖入。註曰：揖，禮羣臣。官載其幣，舍于朝。舍，試夜反。下同。○註曰：待旦行也。○疏曰：此云"官"，謂官人，從賓行者，與前官陳幣者異。上介視載者，註曰：監其安處之畢，乃出。○監，古銜反。所受書以行。註曰：爲當復展。○爲，于偽反。復，扶又反。下以意求之。

厥明，賓朝服，釋幣于禰。註曰：告爲君使也。賓，使者。謂之賓，尊之也。天子、諸侯將出，告羣廟，大夫告禰而已。凡釋幣，設洗盥如祭。○疏曰：下記云："筮一尸，若昭若穆。"容父在，父在則祭祖，父卒則祭禰。然則初行時，若父在，則釋幣於祖廟也。但奉幣須潔，當有洗以盥手。其設洗法，見《士冠禮》"筐在洗西"。有司筵几于室中。祝先入，主人從入。主人在右，再拜；祝告，又再拜。註曰：更云"主人"者，廟中之稱也。祝告，告以主人將行。釋幣，制玄纁束，奠于几下，出。註曰：祝釋之也。凡物十曰"束"。玄纁之率，玄居三，纁居二。朝貢禮云：純四只，制丈八尺。○疏曰：玄三纁二，率皆如此也。純，謂幅之廣狹；制，謂舒之長短。《周禮》趙商問只長八寸；四八三十二，幅廣三尺二寸。大廣，非其度。鄭答云"古積畫誤爲四，當爲三"。三咫，則二尺四寸矣。《雜記》云："納幣一束，束五兩，兩五尋。"然則每卷二丈，若作制幣者，每卷丈八尺爲制，合卷爲匹也。○率，音律。大，音泰。**主人立于户東。祝立于牖西，又入，取幣降，卷幣，實于笲，埋于西階東，**笲，音煩。○註曰：又入者，祝也。理幣必盛以器，若藏之然。又釋幣于行。註曰：告將行也。行者之先，其古人之名未聞。天子、諸侯有常祀在冬。大夫三祀：曰門，曰行，曰厲。喪禮有毀宗躐行，出于大門，則行神之位，在廟門外西方；不言埋幣，可知也。今時民春秋祭祀有行神，古之遺禮乎？○疏曰：常祀在冬，《月令》祀行是也。大夫雖有行，無常祀。因行使始出，有告禮而已。然此謂平治道路之神，至於出城，又有軷祭，祭山川之神，喻無險難也。祭山川之神有軷壇，此祭行神，亦當有軷壤。《月令》祭行註"爲軷壤"，厚二寸，廣五尺，輪四尺是也。○軷，音拔。**遂受命。**註曰：言遂者，明自是出，不復入。**上介釋幣亦如之。**註曰：如其於禰與行。

　　上介及衆介，俟于使者之門外。註曰：俟，待也。待於門外，東面，北上。**使者載旜，帥以受命于朝。**旜，音饘，之然反。○註曰：旜，旌旗屬也。載之者，所以表識其事也。《周禮》曰"通帛爲旜"，又曰"孤卿建旜"。至於朝門，使者北面，東上。○疏曰：諸侯三門：皋、應、路。路門外有常朝位。下文"君使卿進使者"，乃入至朝，即此朝門者，皋門外也。通帛，謂通體盡用赤，無他物之飾。赤，周正色。孤卿建者，以其不畫異物，奉王之政教而已。○識，音志。**君朝服，南鄉。卿、大夫西面，北上。君使卿進使者。使者入，及衆介隨入，北面，東上。君揖使者進之，上介立于其左，接聞命。**註曰：進之者，有命宜相近也。接，猶"續"也。**賈人西面坐，啓櫝，取圭垂繅，不**

起而授宰。櫝，大木反，函也。繅，音早。○註曰：賈人，在官知物價者。繅，所以藉圭也。其或拜則奠于其上。○疏曰：繅有二種，一者以木爲中幹，以韋衣之。天子五采，公、侯、伯三采，子男二采。采爲再行，奠玉于上。此則無垂繅屈繅之事。下記云"若組絢爲之者，所以繫玉於韋版，使不失墜"。此乃有屈垂之法，則此經所云者是也。宰執圭屈繅，自公左授使者。註曰：屈繅者斂之，禮以相變爲敬也。自公左，贊幣之義。○疏曰：《曲禮》曰："詔辭自右，贊幣自左。"①使者受圭，同面，垂繅以受命。註曰："同面"者，宰就使者北面並授之。既授之，而君出命矣。凡授受者，授由其右，受由其左。既述命，同面授上介。註曰："述命"者，循君之言，重失誤。上介受圭屈繅，出授賈人；衆介不從。註曰：賈人，將行者，在門外，北面。受享束帛加璧，受夫人之聘璋，享玄纁束帛加琮，皆如初。註曰：享，"獻"也。既聘又獻所以厚恩惠也。帛，今之璧色繒也。夫人亦有聘享，以其與己同體，爲國小君也。其聘用璋，取其半圭也。君享用璧，夫人用琮，天地配合之象也。圭璋特達，瑞也。璧琮有加，往德也。《周禮》曰："璫圭璋璧琮"，"以頫聘"。○疏曰：前已受聘君圭，此受享君束帛加璧；又受聘夫人璋，又受享夫人琮。前陳幣不陳圭璧琮，是以至此始言，而復連言束帛玄纁，以其是相配之物也。璧色繒，謂帛色放璧色，但未知此璧用何色耳？特達，謂不加束帛。璧琮有加，往致其德也。此聘賓不用君所執圭璋，其出聘圭璋璧琮，則瑑之而已，無桓信躬蒲穀之文，又所執皆降其君一等。○繒，自陵反。瑑，大轉反。放，上聲。信，音伸。

遂行，舍於郊，註曰：於此脱舍衣服，乃即道也。《曲禮》曰："凡爲君使者，已受命君言，不宿於家。"○疏曰：自朝服告禰至受命，衣服未改；至此脱朝服，服深衣而行。斂櫋。

若過邦，至于竟，使次介假道。束帛將命于朝曰："請帥。"奠幣。竟，音境。下同。○註曰：至竟而假道，諸侯以國爲家，不敢直徑也。將，猶"奉"也。帥，猶"道"也。請道道路所當由。○猶道、請道，俱音導。下大夫取以入告，出許，遂受幣。註曰：言遂者，明受其幣，非爲許故也。容其辭讓不得命也。餼之以其禮，上賓大牢，積唯芻禾，介皆有餼。大，音泰，下"大牢"同。積，子賜反。○註曰：凡賜人以牲，生曰"餼"。餼，猶稟也，給也。以其禮者，尊卑有常差也。常差者，上賓、上介，牲用大牢；衆介用少牢；米皆百筥。牲陳于門內之西，北面；米設于中庭。上賓、上介致之以束帛，衆介則牽羊焉。上賓有禾十車、芻二十車。禾以秣焉。○稟，力錦切，音懍。秣，音末。士帥，没其竟。註曰：没，盡。○誓于其竟，賓南面，上介西面，衆介北面，東上；史讀書，司馬執筴立于其後。筴，與"策"通。○註曰：此使次介，假道止而誓也。賓南面，專威信也。史於衆介之前，北面讀書，以勑告士衆，爲其犯禮暴掠也。禮，君行師從，卿行旅從。司馬，主軍法者，執策示罰。○掠，音亮。從，才用反。

未入竟，壹肄。肄，逸利反。○註曰：謂於所聘之國竟也。肄，習也。習聘之威儀，重失誤。爲壝壇，畫階，帷其北，無宮。壝，以垂反，又以癸反。壇，大丹反。畫，音獲。○註曰：壝，土象壇也。帷其北，宜有所鄉依也。無宮，不壝土畫外垣也。朝服，無主無執也。註曰：不立主人，主人尊也。不執玉，不敢褻也。徒習其威儀而已。介皆與，北面，西上。與，音預。○註曰：入門左之位也。○疏曰：但習入廟聘享、揖遜、升降、布幣、授玉之禮，是以直云"北面、西上"之位也。云"入門左之位"者，下文云"賓入門左"，"介皆入門左，北面，西上"是也。習享，士執庭實。註曰：士，士介也。庭實必執之者，皮則有攝張之節。習夫人之聘享亦如之。習公事，不習私事。註曰：公事，致命者也。○疏曰：私事者，謂私覿於君，私面於卿大夫。

及竟，張旜誓。註曰：張旜，明事在此國也。張旜，謂使人維之。○疏曰：按《節服氏》，"六人維王之太常"。鄭云："維之以縷"，太常十二旒；一人維持二旒也。諸侯則四人，不依命數。大夫無文，或一人，或二人。乃謁關人。註曰：謁，告也。古者竟上爲關，以譏異服，識異言。關人問從者幾人，從，才用反。下"從者"同。幾，居豈反。○註曰：爲有司當供委積之具。○疏曰：卿行旅從，一黨之人，大夫小聘，當一族之人百人也。少曰"委"，多曰"積"。以介對。註曰：以所與受命者對，謙也。上公之使者七介，侯伯五介，子男三介。君使士請事，遂以入竟。註曰：遂以入，因道之。○疏曰：君得關人告，即知爲聘來；而云"使士請事"，君子不必人，故知而猶問也。

入竟，斂旜，乃展。註曰：復校錄幣，重其事。斂旜，變於始入。布幕，賓朝服立于幕東，西面。註曰：西面者，由是臣道，異於始誓時也。介皆北面，東上。賈人北面，坐拭圭，遂執展之。拭，音式。下同。○註曰：持之而立告在。上介北面視之，退復位。註曰：言退復位，則視圭進違位。退圭。註曰：圭璋尊，不陳之。陳皮，北首，西上；又拭璧，展之；會諸其幣，加于左皮上。上介視之，退。註曰：會，合也。馬，則幕南，北面，奠幣于其前。註曰：前，當前幕上。展夫人之聘享亦如之。賈人告于上介，上介告于賓。註曰：展夫人聘享，上介不視，貶於君也。賈人既拭璋琮，南面告於上介；上介於是東面以告于賓。有司展羣幣以告。註曰：羣幣，私覿及大夫者，有司載幣者自展告。○及郊，又展如初。註曰：遠郊也，天子百里，上公五十，侯伯三十，子男十；近郊各半之。○及館，展幣於賈人之館如初。註曰：館，舍也。遠郊之內有候館，可以少休止沐浴。展幣不于賓館者，爲主國之人有勞問已者，就焉便疾也。○疏曰：《周禮·遺人》："十里有廬"，"三十里有宿"，"五十里有市，市有候館"。幾內道路，皆有候館。

賓至于近郊，張旜。君使下大夫請行，反。君使卿朝服，用束帛勞。勞，力報反。下並同。○註曰：請行，問所之也。雖知之，謙不必也。士請事，大夫請行，卿勞，彌尊賓也。其服皆朝服。上介出請，入告。賓禮辭，迎于舍門之外，再拜。註曰：出請，出門西面，請所以來事也。入告，入北面告賓也。每所及至皆有舍。其有來者，皆出請入告。于此言之者，賓彌尊，事彌錄。○疏曰：此時賓當在賓舘阼階西面，故上介"北面告賓"。前士請事，大夫請行,亦當"出請入告";於此始言之者,先士,次大夫,後卿,以是先卑後尊。今復見此言,故云"賓彌尊,事彌錄"也。勞者不答拜。註曰:凡爲人使,不當其禮。賓揖,先入,受于舍門內。註曰:不受于堂,此主於侯伯之臣也。公之臣,受勞於堂。○疏曰:案《司儀》"諸公之臣相爲國客","及大夫郊勞","三辭,拜辱。三讓,登。聽命"。勞者奉幣入,東面致命。註曰:東面,向賓。賓北面聽命,還,少退,再拜稽首,受幣。勞者出。還,音旋。○註曰:北面聽命,若君南面然。少退,象降拜。○疏曰:歸饔餼時,堂上北面受幣;此在庭,亦當北面訝受幣,勞者南面可知也。授老幣。註曰:老,賓之臣。出迎勞者,註曰:欲償之。勞者禮辭。賓揖先入,勞者從之。乘皮設。乘,繩證反。○註曰:設於門內也。物四曰"乘"皮,麋鹿皮也。○疏曰:庭實當三分庭,一在南設之。今以償勞者在南,故設於門內也。賓用束錦償勞者。償,必刃反,與"擯"同。○註曰:言擯者,賓在公館如家之義,亦以來者爲賓。勞者再拜稽首受。註曰:稽首,尊國賓也。賓再拜稽首送幣。註曰:受、送、拜,皆北面,象階上。勞者揖皮出,乃退。賓送再拜。註曰:揖皮出,束面揖,執皮者而出。○夫人使下大夫勞以二竹簠方,玄被纁裏,有蓋。簠,音甫。○註曰:竹簠方者,器名也。以竹爲之,狀如簠而方。○疏曰:簠皆用木而圓,受斗二升;此則用竹而方,故云"如簠而方"。其實棗蒸栗擇,兼執之以進。註曰:兼,猶兩也。右手執棗,左手執栗。賓受棗,大夫二手授栗。註曰:受授不游手,慎之也。賓之受如初禮;註曰:如卿勞之儀。償之如初。下大夫勞者遂以賓入。註曰:出以束錦授從者,因東面釋辭請導之以入;然則賓送不拜。○疏曰:賓送不拜,謂若公食大夫,使人戒賓不拜送,遂從之,其類也。《覲禮》:大夫勞侯氏,侯氏即從大夫入,拜送大夫。天子使尊,故雖從亦拜送,與此異。

至于朝,主人曰:"不腆先君之祧,即拚以俟矣。"祧,吐條反。拚,方問反。○註曰:賓至外門,下大夫入告,出釋此辭。主人者,公也。不言"公"而言"主人",主人接賓之辭;明至欲受之,不敢稽賓也。腆,猶"善"也。遷主所在曰"祧"。《周禮》:天子七廟,文武爲祧;諸侯五廟。則祧始祖也,是亦廟也。言"祧"者,祧尊而廟親;待賓客者,上尊者。○疏曰:守祧,掌守先王先公之廟祧。鄭註云:廟,謂太祖之廟,及三昭三穆;遷主所藏曰"祧"。先公之遷主,藏於后稷之廟;先王之遷主,藏於文武之廟。祧之言超也,超上去,不毀之也。天子有二祧,以藏遷主;諸侯無二祧,遷主藏于太祖廟。故此名太祖廟爲祧也。下文迎賓及廟門,受賓聘享皆在廟,是於太祖廟受聘享以尊之。若享食,則於禰廟;燕,又在寢,彌相親也。此鄭義。若孔君、王肅則以高祖之父及祖爲二祧,非鄭義也。賓曰:"俟閒。"閒,如字;劉音閑。○註曰:賓之意,不欲奄卒主人也;且以道路悠遠,欲沐浴齋戒,俟閑,未敢聞命。

大夫帥至于館,卿致館。帥,音率。○註曰:致,至也。賓至此館,主人以上卿禮致之,所以安之也。○疏曰:案《覲禮》,天子賜舍,註云:"王使人以命致館,無禮。"謂無束帛。此云"以上卿禮",明有束帛致可知。若然,有禮則稱致,覲禮不稱致,無禮故也。案《司儀》云"諸公相爲賓","主君郊勞",云"三辭拜受"。拜受,謂拜受幣。又云"致館亦如之",亦是有幣可知。○朱先生曰:此致止謂致館耳。註疏皆以爲兼致飧,非是。賓迎再拜。卿致命,賓再拜稽首。卿退,賓送再拜。

宰夫朝服設飧。飧,音孫。○註曰:食不備禮曰"飧"。○疏曰:饔餼,則生、腥、飪皆具,而又多餘物;飧,則惟腥、飪而已,餘物又少。飪一牢在西,鼎九,羞鼎三;腥一牢在東,鼎七。飪,而審反。下同。○註曰:中庭之饌也。飪,孰也。孰在西,腥在東,象春秋也。鼎,西九,東七。凡其鼎實與其陳,如陳饔餼。羞鼎,則陪鼎也。以其實言之,則曰"羞";以其陳言之,則曰"陪"。○疏曰:中庭之饌,對下文是堂上及門之饌也。堂上之饌八,西夾六。註曰:八、六者,豆數也。凡饌,以豆爲本,堂上八豆、八簋、六鉶、兩簠、八壺。西夾六豆、六簋、四鉶、兩簠、六壺。其實與其陳,亦如饔餼。門外米、禾皆二十車。註曰:禾,槀實并列者也。諸侯之禮,車米視生牢,禾視死牢。牢十車。大夫之禮，皆視死牢而已；雖有生牢，不取數焉。米陳門東，禾陳門西。薪芻倍禾。註曰：各四十車。凡此所陳，皆如饗餼。○上介，餼一牢在西，鼎七，羞鼎三；堂上之饌六；門外米、禾皆十車，薪芻倍禾。註曰：西鼎七，無鮮魚、鮮腊。衆介，皆少牢。註曰：亦餼在西，鼎五。羊、豕、腸胃、魚腊；堂上之饌，四豆、四籩、兩鉶、四壺，無簠。○疏曰：知鼎五者，以賓九、上介七，衆介當五，降殺以兩；又約少牢五鼎，此亦少牢，故知亦五鼎也。

厥明，訝賓于館。訝，五嫁反。○註曰：此訝，下大夫也。以君命迎賓，謂之"訝"。訝，迎也。亦皮弁。賓皮弁聘，至于朝。賓入于次，註曰：服皮弁者，朝聘主相尊敬。諸侯視朔，皮弁服。入于次，侯辨也。次在大門外之西，以帷爲之。乃陳幣。註曰：有司入于主國廟門外，以布幕陳幣，如展幣焉。圭璋，賈人執櫝而俟。卿爲上擯，大夫爲承擯，士爲紹擯。擯者出請事。註曰：擯，謂主國之君所使出接賓者也。紹，繼也。其位相承繼而出也。主君公也，則擯者五人；侯伯也，則擯者四人；子男也，則擯者三人。《聘義》曰："介紹而傳命，君子於所尊不[2]敢質，敬之至也。"既知其所爲來之事，復請之者，賓來當與主君爲禮，爲其謙不敢斥，尊者啓發以進之。於是時，賓出次，直闑西，北面。上擯在闑東闑外，西面。其相去也，公之使者七十步，侯伯之使者五十步，子男之使者三十步。此旅擯耳，不傳命，上介在賓西北，東面；承擯在上擯東南，西面。各自次序而下，末介、末擯，旁相去三丈六尺。上擯之請事，進南面揖賓，俱前。賓至末介，上擯至末擯，亦相去三丈六尺。止揖而請事，還入告于公。天子、諸侯朝覲，乃命介紹傳命耳。其儀：各鄉本受命，反面傳而下；及末則鄉受之，反面傳而上。又受命傳而下，亦如之。此三丈六尺者，門容二轍參个，旁加各一步也。○疏曰：上擯西面者，向君也。旅擯見《司儀》云。"各自次序而下"者，賓介，自南向北爲序；主人之擯，自北向南爲序也。"進南面揖賓俱前"者，謂上擯入，向公前北面受命，復出南面，遥揖賓使前而漸南行；賓至末介北，東面，上擯至末擯南，西面。"止揖"者，俱立定乃揖也。"各鄉本受命"者，非一時之事，先上擯入受命，出傳與承擯，承擯傳與末擯，此是傳而下；末介向末擯邊受命,傳與次介,次介傳與上介,上介傳與賓,是傳而上。云"又受命傳而下"者,此乃發賓,傳向主君;一如前發主君傳而向下。如此三迴,爲交擯三辭。"二轍三个"者,轍廣八尺,參个,三八二十四,門容二丈四尺。"傍加各一步"者③,此無正文,但人之進退周旋,不過再舉足一步,故門傍各空一步。丈二,添二丈四尺,爲三丈六尺。**公皮弁,迎賓于大門內。大夫納賓,**註曰:公不出大門,降于待其君也。大夫上擯也。於是,賓、主人皆裼。○疏曰:此未執玉,正是文飾之時,故"皆裼"。**賓入門左。**註曰:內賓位也。衆介隨入,北面,西上,少退。擯者亦入門而右,北面,東上。上擯進相君。○疏曰:此註亦多約下"入廟,行聘享"文。**公再拜,**註曰:南面拜迎。**賓辟,不答拜。**辟,音避。○註曰:辟位逡遁,不敢當其禮。

　公揖入,每門每曲揖。註曰:凡君與賓入門,賓必後君,介及擯者隨之,並而雁行;既入,則或左或右,相去如初。《玉藻》曰:"君入門,介拂闑,大夫中棖與闑之間,士介拂棖。賓入,不中門,不履閾。"此賓,謂聘卿大夫也。門中,門之正也。不敢與君並由之,敬也。介與擯者雁行,卑不踰尊者之迹,亦敬也。賓之介,猶主人之擯。○疏曰:諸侯三門,皋、應、路。則應門爲中門,左宗廟,右社稷。入大門東行,即至廟門;其間得有每門者,諸侯有五廟,太祖之廟居中,二昭居東,二穆居西。廟皆別門,門外兩邊皆有南北隔牆,隔牆中夾通門。若然,祖廟已西,隔牆有三,則閣門亦有三。東行經三門,乃至太祖廟;門中則相逼,入門則相遠。是以每門皆有曲,有曲即相揖,所引《玉藻》"君入門"至"拂棖",彼鄭註云"此謂兩君相見也"。君若迎聘客擯者亦然。下句言賓,始是聘客。闑,居中。棖,謂門兩旁長木,所謂門楔也。故君與賓及上擯、上介拂闑;末介、末擯拂棖;而次介、次擯由棖闑之間。○朱先生曰:案江都《集禮》,廟制,諸侯立廟,宜在中門外之左。古者宗廟之制,外爲都宮,內各有寢廟,別有門垣。太祖在北,左昭右穆,以次而南。與此疏之說不同,未知孰是?門闑之說,與《玉藻》註疏亦不同。○棖,直庚反。楔,音屑。**及廟門,公揖入,立于中庭。**註曰:公先入,省內事也。立于中庭,以俟賓,不復出。如此,得"君行一,臣行二"，於禮可矣。公迎賓大門內；卿大夫以下，入廟門俟之。○疏曰："省內事。"如《曲禮》"主人請入爲席"之類，初命迎賓于館之時，卿、大夫、士固在朝，及君在大門內時，不以無事亂有事，當於廟中在位矣。**賓立接西塾**。塾，音熟。○註曰：接，猶"近"也。已與主君交禮，將有出命，俟之於此。介在幣南，北面，西上。上擯亦隨公入門東，東上，少進於士。

几筵既設，擯者出請命。註曰：有几筵者，以其廟受，宜依神也。賓至廟門，司宮乃于依前設之，神尊不豫事也。席，西上。上擯待而出請受賓所以來之命，重停賓也。至此言命，事彌至，言彌信也。《周禮》："諸侯祭祀，席。蒲筵繢純"，"右彫几"。○"依前"之"依"，於豈反；本又作"扆"。繢，戶內反。純，章允反。賈人東面坐，啟櫝，取圭垂繅，不起而授上介。註曰：賈人鄉人陳幣，東面俟於此。授圭不起，賤不與爲禮也。不言裼襲者，賤不裼也。繅，有組繫也。○鄉，音向。下同。**上介不襲，執圭屈繅，授賓**。註曰：上介北面受圭，進西面授賓。不襲者，以盛禮不在於己也。屈繅，并持之也。《曲禮》曰："執玉，其有藉者則裼，無藉者則襲。"**賓襲，執圭**。註曰：執圭，盛禮；而又盡飾，爲其相蔽敬也。《玉藻》曰"服之襲也，充美也。是故尸襲，執玉龜襲"也。○疏曰：臣於君所，合裼以盡飾。今既執圭，以瑞爲敬。若又盡飾而裼，則掩蔽執玉之敬，故不得裼也。充，猶"覆"也。**擯者入告，出辭玉**。註曰：擯者，上擯也。入告公，以賓執圭，將致其聘命。圭，贄之重者；辭之，亦所以致尊讓也。**納賓，賓入門左**。註曰：公事自闑西。**介皆入門左，北面，西上**。註曰：隨賓入也。介無事止於此。**三揖**；註曰：君與賓也。入門將曲揖。既曲，北面又揖，當碑揖。○疏曰：公已入立中庭，而云"入門"者，謂賓入門及北面，公皆向賓揖之；再揖訖，公乃北行；當碑，乃得賓主相向揖。是以得"君行一，臣行二"。**至于階，三讓**。註曰：讓升。**公升二等**，註曰：先賓升二等，亦欲"君行一，臣行二"。**賓升，西楹西，東面**。註曰：與主君相向。**擯者退中庭**。註曰：鄉公所立處。退者，以公宜親受賓命，不用擯相也。**賓致命；公左還，**

北鄉。還，音旋。鄉，許亮反。下並同。○註曰：當拜。擯者進。註曰：進阼階西，釋辭於賓，相公拜也。公當楣再拜。註曰：拜貺也。貺，惠賜也。楣，謂之梁。賓三退，負序。註曰：三退，三逡遁也。公側襲，受玉于中堂與東楹之間。註曰：側，猶獨也。言"獨"，見其尊賓也。它日公有事，必有贊為之者。凡襲于隱者，公序坫之間可知也。中堂，南北之中也。入堂深，尊賓事也。東楹之間，亦以"君行一，臣行二"。擯者退，負東塾而立。賓降，介逆出。賓出，公側授宰玉；註曰：使藏之，授於序端。裼，降立。註曰：裼者，免上衣，見裼衣。凡當盛禮者，以充美為敬；非盛禮者，以見美為敬。禮尚相變也。《玉藻》曰："裘之裼也，見美也。"又曰："麛裘青豻褎，絞衣以裼之。"《論語》曰："素衣麛裘。"皮弁時或素衣，其裘同可知也。裘者為温，表之為其褻也。寒暑之服，冬則裘，夏則葛。凡禮裼者左，降立，俟享也，亦於中庭。○疏曰：凡服，四時不同。假令冬有裘，襯身襌衫，又有襦袴；襦袴之上有裘；裘上有裼衣，裼衣之上，又有上服，皮弁祭服之等。若夏，則以絺綌。絺綌之上，則有中衣；中衣之上，復有上服，皮弁祭服之等。若春秋二時，則衣袷褶；袷褶之上，加以中衣；中衣之上，加以上服也。

擯者出請。註曰：不必賓事之有無。賓裼，奉束帛加璧享。擯者入告，出許。註曰：許受之。庭實，皮則攝之，毛在內；內攝之，入設也。攝，之涉反。下同。○註曰：皮，虎豹之皮。攝之者，右手并執前足，左手并執後足，毛在內，不欲文之豫見也。內攝之者，兩手相鄉也。入設亦參分庭，一在南。言"則"者，或以馬也。凡君於臣，臣於君，麋鹿皮可也。賓入門左，揖讓如初；升致命，張皮。註曰：張者，釋外足見文也。公再拜受幣。士受皮者，自後右客。註曰：自，由也。從東方來，由客後西，居其左受皮也。執皮者既授，亦自前西而出。賓出，當之坐，攝之。註曰：象受于賓。公側授宰幣，皮如入，右首而東。註曰：如入，左在前。皮右首者，變于生也。

聘于夫人用璋，享用琮，如初禮。註曰：如公立于中庭以下。

若有言，則以束帛如享禮。註曰：有言，有所告請，若有所問也。記曰：有故，則"束帛加書"以"將命"。《春秋》：臧孫辰告糴于齊，公子遂如楚乞師，晉侯使韓穿來言汶陽之田，皆是也，無庭實也。

擯者出請事，賓告事畢。註曰：公事畢。○賓奉束錦以請覿。註曰：覿，見也。鄉將公事，是欲交其歡敬也。不用羔，因使而見，非特來。○疏曰："鄉將公事"者，聘享是也。此行私禮，爲交歡敬也。卿初仕，見己君及卿，皆見以羔。若諸侯相朝，其臣從君，亦得執羔見主君。《左傳》公會晉師于瓦，范獻子執羔，即其事也。擯者入告，出辭。註曰：客有大禮，未有以待之。○疏曰：大禮，謂聘享。未有以待之，謂未禮賓，故止客請覿，而先行賓禮也。○請禮賓；賓禮辭，聽命。擯者入告。註曰：告賓許也。宰夫徹几改筵。註曰：將禮賓，徹神几，改神席，更布也。賓席，東上。《公食大夫禮》曰："蒲筵常緇布純，加萑席尋玄帛純。"此筵上下大夫也。《周禮》曰"筵國賓于牖前"，"莞筵紛純，加繅席畫純"，"左彤几"者，則是筵孤也。孤彤几，卿大夫其漆几與。○疏曰：賓席，東上，對前爲神而西上也。《司几筵》有"五几"，從上向下序之：天子玉几；諸侯彤几；孤彤几；卿大夫漆几；下有素几，喪事所用。公出，迎賓以入，揖讓如初。註曰：公出迎者，己之禮更端也。○疏曰：前聘享俱是公禮，故聘訖而享，公不出迎；此禮賓是私禮，故更端而出迎也。公升，側受几于序端。宰夫內拂几三，奉兩端以進。註曰：內拂几，不欲塵坋尊者。以進，自東箱來授君。○疏曰：按《覲禮》，几俟于東箱。○坋，音憤。公東南鄉，外拂几三，卒，振袂，中攝之，進西鄉。註曰：進，就賓也。○疏曰：宰夫奉几兩端，故公中攝之，擬賓用兩手在公手外取之故也。擯者告。註曰：告賓以公授几。賓進訝，受几于筵前，東面俟。註曰：未設也。公壹拜送。註曰：公尊也。賓以几辟，辟，音避。○註曰：辟位逡遁。北面設几，不降，階上答再拜稽首。註曰：不降，以主人禮未成也。凡賓左几。○疏曰：《鄉飲酒義》云："啐酒，成禮也。"啐酒爲禮成，此設几主爲啐酒；今未啐醴，故云禮未成也。云"凡賓左几"者，對神右几。○宰夫實觶以醴，加柶于觶，面枋。柶，音四。枋，同"柄"。○註曰：酌以授君也。君不自酌，尊也。宰夫亦洗，升實觶以醴，自東箱來，不面擶，不訝受也。○疏曰：授几時，從下面升東箱，取几進以授君；今亦從下升東箱，酌醴進以授君，故亦之。"不訝受也"者，公西面向賓，宰夫自東箱來，在公傍側並授與公，是以下文"公側受醴"，不訝受，故不面擶也。○擶，以涉反。公側受醴。註曰：將以飲賓。賓不降，壹拜，進筵前受醴，復位。公拜送醴。註曰：賓一拜者，醴質，以少爲貴。○疏曰：賓上下皆再拜稽首，獨此一拜，故鄭據太古云"醴質，無玄酒，故一拜"，以少爲貴。宰夫薦籩豆脯醢，賓升筵，擯者退負東塾。註曰：事未畢，擯者不退中庭，以有宰夫也。○疏曰：有宰夫相，則己無事；若無宰夫，則在中庭矣。賓祭脯醢，以柶祭醴三，庭實設。註曰：庭實乘馬。降筵，北面，以柶兼諸觶，尚擶，坐啐醴。註曰：降筵，就階上。○疏曰：以右手之柶并於左，兩手捧觶就階上者，以鄉飲酒獻酢卒爵，各於其階，明此亦在西階之上。○公用束帛。註曰：致幣也。言"用"，尊于下也。亦受之于序端。建柶，北面奠于薦東。擯者進相幣。相，息亮反。○註曰：贊以辭。賓降，辭幣。註曰：不敢當公禮也。公降一等辭。註曰：辭賓降也。栗階升，聽命；註曰：栗階，趨君命尚疾，不連步。降拜。註曰：拜受。公辭。註曰：不降一等，殺也。○殺，所界反。升，再拜稽首，受幣，當東楹，北面；註曰：亦訝受而北面者，禮主於己，己臣也。○疏曰：前行聘享時，賓東面，主君西面，訝授受，以奉君命，故不北面；此以主君禮己，己臣也，故北面受，異聘享時。退，東面俟。註曰：俟君拜也。不北面者，謙若不敢當階然。公壹拜，賓降也。公再拜，註曰：不俟公再拜者，不敢當公之盛也。公再拜者，事畢成禮也。賓執左馬以出。註曰：受尊者禮，宜親之也。效馬者并左右靮授之，餘三馬，主人牽者從出也。○靮，音的。上介受賓幣，從者訝受馬。註曰：從者，士介。○楊氏曰：聘禮既授玉、授享幣，則聘使之禮畢矣。於是徹几改筵以禮賓焉。

151

前設几筵者，爲廟受聘禮，宜依神也；今徹几改筵，所以禮賓也。神席當室前之中，故註疏以戾前爲據；賓席在西北，故註以筵國賓于牖前爲據。賓席在牖前，其義何居乎？地道尚右，故牖前西北之位，家鄉國皆以爲重。《士冠禮》，子筵于戶西；《士昏禮》，婦席于戶牖間。鄉飮，席於牖前；鄉射，賓席在於戶牖之處。《周禮》筵國賓於牖前。其名不同，皆不越乎此位也。但天子、諸侯與大夫、士室房之制不同，故牖前亦少不同。義詳見於《鄉飮酒禮》。此禮賓之初有三節：受几也，受醴也，受幣也。三者，公親受于序端，而後授賓，恭之至也。設几主爲啐醴，故受几、受醴，皆於筵前。禮莫重於幣，故受幣當東楹。前行聘享時，賓東面，主君西面詒授受，以賓奉君命，不北面。此以主君禮賓，賓臣也，故受幣北面。

賓覿，奉束錦，總乘馬，二人贊。入門右，北面奠幣，再拜稽首。註曰：不請不辭，鄉時已請也。覿用束錦，辟享幣也。總者，總八轡牽之。贊者居馬間，扣馬也。入門而右，私事自閾右。奠幣、再拜，以臣禮見也。贊者，賈人之屬，介特覿也。○疏曰：二人贊者，各居兩馬間，各用左右手，手扣一匹。○鄉，音向。辟，音避。扣，音口。擯者辭，註曰：辭其臣。賓出。註曰：事畢。擯者坐取幣，出；有司二人牽馬以從，出門，西面于東塾南。註曰：將還之也。贊者、有司受馬乃出，凡取幣于庭，北面。○疏曰：賓出之時，贊扣馬者未得出，待人受馬乃得出。所以然者，幣可奠之於地，其馬不可散置。擯者請受。註曰：請以客禮受之。賓禮辭，聽命。註曰：賓受其幣，贊者受馬。牽馬右之，入設。註曰：庭實先設，客禮也。右之，欲人居馬左，任右手便也。於是牽馬者四人，事得申也。《曲禮》曰："效馬效羊者，右牽之。"賓奉幣入門左，介皆入門左，西上。註曰：以客禮入，可從介。公揖讓如初，升；公北面再拜。註曰：公再拜者，以其初以臣禮見，新之也。賓三退，反還負序；還，音旋。○註曰：反還者，不敢與授圭同。振幣進授，當東楹，北面。註曰：不言君受，略之也。士受馬者，自前還牽者後，適其右受。還，音環，又音患。○註曰：自，由也。適牽者之右而受之也。此亦並授者，不自前左，由便也；便其已授而去也。受馬自前，變於受皮。**牽馬者自前西乃出**。註曰：自，由也。○疏曰：四馬並北面，牽馬者皆在馬西。士既受馬，其最西頭者便即出門，不須由馬之前；其次東三匹者，皆由西於馬前面出，故云"牽馬者自前西乃出"，據三人而言也。**賓降階東拜送，君辭**。註曰：拜送幣于階東，以君在堂鄉之。拜也，君降一等辭。註曰：君乃辭之，而賓猶拜，敬也。**擯者曰："寡君從子，雖將拜，起也。"** 註曰：此禮固多有辭矣。未有著之者，是其志而煥乎，未敢明說。○疏曰：唯此及公食，皆著其辭，煥然可見。又云"未敢明說"者，謂餘辭固可以類推，但疑事無質，故上註每云"其辭未聞"也。**栗階升，公西鄉，賓階上再拜稽首**。註曰：成拜。**公少退**。註曰：爲敬。**賓降出。公側授宰幣。馬出**。註曰：廟中宜清。**公降立**。

　　擯者出請。上介奉束錦，士介四人皆奉玉錦束，請覿。註曰：玉錦，錦之文纖縟者也。禮有以少文爲貴者。後言束，辭之便也。**擯者入告，出許。上介奉幣，儷皮，二人贊**。儷，音麗。○註曰：儷，猶兩也。上介用皮，變於賓也。皮，麋鹿皮。○疏曰：賓用馬，今介用皮，故云變也。**皆入門右，東上；奠幣，皆再拜稽首**。註曰：皆者，皆衆介也。**贊者奠皮出。擯者辭**，註曰：亦辭其臣。**介逆出**。註曰：亦事畢也。**擯者執上幣，士執衆幣，有司二人舉皮，從其幣出，請受**。註曰：請受，請于上介也。擯者先即西面位請之，釋辭之時，執衆幣者隨立門中而俟。○疏曰：隨，如《昏禮》納徵，執皮隨入之隨。**委皮南面**，註曰：擯者既釋辭，執衆幣者進即位，有司乃得委之南面，便其復入也。**委皮當門**。○疏曰：皮入右首，右先，故南面橫委於門中，當門，北上。執皮者北面，受之而乃入，便也。**執幣者西面，北上。擯者請受**。註曰：請于上介也。上言其次，此言其位，互約文也。○疏曰：此言"西面，北上"，則上當有"北面，東上"之文，下云"士介覿幣時，士三人，東上，坐取幣，立"是也。此宜有"士執衆幣，立于南面"之文。如是者，互文也。言約者，雖互見其文，文猶不備。上當言擯者執幣，士四人北面、東上，坐取幣從；有司二人坐舉皮,從其幣出,隨立於門中,擯者出門,西面于東塾南,請受;士執幣者進,立擯南,西面,北上;執皮者南面,委皮於門中,北上。如是,乃爲文備也。介禮辭,聽命,皆進訝受其幣。註曰:言皆者,嫌擯者一一授之。上介奉幣,皮先入門左,奠皮。註曰:皮先者,介隨執皮者而入也。入門左,介至揖位而立;執皮者奠皮,以有不敢授之義。○疏曰:賓覿時入門左,公揖讓升;賓至此待揖而後進,明此介亦至揖位而立。公再拜。註曰:拜中庭也。不受于堂,介賤也。○疏曰:上云"降立",別無更進退之文,知在中庭。介振幣,自皮西進,北面授幣,退復位,再拜稽首送幣。註曰:進者,北行參分庭一;而東行當君,乃復北行也。○疏曰:介初在揖位,君在中庭,奠皮近西,故介發揖位,自皮西北出三分一,乃東行;北向當君,乃北行至君所,乃授幣。介出,宰自公左受幣。註曰:不側受,介禮輕。○疏曰:宰自公左受,即是側;不云側者,當有贊者於公受,轉授宰。有司二人坐舉皮以東。○擯者又納士介。註曰:納者,出道入也。○道,音導。士介入門右,奠幣,再拜稽首。註曰:終不敢以客禮見。擯者辭,介逆出。擯者執上幣以出,禮請受。賓固辭。註曰:禮請受者,一請而聽之也。賓爲之辭,士介賤,不敢以言通於主君。固,衍字,當如面大夫也。○疏曰:案下士介面大夫時,"擯者執上幣出,禮請受,賓辭",無"固"字,故知此"固"衍字。公答再拜。擯者出,立于門中以相拜。相,息亮反。○註曰:擯者以賓辭入告,還立門中閫外,西面;公乃遥答拜也。相者,贊告之。士介皆辟。辟,音避。○註曰:逡遁也。士三人,東上,坐取幣,立。註曰:俟擯者執上幣來也。擯者進。註曰:就公所也。宰夫受幣于中庭以東。註曰:使宰夫受于士,士介幣輕,受之于公左。賓幣,公側授宰;上介幣,宰受于公左;士介幣,宰夫受于士;敬之差。執幣者序從之。註曰:序從者,以宰夫當一一受之。

擯者出請,賓告事畢。註曰:賓既告事畢,衆介逆道賓而出也。○疏曰:逆道者,介爲首,賓爲尾也。知必逆出者,上經聘訖,下經聘夫人、私覿,皆介逆出，此亦當然也。○道，音導。下同。**擯者入告，公出送賓**。註曰：公出，眾擯亦逆道，紹擯及賓並行，間亦六步。**及大門內，公問君**。註曰：鄉以公禮將事，無由問也。賓至始入門之位，北面將揖而出，眾介亦在其右，少退西上，於此可以問君居處何如，序殷勤也。時承擯、紹擯亦於門東，北面，東上。上擯往來傳君命，南面。蘧伯玉使人於孔子，孔子問曰："夫子何爲？"此公問君之類也。○朱先生曰：所引《論語》非聘事，意略相類耳。**賓對，公再拜**。註曰：拜其無恙。公拜，賓亦辟。○辟，音避。下"趨辟"同。**公問大夫，賓對。公勞賓，賓再拜稽首。公答拜**。勞，力報反。註及下並同。○註曰：勞以道路之勤。**公勞介，介皆再拜稽首。公答拜，賓出。公再拜送，賓不顧**。註曰：公既拜，客趨辟，君命上擯送賓出，反告賓不顧，於此君可以反路寢矣。《論語》說孔子之行曰賓退必復命，曰賓不顧矣。○楊氏曰：案《司儀》"諸公之臣，相爲國客"，"出及中門之外，問君，客再拜對，君拜。客辟而對。君問大夫，客對。君勞客，客再拜稽首。君答拜，趨辟"，註云："中門之外，即大門之內也。問君曰：'君不恙乎？'對曰：'使臣之來，寡君命臣于庭。'大夫曰：'二三子不恙乎？'對曰：'寡君命使臣于庭，二三子皆在。'勞客曰：'道路悠悠，客甚勞。'勞介則曰：'二三子甚勞。'客再拜對者，爲敬慎也。"

　　賓請有事於大夫。註曰：請問，問卿也。上擯送賓出，賓東面而請之；擯者反命因告之。○疏曰：從朝以來，行聘享、行禮賓之事，事已煩矣；今日即請未可即行，故云"反命因告之"，告之使知而已。**公禮辭，許，賓即館**。

　　卿、大夫勞賓，賓不見。註曰：以己公事未行，上介以賓辭辭之。**大夫奠雁，再拜。上介受**。註曰：不言卿，卿與大夫同執雁。下見于國君。《周禮》凡諸侯之卿見朝君皆執羔。**勞上介亦如之**。

　　君使卿韋弁，歸饔餼五牢。饔，音雍。註：今文"歸"，或爲"饋"。○註曰：變皮弁，服韋弁，敬也。韋弁，韎韋爲弁，兵服也。而服之者，皮韋同類，取相近耳。其服，蓋韎布以爲衣而素裳。牲，殺曰饔，生曰餼。○疏曰："取相近耳"者，有毛則曰皮，去毛熟治則曰韋，本是一物，有毛無毛爲異，故云"取要近耳"。鄭註《司服》云："韋弁，以韎韋爲弁。"又以爲衣裳。今此云"以韎布爲衣而素裳"，全與兵服異者，鄭以意量之。此爲賓館於大夫士之廟，既爲入廟之服，不可純如兵服，故爲"韎布爲衣而素裳"。鄭志兵服與皮弁同白舄，故以素裳解之。○韎，音昧。上介請事，賓朝服禮辭。註曰：朝服，示不受也。受之，當以尊服。有司入陳。註曰：入賓所館之廟陳其積。○饗：註曰：謂餁與腥。○餁一牢，鼎九，設于西階前，陪鼎當內廉，東面，北上，上當碑，南陳；牛、羊、豕、魚、腊、腸、胃同鼎，膚、鮮魚、鮮腊，設扃鼏。臐、膮、蓋陪牛、羊、豕。扃，古螢反。鼏，迷翼反。腒，音香。臐，許云反。膮，許堯反。○註曰：陪鼎，三牲臛，腒、臐、膮陪之，庶羞加也。當內廉，辟堂塗也。腸、胃，次腊，以其出牛羊也。膚，豕肉也。唯燖者有膚。此饌先陳其位，後言其次，重大禮詳其事也。宮必有碑，所以識日景，引陰陽也。凡碑引物者，宗廟則麗牲焉，以取毛血。其材，宮廟以石，窆用木。○疏曰：案《公食大夫》，庶羞非正饌，故在正鼎後而言"加"也。君子不食圂腴。犬、豕曰"圂"，故牛羊有腸、胃而無膚，豕則有膚而無腸胃也。○朱先生曰：引陰陽，"引"字疑當作"別"。○楊氏曰：腸、胃同鼎，謂牛羊腸、胃同一鼎，不異其牛羊。腴，賤也。○臛，音熇，羹也。燖，音尋；一作"燂"，音潛。景，同"影"。圂，同"豢"。○腥二牢，鼎二七，無鮮魚、鮮腊，設于阼階前，西面，南陳，如餁鼎二列。註曰：有腥者，所以優賓也。堂上八豆，設于戶西，西陳，皆二以並，東上。韭菹其南醓醢，屈。韭，音九。菹，莊居反。醓，他感反。○註曰：戶，室戶也。東上，變于親食賓也。醓醢，汁也。屈，猶"錯"也。○疏曰：醓醢西昌本，昌本西麋臡，麋臡西菁菹，菁菹北鹿臡，鹿臡東葵菹，葵菹東蝸醢，蝸醢東韭菹。《周禮·天官·醢人》，朝事豆八，菁菹、鹿臡下，仍有茆菹、麋臡，不取而取饋食葵菹、蝸醢者，案《少牢》，正祭用韭菹、醓醢、葵菹、蝸醢，朝事饋食之豆兼用之。明此賓上大夫，亦兼用朝事饋食之豆，以充八豆可知。案《公食大夫》公親食賓，云"宰夫自東房薦豆六，設于醬東，西上"。此云"東上"，是變於親食賓也。○鸁，乃兮反。蝸，音瓜，鸁也。茆，音卯。麋，京倫反。八簋繼之，黍其南稷，錯。註曰：黍在北。○疏曰：繼豆以西陳之，次第亦與豆同，亦閒雜。六鉶繼之，牛以西羊、豕，豕南牛，以東羊、豕。註曰：鉶，羹器也。兩簠繼之，粱在北。註曰：簠不次簋者，粱稻加也。凡饌，屈錯要相變。八壺設于西序，北上，二以並，南陳。註曰：壺，酒尊也。酒蓋稻酒、粱酒。不錯者，酒不以雜錯爲味。○疏曰：此陳饔餼，堂上及東西夾簋有二十，簠六。上文設飧時，與此堂上及西夾，其對則簋十四，簠四。案《掌客》設飧，公、侯、伯、子、男，簋同十二；公，簠十；侯、伯，簠八；子、男，簠六。又皆陳饔餼，其牢如飧之陳。如何此中飧之簋數，及饔餼之簋數，皆多於君者？彼是君禮，自上下爲差；此乃臣禮，或多或少，自是一法，不可以彼相並。又，此中致饔餼於賓，醯醢百罋，米百筥，《周禮》：上公，罋筥百二十；侯、伯，罋筥百；子、男，罋筥八十。子、男，少於此，卿、大夫禮，禮或損之而益，此其類也。西夾六豆，設于西墉下，北上。韭菹其東醓醢，屈。六簋繼之，黍其東稷，錯。四鉶繼之，牛以南羊，羊東豕，豕以北牛。兩簠繼之，粱在西。皆二以並，南陳。六壺，西上，二以並，東陳。註曰：東陳，在北墉下，統於豆。○疏曰：六豆者，先設韭菹，其東醓醢，又其東昌本，南麋臡，西菁菹，又西鹿臡。饌于東方，亦如之，註曰：東方，東夾室。西北上。註曰：亦韭菹，其東醓醢。壺東上，西陳。註曰：亦在北墉下，統於豆。醯醢百罋，夾碑，十以爲列，醯在東。註曰：夾碑，在鼎之中央也。醯在東。醯穀，陽也；醢肉，陰也。○疏曰：罋，瓦器，其容亦蓋一觳。《旅人》云：「筥，實一觳。」又云：「豆，實三而成觳。」四升曰「豆」，則罋與筥同受斗二升也。○旅，音放。○餼二牢，陳于門西，北面，東上。牛以西羊、豕，豕西牛、羊、豕。註曰：餼，生也。牛羊，右手牽之；豕，束之。寢右，亦居其左。○疏曰：寢右者，西足也。當升左胖也。米百筥，筥半斛，設于中庭，十以爲列，北上。黍、粱、稻，皆二行；稷，四行。筥，居呂反。行，並户郎反。○註曰：庭實固當庭中，言當中庭者，南北之中也。

東西爲列，列當醯醢南，亦相變也。此言中庭，則設碑近如堂深也。○疏曰：享時，庭實三分庭，一在南。此更言中庭，明南北之中也。行列橫陳，黍兩行在北，次梁，次稻，次稷；不用稻爲上者，稻粱是加，黍稷是正，故爲上下端。言碑近如堂深者，醯醢夾碑南陳；今百筥在南北之中，則碑近北可知。門外：米三十車，車秉有五籔，設于門東，爲三列，東陳；籔，音速，又色縷反。下皆同。○註曰：大夫之禮，米禾皆視死牢。秉籔，數名也。秉有五籔，二十四斛也。籔，讀若"不數"之"數"。○疏曰：飪腥共三牢，故米禾視之。十斗曰"斛"，十六斗曰"籔"，十籔曰"秉"。是二十四斛。禾三十車，車三秅，設于門西，西陳；秅，丁故反，又疾加反。○註曰：秅，數名也。三秅，千二百秉。薪芻倍禾。註曰：倍禾，以其用多也。薪從米，芻從禾。四者之車，皆陳北輈。凡此所以厚重禮也。《聘義》曰："古之用財不能均如此，然而用財如此其厚者，言盡之於禮也；盡之於禮，則内君臣不相陵，而外不相侵，故天子制之，而諸侯務焉耳。"○疏曰：薪，可以炊爨，故從米；芻，可以食馬，故從禾。○賓皮弁迎大夫于外門外，再拜；大夫不答拜。註曰：大夫，使者卿也。揖入，及廟門，賓揖入。註曰：賓與使者揖而入，使者止執幣，賓俟之于門内，謙也。古者，天子適諸侯，必舍於太祖廟；諸侯行，舍于諸公廟；大夫行，舍于大夫廟。○疏曰：門內，宁下也。下"賓問卿大夫揖入"註云：入者，省内事也；既而俟于宁下是也。諸公，大國之孤也。無孤之國，諸侯舍于卿廟也。大夫奉束帛，註曰：執其所以將命。入，三揖皆行。註曰：皆，猶"並"也。使者，尊，不後主人。○疏曰：主人，即賓也。至于階，讓；大夫先升一等。註曰："讓"不言三，不成三也。凡升者，主人讓于客三；敵者，則客三辭。主人乃許升，亦道賓之義也。使者尊，主人三讓則許升矣。今使者三讓，則是主人四讓也。公雖尊，亦三讓乃許升，不可以不下主人也。古文曰"三讓"。○疏曰：賓三讓，大夫即升；無三辭，則不成三也。大夫奉君命歸饔餼，故先升一等。○道，音導。使，色吏切。下，戶嫁反。後"下君""下朝"皆同。賓從升堂，北面聽命。註曰：北面，于階上也。大夫東面致命；賓降階西，再拜稽首。拜餼亦如之。註曰：大夫以束帛同致饔餼也。賓殊拜之，敬也，重君之禮也。大夫辭；升，成拜。註曰：尊賓。受幣堂中西，北面。註曰：趨主君命也。堂中西，中央之西。大夫降，出；賓降，授老幣。註曰：老，家臣也。

出迎大夫。註曰：賓出迎，欲償之。大夫禮辭，許。入，揖讓如初。賓升一等，大夫從升堂。註曰：賓先升，敵也，皆北面。○疏曰：前大夫奉君命歸饔餼，故先升一等；今賓私償使者，無君命體敵，故賓先升，在館如主人之儀故也。庭實設馬乘。註曰：乘，四馬也。賓降堂，受老束錦。大夫止。註曰：止，不降。使之餘尊。賓奉幣西面，大夫東面，賓致幣。註曰：不言致命，非君命也。大夫對，北面當楣，再拜稽首，註曰：稽首，尊君客也，致對有辭也。受幣于楹間，南面，退東面俟。註曰：賓北面授，尊君之使。○疏曰：賓不南面並授，而云"賓北面授"者，凡敵體授受之義，授由其右，受由其左；今尊君之使，是以大夫南面，賓北面。賓再拜稽首，送幣；大夫降，執左馬以出。註曰：出廟門，從者亦訝受之。賓送于外門外，再拜。○明日，賓拜于朝，拜饔與餼，皆再拜稽首。註曰：拜謝主君之恩惠於大門外。《周禮》曰："凡賓客之治令，訝聽之。"此拜亦皮弁服。

上介：饔餼三牢，飪一牢，在西，鼎七，羞鼎三；註曰：無鮮魚、鮮腊也。賓介皆異館。腥一牢，在東，鼎七；堂上之饌六，註曰：六者，賓西夾之數。西夾亦如之。筥及甕如上賓。註曰：凡所不貶者，尊介也。餼一牢，門外米、禾視死牢，牢十車；薪、芻倍禾。凡其實與陳如上賓。註曰：凡，凡飪以下。下大夫韋弁，用束帛致之。上介韋弁以受，如賓禮。註曰：介不皮弁，不敢純如賓也。償之兩馬、束錦。疏曰：此下大夫使者受上介之償禮，如卿使者受賓償禮。堂庭同。

士介四人，皆餼大牢，米百筥，設于門外。註曰：牢米不入門，略之也。米設當門，亦十為列，北上。牢在其南，西上。宰夫朝服，牽牛以致之。

註曰：執绋牽之，東面致命，朝服無束帛，亦略之。士介西面拜迎。○疏曰：上賓與上介，米禾皆視死牢，且有芻薪米禾。此士直有生餼，無死牢，則無芻薪米禾矣。○绋，音朕，又音引。**士介朝服，北面，再拜稽首受。**註曰：受於牢東，拜自牢後，適宰夫右受，由前東面授從者。**無擯。**註曰：既受拜送之矣，明日衆介亦各如其受之服，從賓拜於朝。

【校記】

① 此語乃出自《禮記·少儀》，其語序爲"贊幣自左，詔辭自右"，非出自《曲禮》。
② "不"，《禮記》原作"弗"。
③ "傍"，前文作"旁"。

儀禮述註卷第十

聘禮第八之二

賓朝服問卿。註曰：不皮弁，別於主君。卿每國三人。卿受于祖廟。註曰：重賓禮也。祖，王父也。〇疏曰：大夫三廟。有別子者，立太祖廟；非別子者，并立曾祖廟。王父即祂廟也。今不受於太祖及曾祖廟，而受於祖廟者，以其天子受於文王廟，諸侯受於太祖廟。大夫下君，故受於王父廟。下大夫擯。註曰：無士擯者，既接於君所，急見之。擯者出請事。大夫朝服，迎于外門外，再拜；賓不答拜。揖，大夫先入，每門每曲揖，及廟門，大夫揖入。註曰：入者，省內事也。既而俟于宁也。〇疏曰：宁，門屏宁也。上文"君俟于庭"，此大夫"俟于宁"者，下君也。〇宁，直呂反。擯者請命。註曰：亦從入；而出請，不几筵，辟君也。庭實設四皮。註曰：麋鹿皮也。賓奉束帛入，三揖皆行，至于階，讓。註曰：皆，猶"並"也。賓升一等；大夫從升堂，北面聽命。註曰：賓先升，使者尊。賓東面致命。註曰：致其君命。大夫降階西，再拜稽首；賓辭；升成拜，受幣堂中西，北面。註曰：於堂中央之西受幣，趨聘君之命。賓降，出。大夫降，授老幣，無擯。註曰：不擯賓，辟君也。

擯者出請事。賓面，如覿幣。註曰：面，亦見也。其謂之面，威儀質也。賓奉幣，庭實從。註曰：庭實四馬。入門右，大夫辭。註曰：大夫於賓入，自階下辭迎之。賓遂左，註曰：見私事也。雖敵，賓猶謙，入門右爲若降等然。《曲禮》曰："客若降等，則就主人之階；主人固辭於客，然後客復就西階。"[①]庭實設，揖讓如初。註曰：大夫至庭中旋並行。〇疏曰：迴旋與賓揖，而並行北出。言"如初"者,大夫不出門,唯有庭中一揖,至碑又揖、再揖而已。**大夫升一等,賓從之。**註曰:大夫先升道賓。**大夫西面命**[②]**,賓稱面。**註曰:稱,舉也。舉相見之辭以相接。**大夫對,北面當楣再拜,受幣于楹間南面;退,西面立。**註曰:受幣楹間,敵也。賓亦振幣進北面授。○疏曰:大夫南面,賓北面,尊大夫,故訝接。**賓當楣再拜送幣,降出。大夫降,授老幣。**

　　擯者出請事。上介特面,幣如覿。介奉幣。註曰:"特面"者,異於主君。士介不從而入也,君尊;衆介始覿,不自別也。上賓則衆介皆從之。○疏曰:介初覿主君之時,不敢自尊別,與衆介同,執幣而入;今私面於鄰國卿,不與衆介同,而特行禮焉。云"上賓則衆介皆從之"者,上介言特面,則賓問卿與私面,介皆從可知。**皮,二人贊。**註曰:亦儷皮也。**入門右,奠幣,再拜。**註曰:降等也。**大夫辭,**註曰:於辭,上介則出。**擯者反幣。**註曰:出還于上介也。**庭實設,介奉幣入,大夫揖讓如初。**註曰:大夫亦先升一等。**介升,大夫再拜受。**註曰:亦於楹間,南面而受。**介降拜,大夫降辭。介升,再拜送幣。**註曰:介既送幣降出也,大夫亦授老幣。○**擯者出請。衆介面,如覿幣。入門右,奠幣,皆再拜。大夫辭,介逆出。擯者執上幣出,禮請受;賓辭。**註曰:賓亦爲士介辭。**大夫答再拜。擯者執上幣,立于門中以相拜,士介皆辟。老受擯者幣于中庭,士三人坐取羣幣以從之。**相,去聲。辟,音避。

　　擯者出請事。

　　賓出,大夫送于外門外,再拜。賓不顧。擯者退,大夫拜辱。註曰:拜送也。

　　下大夫嘗使至者,幣及之。使,式至反。○註曰:嘗使至己國,則以幣問之也。君子不忘舊。**上介朝服三介,問下大夫;下大夫如卿受幣之禮。**註曰:上介三介,下大夫使之禮也。○疏曰:擬人必於其倫。問下大夫,還使上介,是各於其爵,易以相尊敬者也。其面,如賓面于卿之禮。

大夫若不見,見,賢遍反。○註曰:有故也。○疏曰:"有故"者,或有病疾,或有哀慘,不得受其問禮。君使大夫各以其爵爲之受,如主人受幣禮,不拜。註曰:各以其爵,主人卿也,則使卿;大夫也,則使大夫。不拜,代受之耳,不當主人禮也。

夕,夫人使下大夫韋弁歸禮。今文"歸"作"饋",下及記同。○註曰:夕,問卿之夕也。使下大夫,下君也。君使之,云"夫人"者,以致辭當稱寡小君。堂上籩豆六,設于戶東,西上;二以並,東陳。註曰:籩豆六者,下君禮也。臣設于戶東,又辟饌位也。其設脯,其南醢屈,六籩、六豆。○疏曰:辟君饌位,自室戶東爲首。二以並,東陳。先於北設脯,即於脯南設醢,又於醢東設脯,以次屈而陳之,皆如上也。壺設于東序,北上;二以並,南陳。醆、黍、清,皆兩壺。醆,所九反。○註曰:醆,白酒也。凡酒,稻爲上,黍次之,粱次之,皆有清白。以黍間清、白者,互相備,明三酒六壺也。先言醆,白酒尊,先設之。○疏曰:其設壺於東序,自北向南而陳,稻、黍、粱皆二壺,並之而陳也。上言白,明黍、粱皆有白;下言清,明稻、黍亦有清;於清白中言黍,明醆即是稻,清即是粱也。大夫以束帛致之。註曰:致夫人命也。此禮無牢。下朝君也。賓如受饗之禮,儐之乘馬束錦。○上介四豆、四籩、四壺,受之如賓禮。註曰:四壺,無稻酒也。儐之兩馬束錦。明日,賓拜禮於朝。註:今文"禮"爲"醴"。○註曰:於是乃言賓拜,明介從拜也。○疏曰:於上介受禮後,始言賓拜,明介從拜可知也。

大夫餼賓大牢,米八筐。大,音泰。後"大牢"同。○註曰:其陳於門外,黍、粱各二筐,稷四筐,二以並,南陳,無稻;牲陳於後,東上,不饌於堂庭,辟君也。○疏曰:經無牢米入門之文,故明是門外可知;與君餼士介同。案《掌客》,鄰國之君來朝,"卿皆見,以羔,膳太牢";侯、伯、子、男,"膳特牛"。彼又無筐米。此侯伯之臣,得用太牢有筐米者,彼爲君禮,此是臣禮,各自爲差降,不得以彼難此。賓迎，再拜。老牽牛以致之，賓再拜稽首受。老退，賓再拜送。註曰：老，室老。上介亦如之。衆介皆少牢，米六筐，皆士牽羊以致之。註曰："米六筐"者，又無粱也。○疏曰：士，邑宰。

公於賓，壹食，再饗。食，音嗣。下並同。○註曰：饗，謂亨太牢以飲賓也。《公食大夫禮》曰"設洗如饗"，則饗與食，互相先後也。○疏曰：公、侯、伯、子、男，大聘使卿，主君一食再饗；小聘使大夫，則主君一食一饗。若然，案《掌客》，子男一食一饗，子男之卿再饗，多於君者，以其君臣各自相望，不得以君決臣也。食禮無酒，饗禮有酒，故以飲賓言之。此經先言食，後言饗，則食在饗前。公食，言設洗如饗禮，則饗在食前。○亨，音烹。飲，於鳩反。燕與羞，俶獻，無常數。俶，處郁反。○註曰：羞，謂禽羞，雁鶩之屬。成熟煎和也。俶，始也。始獻四時新物。賓介皆明日拜于朝。上介壹食壹饗。註曰：饗食賓，介爲介，從饗獻矣；復特饗之，客之也。若不親食，使大夫各以其爵朝服，致之以侑幣，如致饗；無儐。侑，音又。○註曰：君不親食，謂有疾及他故。必致之，不廢其禮。致之必使同班、敵者易以相親敬。致禮於卿，使卿；致禮於大夫，使大夫，非必命數也。無儐，以己本宜往。○疏曰：饗餼之等，不宜召賓；故君使人致禮。賓則儐使者，此饗食之禮。主君無故，合速賓之來就主君入廟，賓無儐禮。今主君有故，生致於賓，亦無儐，故云"本宜往"。致饗以酬幣，亦如之。註曰：酬幣，享禮酬賓勸酒之幣也。所用未聞也。禮幣束帛乘馬，亦不是過也。《禮器》曰"琥璜爵"，蓋天子酬諸侯。

大夫於賓，壹饗壹食。上介，若食若饗。○若不親饗，則公作大夫致之以酬幣，致食以侑幣。註曰：作，使也。大夫有故，君必使其同爵者爲之致之。列國之賓來，榮辱之事，君臣同之。○疏曰：此直言饗食，不言燕，其實亦有也。昭二年《左傳》云，韓宣子來聘，宴于季氏。傳無譏文，明鄰國大夫有相燕之法。

君使卿皮弁，還玉于館。註曰：玉，圭也。君子於玉比德焉。以之聘，重禮也。還之者，德不可取於人，相切厲之義也。皮弁者，始以此服受之，不敢不終也。賓皮弁，襲，迎于外門外，不拜；帥大夫以入。註：古文"帥"爲"率"。○註曰：迎之不拜，示將去，不純爲主也。帥，道也。○疏曰：上歸饔餼時，賓拜迎。大夫升自西階，鉤楹。註：鉤楹，由楹内，將南面致命。致命不東面，以賓在下也。必言"鉤楹"者，賓在下，嫌楹外也。○疏曰：上歸饔餼時，大夫東面致命；行聘時，賓亦東面致命。初行聘時，在堂上楹内；故今嫌在楹外也。賓自碑内聽命，升自西階，自左南面受圭；退，負右房而立。註曰：聽命於下，敬也。自左南面，右大夫且並受也。必"並受"者，若鄉君前耳。退，爲大夫降逡遁。○疏曰：賓受禮時，公用束帛，賓西階上聽命；歸饔餼時，賓阼階上聽命；此時於下聽命，故云"敬也"。本國君前受圭璋時，北面並受；今還南面並受，面位不同，並受不異，故云"若鄉君前"。退，爲大夫降逡遁者，以大夫降，爲之逡遁而退，因即負右房南面而立。大夫士直有東房西室，天子諸侯左右房；今或不在大夫廟，而舍於正客館，故有"右房"也。○朱先生曰：或舍於大夫廟中，則當退於堂之西北，負室牖而立。○鄉，音向。大夫降中庭；賓降自碑内，東面，授上介于阼階東。註曰：大夫降出，言"中庭"者，爲賓降節也。授於阼階東者，欲親見賈人藏之也。賓還阼階下，西面立。○上介出請。賓迎，大夫還璋，如初入。註曰：出請，請事於外以入告也。賓雖將去，出入猶東，唯升堂由西階。凡介之位，未有改也。○疏曰：明介猶在東方，故上文"授上介于阼階東"也。

賓裼，迎。大夫賄用束紡，賄，虎腿反。紡，敷罔反。○註曰：賄，予人財之言也。紡，紡絲爲之，今之縛也；所以遺聘君，相厚之至也。○疏曰：此未知何用之財，不應在禮玉之上。下有禮玉束帛、報聘君之享物，欲厚禮於彼，故特加此紡，是以鄭云"厚之至也"。《周禮・内司服》註：素紗，今之"白縛"。○縛，音篆，又音絹。禮玉、束帛、乘皮，皆如還玉禮。註曰：禮，禮聘君也，所以報享也。亦言玉璧可知也。○疏曰：上文聘賓行享之時，束帛加璧、束錦加琮；今報享，亦有璧琮致之。大夫出；賓送，不拜。

公館賓，註曰：爲賓將去，親存送之，厚殷勤，且謝聘君之意也。公朝服。賓辟，辟，音避。○註曰：不敢受主國君見己於此館也。此亦不見。言"辟"者，君在廟門，敬也。凡君有事於諸臣之家，車造廟門乃下。○疏曰：如卿大夫勞賓禮，故云"亦"。《公食記》云"賓之乘車在大門外"，又《曲禮》云"客車不入大門"；以此言之，君車入大門矣。大夫士有兩門。入門東行，則是廟門矣。既至廟門，須與賓行禮，故云"造廟門乃下"也。上介聽命。註曰：聽命於廟門中，西面，如相拜然也。擯者每贊君辭，則曰"敢不承命告于寡君之老"。聘享，夫人之聘享，問大夫，送賓，公皆再拜。註曰：拜此四事。公東面拜，擯者北面。公退，賓從，請命于朝。註曰："賓從"者，實爲拜主君之館己也。言"請命"者，以己不見，不敢斥尊者之意。公辭，賓退。註曰：辭其拜也。退還館裝駕，爲旦將發也。《周禮》曰：賓從拜辱于朝，明日客拜禮賜，遂行。

賓三拜乘禽於朝，訝聽之。註曰：發去乃拜乘禽，明已受賜，大小無不識。遂行，舍于郊。註曰：始發，且宿近郊。

公使卿贈，如覿幣。註曰：贈，送也。受于舍門外，如受勞禮，無儐。勞，力到反。○註曰：不入無儐，明去而宜有已也。如受勞禮，以贈勞同節。○疏曰：歸饔餼，則入設而有儐矣。使下大夫贈上介，亦如之。使士贈眾介，如其覿幣。大夫親贈，如其面幣，無儐。贈上介亦如之。使人贈眾介，如其面幣。○士送至于竟。竟，音境。

使者歸，及郊，請反命。註曰：郊，近郊也。告郊人使請反命於君也。必請之者，以己久在外，嫌有罪惡，不可以入。春秋時，鄭伯惡其大夫高克，使之將兵，逐而不納，此蓋請而不得入。朝服，載旜，註曰：行時稅舍于此郊，今還至此，正其故行服以俟君命，敬也。禳，乃入。禳，如羊反。○註曰：禳，祭名也。爲行道累歷不祥，禳之以除災凶。乃入陳幣于朝，西上；上賓之公幣、私幣皆陳；上介公幣陳；他介皆否。註曰："皆否"者，公幣、私幣皆不陳。此幣，使者及介所得於彼國君、卿、大夫之贈賜也。其或陳或不陳，詳尊而略卑也。其陳之及卿、大夫處者待之，如夕幣。其禮於君者不陳。上賓使者公幣，君之賜也；私幣，卿大夫之幣也。他介，士介也。言他，容衆從者。○疏曰：賓之公幣有八：郊勞幣，一也；禮賓幣，二也；致饔餼，三也；夫人歸禮幣，四也；侑食幣，五也；再饗幣，六也；夕幣，七也；贈賄幣，八也。皆用束錦，故曰公幣。賓之私幣，略十有九。主國三卿、五大夫，皆一食，有侑幣，饗有酬幣，皆用束錦，則是十有六；又有三卿郊贈，則十有九。其上介公幣，則有五：致饔餼，一也；夫人致禮幣，二也；侑食幣，三也；饗酬幣，四也；郊贈幣，五也。降於賓者，以其上介無郊勞幣，入無禮賓幣，又闕一饗幣，故賓八、上介五也。上介私幣有十一，主國三卿五大夫，或饗或食，不備，要有其一，則其幣八也；又三卿皆有郊贈，如其面幣，通前則十一也。若然，聘君以幣問卿，而其卿不見報聘君之幣者，以其尊卑不敵；若報之，嫌其敵體故也。○坡謂，疏於卿致館，云"有束帛致之"，則此夕幣，似指致館之幣。何以名夕也？對下厥明，知致館或在夕也。束帛各加其庭實，皮左。註曰：不加於其皮上，榮其多也。公南鄉，卿進使者。使者執圭垂繅；北面；上介執璋屈繅，立于其左。鄉，許亮反。○註曰：此主於反命，士介亦隨入，並立東上。反命曰："以君命聘于某君，某君受幣于某宮，某君再拜；以享某君，某君再拜。"宰自公左受玉。註曰：亦於使者之東同面並受也。不右，使者由便也。受上介璋，致命亦如之。執賄幣以告曰："某君使某子賄。"授宰。註曰：某子，若言高子、國子。凡使者所當以告君者，上介取以授之，賄幣在外也。禮玉亦如之。註曰：亦執束帛加璧也。告曰："某君使某子禮。"宰受之，士隨自後。左士介受乘皮如初。上介出取玉束帛，士介後取皮也。○疏曰："士隨自後"，謂自士介後。其在東上者，不須云"自後"；其餘三人，皆後乃得左之。必"左士介"者，取向東藏之便故也。享時賓奉束帛加璧，是上介取以授賓，明士介從取皮可知。執禮幣以盡言賜禮。盡，津忍反。○註曰：禮幣，主國君初禮賓之幣也。以盡言賜禮，謂自此至於贈。公曰："然。而不善乎！"註曰：善其能使於四方。授上介幣，再拜稽首。註曰：拜公言也。公答再拜。私幣不告。君勞之，註曰：勞之以道路勤苦。再拜稽首。君答再拜。若有獻，則曰："某君之賜也。君其以賜乎？"上介徒以公賜告，註曰：徒，謂空手，不執其幣。如上賓之禮。君勞之，再拜稽首，君答拜。勞士介亦如之。註曰：士介四人，旅答壹拜，又賤也。○疏曰：君勞上介；上介再拜稽首，君答拜，不言再拜，則君答上介一拜矣。勞士亦如之，不言皆則總答一拜矣。答賓再拜，答上介一拜，介已賤矣。士介四人共答一拜，故云又賤也。《曲禮》云："君於士，不答拜。"此以其新行反命而勞苦之，故異於常也。君使宰賜使者幣，使者再拜稽首。註曰：以所陳幣賜之也。《禮》：臣子人賜之，而必獻之君父，不敢自私服也；君父因以予之，則拜受之，如更受賜也。既拜，宰以上幣授之。賜介，介皆再拜稽首。註曰：士介之幣，皆載以造朝，不陳之耳。與上介同受賜命，俱拜；既拜，宰亦以上幣授上介。乃退。介皆送至于使者之門，註曰：將行，俟于門；反，又送于門。與尊長出入之禮也。乃退揖。註曰：揖，別也。使者拜其辱。註曰：隨謝之也。再拜上介，三拜士介。

釋幣于門。註曰：門，大門也。主于闑，布席于闑西闑外，東面；設洗于門外東方。其餘如初于禰時，出于行，入于門，不兩告，告所先見也。乃至于禰，筵几于室，薦脯醢。註曰：告反也。薦，進也。觴酒陳。註曰：主人酌進奠，一獻也。言"陳"者，將復有次也。先薦後酌，祭禮也。行，釋幣；反，釋奠。略出謹入。○疏曰：不言"奠"而言"陳"，以其下仍有室老及士獻，以備三獻，故言陳。陳有次第之言也。席于阼，註曰：爲酢主人也。酢主人者，祝取爵酌，不酢於室，異於祭。○疏曰：《特牲》、《少牢》，皆於室內戶東，西面受酢；此乃於外行來告反，故在阼，不在室。祭時有尸，尸飲卒爵，以尸爵酢主人；此告祭無尸，故別取爵酢主人，亦異也。薦脯醢，註曰：成酢禮也。○疏曰：《特牲》、《少牢》，主人受酢時，皆席于戶內，有薦俎；此雖無俎，亦薦脯醢于主人之前，以成酢禮也。三獻。註曰：室老亞獻、士三獻也。每獻奠輒取爵酌，主人自酢也。○疏曰：正祭有尸，三獻皆獻尸訖，尸酢主人、主婦、賓長；今此無尸，皆自酢，獨云"主人"者，主人爲首正，故舉前以包後。一人舉爵，註曰：三獻禮成，更起酒也；主人奠之，未舉也。獻從者，從，才用反。○註曰：家臣從行者也。主人獻之，勞之也。皆升，飲酒於西階上。行酬乃出。註曰：主人舉奠酬從者，下辯，室老亦與焉。○辯，音遍。與，音預。上介至，亦如之。

聘遭喪，入竟則遂也；竟，音境。下並同。○註曰：遭喪，主國君薨也。入竟則遂，國君以國爲體，士既請事，已入竟矣，關人未告則反。不郊勞，註曰：子未君也。不筵几，註曰：致命不於廟，就尸柩於殯宮，又不神之。不禮賓。註曰：喪降事也。主人畢歸禮，註曰：賓所飲食，不可廢也。《禮》謂"饗餼饗食"。○饗食，音嗣。賓唯饗餼之受。註曰：受正，不受加也。不賄，不禮玉，不贈。註曰：喪殺禮，爲之不備。○殺，色界反。○遭夫人、世子之喪，君不受，使大夫受于廟。其他如遭君喪。註曰：夫人、世子死，君爲喪主；使大夫受聘禮，不以凶接吉也。其他，謂禮所降。遭喪，將命于大夫，主人長衣練冠以受。註曰：遭喪，謂主國君薨，夫人、世子死也。此三者，皆大夫攝主人。長衣，素純布衣也。去衰易冠，不以純凶接純吉也。吉時，在裏爲中衣。中衣長衣，繼皆掩尺，表之曰"深衣"，純袂寸半耳。君喪，不言使大夫受，子未君，無使臣義也。○素純、純，並章允反。餘如字。

聘，君若薨于後，入竟則遂。註曰：既接於主國君也。赴者未至，則哭于巷，衰于館。衰，七回反。註：今文"赴"作"訃"。○註曰：未至，謂赴告主國君者也。哭于巷者，哭于巷門，未可爲位也。衰于館，未可以凶服出見人，其聘享之事，自若吉也。受禮，註曰：受饗餼也。不受饗食，註曰：亦不受加。赴者至，則衰而出，註曰：禮爲鄰國闕，於是可以凶服將事也。○疏曰：凶服將事者，謂主人所歸禮，則賓可以凶服受之；其正行聘享，則著吉服矣。故《雜記》云"執玉不麻"是也。唯稍受之。稍，所教反。○註曰：稍，稟食也。○疏曰：從者多，不可闕，以其稍稍給之，故謂米稟爲稍。歸，執圭復命于殯，升自西階，不升堂。註曰：復命于殯者，臣子之於君父，存亡同。子即位，不哭。註曰：將有告請之事，宜清淨也。不言世子者，君薨也。諸臣待之，亦皆如朝夕哭位。辯復命，如聘。辯，音遍。○註曰：自陳幣至于上介以公賜告，無勞。子臣皆哭。註曰：使者既復命，子與羣臣皆哭。與介入，北鄉哭。註曰：北鄉哭，新至，別於朝夕。出，袒括髮。註曰：悲哀變於外，臣也。○疏曰：案《奔喪》云："至於家，入門左，升自西階"，東面哭③，括髮袒於殯東；是於內者，子故也。此使者出門，袒括髮變於外者，臣故也。入門右，即位踊。註曰：從臣位。自哭至踊，如《奔喪》禮。○疏曰：案《奔喪》云，袒括髮於西階東，即位踊，襲絰於序東。此門外袒括髮，入門右，即位踊，亦當襲絰於序東；故鄭云"自哭至踊，如《奔喪》禮也"。

若有私喪，則哭于館，衰而居，不饗食。註曰：私喪，謂其父母也。哭于館，衰而居，不敢以私喪自聞于主國，凶服于君之吉使。《春秋傳》曰：大夫以君命出，聞喪，徐行而不反。○疏曰：服衰居館，行聘享則吉服。歸，使衆介先，衰而從之。註曰：已有齊斬之服，不忍顯然趨於往來。其在道路，使介居前。歸，又請反命，己猶徐行隨之，君納之乃朝服。既反命，出公門，釋服哭而歸。其他如奔喪之禮。吉時道路深衣。○疏曰：朝服反命，出門去朝服，還服吉時深衣。三日，成服乃去之。

賓入竟而死，遂也。主人爲之具而殯。註曰：具，謂始死至殯所當用。介攝其命。註曰：爲致聘享之禮也。初時，上介接聞命。君弔，介爲主人。註曰：雖有臣子親姻，猶不爲主人；以介與賓並命於君，尊也。○疏曰：古者賓聘，家臣適子皆從行，是以延陵季子聘於齊，其子死，葬於嬴博之間。主人歸禮幣，必以用。註曰：當中奠贈、諸喪具之用，不必如賓禮。○疏曰："當中奠贈"者，解經中小斂、大斂之用。"諸喪具之用"者，具謂襲與小斂、大斂，解經幣。云"不必如賓禮"者，不必如致殯饗之禮，束紡皮帛之類，不堪喪者之用故也。○中，去聲。介受賓禮，無辭也。註曰：介受主國賓己之禮，無所辭也；

以其當陳之以反命也。有賓喪,嫌其辭之。不饗食。歸,介復命,柩止于門外。註曰:門外,大門外也。必以柩造朝,達其忠心。介卒復命,出,奉柩送之。君弔,卒殯。註曰:卒殯,成節乃去。○疏曰:卒復命,謂復命訖。殯,喪之大節。卒殯,而後君與介乃去。○若大夫介卒,亦如之。註曰:不言上介者,小聘,上介士也。士介死,爲之棺斂之。斂,吏驗反。下同。○註曰:不具他衣物也,自以時服也。君不弔焉。註曰:主國君使人弔,不親往。

若賓死,未將命,則既斂于棺,造于朝,介將命。註曰:未將命,謂俟閑之後也。以柩造朝,以已至朝,志在達君命。

若介死,歸復命,唯上介造于朝。若介死,雖士介,賓既復命,往,卒殯乃歸。註曰:往,謂送柩。

小聘曰"問"。不享,有獻,不及夫人;主人不筵几,不禮,面不升,不郊勞。註曰:記貶於聘,所以爲小也。獻,私獻也。面,猶覿也。○疏曰:"不享"者,謂不以束帛加璧,獻國所有。"不禮"者,聘訖,不以齊酒禮賓。"面不升"者,謂私覿庭中受之,不升堂。○齊,才細反。其禮如爲介,三介。註曰:如爲介,如爲大聘上介。○疏曰:"其禮如爲介",如上文卿聘之時,爲介者所得之禮也。"三介"者,行禮唯有三介。

記

久無事,則聘焉。註曰:事,謂盟會之屬。

若有故,則卒聘。束帛加書將命,百名以上書於策,不及百名書於方。註曰:故,謂灾患及時事相告請也。名,書文也;今謂之"字"。策,簡也。方,版也。○疏曰:簡,據一片;策,是衆簡相連。主人使人與客,讀諸門外。註曰:受其意,既聘享,賓出而讀之。讀之不於內者,人稠處嚴,不得審悉。主人,國君也。人,內史也。書必墼之。○稠,直由反。處,昌慮反。墼,音徒。○客將歸,使大夫以其束帛反命于館。註曰:爲書報也。○疏曰:爲此書,報上有故之事。**明日,君館之**。註曰:既報館之,書問尚疾。○疏曰:昨日爲書報之,今日始就館送客,故云"書問尚疾"。

既受行,出,遂見宰,問幾月之資。幾,居豈反。○註曰:資,行用也。君臣謀密,未知所之遠近。○朱先生曰:言與宰計度資費之多寡也。註言"未知所之",非是。**使者既受行日,朝同位**。疏曰:謂已受命後,夕幣之前,使者及介朝時皆同位,北面,東上。在朝處,臣東方,西面,北上也。

出祖釋軷,祭酒脯,乃飲酒于其側。軷,步末反。○註曰:祖,始也。既受聘享之禮,行出國門,止陳車騎,釋酒脯之奠於軷,爲行始也。《詩傳》曰:軷,道祭也。道路以險阻爲難,是以委土爲山,或伏牲其上,使者爲軷祭酒脯,祈告也。卿大夫處者,於是餞之,飲酒於其側;禮畢,乘車轢之而遂行,舍於近郊矣。其牲,犬、羊可也。○疏曰:凡道路之神有二:在國內釋幣於行者,謂平適道路之神;出國門釋奠於軷者,謂山行道路之神。云"或伏牲其上"者,《周禮·犬人》掌"供犬牲","伏、瘞亦如之"。《詩》云:"取羝以軷。"犬羊用其一,未必並用。人君有牲,大夫無牲,直用酒脯。○難,乃旦反。餞,在淺反。轢,力狄反。

所以朝天子,圭與繅皆九寸,剡上寸半,厚半寸,博三寸,繅三采六等,朱、白、蒼。朝,音潮。繅,音早。剡,以冉反。○註曰:圭,所執以爲瑞節也。剡上,象天圓地方也。雜采曰"繅",以韋衣木板,飾以三色,再就所以薦玉,重慎也。九寸,上公之圭也。○疏曰:《周禮·大宗伯》云,"以玉作六瑞",而云"王執鎮圭"云云,是以其圭爲瑞。又案,《周禮·掌節》有"玉節"之節,即是節與瑞別矣。今此云"瑞節",但連言節者,案節不得言瑞,瑞亦皆信,故連言節也。《雜記》云圭"剡上左右各寸半",尊卑同之,唯長短依命數不同。凡言"繅"者,皆象水草之文。天子五采,公侯伯三采,子男二采。木板大小如玉。○朱先生曰:按《雜記疏》引此,謂云"三采六等,朱、白、蒼,朱、白、蒼",重云"朱、白、蒼",是一采爲二等,相間而爲六等也。今按,上記只有"朱白蒼"三字,而此所引乃重有之,不知何時傳寫之誤失此三字。又云"諸侯三采則六等,頫聘二采則四等，天子五采則十等”。其説詳明，并著于此。**問諸侯，朱緑繅，八寸**。註曰：二等再就，降於天子也。**皆玄纁繫，長尺，絢組**。長，直亮反。絢，呼縣反。組，音祖。○註曰：采成文曰“絢”。繫，無事則以繫玉；因以爲飾，皆用五采組，上以玄，下以絳爲地。

問大夫之幣，俟于郊，爲肆，又齋皮馬。齋，子分反。○註曰：肆，猶陳列也。齋，猶付也。使者既受命，宰夫載問大夫之禮，待于郊，陳之爲行列，至則以付之也。使者初行，舍于近郊，幣云肆，馬云齋，因其宜，亦互文也。不於朝付之者，辟君禮也。必陳列之者，不夕也。

辭無常，孫而説。孫，音遜。説，音悦。○註曰：孫，順也。大夫使，受命不受辭，辭必順且説。**辭多則史，少則不達**。註曰：史，謂策祝。辭苟足以達，義之至也。○**辭曰：“非禮也！敢？”對曰：“非禮也！敢？”**註曰：辭，辭不受也。對，答問也。二者皆卒曰“敢”，言“不敢”也。○疏曰：辭，謂賓辭主人；答，謂賓答主人；介則在旁曰非禮也！敢？○朱先生曰：今本下句末有“辭”字，註無復出“辭”字。張淳識誤曰，以註疏考之，當減經以還註。今從之。

卿館於大夫，大夫館於士，士館於工商。註曰：館者必於廟，不館於敵者之廟，爲大尊也。自官師以上，有廟有寢，工商則寢而已。○疏曰：《曾子問》云公館與公所爲曰公館，鄭註云公館若今縣官宫也。彼是正客館，若朝聘使少，則皆於正客館；若使多，則有在大夫廟。○朱先生曰：案，疏引《曾子問》之文如此，而下經還玉，“賓負右房而立”，是不必於廟也明矣。當從疏説。**管人爲客，三日具沐，五日具浴**。註曰：管人，掌客館者也。客，謂使者，下及士介也。○**飧不致**，註曰：不以束帛致命。草次饋飧具輕。**賓不拜**，註曰：以不致命。**沐浴而食之**。食，如字。○註曰：自潔清，尊主國君賜也。記此重者，沐浴可知。陸佃曰：飧不致者，設之而已。

卿，大夫訝；大夫，士訝；士，皆有訝。訝，五嫁反。下同。○註曰：卿，使者；大夫，上介也。士，衆介也。訝，主國迎待賓者。○疏曰：大聘使卿，主人使大夫訝；小聘使大夫，主人使士訝。謂初行聘及享食燕，皆迎之。賓即館，訝將公命，註曰：使已迎待之命。○疏曰：掌訝職云："賓入館，次于舍門外，待事于客"，註云：次，如今官府門外更衣處；待事于客，通其所求索，將公命，有事通傳于君。又見之以其摯。註曰：又，復也。復以私禮見者，訝將舍於賓館之外，宜相親也。大夫訝者執雁，士訝者執雉。賓既將公事，復見訝以其摯。復，扶又反。○註曰：既，已也。公事，聘享問大夫復報也。使者及上介執雁，衆介執雉，各以見其訝。○疏曰：訝者鄉以摯私見己，今還私以贄報見之。知使者及上介同執雁，不執羔者，見上文王國卿大夫勞賓同用雁，故知。各以見其訝者，謂使者見大夫之訝者，上介見士之訝者，士介亦見士訝者。○鄉，音向。勞，力到反。

凡四器者，唯其所寶，以聘可也。註曰：言國獨以此爲寶也。四器，謂圭、璋、璧、琮。

宗人授次，次以帷，少退于君之次。註曰：主國之門外，諸侯及卿大夫之所使者，次位皆有常處。○疏曰：上公九十步，侯伯七十步，子男五十步。使其臣聘，使大聘小聘，又各降二等；其次皆依其步數，就西方而置之。未行禮之時，止於其中；將行禮，乃出。○朱先生曰：案《周禮·幕人》掌相會共帷幕，掌次掌"張幕"。此宗人字恐誤。○共，音供。

上介執圭，如重授賓。疏曰：此在主君廟門外，上介屈繅授賓之容。賓入門，皇；升堂，讓；將授，志趨；註曰：皇，自莊盛也。讓，謂舉手平衡也。志，猶"念"也。念趨，謂審行步也。孔子之執圭，鞠躬如也，如不勝，上如揖，下如授，勃如戰色，足縮縮如有循。授如爭承，下如送，君還而後退；還，音旋。○疏曰：授玉之時，如與人爭接取物，恐失隊也。聘享每訖，君實不送；而賓之敬，如君送然。退，謂出廟門，要行後事，非出大門也。下階，發氣怡焉，再三舉足又趨，註曰：發氣，舍息也。再三舉足，自安定乃復趨也。至此，云舉足則志趨卷豚而行也。孔子升堂，鞠躬如也，屛氣似不息者；出，降一等，逞顔色怡怡如也；没階趨進，翼如也。○疏曰：云至此"舉足則志趨卷豚而行也"者，是釋志趨，爲徐趨；此舉足爲疾趨也。○朱先生曰：趨進，進字衍。卷，轉也。豚之言，若有循義。見《曲禮》。及門正焉。註曰：容色復故。此皆心變見於威儀。○執圭，入門鞠躬焉，如恐失之。註曰：記異説也。

及享，發氣焉盈容。註曰：發氣，舍氣也。孔子之於享禮，有容色。衆介北面踖焉。踖，七將反。○註曰：容貌舒揚。○疏曰：此謂賓行聘，衆介從入門左，北面。《曲禮》云："大夫齊齊，士蹌蹌。"○齊，《禮記》作"濟"。私覿，愉愉焉。註曰：容貌和敬。○疏曰：享時盈容，舒於聘時之戰色；私覿，又舒於盈容。出，如舒雁。註曰：威儀自然而有行列。舒雁，鵝也。○疏曰：出廟門之外，又舒於愉愉也。

皇且行，入門主敬，升堂主慎。註曰：復記執玉異説。

凡庭實，隨入，左先，皮馬相間可也。間，記莧反。○註曰：隨入不並行也。間，猶"代"也。土物有宜，君子不以所無爲禮。畜獸同類，可以相代。○疏曰：云"左先"者，以皮馬以四爲禮，北面以西頭爲上，故左先入陳也。賓之幣，唯馬出，其餘皆東。註曰：馬出，當從厩也。餘物皆東藏之内府。○疏曰：若有皮之國用，皮則不出，亦從餘物東藏也。多貨，則傷于德；註曰：貨，天地所化生，謂玉也。君子於玉比德焉，朝聘之禮以爲瑞節，重禮也。多之則是主於貨，傷敗其爲德。幣美，則没禮。註曰：幣，人所造成以自覆幣，謂束帛也。愛之斯欲衣食之，君子之情也；是以享用幣，所以副忠信。美之，則是主於幣，而禮之本意不見也。

賄，在聘于賄。註曰：于，讀曰"爲"，言當視賓之聘禮而爲之財也。若苟豐之，是又傷財也。

凡執玉，無藉者襲。註曰：藉，謂繅也。繅所以緼藉玉。○疏曰：凡繅藉有二種。若以木爲中幹，施五采三采者，此繅常有，不得云"無藉"。今此云"無藉者襲"，據尺絢組繅藉而言。○陳祥道曰：玉有以繅爲之藉，有以束帛爲之藉;有藉則裼,無藉則襲,特施於束帛而已。聘,則賓襲執圭,公襲受玉;及享,則賓裼,奉束帛加璧。蓋聘,特用玉,而其禮嚴;享,藉以帛,而其禮殺。此襲裼所以不同。先儒以垂繅爲有藉,屈繅爲無藉,非也。○陸佃曰:無藉,君圭璋特是也。經言"繅",又別言"藉",則"藉"非"繅"著矣。藉若帛錦之類,所謂公降襲,受玉于中堂,此無藉之玉也;即束帛加璧,裼矣。○楊氏曰:案"繅"有二種,賈疏已詳。然言"繅"又言"藉"者,承玉、繫玉二種,皆承藉玉之義,故言"藉"也。但"藉"字又有一義,《曲禮》云,"執玉,其有藉者則裼,無藉者則襲"。所謂無藉,謂圭璋特達,不加束帛;當執圭璋之時,其人則襲也。所謂有藉者,謂璧琮加於束帛之上;當執璧琮之時,其人則裼也。《曲禮》所云,專指圭璋特而襲,璧琮加束帛而裼一條言之。先儒乃以執圭而垂繅爲有藉,執圭而屈繅爲無藉。此則不然,當以陳氏、陸氏之説爲是。竊詳經文,裼、襲是一事,垂繅、屈繅又別是一事,不容混合爲一説。蓋圭,聘禮之重也,主賓授玉于中堂與東楹之間,禮之正也。方其授於賈人,授於上介,皆擬行之禮及贊禮者之事,故辨垂屈以彰其文。主賓授玉于中堂與東楹之間,爲禮之正,故辨裼、襲以致其敬。及歸反命,又於君前以垂屈爲文,而不以裼、襲爲禮。豈非玉爲聘禮設,反命亦非禮之正乎?兩義不同,各有其宜。

禮不拜至。註曰:以賓不於是始至。○疏曰:前者請行禮,賓言俟閒;故今不是始至也。

醴尊于東箱,瓦大一,有豐。大,音泰。○註曰:瓦大,瓦尊。豐,承尊器,如豆而卑。薦脯五臟;祭半臟,橫之。臟,音職。○註曰:臟,脯如版然者;或謂之"脡",皆取直貌焉。祭醴再扱,始扱一祭,卒再祭。扱,初洽反。○註曰:卒,謂後扱。○主人之庭實,則主人遂以出,賓之士訝受之。註曰:此謂餘三馬也;左馬,賓執以出矣。士,士介從者。○疏曰:賓執左馬以出,三馬在後,主人從者牽之,遂從賓以出於門外,賓之士介迎受之。

既覿,賓若私獻,奉獻將命。註曰:時有珍異之物,或賓奉之,所以自序尊敬也,猶以君命致之。擯者入告;出,禮辭。註曰:辭其獻也。賓東面坐，奠獻，再拜稽首。註曰：送獻不入者，奉物禮輕。擯者東面坐，取獻；舉以入告；出，禮請受。註曰：“東面坐取獻”者，以宜並受也；其取之，由賓南而自後右客也。○疏曰：擯者從門東適南方，西行於賓北，東面坐取幣，入告于君；及出，一請於賓而受之。擯者與賓敵，故云“宜並受”也。賓固辭。公答再拜。註曰：拜受於賓也。“固”亦衍字。擯者立于闃外以相拜，賓辟。相，息亮反。辟，音避。○註曰：相，贊也。擯者授宰夫于中庭。註曰：東藏之，既乃介覿。若兄弟之國，則問夫人。註曰：兄弟，謂同姓，若婚姻甥舅有親者。問，猶“遺”也，謂“獻”也。不言獻者，變於君也；非兄弟獻不及夫人。

若君不見，見，賢遍反。○註曰：君有疾，若他故，不見使者。使大夫受。註曰：受聘享也。大夫，上卿也。自下聽命，自西階升受，負右房而立；賓降亦降。註曰：此儀如還圭然，而賓大夫易處耳。○疏曰：彼賓自大夫左受之，此大夫於賓左受之，此爲易處耳。不禮。註曰：辟正主也。

幣之所及皆勞，不釋服。勞，力報反。○註曰：以與賓接於君所，賓又請有事于己，不可以不速也。所不及者，下大夫未嘗使者也。不勞者，以先是賓請有事於己同類。既聞彼爲禮所及則己往有嫌也，所以知及不及者。賓請有事，固曰：“某子，某子。”

賜饔，唯羹飪。筮一尸，若昭若穆。註曰：羹飪，謂飪一牢也。肉謂之羹，唯是祭其先，大禮之盛者也。筮尸，若昭若穆，容父在。父在，則祭祖；父卒，則祭禰。腥餼不祭，則士介不祭也。○疏曰：古者，天子、諸侯行載廟木主；大夫雖無木主，亦以幣帛主其神。是以受主國饔餼，故筮尸祭，然後食之。僕爲祝。祝曰：“孝孫某，孝子某，薦嘉禮于皇祖某甫、皇考某子。”祝、祝，上之六反，下之又反。○註曰：僕爲祝者，大夫之臣攝官也。○疏曰：大夫使僕攝祝，則本無祝官。如饋食之禮。註曰：如《少牢饋食》之禮，不言“少牢”，今以大牢也。○疏曰：《少牢》禮有尊、俎、籩、豆、鼎、敦之數，陳設之儀，陰厭陽厭之禮，九飯三獻之法；上大夫又有正祭於室，儐尸於堂。此等皆宜有之。至於致爵、加爵及獻兄弟、弟子等，固當略之矣。○敦，音對。**假器於大夫**，註曰：不敢以君之器爲祭器。**盼肉及廋、車**。盼，音班。廋，所求反。○註曰：盼，猶"賦"也。廋，廋人也。車，巾車也。二人掌視車馬之官也。賦及之，明辯也。○疏曰：此謂祭訖，歸胙所及廋人、巾車。見《周禮》。

聘日，致饔；明日，問大夫；註曰：不以殘日問人，崇敬也。**夕，夫人歸禮。**註：今文"歸"作"饋"。○註曰：與君異日，下之也。

既致饔，旬而稍。宰夫始歸乘禽，日如其饔餼之數。註曰：稍，廩食也。乘，謂乘行之禽，雁鶩之屬，以雙爲數。○疏曰：賓客之道，十日爲正。行聘禮，既訖合歸；一旬之後，或逢凶變，或主人留之，不得時反，即有稍禮。**士中日則二雙。**註：中，猶間也。**凡獻，執一雙，委其餘于面。**註曰：執一雙，以將命也。面，前也。其受之也，上介受以入告之，士舉其餘從之，賓不辭，拜受于庭。上介執之，以相拜于門中，乃入授人。上介受亦如之。士介拜受于門外。**禽羞、俶獻比。**比，筆倚反。○註曰：比，放也。其致之禮如乘禽也。禽羞，謂成熟有齊和者。俶獻，四時珍美新物也。俶，始也；言其始可獻也。《聘義》謂之時賜。○放、倣同。齊，音劑，在詣切。

歸大禮之日，既受饔餼，請觀。註曰：聘於是國，欲見宗廟之好，百官之富，若尤尊大之焉。**訝帥之，自下門入。**註曰：帥，猶"道"也。自下門外入，遊觀非正也。**各以其爵，朝服。**註曰：此句宜在"凡致禮"下。

士無饔。無饔者無儐。註曰：謂歸餼也。○**大夫不敢辭，君初爲之辭矣。**註曰：此句宜在"明日，問大夫"之下。○疏曰：賓聘享訖，出大門，請有事於大夫；君禮辭許，是"君初爲之辭"，故卿不辭也。

凡致禮，皆用其饗之加籩豆。註曰：其，其賓與上介也。加籩豆，謂其實也；亦實於甕筐。饗禮今亡。○**無饗者無饗禮。**註曰：士介無享禮。

凡餼，大夫黍、粱、稷，筐五斛。○註曰：謂大夫餼賓上介也。器寡而大略。○疏曰：君歸饔餼于賓與大夫介，筥米小而多者，是尊者所致，以多器爲榮；今大夫致禮於賓介，器寡而大，是略之於卑也。

既將公事，賓請歸。註曰：事畢請歸，不敢自專，謙也。

凡賓拜于朝，訝聽之。註曰：拜，拜賜也。

燕，則上介爲賓，賓爲苟敬。註曰：饗食，君親爲主，尊賓也。燕，私樂之禮，崇恩殺敬也。賓不欲主君復舉禮事禮己，于是辭爲賓；君聽之從諸公之席，命爲苟敬。苟敬者，主人所以小敬也。更降迎其介以爲賓，亦大夫也。雖爲賓，猶卑於君；君則不與亢禮也。主人所以致敬者，自敵以上。〇疏曰：阼階西，近主爲位，諸公坐位，故云"小敬"；對戶牖南面，爲"大敬"。**宰夫獻。**註曰：爲主人代公獻。

無行，則重賄反幣。註曰：無行，謂獨來，復無所之也。必重其賄與反幣者，使者歸，以得禮多爲榮，所以盈聘君之意也。反幣，謂禮玉、束帛、乘皮，所以報聘君之享禮也。昔秦康公使西乞術聘于魯，辭孫而説，襄仲曰："不有君子，其能國乎？"厚賄之。此謂"重賄反幣"者也。

曰："子以君命在寡君，寡君拜君命之辱。"註曰：此贊君拜聘享辭也。在，存也。〇疏曰：此及下三經，即上經云"公館賓，賓辟；上介聽命聘享，夫人之聘享；問大夫；送賓，公皆再拜"，註云：拜此四事，彼見其拜，此見其贊辭也。**"君以社稷故，在寡小君，拜。"**註曰：此贊拜夫人聘享辭也。言"君以社稷故"者，夫人與君體敵，不敢當其惠也。其卒亦曰："寡君拜命之辱。"**又拜送。**註曰：拜送賓也。其辭蓋云，"子將有行，寡君敢拜送"。此宜承上君館之下。**"君貺寡君，延及二三老，拜。"**註曰：此贊拜問大夫之辭。貺，賜也。大夫曰"老"。

賓於館堂楹間，釋四皮束帛。賓不致，主人不拜。註曰：賓將遂去是館，留禮以禮主人，所以謝之。不致不拜，不以將別崇新敬也。

大夫來使，無罪，饗之；使，所吏反。〇註曰：樂與嘉賓爲禮。**過，則餼之。**註曰：餼之，生致其牢禮也。其致之辭，不云"君之有故"耳。《聘義》

曰,"使者聘而誤,主君不親饗食",所以愧厲之也。不言"罪"者,罪將執之。其介爲介。註曰:饗賓有介者,賓尊,行敵禮也。有大客後至,則先客不饗食,致之。註曰:卑不與尊齊禮。

　　唯大聘有几筵。註曰:謂受聘享時也。小聘輕,雖受于廟,不爲神位。

　　十斗曰"斛",十六斗曰"籔",十籔曰"秉"。註曰:秉,十六斛。今江淮之間,量名有爲籔者。今八籔爲"逾"。二百四十斗。註曰:謂一車之米,秉有五籔。四秉曰"筥"。註曰:此秉,謂刈禾盈手之秉也。筥,穧名也;若今萊陽之間,刈稻聚把,有名爲"筥"者。《詩》云"彼有遺秉",又云"此有不斂穧"。十筥曰"稯"。十稯曰"秅"。四百秉爲一"秅"。稯,音總,又祖叢切。秅,音茶,又音妒。○註曰:一車之禾三秅,爲千二百秉,三百筥,三十稯也。古文"稯"作"緵"。○緵,祖叢切。

【校記】

① 據《禮記》原文,此處引文"固辭"之後"於客"二字爲衍文。

② "命",據中華書局二〇一二年版彭林譯註之《儀禮》,疑爲衍文。

③ 據《禮記·奔喪》,有"西面坐"、"西向哭"、"西面哭",而未見"東面哭",疑有誤。

儀禮述註卷第十一

公食大夫禮第九

鄭目録曰：主國君以禮食小聘大夫之禮。〇疏曰：下文云"六豆六簋"，又"設庶羞十六豆"，此是下大夫小聘之禮。下乃別云"上大夫八豆八簋，庶羞二十豆"，是食上大夫之法。若然，《聘禮》據侯伯之大聘，此篇據小聘大夫者，周公設經，互見爲義。又，此篇魚、腸、胃、倫、膚，皆七，亦下大夫之禮。若上大夫，則若九、若十一。公食於"五禮"，屬"嘉禮"。

公食大夫之禮。食，音嗣。〇使大夫戒，各以其爵。註曰：戒，猶"告"也。告之必使同班敵者，易以相親敬。上介出請，入告。註曰：問所以爲來事。三辭。註曰：爲既先受賜，不敢當。賓出，拜辱。註曰：拜使者屈辱來迎己。大夫不答拜，將命。註曰：不答拜，爲人使也。將，猶"致"也。賓再拜稽首。註曰：受命。大夫還；註曰：復於君。賓不拜送，遂從之。註曰：不拜送者，爲從之；不終事。賓朝服，即位于大門外，如聘。朝，音潮。下同。〇註曰：於是朝服，則初時玄端。如聘，亦入于次俟。〇疏曰：在館拜戒，即玄端；今入次，乃著朝服。

即位。具。註曰：主人也。擯者俟君於大門外，卿、大夫、士序。及宰夫具其饌物，皆於廟門之外。羹定。定，多佞反。〇註曰：肉謂之羹。定，猶"熟"也。著之者，下以爲節。甸人陳鼎七，當門，南面，西上；設扃鼏，鼏若束若編。鼏，迷翼反。編，必綿反。〇註曰：七鼎，一大牢也。甸人，冢宰之屬，兼亨人者。南面西上，以其爲賓，統於外也。扃，鼎扛，所以舉之者也。凡鼎鼏，蓋以茅爲之，長則束本，短則編其中央。〇疏曰：此亦一大牢而七鼎者，食禮輕，無鮮魚、鮮腊。設洗如饗。註曰：必"如饗"者，先饗後食，如其近者也。

饗禮亡。燕禮，則設洗於阼階東南。小臣具盤匜，在東堂下。匜，音移。○註曰：爲公盥也；公尊，不就洗。小臣於小賓客饗食，掌正君服位。宰夫設筵、加席、几。註曰：設筵於户西南面而左几。公不賓至授几者，親設淯醬，可以略此。無尊。註曰：主於食，不獻酬。飲酒、漿飲，俟于東房。註曰：飲酒，清酒也。漿飲，醆漿也。其俟奠於豐上也。飲酒，先言飲，明非獻酬之酒也；漿飲，先言漿，別於六飲也。○疏曰：醆之言載，以其汁滓相載，故云"醆"。飲酒，先言飲，此擬酳口，異於獻酬酒。六飲爲渴而飲，此漿爲酳口，故異之。○醆，音代。凡宰夫之具，饌于東房。註曰：凡，非一也。飲酒之具，宰夫所掌也。酒漿不在凡中者，雖無尊，猶嫌在堂。

公如賓服，迎賓于大門內。註曰：不出大門，降於國君。大夫納賓。註曰：大夫，謂上擯也。納賓以公命。賓入門左，公再拜；賓辭，再拜稽首。辟，音避。○註曰：左，西方賓位也。辟，逡遁，不敢當君拜也。公揖入，賓從。註曰：揖入，道之。及廟門，公揖入。註曰：廟，禰廟也。賓入，三揖。註曰：每曲揖，及當碑揖，相人偶。至于階，三讓。註曰：讓先升。公升二等，賓升。註曰：遠下人君。○疏曰：亦取"君行一、臣行二"之義也。大夫立于東夾南，西面，北上。註曰：東夾南，東西節也。取節於夾，明東於堂。○疏曰：此主國卿、大夫立位。序西爲正堂，序東有夾室。立于夾室之南，是東於堂也。士立于門東，北面，西上。註曰：統於門者，非其正位，辟賓在此。○疏曰：《燕禮》、《大射》，士在西方，東面，北上，不統於門。今統於門者，以賓在門西，辟賓在此，非正位故也。小臣，東堂下，南面，西上。宰，東夾北，西面，南上。註曰：宰，宰夫之屬也。內官之士，在宰東北，西面，南上。註曰：夫人之官，內宰之屬。自卿、大夫至此，不先即位，從君而入者，明助君饗食賓，自無事。介，門西，北面，西上。註曰：西上，自統於賓也。然則承擯以下，立于士西少進，東上。○疏曰：不言上擯者，上擯有事，其位不定，故不言。

公當楣北鄉,至再拜;賓降也,公再拜。註曰:楣,謂之梁。"至再拜"者,興禮俟賓,嘉其來也。公再拜,賓降矣。○疏曰:"至再拜"者,公方一拜,賓即降;公再拜者,賓降後又一拜。本當再拜,故皆以再拜言之。賓西階東,北面答拜;註曰:西階東,少就主君,敬也。擯者辭。註曰:辭拜於下。拜也,公降一等。辭曰:"寡君從子,雖將拜,興也。"註曰:賓降再拜,公降,擯者釋辭矣。賓猶降,終其再拜稽首。興,起也。賓栗階升,不拜。註曰:自以已拜也。栗,實栗也;不拾級連步,趨主國君之命。不拾級而下曰"走"。○走,敕略反。命之成拜;階上北面再拜稽首。註曰:賓降拜,主君辭之;賓雖終拜,於主君之意,猶爲不成。○疏曰:賓終拜於下,盡臣之禮爲成拜;而主君之意,猶以爲不成,故命之升成拜。賓遂主君之意,故升更拜也。

士舉鼎,去鼏於外,次入。陳鼎于碑南,南面,西上。右人抽扃,坐奠于鼎西,南順;出自鼎西,左人待載。註曰:入由東,出由西,明爲賓也。○疏曰:次入,謂序入也。雍人以俎入,陳于鼎南。旅人南面加匕于鼎,退。匕,音比。○註曰:旅人,雍人之屬,旅食者也。雍人言入,旅人言退,交互相備也。出入之由,亦如舉鼎者。匕、俎,每器一人,諸侯官多也。大夫長盥,洗東南,西面,北上。序進盥,退者與進者交于前。卒盥,序進,南面匕。長,知丈反。○註曰:長,以長幼也。序,猶"更"也。前,洗南。載者西面。註曰:載者,左人;亦序自鼎東,西面於其前。大夫匕,則載之。○疏曰:待載時在鼎東,南面;今大夫鼎北面南匕之,左人當載,故序自鼎東,西面。俎當鼎南,則載者在鼎南稍東。魚、腊飪。註曰:飪,熟也。食禮宜熟,饗有腥者。載體進奏。奏,干豆反。○註曰:體,謂牲與腊也。奏,謂皮膚之理也。進其理,本在前。下大夫體七个。○疏曰:"進其理,本在前"者,此謂生人食法,故進本。本,謂近上者。若祭祀,則進末。故《少牢》云"進下",鄭云"變於食生"是也。魚七,縮俎,寢右。註曰:右,首也。寢右,進鬐也。乾魚進腴,多骨鯁。○疏曰:縮,縱也。魚在俎爲縱,於人亦橫。賓在戶牖之間,南面;俎則東西陳之。魚在俎，首在右，腹腴向南。膺，脊也。進脊在北，向賓，是取脊少骨鯁者以優賓也。若祭祀，則進腴，以鬼神尚氣。腴者，氣之所聚，故《少牢》進腴是也。○膺，音耆。腸、胃七，同俎。註曰：以其同類也，不異其牛羊腴賤也。此俎實凡二十八。○疏曰：牛、羊同是畜類，又其腹腴賤，故略之同俎也。牛、羊各有腸、胃，腸、胃各七，四七二十八也。但此腸、胃與牲，或同鼎同俎，或別鼎別俎。何者？據此下文七鼎，腸胃與牲，別鼎別俎，是其正法，取其鼎俎奇也。《少牢》五俎，腸胃與牲同鼎者，以其有鮮獸；若腸胃別鼎則六，不得奇，故并腸胃與牲同鼎。有司徹，亦然。倫膚七，註曰：倫，理也；謂精理滑脆者。○疏曰：倫膚，謂豕之皮革爲之。○脆，音毳。腸、胃、膚皆橫諸俎，垂之。註曰：順其在牲之性也。腸、胃垂及俎拒。大夫既匕，匕奠于鼎，逆退復位。註曰：事畢，宜由便也。士匕載者，又待設俎。

公降盥。註曰：將設醬。賓降，公辭。註曰：辭其從己。卒盥，公壹揖壹讓。公升，賓升。註曰：揖讓皆壹，殺於初。宰夫自東房授醯醬，註曰：授，授公也。醯醬，以醯和醬。公設之。註曰：以其爲饌本。賓辭，北面坐，遷而東遷所。註曰：東遷所，奠之東，側其故處。○疏曰：君設當席中，故東遷之，辟君設處。側，近也。近其故處。公立于序內，西鄉。註曰：不立阼階上，示親饌。賓立于階西，疑立。疑，魚乙反。○註曰：不立階上，以主君離阼也。疑，正立也，自定之貌。宰夫自東房薦豆六，設于醬東，西上；韭菹以東醓醢、昌本，昌本南麋臡，以西菁菹、鹿臡。醓，他感反。臡，奴兮反。菹，側魚反。○註曰：醓醢，醢有醓。昌本，昌蒲本菹也。醢有骨謂之"臡"。菁，蔓菁菹也。士設俎于豆南，西上：牛、羊、豕；魚在牛南，腊、腸、胃亞之；註曰：亞，次也。不言絣錯，俎尊。○絣，音爭。膚以爲特。註曰：直豕與腸胃東也。特膚者，出下牲，賤。旅人取匕，甸人舉鼎，順出，奠于其所。註曰：以其空也。其所，謂當門。○疏曰：前旅人以匕入，加於鼎，退出；今還使之取匕。前士舉鼎入，今不使士舉鼎出者，以其士載訖，遂設俎於賓前，事未畢，故甸

儀禮述註卷第十一　公食大夫禮第九

人舉鼎而出也。宰夫設黍、稷六簋于俎西，二以並，東北上。黍當牛俎，其西稷，錯以終，南陳。錯，七各反。○註曰：並，併也。

　　大羹湆不和，實于鐙。宰右執鐙，左執蓋，由門入；升自阼階，盡階不升堂，授公；以蓋降出，入反位。大，音泰。註"大古"、"大宰"並同。湆，音泣。和，胡臥反。鐙，音登。○註曰：大羹湆，煮肉汁也。大古之羹，不和，無鹽菜。瓦豆謂之"鐙"。宰，謂大宰，宰夫之長也。有蓋者，饌自外入，爲風塵。○汁，音執。公設之于醬西，賓辭，坐遷之。註曰：亦東遷所。宰夫設鉶四于豆西東上：牛以西羊，羊南豕，豕以東牛。註曰：鉶，菜和羹之器。○疏曰：羹在鉶言之，謂之"鉶羹"；據器言之，謂之"鉶鼎"；正鼎之後設之，謂之"陪鼎"；入庶羞言之，謂之"羞鼎"，其實一也。飲酒實于觶，加于豐。註曰：豐，所以承觶者也，如豆而卑。宰夫右執觶，左執豐，進設于豆東。註曰：食有酒者，優賓也。設于豆東，不舉也。《燕禮記》曰："凡奠者於左①。"○疏曰：按下文"宰夫執漿飲，賓興受②"，唯用漿酳口，不用酒；今主人猶設之，是優賓也。此酒不用，故奠于豆東。○楊氏曰：按上文"飲酒，漿飲，俟于東房"，疏云，"酒漿皆以酳口"；此又云漿以"酳口，不用酒；今主人猶設之，所以優賓"，兩説牴牾不同。又按下文"祭飲酒於上豆之間。魚、腊、醬、湆不祭"，夫魚、腊、醬、湆不祭，而祭飲酒，則知酒以優賓，但賓不舉爾，豈酳口之物哉？當以優賓之義爲正。宰夫東面坐，啓簋會，各卻于其西。註曰：會，簋蓋也。亦一一合卻之，各當其簋之西。

　　贊者負東房，南面，告具于公。註曰：負東房，負房户而立也。南面者，欲得鄉公與賓也。公再拜，揖食。食，如字。○註曰：再拜，拜賓饌具。賓降拜。註曰：答公拜。公辭。賓升，再拜稽首。註曰：不言成拜，降未拜。賓升席，坐取韭菹以辯擩于醢，上豆之間祭。辯，音遍，下並同。擩，音乳，又音蕤。○註曰：擩，猶"染"也。贊者東面坐，取黍實于左手，辯；又取稷，辯，反于右手；興以授賓。賓祭之。註曰：取授以右手，便也。賓亦興受、坐祭之，於豆祭也，獨云贊興，優賓也。《少儀》曰："受立，授立不坐。"○疏曰：此所授者皆謂遠賓者，故菹醢及銅皆不授，以其近賓取之易，故不言。按《曲禮》云"殽之序，辯祭之"，故知雖不授，亦祭可知也。三牲之肺不離，贊者辯取之，壹以授賓。註曰：肺不離者，刊之也。不言"刊"，刊則祭肺也。此舉肺不離而刊之，便賓祭也。祭離肺者，絕肺祭也。壹，猶"稍"也。○刊，音忖。賓興受，坐祭；註曰：於是云"賓興受，坐祭"，重牲也。賓亦每肺興受，祭於豆祭。挩手，扱上銅以柶，辯擩上，上銅之間祭；挩，音稅。扱，音妾，與"插"同。○註曰：扱以柶，扱其銅菜也。挩，拭也；拭以巾。祭飲酒於上豆之間。魚、腊、醬、湆不祭。註曰：不祭者，非食物之盛者。○疏曰：此不祭者，以在正饌之內有三牲之體。魚、腊、湆、醬非盛者，故不祭也。若入庶羞，則祭之，故下文云"士羞庶羞皆有大"，又云"辯取庶羞之大興"，一以授賓，賓受，兼一祭之。《少儀》云"祭膴"。膴，詁爲大魚肉之臠，是亦祭之也。○膴，音呼，又音無。臠，落桓切。

宰夫授公飯粱，公設之于湆西。賓北面辭，坐遷之。註曰：既告具矣，而又設此，殷勤之加也。遷而西之，以其東上也。公與賓皆復初位。註曰：位，序內，階西。宰夫膳稻于粱西。註曰：膳，猶"進"也。進稻粱者以簠。士羞庶羞皆有大，蓋，執豆如宰。註曰：羞，進也。庶，眾也。進眾珍味。可進者大，以肥美者特爲臠，所以祭也。魚或謂之膴。膴，大也。唯醢醬無大。如宰，如其進大羹湆，右執豆，左執蓋。先者反之，疏曰：反之者，以其庶羞十六豆，羞人不足，故先至者反取之。下文云"先者一人升，設於稻南"，其人不反；則此云"先者反之"，謂第二已下爲先者也。由門入，升自西階。註曰：庶羞多，羞人不足，則相授於階上，復出取也。先者一人升，設于稻南簠西，間容人。註曰：簠西，黍稷西也。必言"稻南"者，明庶羞加，不與正豆併也。"間容人"者，賓當從間往來也。旁四列，西北上；註曰：不統於正饌者，雖加，自是一禮；是所謂羹胾中別。○疏曰：《曲禮》曰："左殽右胾。"殽，此謂之

"羹"一也，爲正饌。胾，謂切肉，即庶羞。正饌東，庶羞西，間容人，是中別。**膷以東，臐、膮、牛炙。**膷，音香。臐，音薰。膮，音僥。○註曰：膷、臐、膮，今時"腌"也。牛曰"膷"，羊曰"臐"，豕曰"膮"，皆香美之名也。○腌，音熇，火酷切；肉羹也。**炙南，醢；以西，牛胾、醢、牛鮨。**胾，資四切。鮨，音祁。○註曰：先設醢，絣之以次也。《內則》謂鮨爲膾，然則膾用鮨。**鮨南，羊炙；以東，羊胾、醢、豕炙。炙南，醢；以西，豕胾、芥醬、魚膾。**註曰：芥醬，芥實醬也。《內則》曰："膾，春用蔥，秋用芥。"**衆人騰羞者盡階，不升堂，授。以蓋降，出。**註曰：騰，當作"媵"。媵，送也。授，授先者一人。

　　贊者負東房，告備于公。註曰：復告庶羞具者，以其異饌。**贊升賓。**註曰：以公命，命賓升席。**賓坐席末，取粱即稻，祭于醬湆間。**註曰：即，就也。祭稻粱不於豆祭。祭加宜於加。○疏曰：下文云"賓三飯以湆醬"，註云"食正饌也"；又云"不以湆醬"，註云"不復用正饌也"；則此湆醬是正饌。而云"加"者，以在正饌之上，得與正饌爲本，故名"正饌"，其實是正饌之加，故公親設之也。**贊者北面坐，辯取庶羞之大，興，一以授賓；賓受，兼壹祭之。**註曰：壹，壹受之，而兼一祭之，庶羞輕也。自祭之於膷臐之間，以異饌也。**賓降拜，**註曰：拜庶羞。**公辭。賓升，再拜稽首；公答再拜。**

　　賓北面自間坐，左擁簠粱，在執湆以降。註曰：自間坐，由兩饌之間也。擁，抱也，必取粱者，公所設也。以之降者，堂尊處，欲食於階下然也。**公辭。賓西面坐，奠于階西。東面對，西面坐取之；栗階升，北面反奠于其所；降辭公。**註曰：奠而後對，成其意也。降辭公，敬也。必辭公者，爲其尊而親臨己食；侍食，贊者之事。**公許，賓升；公揖，退于箱。**註曰：箱，東夾之前，俟事之處。**擯者退，負東塾而立。**註曰：無事。**賓坐，遂卷加席；公不辭。**卷，几阮反。下同。○註曰：贊者以告公，公聽之；重來優賓。○疏曰：公既以序外，賓食在戶西，若不告公，公何以知之，明知贊者告公也。公來則勞賓，不來則賓不勞；故不來者，所以優饒賓也。**賓三飯以湆醬。**飯，父晚反。

○註曰：每飯歠湆，以殽擩醬，食正饌也。三飯而止，君子食不求飽。不言其殽，優賓。○疏曰：《特牲》、《少牢》，尸食時舉殽，皆言次第；此不言者，任賓取之，是優賓也。宰夫執觶漿飲與其豐以進，註曰：此進，漱也，非爲卒食。爲將有事，緣賓意欲自潔清。賓挩手，興受。註曰：受觶。宰夫設其豐于稻西。註曰：酒在東，漿在西，是所謂左酒右漿。庭實設。註曰：乘皮。賓坐祭，遂飲，奠于豐上。註曰：飲，漱。

公受宰夫束帛以侑，西鄉立。註曰：束帛，十端帛也。侑，猶"勸"也。主國君以爲食賓殷勤之意未至，復發幣以勸之，欲用深安賓也。西向立，序内位也。受束帛于序端。賓降筵，北面。註曰：以君將有命也，北面於西階上。擯者進相幣。相，息亮反。○註曰：爲君釋幣辭於賓。賓降辭幣，升聽命，註曰：降辭幣，主國君又命之，升聽命，釋許辭。降拜。註曰：當拜受幣。公辭；賓升，再拜稽首，受幣，當東楹，北面；註曰：主國君南面授之。當東楹者，欲得"君行一，臣行二"也。退西楹西，東面立。註曰：俟主國君送幣也。退不負序，以將降。公壹拜，賓降也。公再拜。註曰：賓不敢俟成拜。介逆出；註曰：以賓事畢。賓北面揖，執庭實以出。註曰：揖執者，示親受。公降立。註曰：俟賓反。上介受賓幣，從者訝受皮。註曰：從者，府史之屬。訝，迎也。○疏曰：此子男小聘使大夫，上介一人而已。此時已受賓幣，故知訝受者，非士介，是府史之屬也。

賓入門左，没霤，北面，再拜稽首。註曰：便退，則食禮未卒；不退，則嫌更入；行拜，若欲從此退。公辭。註曰：止其拜，使之卒食。揖讓如初，升。賓再拜稽首，公答再拜。註曰：賓拜，拜主國君之厚意。賓揖介，入復位。賓降辭公，如初。註曰：將復食。賓升；公揖，退于箱。賓卒食會飯，三飲，會飯，皆如字。○註曰：卒，已也。已食會飯，三漱漿也。會飯，謂黍稷也。此食黍稷，則初時食稻粱。○疏曰：知會飯是黍稷者，上文云"宰夫東面坐，啓簋會，各卻于其西"，此云"食會飯"，知是黍稷。不以醬湆；註曰：不復用正饌也。初時食加飯，用正饌；此食正飯，用庶羞，互相成也。後言"湆"者，湆或時後用。○楊氏曰：按註云"初時食加飯"，謂食稻粱，用正饌，謂以殽擩醬，食正饌也。此食正飯，謂食黍稷也。但用庶羞則經無其文，若可疑者。據下文"上大夫，庶羞。酒飲、漿飲，庶羞可也"，註云："於食庶羞，宰夫又設酒漿，以之食庶羞可也。"以彼證此，恐此食會飯，有三飲，亦食庶羞，此註所以有互相成之義也。

挩手，興；北面坐，取粱與醬以降；西面坐，奠于階西；註曰：示親徹也。不以出者非所當得，又以已得侑幣。東面，再拜稽首。註曰：卒食拜也。不北面者，異於辭。公降，再拜。註曰：答之也。不辭之，使升堂，明禮有終。

介逆出，賓出。公送于大門內，再拜；賓不顧。註曰：初來揖讓而退不顧，退禮略也。示難進易退之義。有司卷三牲之俎，歸于賓館。註曰：卷，猶"收"也，無遺之辭也。歸俎者，實于筐。魚、腊不與。與，音預。○註曰：不言腸、胃膚，在魚腊下，不與可知。明日，賓朝服拜賜于朝，註曰：朝，謂大門外。拜食與侑幣，皆再拜稽首。訝聽之。食，音嗣。○註曰：受其言，入告出報也。比下大夫，有士訝。

上大夫：八豆，八簋，六鉶，九俎，魚、腊皆二俎；註曰：記公食，上大夫異於下大夫之數，豆加葵、蒩、蝸、醢四，四為列；俎加鮮魚、鮮腊三，三為列，無特。○疏曰：雖無特，膚亦為下。魚、腸胃、倫膚，若九，若十有一；下大夫，則若七，若九。註曰：此以命數為差也。九，謂再命者也。十一，謂三命者也。七，謂一命者也。九或上或下者，再命謂小國之卿、次國之大夫也。卿則曰"上"，大夫則曰"下"。大國之孤視子男。○疏曰：若然，孤與子男同十三，侯伯十五，上公十七，差次可知。庶羞，西東毋過四列。註：古文"毋"為"無"。○註曰：謂上、下大夫也。○疏曰：言西東，則上大夫南北五行矣。上大夫，庶羞二十，加於下大夫以雉、兔、鶉、鴽。鶉，音淳。鴽，音如。○註曰：鴽，無母。○疏曰：《爾雅》作"鴾母"。《莊子》云："田鼠化為鴽。"《月令》

曰：“田鼠化爲鴽。”然則一物也。○鴾，音謀。

若不親食，食，音嗣。下大夫相食同。○註曰：謂主國君有疾病，若他故。**使大夫各以其爵朝服，以侑幣致之**。註曰：執幣以將命。**豆實實于甕，陳于楹外，二以並，北陳；簋實實于筐，陳于楹內兩楹間，二以並，南陳**。甕，烏送反。○註曰：陳甕筐於楹間者，象授受於堂中也。南北相當，以食饌同列耳。甕北陳者，變於食，甕數如豆，醓芥醬從焉，筐米四。**庶羞陳于碑內**，註：生魚也。魚、腊從焉。上大夫加鮮魚、鮮腊、雉、兔、鶉、鴽，不陳于堂，辟正饌。**庭實陳于碑外**。註曰：執乘皮者也。不參分庭，一在南者，以言歸，宜近內。○疏曰：庭實，正法皆參分庭，一在南而陳之；故《昏禮記》云“納徵”，執皮者“參分庭，一在南”。今云“碑外”，繼碑而言，近北矣。彼參分庭一，在南陳之，謂在主人之庭參分庭陳之，擬與賓向外，故近南；此陳於客館，擬與賓入內，故鄭云“以言歸，宜近內”。**牛、羊、豕陳于門內。西方，東上**。註曰：爲其踐汙館庭，使近外。**賓朝服以受，如受饔禮**。註曰：朝服，食禮輕也。**無儐**。註曰：以己本宜往。**明日，賓朝服以拜賜于朝。訝聽命**。註曰：賜亦謂食，侑幣。

大夫相食，親戒速。註曰：記異於君者也。速，召也。先就告之，歸具；既具，復自召之。**迎賓于門外，拜至；皆如饗拜**。註曰：饗，大夫相饗之禮也。**降盥，受醬、湆、侑幣束錦也，皆自阼階降堂受；授者升一等**。註曰：“皆”者，謂受醬、受湆、受幣也。侑用束錦，大夫文也。降堂，謂止階上。賓止也。註：主人三降，賓不從。○疏曰：主人降堂不至地，故賓止不降也。**賓執粱與湆之西序端**；註曰：不敢食於尊處。**主人辭，賓反之。卷加席，主人辭。賓反之，辭幣降一等；主人從**。註曰：從，辭賓降。**受侑幣，再拜稽首；主人送幣亦然**。註曰：敵也。○疏曰：《左氏傳》哀十七年，孟武伯曰：“非天子，寡君無所稽首。”若然，臣於君乃稽首，平敵相於當頓首；今言敵而稽首者，以食禮相尊敬，雖敵亦稽首，與臣拜君同故也。**辭於主人，降一等，**

主人從。註曰：辭，謂辭其臨己食。卒食，徹于西序端；註曰：亦親徹。東面再拜，降出。註曰：拜，亦拜卒食。其他，皆如公食大夫之禮。疏曰：其他，謂豆數、俎體、陳設，皆不異上陳。但禮異者，謂親戒速，君則不親迎賓；公不出，此大夫出大門；公受醬湆幣不降，此大夫則降也。公食大夫，大夫降食於階下，此言西序端；上公食卷加席，公不辭，此則辭之。皆是異也。○若不親食，則公作大夫朝服以侑幣致之。註曰：作，使也。大夫有故，君必使其同爵者爲之致禮。列國之賓來，榮辱之事，君臣同。賓受于堂。無儐。註曰：與受君禮同。

記

不宿戒。註曰：食禮輕也。前期三日爲"戒"，前期一日申戒爲"宿"。戒，不速。註曰：食賓之朝，夙興戒之。賓則從戒者而來，不復召。

不授几。註曰：異於聘禮禮賓時，公親授几也。無阼席。註曰：公不坐。亨于門外東方。亨，音烹。○註曰：必於門外者，大夫之事也。東方者，主陽。司宮具几與蒲筵常、緇布純，加萑席尋、玄帛純，皆卷自末。純，諸允反。萑，音九。下並同。○註曰：司宮，大宰之屬，掌宮廟者也。丈六尺曰"常"，半常曰"尋"。純，緣也。必長筵者，以有左右饌也。○疏曰：賓在戶牖之間，南面，正饌在左，庶羞在右；雖不在席上，皆陳於席前。當席左右，其間容人，故必長筵也。○宰夫筵出自東房。註曰：筵本在房，宰夫敷之也。天子、諸侯左右房。

賓之乘車，在大門外西方，北面立。乘，繩證反。○註曰：賓車不入門，廣敬也。凡賓即朝，將至，下行，而後車還立于西方。賓及位而止，北面。卿、大夫之位當車前。凡朝位，賓主之間，各以命數爲遠近之節也。○疏曰：《大行人》：上公朝位，賓主之間九十步；侯伯，七十步；子男，五十步。又云："凡諸侯之卿，其禮各下其君二等；以下及大夫、士，皆如之。"

191

鉶芼：牛藿，羊苦，豕薇，皆有滑。芼，音媢。藿，音霍。〇註曰：藿，豆葉也。苦，苦荼也。滑，堇荁之屬。〇荁，音桓。

贊者盥，從俎升。註曰：俎其所有事。〇疏曰：豆亦從下升。不言從豆升者，贊者不佐祭豆，直佐祭俎，故云"俎其所有事"。

簠有蓋冪。註曰：稻粱將食乃設，去會於房，蓋以冪。冪，巾也。凡炙無醬。記曰：已有鹹和。〇疏曰：云凡者，欲解《儀禮》一部之內，牛、羊、豕炙，皆無醬配之。云"已有鹹和"者，若今人食炙然。

上大夫：蒲筵加萑席。其純，皆如下大夫純。註曰：謂三命大夫也。孤爲賓，則莞筵紛純，加繅席畫純也。

卿擯由下。註曰：不升堂也。〇疏曰：此謂上擯。擯詔賓主升降周還之事，故云"不升堂"。上贊，下大夫也。註曰：上謂堂上擯贊者事相近，以佐上下爲名。〇疏曰：案上經贊者告具于公，而贊賓食，故云上贊使下大夫爲之。

上大夫庶羞。酒飲、漿飲，庶羞可也。註曰：於食庶羞，宰夫又設酒漿，以之食庶羞可也，以優賓。〇疏曰：復記此者，欲見上大夫食加飯之時，得兼食庶羞；又食會飯及庶羞之時，宰夫更設酒飲、漿飲。

拜食與侑幣，皆再拜稽首。食，音嗣。〇註曰：嫌上大夫不稽首。

覲禮第十

註曰：鄭目錄云，覲，見也。諸侯秋見天子之禮。春見曰"朝"，夏見曰"宗"，秋見曰"覲"，冬見曰"遇"。朝宗禮備，覲遇禮省，是以享獻不見焉。三時禮亡，唯此存爾。〇疏曰：案《曲禮下》云："天子當扆而立。諸侯北面而見天子，曰'覲'；天子當宁而立，諸公東面，諸侯西面，曰'朝'。"鄭註，諸侯春見曰"朝"，受摯於朝，受享於廟，生氣文也；秋見曰"覲"，一受之於廟，殺氣質也。朝者，位於內朝而序進；覲者，位於廟門外而序入。王南面立於扆、宁而受焉。夏宗依春，冬遇依秋。春秋時，齊侯唁魯昭公，以遇禮相見，取易略也。覲禮今存，朝、宗、遇禮今亡。享，謂朝覲而行三享；獻，謂二享後行私覿。私覿後即有私獻,獻其珍異之物。

覲禮。○至于郊,註曰:郊,謂近郊,去王城五十里。

王使人皮弁,用璧勞。侯氏亦皮弁,迎于帷門之外,再拜。勞,力報反。○註曰:《小行人》職曰,"凡諸侯入王,則逆勞于畿"。則郊勞者,大行人也。皮弁者,天子之朝朝服也。璧無束帛者,天子之玉尊也。不言諸侯言侯氏者,明國殊舍異,禮不凡之也。郊舍狹寡,爲帷宮以受勞。《掌舍》職曰:"爲帷宮,設旌門。"○疏曰:案《大行人》,上公"三勞",侯伯"再勞",子男"一勞";蓋五等同有"畿勞",侯伯又加"遠郊勞",上公又加"近郊勞"。此據上公而言。五十里有市,市有館。或來者多,館舍狹寡,故爲帷宮。使者不答拜,遂執玉,三揖。至于階,使者不讓,先升。侯氏升,聽命;降,再拜稽首,遂升受玉。使,師異反。下"使者"並同。○註曰:"不答拜"者,爲人使,不當其禮也。"不讓,先升",奉王命,尊也。升者,升壇。使者東面致命,侯氏東階上西面聽之。使者左還而立。侯氏還璧,使者受。侯氏降,再拜稽首;使者乃出。左還,音旋。○註曰:左還,還南面,示將去也。立者,見侯氏將有事於己,俟之也。還玉,重禮。

侯氏乃止使者,使者乃入。侯氏與之讓升。侯氏先升,授几。侯氏拜送几;使者設几,答拜。註曰:侯氏先升,賓禮統焉。几者,安賓,所以崇優厚也。上介出止使者,則已布席也。○楊氏曰:案,凡布席設几,皆在西北位,此帷宮恐亦當然。帷宮無堂可升,升者壇也。《左氏傳》"子產相鄭伯以如楚,舍不爲壇",註云:"至敵國郊除地,封土爲壇,以受郊勞是也。"又,宣十八年,子家壇帷,復命於介。謂之"壇帷",是壇亦帷其旁,非特爲帷宮而已。設几則必有席,蓋几席相將,無席何以設几;故鄭註云,上介出止使者,則已布席。太宰贊"玉几"註云:"立而設几,優尊者。"此使者亦不坐而設几,故註云"几者,安賓,所以崇優厚"。侯氏用束帛、乘馬儐使者,使者再拜受。侯氏再拜送幣。乘,繩證反。儐,臂印反,下同。○註曰:儐使者,所以致尊敬也。拜者各

193

於其階。使者降，以左驂出。侯氏送于門外，再拜。侯氏遂從之。驂，音參。○註曰：騑馬曰"驂"。左驂，設在西者，其餘三馬，侯氏之士，遂以出授使者之從者。于外從之者，遂隨使者以至朝。○騑，音非。從，才用反。下"從者"同。

天子賜舍。註曰：以其新至，道路勞苦，未受其禮，且使即安也。賜舍，猶致館也。所使者司空與？小行人爲承擯。○疏曰：司空主營城郭宮室，館亦宮室之事，故知"所使者司空"也。但司空亡，無正文，故云"與"以疑之。知小行人爲承擯者，案《小行人》"及郊勞、眡館、將幣，爲承而擯"，是其義也。曰："伯父，女順命于王所。賜伯父舍。"女，音汝。○註曰：此使者致館辭。侯氏再拜稽首，註曰：受館。儐之束帛、乘馬。註曰：王使人以命致館，無禮猶儐之者，尊王使也。侯氏受館於外，既則儐使者於內。○疏曰：案《聘禮》"大夫帥至館，卿致館"，而云"賓迎再拜"，"卿退，賓送再拜"，則聘禮致館不在外。此不見大夫帥至館，即云"天子賜舍"，是侯氏受舍于外可知，與聘禮異也。○帥，音率。

天子使大夫戒曰："某日，伯父帥乃初事。"帥，音率。○註曰：大夫者，鄉爲訝者也。《掌訝》職曰："凡訝者，賓客至而往，詔相其事。"戒，猶"告"也，告使順循其事也。初，猶"故"也。侯氏再拜稽首。註曰：受觀日也。

諸侯前朝，皆受舍于朝。同姓，西面，北上；異姓，東面，北上。朝，音潮。餘並同。○註曰：言諸侯者，明來朝者衆矣，顧其入覲不得並耳。受舍于朝，受次于文王廟門之外。《聘禮》曰"宗人授次，次以帷。少退于君之次"，則是次也。言舍者，尊舍也。天子使掌次爲之。諸侯上介先朝受焉，此覲也，言朝者，覲遇之禮雖簡，其來之心猶若朝也。分別同姓、異姓，受之將有先後也。《春秋傳》曰"寡人若朝於薛，不敢與諸任齒"，則周禮先同姓。○疏曰：知在文王廟門外者，案《聘禮》云"不腆先君之祧，既拚以俟"，則諸侯待朝聘之賓，皆在大祖廟。諸侯無二祧，遷主所藏，皆在始祖廟，故以始祖爲祧。案：天子待覲遇，亦當在祧。《祭法》云，天子七廟，有二祧。穆之遷主，藏於文王廟；昭之遷主，藏於武王廟。今不在武王廟，而在文王廟者，父尊而子卑，故知在文王廟也。若然，先公木主藏於后稷廟，受覲遇不在后稷廟者，后稷生非王，故不宜在焉。○拚，音奮。

侯氏裨冕，釋幣于禰。裨，音脾。禰，乃禮反。○註曰：將覲，質明時也。裨冕者，衣裨衣而冠冕也。裨之爲言埤也。天子六服，大裘爲上，其餘爲裨。以事尊卑服之，而諸侯亦服焉。上公，袞，無升龍；侯伯，鷩；子男，毳。孤，絺；卿、大夫，玄。此差司服所掌也。禰，謂行主。遷主矣，而云"禰"，親之也。釋幣者，告將覲也。其釋幣，如聘大夫將受命，釋幣于禰之禮。既則祝藏其幣，歸乃埋之於桃西階之東。○疏曰：天子吉服有九，言六服者，據六冕而言。以大裘爲上，無埤義。袞冕以下皆爲裨。諸侯唯不得有大裘，上公則袞冕以下，故云"此差司服所掌"。○埤，音陴。鷩，音鼈。毳，音脆，此芮切。

乘墨車，載龍旂，弧韣，乃朝，以瑞玉有繅。韣，音獨。繅，音早。○註曰：墨車，大夫制也。乘之者，入天子之國，車服不可盡同也。交龍爲旂，諸侯之所建。弧，所以張縿之弓也。弓衣曰"韣"。瑞玉，謂：公，桓圭；侯，信圭；伯，躬圭；子，穀璧；男，蒲璧。繅，所以藉玉，以韋衣木，廣袤各如其玉之大小，以朱、白、蒼爲六色。○疏曰：墨車，大夫制也。下記文"偏駕不入王門"，偏駕，金輅、象輅等是也。既不入王門，舍於客館，乘此墨車以朝也。《爾雅》說旌旗，正幅爲縿，故以此弧弓張縿之兩幅，故云"張縿之弓也"。天子設斧依於户牖之間，左右几。依，於豈反。下同。○註曰：依，如今綈素屏風也。有繡斧文，所以示威也。斧謂之黼。几，玉几也。左右者，優至尊也。其席：莞席紛純，加繅席畫純，加次席黼純。天子袞冕，負斧依。註曰：袞衣者，裨之上也。繢之、繡之，爲九章。其龍，天子有升龍，有降龍。衣此衣而冠冕，南鄉而立，以俟諸侯見。○疏曰：自袞冕至玄冕，五者皆裨衣，故云"裨之上也"。嗇夫承命，告于天子。註曰：嗇夫，蓋司空之屬也，爲末擯，承命於侯氏。下介傳而上，上擯以告天子。天子見公，擯者五人；見侯伯，擯者四人；見子男，擯者三人，皆宗伯爲上擯。《春秋傳》曰："嗇夫馳。"○疏曰：皆宗伯爲上擯者，案其職云

"朝覲會同"，則爲上相。若四時常朝，則小行人爲承擯，故其職云"將幣，爲承而擯"。此文嗇夫爲末擯。若子男三擯，此則足矣。若侯伯四擯，別增一士。若上公五擯，更別增二士。若時會殷同，則肆師爲承擯。故《肆師》職云"大朝覲，佐擯"。鄭引傳者，欲見嗇夫是卑官，得爲末擯之意。天子曰："非他，伯父實來，予一人嘉之。伯父其入，予一人將受之。"註曰：言"非他"者，親之辭；"嘉之"者，美之辭也。上擯又傳此而下，至嗇夫，侯氏之下，介受之；傳而上，上介以告其君，君乃許入。○疏曰："伯父其入"，不云"迎之"；《覲禮》，天子不下堂而見諸侯，故無迎法。**侯氏入門右，坐奠圭，再拜稽首。**註曰：入門而右，執臣道，不敢由賓客位也。卑者見尊，奠摯而不授。**擯者謁。**註曰：謁，猶"告"也。上擯告以天子前辭，欲親受之，如賓客也。其辭所易者曰："伯父其升。"**侯氏坐取圭，升致命。王受之玉。侯氏降階東，北面，再拜稽首。擯者延之曰："升。"升，成拜，乃出。**註曰：擯者請之，侯氏坐取圭，則遂左降，拜稽首，送玉也。從後詔禮曰"延"。延，進也。○疏曰：侯氏得擯者之告，坐取圭，即言升致命，無出門之文。明知遂向門左，從左堂塗升自西階致命也。

四享，皆束帛加璧，庭實唯國所有。四，依註作"三"。○註曰："四"當爲"三"。古書作三、四，或皆積畫，此篇又多四字，字相似，由此誤也。《大行人》職曰：諸侯"廟中將幣"，皆"三享"；其禮差，又無取於四也。初享，或用馬或用虎豹之皮；其次享，三牲、魚腊、籩豆之實，龜也、金也，丹漆、絲纊、竹箭也，其餘無常貨。此地物非一國所能有，唯所有分爲三享，皆以璧帛致之。○疏曰：云"皆以璧帛致之"者，三享在庭，分爲三段，一度致之。據"三享，皆有璧帛"而言，非謂三度致之爲"皆"也。**奉束帛，匹馬卓上，九馬隨之，中庭，西上，奠幣，再拜稽首。**註曰：卓，讀如"卓王孫"之"卓"。卓，猶"旳"也。以素的一馬以爲上，書其國名，後當識其何產也。馬必十匹者，不敢斥王之乘，用成數，敬也。**擯者曰："予一人將受之。"**註曰：亦言王欲親受之。**侯氏升致命。王撫玉。侯氏降自西階，東面授宰幣；西階前再拜稽首，以馬出，授**

人，九馬隨之。註曰：王之受玉，撫之而已，輕財也。以馬出，隨侯氏出，授王人于外也。王不使人受馬者，主于享王之尊，益君；侯氏之卑，益臣。〇疏曰：《聘禮》享君，尚有幣問卿大夫；此諸侯覲享天子訖，亦當有幣問公卿大夫。《左傳》曰："戎朝于周，發幣于公卿。"是諸侯朝天子，有聘及卿大夫之事也。事畢。註曰：三享訖。

乃右肉袒于廟門之東，乃入門右，北面立告聽事。註曰：右肉袒者，刑宜施於右也。凡以禮事者左袒，入更從右者，臣益純也。"告聽事"者，告王以國所用爲罪之事也。《易》曰："折其右肱，无咎。"〇疏曰："國所用爲罪之事"，加"得"字解之，當云"告王以國所用爲者，得非罪之事"。擯者謁諸天子。天子辭於侯氏曰："伯父無事，歸寧乃邦。"註曰：謁，告。寧，安也。乃，猶"女"也。〇女，音汝。侯氏再拜稽首，出；自屏南適門西，遂入門左，北面立；王勞之，再拜稽首。擯者延之曰："升。"升，成拜，降出。屏，皮盈反，又彼郢反。勞，力報反。〇註曰：王辭之不即左者，當出，隱於屏而襲之也。天子外屏勞之，勞其道勞也。

天子賜侯氏以車服，迎于外門外，再拜。註曰：賜車者，同姓以金輅，異姓以象輅。服，則衮也，鷩也，毳也。路先設，西上；路下四，亞之；重賜無數，在車南。註曰：路，謂車也。凡君所乘車曰"路"。路下四，謂乘馬也。亞之，次車而東也。《詩》云："君子來朝，何錫予之？雖無予之，路車乘馬。又何予之？玄衮及黼。"重，猶"善"也。所加賜善物，多少由恩也。《春秋傳》曰："重錦三十兩。"〇疏曰：路，大也。君之居以大爲名，是以云"路寢"、"路門"之等。引《左氏》"重錦"，以證"重賜"也。諸公奉篋服，加命書于其上，升自西階，東面。大史是右。篋，苦協反。大，音泰。下"大史"同。〇註曰：言"諸公"者，王同時分命之，而使賜侯氏也。右，讀如"周公右王"之"右"。是右者，始隨入，於升東面，乃居其右。〇疏曰：諸侯來覲者，衆各停一館，故命諸公分往賜之。侯氏升，西面立。大史述命。註曰：讀王命書也。侯氏降兩階之間,北面,再拜稽首;註曰:受命。升,成拜。註曰:大史辭之降也。《春秋傳》曰:"且有後命,以伯舅耋老,毋下拜。"此辭之類。大史加書于服上,侯氏受。註曰:受篋服。使者出;侯氏送,再拜。儐使者,諸公賜服者,束帛、四馬;儐大史,亦如之。註曰:既言拜送,乃言"儐使者",以勞有成禮,略而遂言。○疏曰:其實,儐使者在拜送前,必以之儐。後略言者,以儐有成禮可依,故後略言。案上篇以來,每有儐禮,皆是成篇之法,是成禮。同姓大國,則曰"伯父";其異姓,則曰"伯舅"。同姓小邦,則曰"叔父";其異姓小邦,則曰"叔舅"。註曰:據此禮云"伯父",同姓大邦而言。

饗禮乃歸。註曰:禮,謂食燕也。王或不親,以其禮幣致之。略言享禮,互文也。《掌客》職曰:上公,三享、三食、三燕;侯伯,再享、再食、再燕;子男,一享、一食、一燕。○疏曰:案《聘禮》及諸文,皆單言"享",無曰"禮",鄭故引《掌客》五等享食燕其有,知禮爲食燕也。若不親,則皆以幣致之。○食,並音嗣。

諸侯覲于天子,爲宮方三百步,四門;壇十有二尋,深四尺,加方明于其上。註曰:四時朝覲,受之於廟。此謂"時會殷同"也。宮,謂壝土爲埒,以象牆壁也。爲宮者於國外。春會同,則於東方;夏會同,則於南方;秋會同,則於西方;冬會同,則於北方。八尺曰"尋"。十有二尋,則方九十六尺也。深,謂"高"也;從上曰"深"。《司儀》職曰"爲壇三成"。成,猶"重"也;三重者,自下差之爲三等,而上有堂焉。堂上方二丈四尺。上等,中等,下等,每面十二尺。方明者,上下四方神明之象也。上下四方之神者,所謂明神也。會同而盟,明神監之,則謂之天之司盟。有象者,猶宗廟之有主乎。王巡狩,至于方嶽之下,諸侯會之,亦爲此宮以見之。《司儀》職曰,"將會諸侯,則命爲壇三成,宮旁一門。詔王儀。南鄉見諸侯"也。○疏曰:合木爲上下四方,故名"方"。此則神明之象,故名"明"。《秋官·司盟》云"北面詔明神",故曰"所謂明神也"。天之司盟,即《左氏》襄十一年"傳司慎司盟"是也。○壝,以垂反。埒,音劣。鄉,音向。方明者,木也。方四尺,設六色:東方青,南方赤,西方白,

儀禮述註卷第十一　覲禮第十

北方黑，上玄，下黃；設六玉：上圭，下璧，南方璋，西方琥，北方璜，東方圭。註曰：六色象其神，六玉以禮之。上宜以蒼璧，下宜以璜琮。而不以者，則上下之神，非天地之至貴者也。設玉者，刻其木而著之。上介皆奉其君之旂。置于宫，尚左。公、侯、伯、子、男，皆就其旂而立。註曰："置于宫"者，建之，豫爲其君見王之位也。諸公，中階之前，北面，東上。諸侯，東階之東，西面，北上。諸伯，西階之西，東面，北上。諸子，門東，北面，東上。諸男，門西，北面，東上。"尚左"者，建旂，公東上，侯先伯，伯先子，子先男，而位皆上東方也。諸侯入壇門，或左或右，各就其旂而立。王降階，南鄉見之。三揖，士揖庶姓，時揖異姓，天揖同姓，見揖位乃定。○疏曰：中階之前以下，皆朝事儀《明堂位》文，以朝事儀論會同之事。《明堂位》，周公朝諸侯于明堂，不在宗廟，皆與此同也。云"或左或右"者，謂二伯帥之入，如康王應門左右也。四傳擯。註曰：王既揖，五者升壇設擯，升諸侯以會同之禮。其奠瑞玉及享幣，公拜於上等，侯伯於中等，子男於下等。擯者每延之升堂致命，王受玉，撫玉，降拜於下等；及請事勞，皆如覲禮。是以記之覲云"四傳擯"者，每一位畢，擯者以告，乃更陳列而升其次。公也，侯也，伯也，各一位；子男俠門而俱東上，亦一位也。至庭乃設擯，則諸侯初入門，王官之伯帥之耳。○疏曰：三等拜禮，皆《司儀》職文。受玉，謂朝；撫玉，謂享。子男共一位，故設擯四。天子乘龍，載大旂，象日月、升龍、降龍，出；拜日於東門之外，反祀方明。註曰：此謂會同以春者也。馬八尺以上爲"龍"。大旂，大常也；王建大常，緣首，畫日月；其下及旒，交畫升龍、降龍。朝事儀曰：天子冕而執鎮圭尺有二寸，繅藉尺有二寸。搢大圭，乘大路，建大常，十有二旒，樊纓十有二，就貳車十有二乘，帥朝侯而朝日於東郊，所以教尊尊也，退而朝諸侯。由此二者言之，已祀方明，乃以會同之禮見諸侯也。凡會同者，不協而盟。《司盟》職曰："凡邦國有疑會同，則掌其盟約之載書及其禮儀，北面詔明神。既盟則藏之。"言"北面詔明神"，則明神有象也。象者，其方明乎？及盟時，又加於壇主，乃以載辭告焉，詛祝掌其祝號。○疏曰：此四門之禮，乃將見諸侯，先禮日月山川也。禮既畢，乃祀方明於壇。祀方明禮

儀禮述註

畢，遂去方明於下。天子乃升壇，與諸侯相見。朝禮既畢，乃更加方明於壇，與諸侯行盟誓之禮。若邦國無疑，王帥諸侯朝日而已，無祀方明之事。禮日於南門外，禮月與四瀆於北門外，禮山川丘陵於西門外。註曰：此謂會同以夏、冬、秋者也。變拜言"禮"者，容祀也。禮月於北郊者，月太陰之精，以爲地神也。盟神必云日月山川焉者，尚著明也。《詩》曰："謂予不信，有如皦日。"《春秋傳》曰："縱子忘之，山川神祇其忘諸乎？"此皆用盟神爲信也。

祭天，燔柴。祭山丘陵，升祭川，沈。祭地，瘞。燔，音煩。瘞，於例反。○註曰：升、沈，必就祭者也。就祭，則是謂王巡狩及諸侯之盟祭也。其盟揭其著明者。燔柴、升、沈、瘞，祭禮終矣，備矣。《郊特牲》曰："郊之祭也，迎長日之至也，大報天而主日也。"《宗伯》職⑤曰"以實柴祀日、月、星、辰"，則燔柴祭天謂祭日也。柴爲祭日，則祭地瘞者，祭月也。日月而云天地靈之也。《王制》曰：王"巡狩，至于岱宗柴"。是王巡狩之盟，其神主日也。《春秋傳》曰，晉文公爲踐土之盟。而傳云"山川之神"，是諸侯之盟，其神主山川也。月者，太陰之精，上爲天使，臣道莫貴焉。是王官之伯，會諸侯而盟，其神主月與？○疏曰：上論天子在國，行會同之事；此據巡狩於四岳，各隨方而祭之，以爲盟主也。

記

几俟于東箱，註曰：王即席乃設之也。東箱，東夾之前，相翔待事之處。偏駕不入王門，註曰：在旁，與己同曰"偏"。同姓金路，異姓象路，四衛革路，蕃國木路。駕之與王同謂之偏，偏駕不入王門，乘墨車以朝是也。偏駕之車，舍之於館與？○疏曰：《周禮·巾車》，掌王五路；玉路以祀，不賜諸侯；金路以賓，同姓以封；象路以朝，異姓以封；革路以即戎，以封四衛；木路以田，以封蕃國。此五路者，天子所乘爲正。四路者，諸侯乘之爲偏。是據諸侯在旁，與王同爲偏。奠圭于繅上。註曰：謂釋於地也。

【校記】

① "凡奠者於左",出自《鄉射禮記》,非《燕禮記》。

② 引號中文字與下文之原文不盡相同。下文爲"宰夫執觶漿飲,與其豐以進。賓挩手興受"。

③ "主",原作"至",據《四部叢刊》影印《儀禮》改。

④ "宗伯",應作"大宗伯"。

儀禮述註卷第十二

喪服第十一之一　子夏傳

註曰：鄭自録云，天子以下，死而相喪。衣服、年月、親疏、隆殺之禮，不忍言"死"而言"喪"。喪者，棄亡之辭；若全存居於彼焉，己忘之耳。○疏曰：喪服之制，成服之後，宜在士喪始死之下。今在士喪之上者，以喪服總包尊卑上下，不專據士，故在上。案：喪服上下，十有一章，從斬至緦麻，升數有異。斬有正義不同。爲父以三升爲正，爲君以三升半爲義；其冠同六升。三年齊衰，惟有正服四升，冠七升。繼母、慈母，雖是義以配父，故與因母同是以略爲節，有正而已。杖期齊衰，有正而已。父在，爲母與爲妻同。正服齊衰五升，冠八升；不杖齊衰期章，有正有義。正則五升，冠八升；義則六升，冠九升。齊衰三月章，皆義服。齊衰六升，冠九升。曾祖父母，計是正服。但正服合以小功，以尊其祖，不服小功，而服齊衰，非本服，故同"義服"也。殤大功，有降有義。爲夫之昆弟、之長子，殤是義，其餘皆降服也。降服，衰七升，冠十升；義服，衰九升，冠十一升。大功章，有降、有正、有義。姑姊妹出適之等是降，婦人爲夫之族類爲義，自餘皆正。衰冠如上釋也。緦衰唯有義服四升半，皆冠七升。以諸侯大夫爲天子，故同義服也。殤小功，有降有義。婦人爲夫之族類是義，自餘皆降服。降，則衰冠同十升；義，則衰冠同十二升。小功亦有降有正有義，如前釋。緦麻亦有降有正有義，皆如上陳。但衰冠同十五升，抽去半而已。傳曰者，不知是誰人所作？人皆云子夏。案：公羊高是子夏弟子，《公羊傳》有"云者何，何以曷爲孰謂之等"。今此傳，亦"云者何，何以孰謂曷爲等"之問，師徒相習，語勢相連，以弟子卻本前師，此傳得爲子夏所作，是以師師相傳，蓋不虛也。其傳內更云傳者，是子夏引他舊傳以證己意。一十七篇，獨爲喪服作傳者，總包天子以下五服差降。

六術精粗變除之數既繁，出入正殤交互，恐讀者不能悉解其義，是以特爲傳解。

　　喪服。○斬衰裳，苴絰、杖、絞帶，冠繩纓，菅屨者。衰，七回反。苴，七餘反。絰，大結反。絞，戶交反，又如字。菅，古顏反。屨，九具反。後並同。○註曰：者者，明爲下出也。凡服，上曰衰，下曰裳。麻在首、在要，皆曰"絰"。絰之言實也，明孝子有忠實之心。首絰，象緇布冠之缺項。要絰，象大帶。又有絞帶，象革帶。齊衰以下用布。○疏曰：不言裁割，而言"斬"者，取痛甚之意。《雜記》："縣子曰：'三年之喪如斬，期之喪如剡。'"云"苴絰杖，絞帶"者，以一苴目此三事，謂苴麻爲首絰、要絰；又以苴竹爲杖，苴麻爲絞帶。絞帶與要絰，象大帶、革帶，二者同在要。要絰既苴，明絞帶同用苴可知。云"冠繩纓"者，以六升布爲冠，又屈一條繩爲武，垂下爲纓。冠在首，退在帶下者，以衰用布三升，冠六升，冠既加飾，又齊衰，冠纓用布，則知此繩纓，不用苴麻，用枲麻，故退冠在下也。菅，草也。《詩》云："白華菅兮。"鄭云："白華已漚爲菅。"已下諸章，並見年月，唯此不言三年者，表其痛極莫甚於斬也。服下出者字，明臣子爲君父等所出也。此一經爲次若此者，以先喪而後服，故服在喪下；又先斬後乃爲衰裳，故斬文在衰裳之上。絰杖絞帶，俱蒙於苴，故苴又在前經中。絰有二事，仍以首絰爲主，故絰文在上。杖者各齊其心，故在絞帶之前。冠纓雖加於首，以其不蒙於苴，故退文在下。屨乃服中之賤者，最後爲宜。聖人作文，倫次然。○傳曰：斬者何？不緝也。苴絰者，麻之有蕡者也。苴絰大搹，左本在下，去五分一以爲帶。齊衰之絰，斬衰之帶也，去五分一以爲帶。大功之絰，齊衰之帶也，去五分一以爲帶。小功之絰，大功之帶也，去五分一以爲帶。緦麻之絰，小功之帶也，去五分一以爲帶。苴杖，竹也。削杖，桐也。杖各齊其心，皆下本。杖者何？爵也。無爵而杖者何？擔主也。非主而杖者何？輔病也。童子何以不杖？不能病也。婦人何以不杖？亦不能病也。蕡，扶云反。搹，音革。去，起呂反。擔，音贍。下並同。○註曰：盈手曰"搹"。搹，扼也。中人之扼圍九寸。以五分一爲殺者，象五服之數也。爵，謂天子、諸侯、卿、大夫、士也。無爵，謂庶人也。擔，

203

猶"假"也。無爵者假之以杖，尊其爲主也。非主，謂衆子也。○疏曰：枲是雄麻，蕡是子麻。以色言之，謂之"苴"；以實言之，謂之"蕡"。云"苴絰大鬲，左本在下"者，本謂麻根，下是内。此對爲母，右本在上。云"苴杖，竹也。削杖，桐也"；爲父所以杖竹者，父者子之天，竹圓亦象天；竹又外内有節，象子爲父，亦有外内之痛；又竹能貫四時而不改，子之哀痛亦經寒溫而不改，故用竹也。爲母杖桐者，桐之言同，内心同之於父；外無節，象家無二尊，屈於父；爲之齊衰，經時而有變，又削之使方，象地也。此雖不言杖之粗細，案《喪服小記》云："絰殺五分而去一，杖大如絰。"鄭註云："如要絰也。"如要絰者，以杖從心已下，與要絰同處。云"杖各齊其心"者，杖所以扶病，病從心起，故杖之高下，以心爲斷也。○扼，音厄。殺，色界反。要，音腰。絞帶者，繩帶也。冠繩纓，條屬，右縫。冠六升，外畢，鍛而勿灰。衰三升。菅屨者，菅菲也，外納。屬，音燭。升，鄭音登。縫，扶弄反。鍛，都唤反。菲，扶沸反，與"屝"通。○註曰：屬，猶"著"也。通屈一條繩爲武，垂下爲纓，著之冠也。布八十縷爲"升"。升字當爲"登"。登，成也。今之禮，皆以登爲升，俗誤已行久矣。《雜記》曰："喪冠條屬，以別吉凶。三年之練冠，亦條屬，右縫。小功以下左縫。""外畢"者，冠前後屈，而出縫於武也。○疏曰：以絞麻爲繩作帶，故云"絞帶"。王肅以爲絞帶如要絰焉。鄭不言當依王義，但經帶至虞後，變麻服葛；絞帶虞後雖不言所變，案公士衆臣爲君服布帶，又齊衰已下亦布帶，則絞帶虞後變麻服布，於義可也。引《雜記》者，證條屬是喪冠。若吉冠則纓武異材，喪冠則纓武同材。將一條繩，從額上約之至項後，交過兩相，各至耳於武綴之，各垂於頤下結之。"右縫"者，其冠三辟積，鄉右爲之，從陰也。"外畢"者，冠廣二寸，落頂前後，兩頭皆在武下，鄉外出反屈之，縫於武而爲之，兩頭縫畢鄉外，故云"外畢"。"外納"者，鄭註《士喪禮》云：納，收餘也。居倚廬，寢苫枕塊，哭晝夜無時。歠粥，朝一溢米，夕一溢米。寢不脫絰帶。既虞，翦屏柱楣，寢有席，食蔬食，水飲，朝一哭，夕一哭而已。既練，舍外寢，始食菜果，飯素食，哭無時。苫，失占反。枕，之蔭反。塊，苦對反，本又作"凷"。歠，昌悦反。

粥，之六反。溢，音逸。柱，音主。楣，亡悲反。疏食之"食"，音嗣。○註曰：二十兩曰"溢"，爲米一升二十四分升之一。楣，謂之梁。柱楣，所謂梁闇。疏，猶粗也。舍外寢，於中門之外，屋下壘墼爲之，不塗墍，所謂堊室也。素，猶"故"也。謂復平生時食也。斬衰不書受月者，天子、諸侯、卿、大夫、士虞卒哭，異數。○疏曰："居倚廬"，孝子所居，在門外東壁，倚木爲廬。《既夕記》云"居倚廬"，鄭註云"倚木爲廬，在中門外，東方北戶"。《喪大記》云"婦人不居廬"。此經專據男子生文。在中門外者，哀親之在外。寢苫者，哀親之在草也。絰帶不脫，則衰裳不脫可知。既虞寢有席，脫可也。云"既虞翦屏柱楣"者，《士虞禮》既葬反，日中而虞，鄭註：士喪三虞。三虞之後，乃改舊廬，西鄉開戶，翦去戶旁兩廂屏之餘草。"柱楣"者，前梁謂之楣，楣下兩頭豎柱施梁，乃夾戶傍之屏也。既虞之後，卒去廬中無時之哭，唯有阼階下朝一哭、夕一哭。既練之後，無朝夕哭，唯有堊室中，或十日、或五日，思憶則哭。知一溢之數，著此者，依算法百二十斤曰石推之也。梁闇，即諒陰也。云"斬衰不書受月"者云云，凡喪服所以表哀，哀有盛時殺時，服乃隨哀以降殺；故初服粗，至葬後、練後、大祥後，漸細加飾，是以冠爲受。斬衰裳三升，冠六升，既葬後，以其冠爲受；衰裳六升，冠七升，小祥又以其冠爲受；衰裳七升，冠八升，自餘齊衰以下，受服之時，差降可知。○闇，烏南反。下陰同。壘，力水反。墼，音激。堊，音惡。鄉，音向。殺，所界反。下同。

父：○傳曰：爲父何以斬衰也？父至尊也。疏曰：父是一家之尊。

諸侯爲天子。○傳曰：天子至尊也。疏曰：天子至尊，同於父也。

君：○傳曰：君至尊也。註曰：天子、諸侯及卿、大夫有地者，皆曰"君"。○疏曰：按《周禮·載師》云：家邑任稍地，小都任縣地，大都任疆地。是天子卿大夫有地者，若魯國季孫氏有費邑，叔孫氏有郈邑，孟孫氏有郕邑，晉國三家亦皆有韓、趙、魏之邑。是諸侯之卿大夫有地者皆曰"君"。士無臣，雖有地，不得君稱；故僕隸等爲其喪，弔服加麻，不服斬也。

父爲長子：長，丁丈反。後"長子"皆同。○傳曰：何以三年也？正體於上，又乃將所傳重也。庶子不得爲長子三年，不繼祖也。註曰：此言爲父後者，然後爲長子三年，重其當先祖之正體，又以其將代己爲宗廟主也。庶子者，爲父後者之弟也。○疏曰：爲父後者之弟，不得爲長子三年。此鄭據初而言。其實，繼父祖身三世，長子四世，乃得三年也。雖承重不得三年，有四種：一則正體不得傳重，謂適子有廢疾，不堪主宗廟也；二則傳重非正體，庶孫爲後是也；三則體而不正，立庶子爲後是也；四則正而不體，立適孫爲後是也。

爲人後者：爲，如字。下"可爲"、"以爲"同。○傳曰：何以三年也？受重者，必以尊服服之。何如而可爲之後？同宗則可爲之後。何如而可以爲人後？支子可也。爲所後者之祖、父、母、妻、妻之父、母、昆弟、昆弟之子，若子。註曰："若子"者，爲所爲後之親如親子。○疏曰：雷氏云：此文當云"爲人後者爲所後之父"。闕此五字者，以其所後之父或早卒，今所後其人不定。或後祖、父，或後曾、高祖，故闕之，見所後不定故也。"同宗則可爲之後"者，以其大宗子當收聚族人。非同宗則不可，謂同承別子之後，一宗之內，若別宗同姓，亦不可，以其收族故也。云"支子可也"者，以其他家適子，當家自爲小宗；小宗當收斂五服之內，亦不可闕，則適子不得後也，故取支子。支子則第二以下庶子也。死者祖父母，則爲後者曾祖父母，齊衰三月也。妻，即爲後者之母也。妻之父母，妻之昆弟，妻之昆弟之子，於爲後者爲外祖父母及舅與內兄弟，皆如親子爲之著服也。傳舉疏以見親，言外以包內，骨肉親者，如親子可知。

妻爲夫：○傳曰：夫至尊也。疏曰：夫至尊者，雖是體敵齊等，夫是妻之尊敬；以其在家天父，出則天夫。是其男尊女卑之義，故同之於君父也。

妾爲君：○傳曰：君至尊也。註曰：妾謂夫爲君者，不得體之，加尊之也。雖士亦然。

女子子在室爲父：註曰："女子子"者，子，女也，別於男子也。布總，箭笄，髽，衰，三年。總，子孔反。笄，音雞。髽，側瓜反。○註曰：此妻妾女子子喪服之異於男子者。總,束髮謂之"總"。總者,既束其本,又總其末。箭笄,篠竹也。髽,露紒也,猶男子之括髮。斬衰括髮以麻,則髽亦用麻。以麻者,自項而前,交於額上,卻繞紒如著縿頭焉。《小記》曰:"男子冠而婦人笄,男子免而婦人髽。"凡服,上曰"衰",下曰"裳"。此但言衰不言裳,婦人不殊裳。衰如男子衰,下如深衣。深衣則衰無帶,下又無衽。○疏曰:至此始言"三年"者,此三者並終三年始除之。云"衰下如深衣"者,如其十二幅,縫齊倍要也。連裳於衣,故不須帶;下以掩裳上際,縫合前後,兩邊不開,故不須衽,以掩裳交際也。○篠,素了反。紒,音計。著,丁略反。縿,七消反。○傳曰:總六升,長六寸,箭笄長尺,吉笄尺二寸。長,並直亮反。○註曰:"總六升"者,首飾象冠數,長六寸,謂出紒後所垂爲飾也。○疏曰:云"箭笄長尺,吉笄尺二寸"者,此斬之笄用箭。下記云:女子子適人爲父母,婦爲舅姑,用惡笄。鄭以爲榛木爲笄,則《檀弓》"南宮縚之妻之姑之喪",云"蓋榛以爲笄"是也。吉時,大夫士之妻用象,天子諸侯之后夫人用玉爲笄。今於喪中,唯有此箭笄及榛二者。若言寸數,亦不過此二等。以其斬喪尺,吉笄尺二寸。《檀弓》南宮縚之妻爲姑,榛以爲笄,亦云一尺,則大功以下不得更容差降。鄭註云"笄,所以卷髮";既直同卷髮,故五服略爲一節,皆用一尺而已。是以女子爲父母既用榛笄,卒哭之後,折吉笄之首,歸於夫家,以榛笄之外無差降,故用吉笄。上云"男子冠,女笄",此女子子總用布,當男子冠用布之處,故同六升,以同首飾故也。鄭以六寸據垂之者,此斬衰六寸,南宮縚妻爲姑總八寸,以下雖無文,大功當與齊同八寸,緦麻小功同一尺,吉總當尺二寸,與笄同也。

　　子嫁反,在父之室,爲父三年。註曰:謂遭喪後而出者,始服齊衰期;出而虞,則受以三年之喪受。既虞而出,則小祥亦如之。既除喪而出則已。凡女行於大夫以上曰"嫁",行於士庶人曰"適人"。○疏曰:云"出而虞,則受以三年之喪受"者,若不被出,則虞後以其冠爲受,嫁女在室,爲父五升衰裳,八升總。今未虞而出,是出而乃虞,虞後受服,與在家兄弟同受斬衰。斬衰,初死三升;衰裳六升。冠,既葬,以其冠爲受。受衰六升,冠七升。此被出之女,亦受衰裳六升,總七升,與在室之女同。云"既虞而出則小祥亦如之"者,未虞已前未被出,至受後,受以出嫁之受,以八升衰裳,九升總;今既虞後乃被出至家,又與在室女同。至小祥練祭,在室之女受衰七升,總八升;此被出之女與之同,以其嫁女爲父母期,至小祥已除矣。除服後乃被出,不復爲父更著服。若天子之女嫁於諸侯,諸侯之女嫁於大夫,出嫁爲夫斬,仍爲父母不降。知者以其外宗內宗及與諸侯爲兄弟者,爲君皆斬,明知女雖出嫁,反爲君不降。

公、士、大夫之衆臣,爲其君布帶、繩屨。註曰:士,卿士也。公、卿、大夫厭於天子、諸侯,故降其衆臣布帶、繩屨。貴臣得伸,不奪其正。○疏曰:云"士、卿士也"者,以其在公之下,大夫之上,當卿之位也。典命大國,立孤一人。諸侯無公,以孤爲公。降其衆臣布帶繩屨二事,其餘服杖冠絰,則如常也。其布帶則與齊衰同,其繩屨則與大功等也。貴臣得伸,依上文絞帶、菅屨也。○厭,一葉反。齊,音咨。○傳曰:**公、卿、大夫室老、士,貴臣;其餘皆衆臣也。君,謂有地者也。衆臣杖,不以即位。近臣,君服斯服矣。繩屨者,繩菲也。**註曰:室老,家相也。士,邑宰也。近臣,閽寺之屬。君,嗣君也。斯,此也。近臣從君,喪服無所降也。繩菲,今時不借也。○疏曰:公、卿、大夫,或有地,或無地,衆臣爲之皆有杖。但無地公、卿、大夫,其君卑,衆臣皆得以杖,與嗣君同,即阼階下,朝夕哭位。若有地公、卿、大夫,其君尊,衆臣雖杖,不得與嗣君同,即哭位下君故也。漢時謂"屨"爲"不借"也。

　　正服:衰三升,冠六升。○既葬以其冠爲受,衰六升,冠七升。

　　父。父爲長子。爲人後者。女子子在室爲父,布總、箭笄、髽,三年。妻爲夫。妾爲君。子嫁反,在父之室,爲父三年。

　　義服:衰三升半,冠同六升。○既葬,以其冠爲受,衰六升,冠七升。

　　諸侯爲天子。君。公、士、大夫之衆臣爲其君,布帶、繩屨。

疏衰裳齊,牡麻絰,冠布纓,削杖,布帶,疏屨,三年春:疏,山烏反。齊,則私反。後並同。○註曰:疏,猶"粗"也。○疏曰:斬衰先言斬,齊衰後言齊者,一以見哀之淺深,一以見造衣之先後。牡麻絰者,斬衰絰不言麻,此齊衰經見麻者，彼有杖，杖亦苴，故不得言麻也；此經，文孤不兼杖，故得言麻也。布纓，亦如上繩纓，以一條爲武，垂下爲纓也。布帶者，亦象革帶，以七升布爲之。此即下章帶緣各視其冠是也。齊斬不言布，此纓帶言布者，以對斬衰纓帶用繩，故此須言用布之事也。○傳曰：齊者何？緝也。牡麻者，枲麻也。牡麻經，右本在上。冠者沽功也。疏屨者，蔍蒯之菲也。枲，胥里反，音葸。沽，音古。蔍，皮表反。蒯，苦怪反。○註曰：沽，猶粗也。冠尊，加其粗，粗功，大功也。齊衰不書受月者，亦天子、諸侯、卿、大夫、士虞卒哭異數。○疏曰：云"牡麻經，右本在上"者，上章爲父，左本在下者，陽統於內；別此爲母，陰統於外，故右本在上。作冠用沽功者，衰裳升數恒少，冠之升數恒多，冠在首尊。既冠從首尊，故加飾而升數恒多也。斬冠六升，不言功者，六升雖是齊之末，未得沽稱，故不見人功。此三年齊冠七升，初入大功之境，故言沽功，始見人功。沽粗之義，故云粗功，見人功粗大不精者也。蔍，是草名。蒯，亦草類。

父卒則爲母，註曰：尊得伸也。○疏曰：云則者，欲見父卒，三年之內而母卒，仍服期。父服除後遭喪者，乃得伸。

繼母如母。○傳曰：繼母何以如母？繼母之配父，與因母同，故孝子不敢殊也。註曰：因，猶"親"也。○疏曰：繼母配父，即是牉合之義，故孝子不敢殊異之也。○牉，音泮。

慈母如母。○傳曰：慈母者何也？傳曰：妾之無子者，妾子之無母者，父命妾曰"女以爲子"，命子曰"女以爲母"。若是，則生養之，終其身如母，死則喪之三年如母，貴父之命也。女，音汝。養，陽尚反。兩"如母"句絕。○註曰：此謂大夫、士之妾也。不命則亦服庶母慈己之服可也。大夫之妾子，父在爲母大功；則士之妾子，爲母期矣。父卒，則皆得伸也。

母爲長子。疏曰：長子卑，故在母下。但母爲長子在齊衰，以子爲母服齊衰，母爲之，不得過於子爲己，故亦齊衰也。若然，長子與衆子爲母，父在期，子爲母有降屈之義。父母爲長子，本爲先祖之正體，無厭降之義，故不得以父在屈至期，明母爲長子，不問夫之在否也。○傳曰：何以三年也？父之所不

儀禮述註

降，母亦不敢降也。註曰：不敢降者，不敢以己尊，降祖禰之正體。

　　降服：衰四升，冠七升。○既葬，以其冠爲受，衰七升，冠八升。

　　　　父卒，則爲母授此降服，乃降斬衰而爲齊衰也。賈疏曰：家無二尊，屈於父，爲之齊衰。繼母如母。慈母如母。

　　正服：衰五升，冠八升。○既葬，以其冠爲受，衰八升，冠九升。

　　　　母爲長子。妾爲君之長子。

疏衰裳齊，牡麻絰，冠布纓，削杖，布帶，疏屨，期者。期，音基。下並同。○疏曰：此章與前章惟"期"一字異。以期與三年懸絶，疑服制不同，故須重列七服。下章不言，還依此所陳，惟言不杖及麻屨異者，此章雖止一期，而禫杖俱有。案下《雜記》云"十一月而練，十三月而祥，十五月而禫"，註云，此謂父在爲母，母之與父，恩愛本同，爲父所厭屈而至期。是以雖屈猶伸，禫杖也。妻雖義合，妻乃天夫，爲夫斬衰，爲妻報以禫杖；但以夫尊妻卑，故齊斬有異。○傳曰：問者曰：何冠也？曰：齊衰、大功，冠其受也；緦麻、小功，冠其衰也；帶緣各視其冠。緣，以絹反。○註曰：問之者，斬衰有三，其冠同。今齊衰有四章，不知其冠之異同爾。緣，如深衣之緣。○疏曰：降服，齊衰四升，冠七升。既葬，以其冠爲受，衰七升，冠八升。正服，齊衰五升，冠八升；既葬，以其冠爲受，衰八升，冠九升。義服，齊衰六升，冠九升；既葬，以其冠爲受，受服，衰九升，冠十升。降服，大功，衰七升，冠十升；既葬，以其冠爲受，受衰十升，冠十一升。正服大功，衰八升，冠十升；既葬，以其冠爲受，受衰十升，冠十一升。義服，大功，衰九升，冠十一升；既葬，以其冠爲受，受衰十一升，冠十二升。以其初死，冠升皆與既葬衰升數同，故云"冠其受也"。小功緦麻，冠皆與衰升數同，故云"冠其衰也"。"帶緣各視其冠"者，帶，謂布帶、象革帶者，緣謂喪服之內，中衣緣用布緣之；二者之布升數多少，視，猶"比"也，各比擬其冠也。問齊衰之冠，因答大功與緦麻小功并帶緣也。

父在爲母。○傳曰：何以期也？屈也。至尊在，不敢伸其私尊也。父必三年然後娶，達子之志也。疏曰：子於母屈而期，心喪猶三年；故父雖爲妻期而除，然必三年乃娶者，通達子之心喪之志故也。《左氏傳》：晉叔向云：一歲，王有三年之喪二，據大子與穆后。天子爲后亦期，而云三年喪者，據達子之志而言三年也。

妻。○傳曰：爲妻何以期也？妻至親也。註曰：適子父在，則爲妻不杖，以父爲之主也。《服問》曰："君所主：夫人、妻、大子、適婦。"父在，子爲妻以杖即位，謂庶子。

出妻之子爲母。○傳曰：出妻之子爲母期，則爲外祖父母無服。傳曰：絶族無施服，親者屬。施，逸義反。○註曰：在旁而及，曰"施"。親者屬，母子無絶道。○疏曰：又云"傳曰"者，子夏引舊傳，證成己義。云"絶族"者，嫁來承奉宗廟，與族相連綴，今出則與族絶。"無施服"者，旁及爲施，以母爲族絶，即無旁及之服也。云"親者屬"者，舊傳解母被出，猶爲之服也。出妻之子爲父後者，則爲出母無服。傳曰：與尊者爲一體，不敢服其私親也。疏曰：父已與母無親，子獨親之，故云"私親"。

父卒，繼母嫁，從；爲之服，報。疏曰：云"父卒，繼母嫁"者，欲見此母爲父已服斬衰三年，恩意之極；故子爲之一期，得伸禫杖。但以不生己，父卒改嫁，故降於己母，雖父卒後，不伸三年，一期而已。○傳曰：何以期也？貴終也。註曰：嘗爲母子，貴終其恩。○楊氏曰：《通典》宋崔凱云："父卒，繼母嫁，從；爲之服，報。"鄭云："嘗爲母子，貴終其恩也。"王肅云："從乎繼母而寄育，則爲服；不從，則不服。凱以爲，出妻之子爲母，及父卒，繼母嫁，從，爲之服，報，皆謂庶子耳。爲父後者，皆不服也。"傳云"與尊者爲一體，不敢服其私親也"。庾蔚之謂王順經文，鄭附傳說，王即情所安，於傳亦無礙。既嫁則與宗廟絶，爲父後者，安可以廢祖祀而服乎？○坡謂：假如爲父後者，從乎繼母而寄育，服乎？不服乎？

降服：衰四升，冠七升。○既葬，以其冠爲受，衰七升，冠八升。

父在爲母。

正服：衰五升，冠八升。○既葬，以其冠爲受，衰八升，冠九升。

妻。出妻之子爲母。父卒，繼母嫁，從；爲之服，報。

不杖，麻屨者： 疏曰：此不杖章，輕於上禫杖，故次之。又云，此章與上章，雖杖與不杖不同，其正服衰五升而冠八升，則不異也。〇楊氏曰：以此例推之，其降服衰四升而冠七升，亦不異也。

祖父母。 疏曰：此章有降、有正、有義，服之本制。若爲父期，祖合大功。爲父母加隆至三年，祖亦加隆至期。〇傳曰：何以期也？至尊也。

世父母、叔父母。 疏曰：世叔既卑於祖，故次之。伯言"世"者，欲見繼世。爲昆弟之子亦期，不言報者，以昆弟之子猶子；若言報，爲疏，故不言報也。〇傳曰：世父、叔父，何以期也？與尊者一體也。然則昆弟之子，何以亦期也？旁尊也，不足以加尊焉，故報之也。父子一體也，夫妻一體也，昆弟一體也；故父子首足也，夫妻牉合也，昆弟四體也。故昆弟之義無分，然而有分者，則辟子之私也。子不私其父，則不成爲子，故有東宮，有西宮，有南宮，有北宮，異居而同財，有餘則歸之宗，不足則資之宗。世母、叔母，何以亦期也？以名服也。牉，音泮。辟，音避。〇註曰：宗者，世父爲小宗，典宗事者也。資，取也。爲姑在室亦如之。〇疏曰："以名服也"者，二母是路人，以來配世叔父，則生母名；既有母名，則當隨世叔而服之。

大夫之適子爲妻。 適，低益反。本又作"嫡"。後不音者，並同。〇疏曰：云"大夫之適子爲妻"，在此不杖章。則上杖章爲妻者，是庶子爲妻。父沒後，適子亦爲妻杖，亦在彼章也。〇傳曰：何以期也？父之所不降，子亦不敢降也。何以不杖也？父在，則爲妻不杖。註曰：大夫不以尊降適婦者，重適也。降有四品：君、大夫，以尊降；公子、大夫之子，以厭降；公之昆弟，以旁尊降；爲人後者，女子子嫁者，以出降。〇疏曰：此適子爲妻，通貴賤。今不云"長子"，通上下而云"適子"。唯據大夫者，以五十始爵，爲降服之始，嫌降適婦，其子亦降其妻，故明舉大夫不降。天子諸侯雖尊，不降可知。

昆弟。註曰：昆，兄也。爲姊妹在室亦如之。

爲衆子。註曰：衆子者，長子之弟及妾子。女子在室亦如之。士謂之衆子，未能遠別也。大夫則謂之庶子，降之爲大功。天子國君不服之。

昆弟之子。○傳曰：何以期也？報之也。註曰：《檀弓》曰："喪服，兄弟之子猶子也，蓋引而進之。"

大夫之庶子爲適昆弟。○傳曰：何以期也？父之所不降，子亦不敢降也。註曰：大夫雖尊，不敢降其適，重之也。適子爲庶昆弟，庶昆弟相爲，亦如大夫爲之。○疏曰：如大夫爲之，皆大功也。

適孫。疏曰：此謂適子死，其適孫承重者。○傳曰：何以期也？不敢降其適也。有適子者無適孫，孫婦亦如之。註曰：周之道，適子死，則立適孫。是適孫將上爲祖後者也。長子在，則皆爲庶孫耳。孫婦亦如之。適婦在，亦爲庶孫之婦。凡父於將爲後者，非長子皆期也。○疏曰：云"凡父"至"皆期也"者，案《喪服小記》云"適婦不爲舅後者，則姑爲之小功"，註云："謂夫有廢疾，他故；若死而無子，不受重者，小功庶婦之服也。"凡父母於子，舅姑於婦，將不傳重於適，及將傳重者非適，服之皆如衆子庶婦也。若然，長子爲父斬，父亦爲斬；適孫承重爲祖斬，祖爲之期。不報之斬者，父子一體，本有三年之情，故特爲祖斬；祖爲孫本，非一體，但以報期，故不得斬也。

爲人後者，爲其父母報。○傳曰：何以期也？不貳斬也。何以不貳斬也？持重於大宗者，降其小宗也。爲人後者，孰後？後大宗也。曷爲後大宗？大宗者，尊之統也。禽獸知母而不知父。野人曰："父母何算焉？"都邑之士，則知尊禰矣。大夫及學士，則知尊祖矣。諸侯，及其大祖。天子，及其始祖之所自出。尊者，尊統上；卑者，尊統下。大宗者，尊之統也。大宗者，收族者也，不可以絶；故族人以支子後大宗也，適子不得後大宗。算，素管反，又音選。大祖音"泰"。○註曰：上，猶"遠"也。下，猶"近"也。收族者，謂別親疏、序昭穆。《大傳》曰："繫之以姓而弗別，綴之以食而弗殊，雖百世婚姻不通者，周道然也。"○疏曰：大宗有一，小宗有四。大宗一者，別子之子適者，爲諸弟來宗之，即謂之大宗。自此以下，適適相承，謂之百世不遷之宗。五服之內，親者月算如邦人；五服之外，皆來宗之，爲之齊衰，齊衰三月章爲宗子之母妻是也。小宗有四者，謂大宗之後生者，謂別子之弟。《小記》註云：別子之世長子，兄弟宗之。第二已下長者，親弟來宗之，爲繼禰小宗。更一世長者，非直有親昆弟，又從父昆弟，亦來宗之，爲繼祖小宗；更一世長者，非直有親昆弟、從父昆弟，又有從祖昆弟來宗之，爲繼曾祖小宗；更一世長者，非直有親昆弟、從父昆弟、從祖昆弟來宗之，又有從曾祖昆弟來宗之，爲繼高祖小宗也；更一世絕服，不復來事，以彼自事五服內繼高祖已下者也。四者皆是小宗，則家家皆有兄弟相事長者之小宗。雖家家盡有小宗，仍世事繼高祖已下之小宗也。是以上傳云：有餘則歸之宗，亦謂當家之長，爲小宗者也。禽獸所生，唯知隨母，不知隨父。國外野人，稍遠政化，不知分別父母尊卑也。都邑之士，謂在朝并城郭之士民。知義理者，大夫及學士，則謂鄉庠序及國之大學小學之學士，雖未有官爵，以其習知四術，閑知六藝，知祖義父仁之理，故敬父遂尊祖，得與大夫之貴同也。諸侯及其大祖，天子及其始祖，皆是爵尊者，其德所及遠也。大宗子統領百世而不遷，又上祭大祖而不易，是尊統遠。小宗子唯統五服之內，是尊統近。云"大宗者，尊之統也"，又云"大宗者收族"，是大宗統遠之事也。

　　女子子適人者爲其父母昆弟之爲父後者。○傳曰：爲父何以期也？婦人不貳斬也。婦人不貳斬者何也？婦人有三從之義，無專用之道；故未嫁從父，既嫁從夫，夫死從子。故父子者，子之天也；夫者，妻之天也。婦人不貳斬者，猶曰不貳天也，婦人不能貳尊也。爲昆弟之爲父後者，何以亦期也？婦人雖在外，必有歸宗，曰小宗，故服期也。註曰：從者，從其教令。歸宗者，父雖卒，猶自歸宗；其爲父後服重者，不自絕於其族類也。曰小宗者，言是乃小宗也。小宗明非一也。小宗有四，丈夫婦人之爲小宗，各如其親之服，避大宗。○疏曰：若父母在，嫁女自當歸寧，父母何須歸宗子。傳言"婦人雖在外，必歸宗"，明是據父母卒者。若然，天子、諸侯夫人，父母卒不得歸宗，以其人君絕宗，故許穆夫人賦《載馳》是也。云"各如其親之服"者，謂各如五服尊卑服之，無所加減。云"避大宗"者，大宗則齊衰三月。云"丈夫婦人"五服外，皆"齊衰三月"；五服內，月算如邦人，亦皆齊衰，無大功小功緦麻，故云"避大宗"也。

繼父同居者。○傳曰：何以期也？傳曰：夫死，妻穉，子幼。子無大功之親，與之適人，而所適者亦無大功之親；所適者以其貨財爲之築宮廟，歲時使之祀焉，妻不敢與焉。若是，則繼父之道也。同居，則服齊衰期；異居，則服齊衰三月。必嘗同居，然後爲異居；未嘗同居，則不爲異居。適，並如字。敢與音預。○註曰：妻穉，謂年未滿五十。子幼，謂年十五已下。子無大功之親，謂同財者也。爲之築宮室於家門之外，神不歆非族，妻不敢與焉。恩雖至親，族已族矣，夫不可二，此以恩服爾。未嘗同居，則不服之。○疏曰：三者若闕一事，則爲異居。假令前三者皆其後或繼父有子，即是繼父有大功內親，則爲異居矣。如此則爲之齊衰三月而已。若初與母往繼父家時，或繼父有大功內親，或己有大功內親；或繼父不爲己築宮廟，三者一事闕，雖同在繼父家，亦名不同居，繼父全不服之矣。

爲夫之君。○傳曰：何以期也？從服也。疏曰：從服者，以夫爲君斬，故妻從之服期也。但臣之妻，皆稟命於君之夫人。不從服小君者，欲明夫人命亦由君來，故臣妻於夫人無服也。

姑、姊、妹、女子子適人無主者，姑、姊、妹報。適，如字。下"適人"同。○疏曰：女子子出，適大功，反爲父母自然猶期，不須言報。姑對姪，姊妹對兄弟，出適，反爲姪與兄弟大功，姪與兄弟爲之降至大功，今還相爲期，故言報也。○傳曰：無主者，謂其無祭主者也。何以期也？爲其無祭主故也。疏曰：無主者，無夫復無子而不嫁，姪與兄弟及父母不忍降之也。若然，除此之外，餘人爲之服者，仍依出降之服；而不服加，以恩疏故也。

爲君之父、母、妻、長子、祖父母。○傳曰：何以期也？從服也。

父、母、長子，君服斬。妻則小君也。父卒，然後爲祖後者服斬。註曰：此爲君矣，而有父若祖之喪者，謂始封之君也。若是繼體，則其父若祖有廢疾不立。父卒者，父爲君之孫，宜嗣位而早卒，今君受國於曾祖。○疏曰：云"父、母、長子，君服斬"者，欲見臣從君服期，君之母當齊衰；而言斬者，以母亦有三年之服，故并言之。云"妻則小君也"者，欲見臣爲小君期是常，非從服之例。云"父卒，然後爲祖後者服斬"者，傳解經臣爲君之祖父母服期，若君在，則爲君祖父母從服期。云"此爲君矣，而有父若祖之喪者，謂始封之君也"，始封之君非繼體，容有祖父不爲君而死，君爲之斬，臣亦從服期也；若是繼體，則其父若祖合立，爲廢疾不立，已當立，是受國於曾祖。又云"父卒者"，此解傳之"父卒"耳。若今君受國於祖，祖薨，則羣臣爲之斬，何得從服期？故鄭以新君受國於曾祖。若然，曾祖爲君薨，羣臣自當服斬；若君之祖薨，君爲之服斬，臣從服期也。趙商問已爲諸侯，父有廢疾，不任國政，不任喪事，而爲其祖服，制度之宜，年月之斷云何？答曰：父卒，爲祖後者三年斬何疑。趙商又問父卒爲祖後者三年，已聞命矣，所問者父在，爲祖如何？欲言三年，則父在；欲言期，復無主斬杖之宜，主喪之制，未知所定。答曰：天子、諸侯之喪，皆斬衰，無期。彼志與此註相兼，乃具也。○坡謂：尚有一疑。若初爲天子，及始封諸侯，而有曾、祖、考三世存；後曾祖卒，祖無廢疾，能持喪，君豈有代服斬之理？似亦齊衰三月爾。祖卒，父無廢疾，服斬，則君亦服期而已。所謂天子諸侯之喪，皆斬衰無期，尚未知所定。至羣臣，惟君所服服。於君之曾祖，從服齊衰三月；於祖，從服期，亦不是過也。存以俟考。

　　妾爲女君。疏曰：妾，接也。接事適妻，故妾稱"適妻"爲"女君"也。○傳曰：何以期也？妾之事女君，與婦之事舅姑等。註曰：女君，君適妻也。女君於妾無服，報之則重，降之則嫌。○疏曰：婦之事舅姑亦期，故云"等"。但並后匹嫡傾覆之階，故抑之。雖或姪娣，使如子之妻，與婦事舅姑同也。諸經傳無女君服妾之文，故云"無服"。云"報之則重，降之則嫌"者，還報以期，無尊卑降殺，則太重；若降之大功小功，則似舅姑爲適婦庶婦之嫌，故使女君爲妾無服也。

婦爲舅姑。○傳曰：何以期也？從服也。

夫之昆弟之子。註曰：男女皆是。○傳曰：何以期也？報之也。疏曰：二母與子，本是路人；爲配二父，而有母名，爲之服期。故二母報子還服期。

公妾、大夫之妾爲其子。○傳曰：何以期也？妾不得體君，爲其子得遂也。疏曰：諸侯絕旁期，爲衆子無服；大夫降一等，爲衆子大功。其妻體君，皆從夫而降之。至於二妾賤，皆不得體君。君不厭妾，故自爲其子得伸遂而服期也。

女子子爲祖父母。○傳曰：何以期也？不敢降其祖也。註曰：經似在室，傳似已嫁，明雖有出道，猶不降。○疏曰：祖父母正期也。已嫁之女，可降旁親；祖父母正期，故不敢降也。知經似"在室"者，以其直云"女子子"無嫁文；云傳似"已嫁"者，以其言"不敢"，則有敢者。

大夫之子爲世父母、叔父母、子、昆弟、昆弟之子、姑、姊妹、女子子無主者，爲大夫命婦者，唯子不報。註曰："命"者，加爵服之名。自士至上公凡九等。君命其夫，則后夫人亦命其妻矣。此所爲者，凡六命夫、六命婦。○疏曰：言皆服期年之服。六命夫：謂世父，一也；叔父，二也；子，三也；昆，四也；弟，五也；昆弟之子，六也。六命婦者：世母，一也；叔母，二也；姑，三也；姊，四也；妹，五也；女子子，六也。大夫尊，降旁親一等。此皆降至大功，作大夫與己尊同，故不降，還服期。若姑、姊妹、女子子出嫁大功，適士又降至小功；今嫁大夫，雖降至大功，爲無祭主，哀憐之不忍降，還服期也。○傳曰：大夫者，其男子之爲大夫者也。命婦者，其婦人之爲大夫妻者也。無主者，命婦之無祭主者也。何以言"唯子不報"也？女子子適人者爲其父母期，故言不報也，言其餘皆報也。何以期也？父之所不降，子亦不敢降也。大夫曷爲不降命婦也？夫尊於朝，妻貴於室矣。註曰："無主者，命婦之無祭主",謂姑、姊妹、女子子也。"唯子不報",男女同不報爾。傳唯據女子子,似失之矣。大夫曷爲不降命婦,據大夫於姑、姊妹、女子,既已出降大功,其適士者,又以尊降在小功。夫尊於朝,與己同,婦貴於室,從夫爵也。○疏曰:無祭主謂姑、姊妹、女子子者,以世母、叔母,無主、有主,皆爲之期,故唯據此四人。○坡謂:報者,如姑、姊妹出嫁,姪兄弟降服大功,而姑、姊妹亦爲服大功。此大夫之子,爲姑、姊妹服期,故姑、姊妹亦報以期。如上文姑、姊妹、女子子適人無主者,姑、姊妹報是也。經云"唯子不報",傳解父母於女子,出嫁大功,今乃爲服期,嫌女子爲父母期,是報父母爲己服期;故特明之曰,凡"女子子適人者",皆"爲其父母期",不可以言報也。其餘若姑、姊妹之相爲服,皆相報也。註以傳爲失,疏似指父母報子言,恐皆非傳意。

大夫爲祖父母、適孫爲士者。○傳曰:何以期也?大夫不敢降其祖與適也。註曰:不敢降其祖與適,則可降其旁親也。

公妾以及士妾爲其父母。疏曰:云"公",謂五等諸侯,皆有八妾;士,謂一妻一妾。孤、卿、大夫妾不言之者,舉其極尊卑,中可知。○傳曰:何以期也?妾不得體君,得爲其父母遂也。註曰:然則,女君有以尊降其父母者與?《春秋》之義,雖尊爲天王后,猶曰"吾季姜";是言子尊不加於父母。此傳似誤矣。禮,妾從女君而服其黨服,是嫌不自服其父母,故以明之。○疏曰:所引禮,見《雜記》云:"女君死,則妾爲女君之黨服。"鄭以傳爲誤,故自解之。然傳意以公子爲君厭,爲己母不在五服,又爲己母黨無服,公妾既不得體君,君不厭,故妾爲父母,得伸遂而服期也。

降服:衰四升,冠七升。○既葬,以其冠爲受,衰七升,冠八升。

　　爲人後者,爲其父母報。女子子適人者,爲其父母。公妾以及士妾,爲其父母。

正服:衰五升,冠八升。○既葬,以其冠爲受,衰八升,冠九升。

　　祖父母。適孫。世父母、叔父母。昆弟。衆子。昆弟之子。公妾、大夫之妾爲其子。

不降正：降則爲大功，唯不降，故在正服。

　　大夫之適子爲妻。大夫之庶子爲適昆弟。女子子適人者爲其昆弟之爲父後者。姑、姊妹、女子子適人無主者，姑、姊妹報。女子子爲祖父母。大夫之子爲世父母、叔父母子、昆弟、昆弟之子。姑、姊妹、女子子無主者爲大夫、命婦者，唯子不報。大夫爲祖父母、適孫爲士者。

　　義服：衰六升，冠九升。○既葬，以其冠爲受，衰九升，冠十升。

　　繼父同居者。爲夫之君。爲君之父、母、妻、長子、祖父母。妾爲女君。婦爲舅姑。夫之昆弟之子。

　　疏衰裳齊，牡麻絰，無受者，註曰：無受者，服是服而除，不以輕服受之。不著月數者，天子、諸侯葬，異月也。《小記》曰：「齊衰三月與大功同者，繩屨。」○疏曰：上皆言冠帶，此及下傳大功皆不言冠帶者，以其輕，故略之。至正大功，言冠見其正，猶不言帶；緦麻又直言緦麻，餘又略之。若然，《禮記》云「齊衰居堊室」者，據期；故譙周亦云「齊衰三月，不居堊室」。天子七月葬，諸侯五月葬；爲之齊衰者，皆三月藏其服，至葬更服之，葬後乃除。

　　寄公爲所寓。○傳曰：寄公者何也？失地之君也。何以爲所寓服齊衰三月也？言與民同也。註曰：諸侯五月而葬，而服齊衰三月者，三月而藏其服，至葬又更服之，既葬而除之。

　　丈夫、婦人爲宗子、宗子之母、妻。註曰：婦人，女子子在室及嫁婦宗者也。宗子，繼別之後，百世不遷，所謂「大宗」也。○傳曰：何以服齊衰三月也？尊祖也。尊祖，故敬宗。敬宗者，尊祖之義也。宗子之母在，則不爲宗子之妻服也。疏曰：宗子母在，年未七十，母自與祭；母死，宗人爲之服。宗子母七十已上，則宗子妻得與祭，宗人乃爲宗子妻服也。必爲宗子母妻服者，以宗子燕食族人於堂，其母妻亦燕食族人之婦於房，皆序以昭穆，故族人爲之服也。

　　爲舊君、君之母、妻。○傳曰：爲「舊君」者，孰謂也？仕焉而已者也。何以服齊衰三月也？言與民同也。君之母、妻，則小君也。註曰："仕焉而已者"，謂老若有廢疾而致仕者也。爲小君服者，恩深於民。○疏曰：此經上下臣爲舊君有二，故發問云"仕焉而已者"。傳意以下爲舊君，是待放之臣，以此爲致仕之臣也。云"何以服齊衰三月"者，怪其舊服斬衰，今服三月也。"言與民同也"者，以本義合，今義已斷，故抑之使與民同也。下文"庶人爲國君"，無小君，是恩淺也。此爲小君，是恩深於民也。

　　庶人爲國君。註曰：不言"民"而言"庶人"，庶人或有在官者。天子畿內之民，服天子亦如之。○疏曰：云庶人在官者，謂府史胥徒。經言庶人，兼在官者而言之。云"天子畿內之民"，亦"如之"者，以其畿外上公五百里，侯四百里已下，其民皆服君三月；則畿內千里，專屬天子，亦如諸侯之境內也。

　　大夫在外，其妻、長子爲舊國君。註曰：在外，待放已去者。○疏曰：此大夫在外，不言爲本君服與不服者，《雜記》云"違諸侯之大夫，不反服；違大夫之諸侯，不反服"，以其尊卑不敵。尊卑敵乃反服。此大夫已去，不言服者，是其君尊卑不敵，不反服者也。○傳曰：何以服齊衰三月也？妻，言與民同也；長子，言未去也。註曰：妻雖從夫而出，古者大夫不外娶，婦人歸宗，往來猶民也。《春秋傳》曰："大夫越境逆女，非禮。"君臣有合離之義，長子去，可以無服。○疏曰：妻本從夫服君；今夫已絕，妻不合服而服之。長子本爲君斬者，亦大夫之子，得行大夫禮，從父而服之；今父已絕於君，亦當不服矣，而皆服衰三月，故發問也。

　　繼父不同居者。註曰：嘗同居，今不同。○疏曰：無傳者，已於期章釋了，是以不言也。

　　曾祖父母。疏曰：此經直云"曾祖"，不言"高祖"，按族祖父以高祖之孫而緦麻，則高祖有服明矣，故此註兼高祖而説也。經不言者，見其同服可知。○傳曰：何以齊衰三月也？小功者，兄弟之服也；不敢以兄弟之服服至尊也。註曰：正言小功者，服之數盡於五；則高祖宜緦麻，曾祖宜小功也。據祖期，則曾祖宜大功，高祖宜小功也。高祖、曾祖，皆有小功之差；則曾孫、玄孫爲之服同也。重其衰麻，尊尊也；減其日月，恩殺也。○疏曰：《三年問》云：

"何以至期也？曰'至親以期斷'；又云'然則何以三年也？'曰'加隆焉爾也'。"是本爲父母期，而加隆至三年。若謂爲父期，則爲祖宜大功，曾祖宜小功，高祖宜緦麻；若爲父加隆三年，則爲祖宜期，曾祖宜大功，高祖宜小功。是高祖、曾祖，皆有小功之差也。曾祖中既兼有高祖，是以兼云曾孫、玄孫服同也。○朱先生曰："沈存中云'高祖齊衰三月'，不特四世祖爲然；自四世以上，凡逮事皆當服衰麻三月，高祖蓋通稱耳。"

大夫爲宗子。疏曰：宗子既不降，母妻不降可知。○傳曰：何以服齊衰三月也？大夫不敢降其宗也。

舊君。註曰：大夫待放未去者。○傳曰：大夫爲舊君，何以服齊衰三月也？大夫去君，歸其宗廟，故服齊衰三月也，言與民同也，何大夫之謂乎？言其以道去君，而猶未絕也。註曰：以道去君，爲三諫不從，待放於郊；未絕者，言爵禄尚有列於朝，出入有詔於國，妻子自若民也。○疏曰：三諫不從，在境待放，得環則還，得玦則去。如此者，謂之以道去君。有罪放逐，爲非道去君。大夫去君，歸其宗廟，詔使宗族祭祀，雖去猶爲舊君服。若君不使歸其宗廟，是得玦而去，則不服矣。不言士者，此主爲待放未絕大夫有此法，士無待放之法。不言公卿及孤者，《詩》云三事大夫，則三公亦號大夫。

曾祖父母爲士者，如衆人。○傳曰：何以齊衰三月也？大夫不敢降其祖也。

女子子嫁者、未嫁者爲曾祖父母。○傳曰：嫁者，其嫁於大夫者也；未嫁者，其成人而未嫁者也。何以服齊衰三月？不敢降其祖也。註曰：言"嫁於大夫者"，明雖尊，猶不降也。成人，謂年二十已笄醴者也。此著不降，明有所降。

義服：衰六升，冠九升，無受。

曾祖父母。曾祖父母爲士者如衆人。女子子嫁者、未嫁者爲曾祖父母。

衰冠無受，同前。

大夫、婦人爲宗子，宗子之母妻。大夫爲宗子。記：宗子孤爲殤，大功衰，小功衰，皆三月；親則月算如邦人。

　　衰冠無受，同前。

　　寄公爲所寓。庶人爲國君。爲舊君君之母妻。大夫在外其妻長子爲舊國君。舊君。

　　衰冠無受，同前。

　　繼父不同居者。

大功布衰裳、牡麻絰無受者；註曰：大功布者，其鍛治之功粗沽之。○疏曰：本服齊衰斬，爲殤死降在大功，故在正大功之上，義齊衰之下也。斬疏皆不言布與功，至此輕始言布體與人功，斬衰冠六升不加灰，此七升言鍛治，可以加灰矣，但粗沽而已。言大功者，用功粗大。小功者，用功細小。

子、女子子之長殤、中殤。長，知丈反，下並同。○註曰：殤者，男女未冠笄而死可殤者，女子子許嫁不爲殤也。○疏曰：子女子子在章首者，父母於子，哀痛情深，故在前。○傳曰：何以大功也？未成人也。何以無受也？喪成人者，其文縟；喪未成人者，其文不縟。故殤之絰不樛垂，蓋未成人也。年十九至十六爲長殤，十五至十二爲中殤，十一至八歲爲下殤，不滿八歲以下爲無服之殤。無服之殤，以日易月。以日易月之殤，殤而無服。故子生三月，則父名之，死則哭之；未名，則不哭也。縟，音辱。樛，基幽反。爲，並如字。○註曰：不樛垂者，不絞其帶之垂者。《雜記》曰："大功以上散帶。"以日易月，謂生一月者，哭之一日也。殤而無服者，哭之而已。爲昆弟之子、女子子，亦如之。凡言"子"者，可以兼男女。又云"女子子"者，殊之以子，關適、庶也。○坡謂：以日易月，鄭云"生一月者，哭之一日"，馬、王以爲"以哭之日，易服之月"，如期親，則旬有三日哭。案：經明云："生三月""父名"，死方哭之；則"生一月，哭之一日"者，漏於是矣。王、馬似較得。

　　叔父之長殤、中殤。○姑、姊、妹之長殤，中殤。○昆弟之長殤、

中殤。○夫之昆弟之子、女子子之長殤、中殤。○適孫之長殤、中殤。○大夫之庶子,爲適昆弟之長殤、中殤。○公爲適子之長殤、中殤。○大夫爲適子之長殤、中殤。註曰:公,君也。諸侯、大夫不降適殤者,重適也。天子亦如之。○疏曰:自叔父至大夫庶子爲適昆弟之長殤、中殤,皆是成人齊衰期,長殤、中殤,殤降一等在大功,故於此總見之。又,別尊卑爲前後次第作文也。云公爲適子、大夫爲適子,皆是正統成人斬衰。今爲殤死,不得著代,故入大功。特言適子者,天子、諸侯於庶子,則絶而無服;大夫於庶子降一等,故不言也。

其長殤,皆九月,纓絰;其中殤,七月,不纓絰。註曰:絰有纓者,爲其重也。自大功以上,絰有纓,以一條繩爲之。小功以下,絰無纓也。○疏曰:五服之正,無七月之服,唯此大功中殤有之。五服諸文,唯有冠纓,不見絰纓。鄭檢此經,長殤有纓法,則知成人大功已上,絰有纓明矣。知"一條繩爲之"者,見斬衰冠繩纓,通屈一條繩爲武,垂下爲纓,故知此經之纓,亦通屈一條屬之絰,垂下爲纓可知。小功已下,絰無纓也者,亦以此經中殤七月,絰無纓,明小功五月已下,絰無纓可知。

【校記】

① "髽"後脱"衰"字。此句按經文順序,應在"妾爲君"之後。

儀禮述註卷第十三

喪服第十一之二

大功布衰裳,牡麻絰纓,布帶,三月;受以小功衰,即葛,九月者。註曰:受,猶"承"也。凡天子、諸侯、卿、大夫既虞,士卒哭而受服。正言"三月"者,天子、諸侯無大功,主於大夫、士也。此雖有君爲姑、姊妹、女子子嫁於國君者,非內喪也。○疏曰:天子七月而葬,諸侯五月而葬,虞而受服。然經"正言三月"者,主於大夫、士三月葬者。云"非內喪也"者,彼國自以五月葬後服,此諸侯爲之,自以三月受服,同於大夫、士,故云"主於大夫、士也"。○傳曰:大功布,九升;小功布,十一升。註曰:此受之下也。以發傳者,明受盡於此也。又受麻絰以葛絰,《間傳》曰"大功之葛,與小功之麻同"。○疏曰:此章有降、有正、有義。降,則衰七升,冠十升;正,則衰八升,冠亦十升;義,則衰九升,冠十一升。十升者,降小功;十一升者,正小功。傳直言義大功之受,故鄭云"此受之下也"。據"受之下""發傳者,明受盡於此",義服大功也。以其大功至葬,唯有變麻服葛,因故衰無受服之法,故傳據義大功而言也。云"又受麻絰以葛絰"者,言受衰麻俱受;而傳惟發衰,不言受麻以葛,故鄭解之也。引《間傳》者,證經大功既葬,變麻爲葛,五分去一,大小與小功初死同也。

姑、姊妹、女子子適人者。適,如字。○傳曰:何以大功也?出也。註曰:出必降之者,蓋有受我而厚之者。○疏曰:《檀弓》曰:"姑、姊妹之薄也,蓋有受我而厚之者也。"是於彼厚,夫自爲之禪杖期;故於此薄,爲之大功。

從父昆弟。從,才用反。○註曰:世父、叔父之子也。其姊妹在室亦如之。○疏曰:世叔父與祖爲一體,又與己父爲一體,緣親以致服,故云"從"也。

爲人後者爲其昆弟。○傳曰:何以大功也?爲人後者降其昆

224

弟也。

庶孫。註曰：男女皆是。○疏曰：庶孫從父而服祖期，故祖從子而服其孫大功，降一等。

適婦。註曰：適婦，適子之妻。○疏曰：其婦從夫而服其舅姑期，其舅姑從子而服其婦大功，降一等者也。○傳曰：何以大功也？不降其適也。疏曰：加於庶婦一等。

女子子適人者爲衆昆弟。註曰：父在，則同；父没，乃爲父後者服期也。

姪丈夫婦人報。註曰：爲姪男女服同。○傳曰：姪者，何也？謂吾姑者，吾謂之姪。疏曰：名唯對姑生稱；若對世叔，唯得言昆弟之子，不得姪名也。

夫之祖父母、世父母、叔父母。○傳曰：何以大功也？從服也。夫之昆弟，何以無服也？其夫屬乎父道者，妻皆母道也；其夫屬乎子道者，妻皆婦道也。謂弟之妻"婦"者；是嫂，亦可謂之母乎？故名者，人治之大者也，可無慎乎？嫂，音掃，亦作"嫂"。○註曰：道，猶"行"也。謂弟之妻爲婦者，卑遠之，故謂之婦；嫂者，尊嚴之稱。嫂，猶叟也。叟，老人稱也。是爲序男女之別爾。若己以母婦之服服兄弟之妻，以舅子之服服己，則是亂昭穆之序也。○疏曰：若然，夫之祖父母、世父母爲此妻著何服也？案下緦麻章云，婦爲"夫之諸祖父母報"，鄭註謂"夫所服小功"者，則此夫所服期，不服報。王肅以爲父爲衆子期，妻小功；爲兄弟之子期，其妻亦小功。以其兄弟之子猶子，引而進之，進同己子，明妻同可知。○朱先生曰：今案傳意，本謂弟妻不得爲婦，兄妻不得爲母，故反言以之曰，若謂弟妻爲婦，則是兄妻亦可謂之母矣。而可乎？言其不可爾，非謂卑遠弟妻，而正謂之婦也。註疏皆誤。

大夫爲世父母、叔父母、子、昆、弟、昆弟之子爲士者。註曰：子，謂庶子。○疏曰：大夫爲此八者本期；今以爲士，故降至大功。○傳曰：何以大功也？尊不同也。尊同，則得服其親服。註曰：尊同，謂亦爲大夫者親服期。

　　公之庶昆弟、大夫之庶子爲母、妻、昆弟。註曰：公之庶昆弟，則父卒也。大夫之庶子，則父在也。其或爲母，謂妾子也。〇疏曰：云公子，是父在。今繼兄而言昆弟，故知父卒也。若公子父在，爲母妻，在五服之外。今父卒，故服大功。云"大夫之庶子，則父在也"者，以其繼父而言。又大夫卒，子爲母妻，得伸其本服；今但大功，故知父在也。云"其或爲母謂妾子也"者，以適妻，君大夫自不降，其子皆得伸；今在大功，明妾子自爲己母也。〇傳曰：何以大功也？先君餘尊之所厭，不得過大功也。大夫之庶子，則從乎大夫而降也；父之所不降，子亦不敢降也。厭，於葉反。〇註曰：言"從乎大夫而降"，則於父卒如國人也。昆弟、庶昆弟也，舊讀昆弟在下，其於厭降之義，宜蒙此傳也。是以上而同之父所不降，謂適也。〇疏曰：公之庶昆弟，以其父在爲母妻厭，在五服外；公卒，猶爲餘尊之所厭，不得過大功。其大夫之子，據父在有厭，從於大夫降一等；大夫若卒，則得伸，無餘尊之厭也。云昆弟、庶昆弟者，若適，則在父之所不降之中，故知庶昆弟也。父以尊降庶子，則庶亦厭而爲昆弟大功。

　　皆爲其從父昆弟之爲大夫者。從，才用反。爲大，如字。〇註曰："皆"者，言其互相爲服，尊同則不相降，其爲士者降在小功，適子爲之亦如之。〇疏曰：承上文"公之庶昆弟、大夫之庶子"之下，則是上二人也。以其二人爲父所厭降親，今此從父昆弟爲大夫，故此二人不降而服大功，依本服也。鄭云"互相爲服"者，以彼此同是從父昆弟，相爲著服，故云"皆"，是互見之義故也。

　　爲夫之昆弟之婦人子，適人者。適，如字。〇註曰：婦人子者，女子子也。不言女子子，因出，見恩疏。〇疏曰：此謂世叔母爲之服，在家期，出嫁大功。

　　大夫之妾爲君之庶子。註曰：下傳曰"妾爲君之黨服，得與女君同"，指爲此也。妾爲君之長子，亦三年；自爲其子期，異於女君也。士之妾，爲君之衆子亦期。

女子子嫁者、未嫁者，爲世父母、叔父母、姑、姊妹。註曰：舊讀合大夫之妾，爲君之庶子女子子嫁者、未嫁者，言大夫之妾，爲此三人之服也。〇疏曰：此是女子子逆降旁親。知逆降者，此經云"嫁者""爲世父"已下，出降大功，自是常法；更言"未嫁者"，亦"爲世父"已下，非未嫁逆降如何？舊讀乃馬融輩如此，鄭以爲非，故下註破之也。〇傳曰：嫁者，其嫁於大夫者也。未嫁者，成人而未嫁者也。何以大功也？妾爲君之黨服，得與女君同。下言爲世父母、叔父母、姑、姊妹者，謂妾自服其私親也。註曰：此不辭，即實爲妾遂自服其私親，當言其以明之。齊衰三月章曰，"女子子嫁者、未嫁者，爲曾祖父母"，經與此同，足以明之矣。傳所云"何以大功也？妾爲君之黨服，得與女君同"，文爛在下爾。女子子成人者，有出道降旁親；及將出者，明當及時也。〇疏曰：何以"大功"至"女君同"當在上，"爲君之庶子"下誤在此？下言至"私親也"，非子夏自著，必是鄭君置之，欲分別舊讀者意，而以註破之，故云"不辭"。〇朱先生曰："疏言十一字是鄭所置。"今詳此十一字中，包"爲世"至"姊妹"十字，若無上下文，即無所屬。未詳其説，可更考之。又曰："此段自鄭註時，已疑傳文之誤。"今考女子子適人者，爲父母及昆弟之爲父後者，已見於齊衰期章；爲衆兄弟，又見於此大功章，唯伯叔父母姑姊妹之服無文，而獨見於此，則當從鄭註之説無疑矣。〇坡謂：朱子有一處言"舊讀得傳意"，鄭改傳文似牽强，又未見"妾爲己之私親，本當服期者，合著何服"。坡意，妾在家，亦女子子也，則服其期服，私親亦逆降，可知包在此條中矣。鄭註不易。

大夫、大夫之妻、大夫之子、公之昆弟爲姑、姊妹、女子子嫁於大夫者。疏曰：大夫、大夫妻、大夫之子、公之昆弟四等人，尊卑同，皆降旁親；姑、姊已下，一等大功；又以出降，當小功。但嫁於大夫，尊同，無尊降，有出降，故皆大功也。

君爲姑、姊妹、女子子，嫁於國君者。〇傳曰：何以大功也？尊同也。尊同，則得服其親服。諸侯之子稱"公子"，公子不得禰先君。

227

公子之子稱"公孫",公孫不得祖諸侯。此自卑別於尊者也。若公子之子孫,有封爲國君者,則世世祖是人也,不祖公子。此自尊別於卑者也。是故,始封之君,不臣諸父昆弟;封君之子,不臣諸父而臣昆弟;封君之孫,盡臣諸父昆弟。故君之所爲服,子亦不敢不服也;君之所不服,子亦不敢服也。禰,乃禮反。別,彼列反。○註曰:不得禰、不得祖者,不得立其廟而祭之也。卿大夫已下,祭其祖禰。"則世世祖是人",不得"祖公子"者,後世爲君者祖此受封之君,不得祀別子也。公子若在,高祖以下,則如其親服;後世遷之,乃毀其廟耳。因國君以尊降其親,故終説此義云。○疏曰:云"公子若在,高祖以下則如其親服"者,此解始封君得立五廟者,大祖一廟,與高祖已下四廟。今始封君,後世乃不毀其廟爲大祖。於此始封君,未有大祖廟,唯有高祖以下四廟,則公子爲別子者,得入四廟之限。始封君死,其子立,即以父爲禰廟。前高祖者,爲高祖之父,當遷之。又至四世之後,始封君爲高祖父,當遷之時,轉爲太祖,通四廟爲五廟,定制也。故云"後世遷之,乃毀其廟也"。○楊氏曰:自卑別於尊,是以子孫之卑,自別於祖之尊。此義爲是。自尊別於卑,乃以子孫之尊,自別於祖之卑。此説於理有害。而鄭註遂以爲"因國君以尊降其親",而説此義,則又愈非禮意。蓋國君以尊降其親,謂降其旁親,其正統之服不降。祖服期,曾祖、高祖齊衰三月,是未嘗降其祖也。鄭註蓋惑於"自尊別卑"之説,乃以封君之"不祖公子"爲"以尊降其親",而不知公子爲別子,繼別爲宗,謂之大宗,百世不遷。大宗或無後,則爲之立後,世世不絶,而常以公子爲祖矣。若公子之子孫,有封爲國君者,則後世子孫,只得祖封君,而不得祖公子,以紊其別子之宗;非是以封君之尊,別於公子之卑,而不祖之也。○坡謂:楊氏此論,封君是公子支庶,則別爲公子立宗,而自爲祖可也;若封君是公子之繼別,還世世祖公子乎?抑如註疏言親盡則毀乎?皆未可執一以相訾也。古者不降,上下各以其親;至周,方增尊貴降絶之禮。于夏,尊卑之言,是論位,非論分,何失之有?要之,周禮尚爵太重,似非至義。目見子孫貴倨,妄自尊大,無復念德本始之意。記譏周文之敝,賊而蔽者,此類謂與?

降服：衰七升，冠十升。○既葬，以其冠爲受，衰十升，冠十一升。

姑、姊妹、女子子適人者。女子子適人者爲衆昆弟。爲人後者爲其昆弟。女子子嫁者、未嫁者爲世父母、叔父母、姑、姊妹。大夫爲世父母、叔父母、子、昆、弟、昆弟之子爲士者。公之庶昆弟、大夫之庶子爲母、妻、昆、弟。

正服：衰八升，冠十升。○既葬，以其冠爲受，衰十升，冠十一升。

從父昆弟。庶孫。適婦。姪、丈人婦人報。大夫之妾爲君之庶子。

正不降。

君爲姑、姊妹、女子子嫁於國君者。大夫、大夫之妻、大夫之子、公之昆弟爲姑、姊妹、女子子嫁於大夫者。公之庶昆弟、大夫之庶子皆爲其從父昆弟之爲大夫者。

義服：衰九升，冠十一升。○既葬，以其冠爲受，衰十一升，冠十二升。

夫之祖父母、世父母、叔父母。爲夫之昆弟之婦人子適人者。

緦衰裳，牡麻絰①，既葬除之者。緦，音歲。○疏曰：緦衰，縷雖如小功，升數又少，故在小功上也。此不言帶屨者，以其傳云"小功之緦"也，則帶屨亦同小功可知。○傳曰：緦衰者何？以小功之縷也。註曰：治其縷如小功，而成布四升半。細其縷者，以恩輕也。升數少者，以服至尊也。凡布細而疏者謂之"緦"，今南陽有"鄧緦"。

諸侯之大夫爲天子。疏曰：此經直云"大夫"，則大夫中有孤、卿。以其小聘使下大夫，大聘或使孤，或使卿也。故《大行人》云：諸侯之孤，以皮帛繼子男。○傳曰：何以緦衰也？諸侯之大夫以時接見乎天子。見，賢遍反。○註曰：以時會見於天子而服之，則其士庶民不服可知。

小功布衰裳，澡麻帶絰，五月者。澡，音早。○註曰：澡者，治去莩垢，不絕其本也。《小記》曰："下殤小功，帶澡麻，不絕其本，屈而反以報之。"○疏曰：大功已上，絰帶有本；小功以下，絰帶皆斷本。此有下殤小功，帶不絕本，故進帶於絰上以見重。引《小記》者，欲見下殤小功中有本，是齊衰之喪，故特言下殤。若大功下殤，則入緦麻。云"屈而反以報之"者，謂先以一股麻不絕本者爲一條，展之爲繩報合也。以一頭屈而反向上合之，乃絞垂；必屈而反以合者，見其重故也。

　　叔父之下殤。○適孫之下殤。○昆弟之下殤。○大夫庶子爲適昆弟之下殤。○爲姑、姊妹、女子之下殤。疏曰：以上八人，皆是成人期。長殤、中殤大功，已在上殤大功章；此下殤小功，故在此章。

　　爲人後者，爲其昆弟、從父昆弟之長殤。疏曰：此本大功。長殤、中殤，則小功。從父昆弟情本輕，故在出降昆弟後。○傳曰：問者曰：中殤何以不見也？大功之殤，中從上；小功之殤，中從下。註曰：問者，據從父昆弟之下殤，在緦麻也。大功小功，皆謂服其成人也。大功之殤，中從上；則齊衰之殤，亦中從上也。此主爲丈夫之爲殤者服也。凡不見者，以此求之也。○疏曰：鄭云"問者，據從父昆弟之下殤，在緦麻也"者，以其緦麻章見從父昆弟之下殤；此章見從父昆弟之長殤，唯中殤不見也。此云"大功之殤，中從上；小功之殤，中從下"，緦麻章云"齊衰之殤，中從上；大功之殤，中從下"。兩文相反。故鄭註以彼謂婦人爲夫之族類，此謂丈夫爲殤者服也。

　　爲夫之叔父之長殤。註曰：不見中殤者，中從下也。○疏曰：夫之叔父義服，故次在此。成人大功，故長殤降一等，在小功。云"不見中殤者，中從下也"者，下傳云"大功之殤，中從下"，主謂此婦人爲夫之黨類，故知中殤下，在緦麻也。

　　昆弟之子、女子子，夫之昆弟之子、女子子之下殤。疏曰：此皆成人，爲之齊衰期；長、中殤在大功，故下殤在此小功也。

　　爲姪、庶孫丈夫婦人之長殤。疏曰：謂姑爲姪，成人大功，長殤在此。不言中殤，中從上。庶孫者，祖爲之大功，長殤、中殤亦在此。皆不言男子、女子，而言丈夫、婦人，是見恩疏之義也。

　　大夫、公之昆弟、大夫之子，爲其昆、弟、庶子、姑、姊妹、女子子之長殤。註曰：公之昆弟不言庶者，此無服，無所見也。大夫之子不言庶者，關適子亦服此殤也。云"公之昆弟"爲庶子之長殤，則知公之昆弟猶大夫。○疏曰：謂此三人爲此六種人，成人以尊降至大功，故長殤小功，中亦從上。

　　大夫之妾爲庶子之長殤。註曰：君之庶子。○疏曰：妾爲君之庶子，成人在大功章，今長殤降一等在此。云君之庶子者若適長，則成人隨女君三年，長殤亦大功。

　　降服：衰十升，冠升同，無受。

　　　叔父之下殤。適孫之下殤。昆弟之下殤。大夫庶子，爲適昆弟之下殤。爲姑、姊妹、女子子之下殤。爲人後者，爲其昆弟、從父昆弟之長殤。昆弟之子、女子子，夫之昆弟之子、女子子之下殤。爲姪、庶孫、丈夫婦人之長殤。大夫、公之昆弟、大夫之子，爲其昆、弟、庶子、姑、姊妹、女子子之長殤。

　　降義服。

　　　爲夫之叔父之長殤。大夫之妾，爲庶子之長殤。

　　小功布衰裳，牡麻絰，即葛，五月者。註曰：即，就也。小功輕，三月變麻，因故衰以就葛絰帶而五月也。《間傳》曰："小功之葛，與緦之麻同。"舊説小功以下，吉屨無絇也。

　　從祖祖父母、從祖父母報。從，才用反。下並同。○註曰：祖父之昆弟之親。○疏曰：從祖祖父母，是曾祖之子，祖之兄弟。從祖父母者，是從祖祖父之子，父之從父昆弟之親。

　　從祖昆弟。註曰：父之從父昆弟之子。○疏曰：此是從祖父之子，故鄭云"父之從父昆弟之子"，己之再從兄弟。以上三者爲三小功也。

　　從父姊妹。註曰：父之昆弟之女。○疏曰：此謂從父姊妹，在家大功，出適小功。不言出適與在室，姊妹既逆降宗族，亦逆降報之，故不辨在室及出嫁也。

　　孫適人者。註曰：女孫在室，亦大功也。

　　爲人後者，爲其姊、妹適人者。適，如字。下"適人"、"適士"同。○註曰：不言姑者，舉其親者，而恩輕者降可知。

爲外祖父母。○傳曰：何以小功也？以尊加也。疏曰：外親之服不過緦，以祖是尊名，故加至小功。

從母丈夫、婦人，報。註曰：從母，母之姊妹。○疏曰：丈夫、婦人者，異姓無出入降，是皆成人，長大爲號兩相爲服，故曰"報"。○傳曰：何以小功也？以名加也。外親之服皆緦也。註曰：外親異姓，正服不過緦，丈夫、婦人，姊妹之子，男女同。○疏曰：云"以名加也"者，以有母名，故加至小功。

夫之姑、姊妹、娣、姒婦，報。疏曰：夫之姑、姊妹，夫爲之期，妻降一等，出嫁小功，因恩疏略從降，故在室及嫁同小功。○傳曰：娣、姒婦者，弟長也。何以小功也？以爲相與居室中，則生小功之親焉。註曰：娣、姒婦者，兄弟之妻相名也。長婦謂稚婦爲娣婦，娣婦謂長婦爲姒婦。○疏曰：長，是其年長。假令弟妻年大稱之曰姒，兄妻年小稱之曰娣，是以《左氏傳》穆姜是宣公夫人，大婦也；聲伯之母是宣公弟叔肸之妻，小婦也。聲伯之母不聘，穆姜云"吾不以妾爲姒"。是據二婦年大小爲娣姒，不據夫年爲小大也。

大夫、大夫之子、公之昆弟，爲從父昆弟、庶孫、姑、姊妹、女子子適士者。註曰：從父昆弟及庶孫，謂亦爲士者。○疏曰：從父昆弟、庶孫本大功；此三等，以尊降入小功。姑、姊妹、女子本期，此三等，出降入大功；若適士又降一等，入小功也。

大夫之妾爲庶子適人者。註曰：君之庶子，女子子也。庶女子子，在室大功，其嫁於大夫亦大功。○疏曰：此云"適人者"，謂士。

庶婦。註曰：夫特不受重者。○疏曰：《小記》註云，世子有廢疾，不可立，而庶子立，其舅姑皆爲其婦小功，則亦兼此婦也。

君母之父、母、從母。註曰：君母，父之適妻也。從母，君母之姊妹。○傳曰：何以小功也？君母在，則不敢不從服；君母不在，則不服。註曰："不敢不服"者，恩實輕也。凡庶子於君母，如適子。○疏曰：若然，君母在，既爲君母父母，其己母之父母，或亦兼服之。若馬氏義，君母不在，乃可伸矣。

　　君子子爲庶母慈己者。註曰："君子子"者，大夫及公子之適妻子。○疏曰：禮之通例，云君子與貴人，皆據大夫已上。公子尊卑比大夫，故鄭據而言。又國君之子，爲慈母無服；士又不得稱君子，亦復自養子。無三母具，故知此二人而已。○傳曰：君子子者，貴人之子也。爲庶母何以小功也？以慈己加也。註曰：云"君子子"者，父在也。父沒，則不服之矣。"以慈己加"，則君子子，亦以士禮爲庶母緦也。《內則》曰："異爲孺子室於宮中，擇於諸母與可者，必求其寬裕慈惠、溫良恭敬、慎而寡言者，使爲子師，其次爲慈母，其次爲保母，皆居子室。他人無事不往。"又曰："大夫之子有食母。""庶母慈己者"，此之謂也。其不慈己，則緦可矣。不言師、保，慈母居中，服之可知也。國君世子生，卜士之妻、大夫之妾使食子，三年而出，見於公宮則劬，非慈母也。士之妻，自養其子。

　　降服：衰十升，冠升同。既葛，五月。無受。

　　孫適人者。爲人後者，爲其姊、妹適人者。大夫、大夫之子、公之昆弟，爲從父昆、弟、庶孫、姑、姊妹、女子子適士者。大夫之妾爲庶子適人者。

　　正服：衰十一升，冠升同。既葛，五月。無受。

　　從祖祖父母。從祖父母。從祖昆弟。從父姊妹。外祖父母。從母丈夫、婦人報。庶婦。君母之父、母、從母。君子子爲庶母慈己者。

　　義服：衰十二升，冠升同。既葛，五月。無受。

　　夫之姑、姊妹、娣、姒婦，報。

　　緦麻，三月者。註曰：緦麻，布衰裳而麻絰帶也。不言衰絰，略輕服，省文。○疏曰：以緦如絲者爲衰裳，又以澡治莩垢之麻爲緦帶，故曰"緦麻"。緦，則"絲"也。古之緦、絲，字通用，故作"緦"字。○傳曰：緦者，十五升抽其半；有事其縷，無事其布，曰"緦"。註曰：謂之緦者，治其縷，細如絲也。抽，去也。《雜記》曰："緦冠繰纓。"○疏曰：縷粗細與朝服十五升同，縷數則半之。冠與衰同用緦布，但以灰繰治布爲纓。

族曾祖父母。○族祖父母。○族父母。○族昆弟。註曰：族曾祖父者，曾祖昆弟之親也。族祖父者，亦高祖之孫，則高祖有服，明矣。○疏曰：云"族曾祖父母"者，己之曾祖親兄弟也。云"族祖父母"者，族曾祖父母之子，己之祖父從父昆弟也。云"族父母"者，族祖父母之子，己之父從祖昆弟也。云"族昆弟"者，族父母之子。己之三從兄弟，皆名爲"族"，族屬也。骨肉相連屬，以其親盡恐相疏，故以族言之。此即《大傳》云，"四世而緦，服之窮也"，名爲"四緦麻"。○又曰：與己同出高祖，上至高祖爲四世，旁亦四世；旁四世既有服，於高祖有服明矣。鄭言此者齊衰三月章，直見曾祖父母，不言高祖，以爲無服；故鄭從下鄉上推之，高祖有服可知。《春秋傳》曰："同族於禰廟。"杜預云，"謂高祖以下"。

庶孫之婦。疏曰：適子之婦，大功；庶子之婦，小功；適孫之婦，小功；庶孫之婦，緦。是其差也。

庶孫之中殤。中，當依註作"下"。○註曰：庶孫者，成人，大功；其殤，中從上。此當爲下殤；言中殤者，字之誤耳。

從祖姑、姊、妹適人者，報。疏曰：本服小功，是以降一等在緦。

從祖父、從祖昆弟之長殤。註曰：不言中殤，中從下。○疏曰：本服小功，以長殤降一等。

外孫。註曰：女子子之子。○疏曰：以女出外適而生，故云外孫。

從父昆弟姪之下殤。疏曰：成人，大功；長、中殤，小功。故下殤在此章也。

夫之叔父之中殤、下殤。疏曰：成人，大功；長殤，小功。中、下殤在此。

從母之長殤，報。疏曰：從母者，母之姊妹。成人，小功；故長殤在此，中、下之殤無服。

庶子爲父後者爲其母。疏曰：此爲無冢適，惟有妾子；父死，庶子承後，爲其母緦也。○傳曰：何以緦也？傳曰：與尊者爲一體，不敢服其私親也。然則,何以服緦也?有死於宮中者,則爲之三月不舉祭,因是以服緦也。註曰:君卒,庶子爲母大功;大夫卒,庶子爲母三年;士雖在,庶子爲母皆如衆人。○疏曰:"君卒,庶子爲母大功"者,大功章云,"公之庶昆弟爲其母"是也。以其先君在,公子爲母在五服外;先君卒,則是今君庶昆弟爲其母大功,先君餘尊之所厭,不得過大功。云"大夫卒,庶子爲母三年"者,以其父在大功,大功章云,"大夫之庶子爲母"是也。父卒,無餘尊所厭,故伸三年。"士雖在,庶子爲母皆如衆人"者,士卑,無厭故也。鄭并言大夫士之庶子者,欲見不承後者如此服;若承後,則皆緦,故并言之。若天子、諸侯庶子承後,爲其母所服云何?案:《曾子問》云,"古者天子練冠以燕居",鄭云"謂庶子王爲其母無服"。案:《服問》云"君之母非夫人,則羣臣無服,惟近臣及僕驂乘從服,惟君所服服也",註云:"妾,先君所不服也。"《禮》,庶子爲後,爲其母緦。言"惟君所服",伸君也。《春秋》之義,有"以小君服之"者。時若小君在,則益不可。據《曾子問》所云,據小君在,則練冠五服外;《服問》所云,據小君沒後,其庶子爲得伸。故鄭云"伸君",是以引《春秋》之義,母以子貴。若然,天子、諸侯禮同,與大夫、士禮有異也。

士爲庶母。○傳曰:何以緦也?以名服也。大夫以上爲庶母,無服。

貴臣、貴妾。註曰:此謂公士大夫之君,殊其臣妾貴賤,而爲之服。貴臣,室老士也。貴妾,姪娣也。天子、諸侯,降其臣妾,無服。士卑無臣,則士妾又賤,不足殊。有子,則爲之緦;無子,則已。○疏曰:斬衰章註云,"室老,家相也"。士,邑宰也。○坡謂:大夫不服己之庶母,而自服其臣妾,其流之弊,所以有三命而名諸父者。坡所未詳。○傳曰:何以緦也?以其貴也。

乳母。註曰:謂養子者有他故,賤者代之慈己。○傳曰:何以緦也?以名服也。

從祖昆弟之子。註曰:族父母爲之服。○疏曰:再從兄弟之子,呼己爲族父母。

曾孫。註曰：孫之子。〇疏曰：據曾祖爲之緦，不言玄孫者，此亦如齊衰三月章，直見曾祖，不言高祖。以其曾孫、玄孫爲曾、高同，曾、高亦爲曾孫、玄孫同。故二章皆略，不言高祖、玄孫也。

父之姑。註曰：歸孫爲祖父之姊妹。〇疏曰：《爾雅》云："女子謂昆弟之子爲姪，謂姪之子爲歸孫。"

從母昆弟。〇傳曰：何以緦也？以名服也。疏曰：因從母有母名，而服其子也。

甥。註曰：姊妹之子。〇傳曰：甥者何也？謂吾舅者，吾謂之甥。何以緦也？報之也。疏曰：甥既服舅以緦，舅亦爲甥以緦。

壻。註曰：女子子之夫也。〇傳曰：何以緦也？報之也。

妻之父母。〇傳曰：何以緦？從服也。註曰：從於妻而服之。

姑之子。註曰：外兄弟也。〇疏曰：姑是內人，以出外而生，故曰外兄弟。〇傳曰：何以緦？報之也。

舅。註曰：母之兄弟。〇傳曰：何以緦？從服也。註曰：從於母而服之。

舅之子。註曰：內兄弟也。〇傳曰：何以緦？從服也。

夫之姑、姊、妹之長殤。疏曰：夫之姑、姊、妹，成人婦爲之小功；長殤降一等，故緦。

夫之諸祖父、母，報。註曰：諸祖父者，夫之所爲小功；從祖祖父母，外祖父母。或曰：曾祖父母。曾祖於曾孫之婦無服，而云報乎？曾祖父母，正服小功；妻，從服緦。

君母之昆弟。〇傳曰：何以緦？從服也。註曰：從於君母而服之。君母卒，則不服。

從父昆弟之子之長殤。〇昆弟之孫之長殤。疏曰：此二人本小功，故長殤在緦麻，中下殤無服。

爲夫之從父昆弟之妻。○傳曰：何以緦也？以爲相與同室，則生緦之親焉。註曰：降於親娣姒，故緦也。○長殤、中殤，降一等；下殤，降二等。齊衰之殤，中從上；大功之殤，中從下。註曰：此主謂妻爲夫之親服也。凡不見者，以此求之。○疏曰：大功，有同室同財之義，故云"相與同室"，"生緦之親焉"。云"長殤、中殤降一等"以下，乃是婦人爲夫之族著殤服法。雖文承上男子爲殤之下，要爲下婦人而發也。云"長殤、中殤降一等"者，據下齊衰中殤從上，在大功也。"下殤降二等"者，亦是齊衰下殤，在小功者也。

降服：衰十五升抽其半，冠升同。無受。

庶孫之中殤。從祖父、從祖昆弟之長殤。從父昆弟之子之長殤。昆弟之孫之長殤。從父昆弟姪之下殤。從母之長殤報。從祖姑、姊、妹適人者報。

降義服。

夫之叔父之中殤、下殤。夫之姑、姊、妹之長殤。

正服：衰冠，無受，與降報同。

族曾祖父母。族祖父母。族父母。族昆弟。庶孫之婦。外孫。甥。壻。庶子爲父後者爲其母。妻之父母。士爲庶母。姑之子。乳母。舅。從祖昆弟之子。舅之子。曾孫。君母之昆弟。父之姑。從母昆弟。

義服：衰冠，無受，與降服同。

夫之諸祖父母報。爲夫之從父昆弟之妻。貴臣貴妾。

記

公子爲其母，練冠，麻，麻衣縓緣；爲其妻，縓冠，葛絰帶，麻衣縓緣；皆既葬除之。縓，七見反。緣，俞絹反。○註曰：公子，君之庶子也。其或爲母，謂妾子也。麻者，緦麻之絰帶也。此麻衣者，如小功布深衣，爲不制衰裳變也。《詩》云"麻衣如雪"。縓，淺絳也。一染謂之"縓"。練冠而麻衣縓緣，三年練之受飾也。《檀弓》曰"練，練衣黃裏縓緣"，諸侯之妾子厭於父，爲母不得伸，權爲制此服，不奪其恩也；爲妻縓冠、葛絰帶，妻輕。○疏曰：以練布爲冠，以麻爲絰帶。麻衣，謂白布深衣。縓緣，以縓色繒與深衣爲領緣。皆既葬除之，與緦麻所除同也。鄭知此麻衣如小功布深衣者，案：士之妾子，父在爲母期；大夫之妾子，父在爲母大功；則諸侯妾子，父在小功，是其差次，故知此當小功布也。諸侯尊，絕期已下無服。公子被厭，不合爲母服，不奪其母子之恩，故五服外權爲制此服。必服麻衣縓緣者，麻衣大祥受服，縓緣練之受飾，雖抑，猶容有三年之哀故也。○傳曰：何以不在五服之中也？君之所不服，子亦不敢服也；君之所爲服，子亦不敢不服也。註曰：君之所不服，謂妾與庶婦也；君之所爲服，謂夫人與適婦也。諸侯之妾，貴者視卿，賤者視大夫，皆三月而葬。

大夫、公之昆弟，大夫之子，於兄弟降一等。註曰：兄弟，猶言族親也。凡不見者，以此求之也。○疏曰：大夫以尊降，公之昆弟以旁尊降，大夫之子以厭降。

爲人後者，於兄弟降一等，報；於所爲後之兄弟之子，若子。爲，並如字。○註曰：言報者，嫌其爲宗子不降。○疏曰："嫌其爲宗子不降"者，以其出降本親；又宗子尊重，恐本親爲宗子有不降服之嫌，故云"報"以明之。

兄弟皆在他邦，加一等。不及知父母，與兄弟居，加一等。註曰："皆在他邦"，謂行仕、出遊若避仇。"不及知父母"，父母早卒。○疏曰：共在他國，一死一不死，相憫不得辭親眷。父母早卒，兄弟共居而死，當愍其孤幼相育，故皆加一等。○傳曰：何如則可爲之兄弟？傳曰：小功以下爲兄弟。註曰：於此發兄弟傳者，嫌大功已上又加也。大功以上，若皆在他國，則親自親矣。若不及知父母，則固同財矣。○疏曰：小功已下爲兄弟者加一等，大功以上不可復加也。云"親自親矣"，"固同財矣"者，皆明恩自隆重，不可復加之義。

朋友皆在他邦，袒免，歸則已。免，音問。○註曰：謂服無親者，當爲之主。每至袒時則袒，袒則去冠，代之以免。舊説云，以爲"免"象冠，廣一寸。

"已",猶"止"也。歸有主則止也。主若幼少則未止。《小記》曰:"大功者,主人之喪有三年者,則必爲之再祭。朋友虞、祔而已。"○疏曰:朋友義合,故云無親。袒時,謂小斂訖。投冠,括髮時。引《小記》者,證朋友爲主之義,子幼不能爲主。大功爲主者,爲之再祭,謂練祥。朋友輕,爲之虞、祔而已;以其有無大功已下之親。此朋友自外來,及在家,朋友皆得爲主,虞、祔乃去。

朋友,麻。註曰:朋友雖無親,有同道之恩,相爲服緦之絰帶。《檀弓》曰:"羣居則絰,出則否。"其服,弔服也。《周禮》曰:"凡弔,當事則弁絰服。""弁絰"者,如爵弁而素,加環絰也。其服有三:錫衰也,緦麻也,疑衰也。王爲三公、六卿,錫衰;爲諸侯,緦衰;爲大夫士,疑衰。諸侯及卿大夫,亦以錫衰爲弔服,當事則弁絰;否則皮弁,辟天子也。士以緦衰爲喪服,其弔服則疑衰也。其弁絰、皮弁之時,則如卿大夫然。又改其裳以素,辟諸侯也。朋友之相爲服,即士弔服疑衰,素裳。庶人不爵弁,則其弔服素冠委貌。○疏曰:知"緦之絰帶"者,以其緦是五服之輕,爲朋友之絰帶,約與之等。"環絰"者,以一股麻爲骨,又以一股麻爲繩,纏之如環然,謂之"環絰",加於素弁之上。云庶人"冠素委貌",不言其服;其服則白布深衣,庶人之常服。又,尊卑始死,未成服已前服之,故庶人得爲弔服也。

君之所爲兄弟服,室老降一等。註曰:公士大夫之君。○疏曰:天子諸侯絶期。今言"爲兄弟服",明是公士大夫之君,於旁親降一等者。

夫之所爲兄弟服,妻降一等。坡謂:註無解,疏以爲從母,猶非倫。近年萬季野據以爲娣叔有服之証。坡意:小功章,夫之姑、姊、妹,疏曰:"夫之姑、姊、妹",夫爲期,妻降一等,出嫁小功,因恩疏略從降;故在室及嫁同小功。然則,兄弟蓋指姊、妹女兄弟也。季野失檢,當再詳之。○娰,同嫂。

庶子爲後者,爲其外祖父、母,從母舅,無服。不爲後,如邦人。疏曰:以其與尊者爲一體,既不得服所出母,是以母黨皆不服之。

宗子孤爲殤,大功衰,小功衰,皆三月。親,則月算如邦人。註曰:言"孤",有不孤者。不孤,則族人不爲殤服服之也。不孤,謂父有廢疾,若年七十而老,子代主宗事者也。孤爲殤,長殤、中殤大功衰,下殤小功衰,皆如殤服而三月,謂與宗子絶屬者也。親,謂在五屬之内。算,數也。"月數如邦人"者,與宗子有期之親者,成人服之齊衰,期;長殤大功衰,九月;中殤大功衰,七月;下殤小功衰,五月。有大功之親者,成人服之齊衰,三月,卒哭受。以大功衰,九月;其長殤、中殤大功衰,五月;下殤小功衰,三月。有小功之親者,成人服之齊衰,三月,卒哭受。以小功衰,五月。其殤與絶屬者,同有緦麻之親者,成人及殤,皆與絶屬者同。○疏曰:云大功衰、小功衰者,以其成人齊衰,故長殤、中殤皆在大功衰,下殤在小功衰也。云皆三月者,以其衰雖降,月本三月,法一時不可更服,故還依本三月也。自大功親以下,盡小功親以上,成人月數雖依本皆服齊衰者,以其絶屬者,猶服齊衰三月,明親者無問大功小功緦麻,皆齊衰者也。既皆齊衰,故三月既葬受服,乃始受以大功衰小功衰也。至於小功親已下,殤與絶屬者同者,以其成人小功五月,殤即入三月;故與絶屬者爲宗子齊衰三月、緦麻親亦三月,是以成人及殤死,皆與絶屬者同也。

改葬,緦。註曰:謂墳墓以他故崩壞,將亡失尸柩者也。改葬者,明棺物毀敗,改設之,如葬時也。其奠如大斂,從廟之廟,從墓之墓,禮宜同也,服緦者,臣爲君也,子爲父也,妻爲夫也,必服緦者。親見尸柩,不可以無服。緦三月而除之。○疏曰:鄭言三等,舉痛極者;而言父爲長子,子爲母,亦與此同也。○問改葬,朱先生曰:須告廟而後告墓,方啓墓以葬。葬畢,奠而歸,又告廟哭,而後畢事方穩。行葬,更不必出主;祭告時,卻出主於寢。

童子,唯當室,緦。註曰:童子,未冠之稱也。當室者,爲父後承家事者,爲家主與族人爲禮。於有親者,雖恩不至,不可以無服也。○疏曰:"有親者",則族内四緦麻以來皆是也。不在緦章者,若在緦章,則外内俱報。此當室童子,直與族人爲禮,有此服不及外親,故不在緦章,而在此記也。○傳曰:不當室,則無緦服也。

凡妾爲私兄弟,如邦人。註曰:嫌厭降之也。私兄弟,目其族親也。女君有以尊降其兄弟者,謂士之女爲大夫妻,與大夫之女爲諸侯夫人,諸侯之女爲天王后者。父卒,昆弟之爲父後者,宗子亦不敢降也。○疏曰:"妾"言"凡"者,總天子已下至士,故"凡"以該之也。

　　大夫弔於命婦,錫衰;命婦弔於大夫,亦錫衰。註曰:"弔於命婦",命婦死也。"弔於大夫",大夫死也。《小記》曰:"諸侯弔,必皮弁錫衰。"《服問》曰:"公爲卿大夫錫衰以居,出亦如之,當事則弁絰。大夫相爲亦然。爲其妻,往則服之,出則否。"○疏曰:引《小記》者,以記人。直言身上衰,不言首服,故引《小記》也。言"諸侯弔,必皮弁"者,言諸侯不言君。謂諸侯因朝、弔異國之臣,著皮弁錫衰,雖成服後,亦不弁絰也。○傳曰:錫者,何也？麻之有錫者也。錫者,十五升抽其半,無事其縷,有事其布,曰"錫"。註曰:謂之"錫者",治其布使之滑易也。錫者不治其縷,哀在內也。緦者不治其布,哀在外。公及卿大夫弔士,雖當事,皮弁錫衰而已。士之相弔,則如朋友服疑衰素衰。凡婦人相弔,吉笄、無首素總。○疏曰:上文命婦弔於大夫錫衰,未解首服,至此乃解之。

　　女子子適人者爲其父母,婦爲舅姑,惡笄有首,以髽;卒哭,子折笄首以笄,布總。髽,側瓜反。折,之設反。○疏曰:婦人以飾事人,是以雖居喪內,不可頓去脩容,故使惡笄而有首。至卒哭,女子子哀殺,歸于夫氏,故折吉笄之首,而著布總也。其總,斬衰已六升,長六寸;正服齊衰冠八升,則正齊衰總亦八升,是以總長八寸。笄、總與斬衰長短爲差,但笄不可更變。折其首,總可更變。宜從大功總,十升之布總也。○傳曰:笄有首者,惡笄之有首也。惡笄者,櫛笄也。折笄首者,折吉笄之首也。吉笄者,象笄也。何以言"子"折笄首而不言"婦"？終之也。櫛,莊乙反。○註曰:櫛笄者,以櫛之木爲笄。或曰:榛笄有首者,若今時刻鏤摘頭矣。卒哭,而喪之大事畢,女子子可以歸於夫家而著吉笄;折其首者,爲其大飾也。吉笄尊,變其尊者,婦人之義也。據在夫家,宜言"婦"。終之者,終子道於父母之恩。○坡謂:上言女爲父母,婦爲舅姑;下只言子折笄首,而不言婦,是婦惡笄以終喪也。註謂女子據在夫家稱婦,未詳。○"大飾",音泰。

241

妾爲女君、君之長子，惡笄有首，布總。

凡衰，外削幅；裳，內削幅，幅三袧。袧，劉音鉤，又音姤，襞也。○註曰：削，猶"殺"也。大古冠布、衣布，先知爲上，外殺其幅，以便體也；後知爲下，內殺其幅，稍有飾也。後世聖人易之，以此爲喪服。袧者，謂辟兩側，空中央也。祭服、朝服，辟積無數。凡裳，前三幅，後四幅也。○疏曰：云"衰，外削幅"者，衣縫之邊幅向外。"裳，內削幅"者，謂縫之邊幅向內。云"幅三袧"者，據裳而言，用布七幅，幅二尺二寸，兩畔各去一寸爲削幅，則二七十四丈四尺。若不辟積其腰中，則束身不得就；故一幅布，凡三處屈之。○殺，色界反。大，音泰。辟，音璧。若齊，裳內衰外。齊，側私反。○註曰：齊，緝也。緝裳者，內展之；緝衰者，外展之。○負，廣出於適寸。廣，古曠反。適，如字。下同。○註曰：負，在背上者也。適，辟領也。負出於辟領外旁一寸。○疏曰：以一方布置於背上，上畔縫著領，下畔垂放之，以在背上，故得"負"名。出於辟領外旁一寸，總尺八寸也。○適，博四寸，出於衰。註曰：博，廣也。辟領廣四寸，則與闊中八寸也；兩之，爲尺六寸也。出於衰者，旁出衰外，不著寸數者可知也。○疏曰：衰，謂胸前衰也。云"辟領廣四寸"者，項之兩相，向外各廣四寸。云"則與闊中八寸"者，謂兩身當縫中央，總闊八寸，一邊有四寸，并辟領四寸爲八寸。云"兩之，爲尺六寸"者，一相闊與辟領八寸，故兩之總一尺六寸。云"旁出衰外"者，以兩旁辟領向前望衰之外也。衰廣四寸，辟領橫廣總尺六寸，除中央四寸當衰，衰外兩旁各出衰六寸。○衰，長六寸，博四寸。長，直亮反。○註曰：廣袤當心也。前有衰，後有負板，左右有辟領。孝子哀戚，無所不在。○疏曰：袤，長也；綴於外衿之上，故得廣長當心。○衣帶，下尺。註曰：衣帶下尺者，要也。廣尺，足以掩裳上際也。○衽，二尺有五寸。註曰：衽，所以掩裳際者；上正一尺，燕尾二尺五寸，凡用布三尺五寸。○疏曰：云"上正一尺"者，取布三尺五寸，廣一幅，留上一尺爲正。正者，正方不破之言也。一尺之下，從一畔旁入六寸，乃邪向下一畔一尺五寸去，下畔亦六寸橫斷之，留下一尺爲正。如是，則用布三尺五寸，得兩條衽，衽各二尺五寸。兩條共用三尺五寸也。

兩旁皆綴於衣，垂之向下，掩裳兩相下際不合之處。○袂，屬幅。屬，音燭。○註曰：屬，猶"連"也。連幅謂不削。○疏曰：謂整幅二尺二寸。凡用布爲衣物，皆去邊幅一寸爲縫殺。今此屬連其幅，則不削去其邊幅，取整幅爲袂。必不削幅者，欲取與下文衣二尺二寸同。縱橫皆二尺二寸，正方者也。○衣，二尺有二寸。註曰：此謂袂中也。言"衣"者，明與身參齊二尺二寸，其袖足以容中人之肱也。衣自領至要二尺二寸，倍之，四尺四寸；加辟領八寸，而又倍之，凡衣用布一丈四寸。○疏曰：身即衣也。兩旁袖與中央身三事，下畔皆等，故云"參齊"。○袪，尺二寸。袪，起魚反。○註曰：袪，袖口也。尺二寸，足以容中人之併兩手也。吉時，拱尚左手；喪時，拱尚右手。○疏曰：云"袪，袖口也"，則袂末接袪者也。云"尺二寸"者，據複攝而言，圍之則二尺四寸也。○楊氏曰：記云"衣，二尺有二寸"，蓋指衣身自領至要之長而言之也。用布八尺八寸，中斷以分左右，爲四尺四寸者二；又取四尺四寸者二，中摺以分前後，爲二尺二寸者四。此即尋常度衣身之常法也。合二尺二寸者四，疊爲四重，從一角當領處四寸下，取方裁入四寸，乃記所謂"適，博四寸"、註疏所謂"辟領四寸"是也。按：鄭註云"適，辟領也"，則兩物即一物也。今記曰"適"，註疏又曰"辟領"，何爲而異其名也？辟，猶攝也。以衣當領，裁入四寸處，反攝向外，加兩肩上，故曰"辟領"，即疏所謂"兩相向外各四寸"是也。左右有辟領，以明"孝子哀戚，無所不在"。故曰適，即疏所謂指適緣於父母，不兼念餘事是也。既辟領四寸，加兩肩上，以爲左右"適"；故後之左右，各有四寸虛處，當脊而相並，謂之"闊中"。前之左右各有四寸虛處，近胸而相對，亦謂之"闊中"，乃疏所謂"闊中八寸"是也。此是衣身所用布之數與裁之之法也。註又云"加辟領八寸，而又倍之"者，謂別用布一尺六寸，以塞前後之闊中也。布一條，縱長一尺六寸，橫闊八寸，又縱摺而中分之；其下一半，截斷左右兩端各四寸，除去不用，只留中間八寸，以加後之闊中。元裁辟領各四寸，而塞其缺（當脊相並處），此所謂加辟領八寸是也。其上一半全一尺六寸不裁，以布之中間從項上分左右對摺，向前垂下，以加於前之闊中，與元裁斷處（近胸相並處）相接，以爲左右領也。夫"下一半加於後之闊中"者，用布八寸，而上一半，從項而下，以加前之闊中者，又倍之而爲一尺六寸焉。此所謂"而又倍之"者是也。此則衣領所用之布與裁之之法也。古者衣服，吉凶異制，故衰服領與吉服領不同，而其制如此也。註又云"凡用布一丈四寸"者，衣身八尺八寸，衣領一尺六寸，合爲一丈四寸也。是此用布正數，又當少寬其布，以爲針縫之用。然此即衣身與衣領之數，若負衰帶下及兩衽，又在此數之外矣。但領必有袷，此布何從出乎？曰"衣領用布，闊八寸，而長一尺六寸"，古者布幅闊二尺二寸，除衣領用布闊八寸之外，更餘闊一尺四寸、而長一尺六寸，可以分作三條，施於袷而適足，無餘欠也。云"袂，二尺二寸"，而袪乃尺二寸者，縫合其下一尺大，留上一尺二寸，以爲袖口也。云"衣帶下尺"者，衣身二尺二寸，僅至腰而止，無以掩裳上際；故於衣帶之下，用縱布一尺，上屬於衣，橫繞於腰，則以腰之闊狹爲準，所以掩裳上際，而後綴兩衽於其旁也。〇又曰：註云"前有衰，後有負版，左右有辟領；孝子哀戚之心，無所不在"，惟子爲父母用之，此外皆不用。〇摺，之涉反，疊也。

衰，三升，三升有半。其冠，六升。以其冠爲受，受冠七升。註曰：衰，斬衰也。或曰"三升半"者，義服也。其冠六升，齊衰之下也。斬衰正服，變而受之此服也。三升、三升半，其受冠皆同。以服至尊，宜少差也。〇疏曰："受冠七升"者，據"至虞，變麻服葛"時，更以初死之冠六升布爲衰，更以七升布爲冠。云"六升，齊衰之下也"者，齊服之降服四升，正服五升，義服六升；以其六升，是義服，故云下也。

齊衰，四升。其冠，七升。以其冠爲受，受冠八升。註曰：言"受"，以大功之上也。此謂爲母服也。齊衰正服五升，其冠八升；義服六升，其冠九升，亦以其冠爲受。凡不著之者，服之首，主於父母。〇疏曰：此據"父卒，爲母齊衰三年而言"也。云"言'受'，以大功之上也"者，以其降服大功，衰七升；正服大功，衰八升。故云"大功之上"。云"此謂爲母服也"者，據父卒，爲母而言；若父在爲母，在正服齊衰，前已解訖。

繐衰，四升有半。其冠，八升。註曰：此諸侯之大夫，爲天子繐衰也。

服在小功之上者,欲著其縷之精粗也。升數在齊衰之中者,不敢以兄弟之服服至尊也。○疏曰:據升數合在杖期上,以其升數雖少,以縷精粗與小功同,不得在杖期上,故在小功之上也。

　　大功,八升,若九升。小功,十升,若十一升。註曰:此以小功受大功之差也。不言七升者,主於受服,欲其文相值。言服降而在大功者,衰七升,正服衰八升,其冠皆十升;義服九升,其冠十一升,亦皆以其冠爲受也。斬衰受之已下,大功受之以正者,重者輕之,輕者從禮,聖人之意然也。其降而在小功者,衰十升,正服衰十一升,義服衰十二升,皆以即葛及緦麻,無受也。此大功不言受者,其章既著之。○疏曰:云"此以小功受大功之差也"者,以此二小功衰,受二大功之冠爲衰。二大功初死,冠還用二小功之衰,故轉相受也。

【校記】

① "緦衰裳,牡麻"五字原本殘,據中華書局二〇一二年版彭林譯註之《儀禮》補。

儀禮述註卷第十四

士喪禮第十二

鄭目錄云：士喪其父母，自始死至於既殯之禮。〇疏曰：此當諸侯之士，知者，下云"君若有賜"，不言王。直云父母，不言妻與長子。按下記云："赴曰：'君之臣某死。'赴母、妻、長子，則曰：'君之臣某之某死。'"是禮同於君之臣，不云父者，經主於父死。

士喪禮。〇死於適室。幠用斂衾。適，音的，與"嫡"同。幠，音呼。斂，刀冉反。後皆同。〇註曰：適室，正寢之室也。疾者齊，故于正寢焉。疾時處北墉下，死而遷之南墉下，有牀衽。幠，覆也。斂衾，大斂所并用之衾。衾，被也。小斂之衾當陳。《喪大記》曰："始死，遷尸于牀。幠用斂衾，去死衣。"〇疏曰：死衣，鄭彼註云，"去死衣"，病時所加新衣及復衣也。去之，以俟沐浴也。〇齊，側皆反。

復者一人，以爵弁服，簪裳于衣，左何之，扱領于帶。簪，側林反，又左南反。何，胡可反。扱，初洽反。下同。〇註曰：復者，有司招魂復魄也。天子，則夏采、祭僕之屬；諸侯，則小臣爲之。爵弁服，純衣纁裳也。禮以冠名服。簪，連也。〇疏曰："復者一人"者，諸侯之士，一命與不命，並皆一人。出入之氣謂之"魂"，耳目聰明謂之"魄"。死者魂神去離於魄，今欲招取魂來復歸於魄，故云"招魂復魄也"。云"禮以冠名服"者，欲見復時，唯用緇衣纁裳，不用爵弁；而經言"爵弁服"，是禮以冠名服也。〇純，音緇。纁，許云反。升自前東榮，中屋北面，招以衣曰："皋，某復！"三；降衣于前。註曰：北面招求諸幽之義也。皋，長聲也。某，死者之名也。復，及也。降衣，下之也。《喪大記》曰："凡復，男子稱名，婦人稱字。"〇疏曰：復聲必三者，禮成於三。受用篋，升自阼階，以衣尸。篋，芳尾反；本或作"篚"。衣，於既反。下"衣尸"同。○註曰：受者，受之於庭也。復者，其一人招，則受衣亦一人也。人君則同服受之。"衣尸"者，覆之；若得魂，反之。復者降自後西榮。註曰：不由前降，不以虛反也。降因徹西北厞。若云此室凶，不可居然也，自是行死事。○疏曰：《喪大記》將沐，"甸人取所徹廟之西北厞薪而爨之"，故知復者降時徹之。厞，隱也；西北隅爲厞。○厞，扶沸切，"肥"去聲。

楔齒用角柶，楔，音屑。柶，音四。下同。○註曰：爲將含，恐其口閉急也。○疏曰：此角柶，其形與扱醴角柶別；故屈之如軛，中央入口，兩末向上，取事便也。○軛，音厄。綴足用燕几。綴，知劣反，又張歲反。○註曰：綴，猶拘也。爲將屨，恐其辟戾也。○辟，音壁。

奠脯、醢、醴、酒。升自阼階，奠于尸東。註曰：鬼神無象，設奠以憑依之。○疏曰：按《檀弓》："曾子云：'始死之奠，其餘閣也與？'"則此奠是閣之餘食爲之。按下，小斂，一豆一籩；大斂，兩豆兩籩。此始死俱言，亦無過一豆一籩而已。

帷堂。註曰：事小訖也。○疏曰：云"事小訖也"者，以其未襲斂，必帷之者，鬼神尚幽闇故也。

乃赴于君。主人西階東，南面，命赴者，拜送。註曰：赴，"告"也。臣，君之股肱耳目，死當有恩。有賓，則拜之。註曰：賓，僚友羣士也；其位猶朝夕哭矣。○疏曰：謂賓弔位，猶如賓朝夕哭位；其主人之位，則異於朝夕，而在西階東，南面拜之；拜訖，西階下，東面。下經所云"拜大夫之位"是也。

入，坐于牀東。衆主人在其後，西面。婦人俠牀，東面。俠，音夾，傍也。○註曰：衆主人，庶昆弟也。婦人，謂妻、妾、子姓也；亦適妻在前。○疏曰："衆主人"直言"在其後"，不言坐，則立可知。婦人雖不言坐，按《喪大記》，婦人皆坐，無立法。親者在室。註曰：謂大功以上父、兄、姑、姊、妹、子姓在此者。○疏曰：子姓，謂主人之孫，於死者謂曾孫。玄孫、曾孫爲曾祖、高祖齊衰三月，當在大功親之內，故云"子姓在此者"。衆婦人戶外，北面；衆兄弟堂下，北面。註曰：衆婦人、衆兄弟，小功以下。○疏曰：同是小功以下，而男子在堂下者，以其婦人有事，自堂及房，不合在下；故男子在堂下，婦人戶外堂上。

君使人弔，徹帷，主人迎于寢門外，見賓不哭，先入門右，北面。註曰：使人，士也。禮使人，必以其爵。使者至，使人入將命。乃出迎之。寢門，內門也。徹帷㡒之，事畢則下之。○疏曰："徹帷㡒之"者，謂搴帷而上，非謂全徹去。○楊氏曰：今按《喪大記》云："凡主人之出也，先跣，扱衽，拊，升降自西階①。"○㡒，音閣。弔者入，升自西階，東面。主人進中庭，弔者致命。註曰：主人不升，賤也。致命曰：君聞子之喪，使某如何不淑。○疏曰："賤也"者，對大夫之喪。其子得升堂受命，是以《大戴禮》云，大夫於君命，升聽命，降拜是也。主人哭，拜稽顙，成踊。註曰：稽顙，頭觸地。成踊，三者三。賓出，主人拜送于外門外。

君使人襚。徹帷，主人如初。襚者左執領，右執要，入，升致命。襚，音遂。要，伊消反。下並同。○註曰：襚之言"遺"也，衣被曰"襚"。致命曰："君使某襚。"主人拜如初。襚者入衣尸，出。主人拜送如初。唯君命出，升降自西階。遂拜賓，有大夫則特拜之。即位于西階下，東面，不踊。大夫雖不辭，入也。註曰："唯君命出"，以明大夫以下，時來弔襚，不出也。始喪之日，哀戚甚，在室，故不出拜賓也。"大夫則特拜"，別於士旅拜也。"即位西階下"，未忍在主人位也。"不踊"，但哭拜而已。"不辭"，而主人升入，明本不爲賓出，不成禮也。○疏曰："遂拜賓"者，因事曰遂，因有君命，故拜賓與大夫，無君命則不出戶。小斂後，賓致辭云"如何不淑"，乃復位，踊。今不爲賓出，故不爲之踊，及"雖不辭"而入。

親者襚，不將命，以即陳。註曰：大功以上，有同財之義也。"不將命"，不使人將之致於主人也。即陳，陳在房中。○庶兄弟襚，使人以將命于室；主人拜于位，委衣于尸東牀上。註曰：庶兄弟，即衆兄弟也。變"衆"言"庶"，容同姓耳。將命曰："某使某襚。""拜于位"，室中位也。○朋友禭，親以進；主人拜。委衣如初，退；哭，不踊。註曰：親以進，親之恩也。退，下堂，反賓位也。主人徒哭不踊，別於君禭也。○徹衣者，執衣如禭，以適房。註曰：凡於禭者出，有司徹衣。○疏曰：如禭者，亦左執領，右執要也。"適房"者，陳之。

為銘，各以其物；亡，則以緇長半幅，䞓末長終幅，廣三寸。書銘于末曰："某氏某之柩。"亡，音無。長，並直亮反。䞓，丑成反。廣，古曠反。下並同。○註曰：銘，明旌也。雜帛為物，大夫之所建也。以死者為不可別，故以其旗識之，愛之，斯錄之矣。亡，無也；無旌，不命之士也。半幅，一尺。終幅，二尺。在棺為"柩"。○疏曰：此士喪禮，記公、侯、伯之士一命，亦記子、男之士不命。"各以其物"者，按《周禮·司常》，大夫、士同建"雜帛為物"。然雜帛之物雖同，其旌旗之杠長短則異。故《禮緯》云：天子之旗，九刃；諸侯，七刃；大夫，五刃；士，三刃，死以尺易刃。故下云"竹杠長三尺"。長短不同，故言各以別之。此據侯伯之士一命者也。竹杠長三尺，置于宇西階上。杠，音江。○註曰：杠，銘橦也。宇，梠也。○疏曰：此始造銘訖，且置於宇下西階上；待為重訖，以此銘置於重。又下文"卒塗"，始"置於肂"，若然，此時未用，權置於此也。梠，檐下。○橦，音幢。梠，音吕。重，直龍切。肂，音四。

甸人掘坎于階間，少西，為垼于西牆下，東鄉。掘，其月反。垼，音役。鄉，許亮反。下並同。○註曰：甸人，有司主田野者。垼，塊竈。西牆，中庭之西。○疏曰：以塊為竈，用之以煑沐浴之潘水。知在中庭之西者，經直云"于西牆下"，不繼階字，明近南中庭之西也。

新盆、槃、瓶、廢敦、重鬲，皆濯，造于西階下。敦，音對。重，直龍反。鬲，良益反，音歷。下並同。造，七報反。○註曰：新此瓦器五種者，重死事。盆②以盛水。槃承渜濯。瓶以汲水也。廢敦，敦無足者，所以盛米也。重鬲，鬲將懸於重者也。濯，滌溉也。造，至也，猶"饌"也。以"造"言之，喪事遽。○渜，奴亂反。下同。○陳襲事于房中，西領，南上，不綪。綪，側庚反。註作"紾"，音同。○註曰：襲事，謂衣服也。綪，讀為"紾"。紾，屈也。襲事少，上陳而下不屈。江沔之間，謂縈收繩索爲"綧"。○明衣裳，用布。註曰：所以親身，爲圭潔也。○鬠笄用桑，長四寸，緇中。鬠，音膾。下同。緇，音憂。○註曰："桑"之爲言"喪"也，用爲笄，取其名也。長四寸，不冠故也。緇，笄之中央，以安髮。○疏曰：以髺爲鬠，義取以髮會聚之意。笄長四寸，僅取入髺而已。知死者不冠者，下記云"其母之喪鬠，無笄"，註云"無笄，猶丈夫之不冠也"。以此言之，生時男子冠，婦人笄；今死婦人不笄，則知男子亦不冠也。《家語》云：孔子之喪，襲而冠者。《家語》，王肅之增改，不可依用也。"緇中"者，兩頭闊，中央狹也。○布巾，環幅不鑿。環，作"還"。○註曰：環幅，廣袤等也。"不鑿"者，士之子親含，反其巾而已。大夫以上，賓爲之含。當口鑿之，嫌有惡。○掩，練帛廣終幅，長五尺，析其末。註曰：掩，裏首也。析其末，爲將結於頤下，又還結於項中。○瑱，用白纊。瑱，替宴反。纊，音曠。○註曰：瑱，充耳。纊，新綿。○幎目，用緇，方尺二寸，頳裏著，組繫。幎，音覓，註作"縈"。頳，丑貞反。著，陟略反，音芍。下並同。○註曰：幎目，覆面者也。幎，讀若《詩》云"葛藟縈之"之"縈"。頳，赤也。著，充之以絮也。組繫，爲可結也。○疏曰：四角有繫，於後結之。○握手，用玄，纁裏，長尺二寸，廣五寸，牢中旁寸，著，組繫。握，於角反。牢，音樓。○註曰：牢讀爲"樓"。樓，謂削約握之中央，以安手也。○疏曰：名此衣爲"握"，以其在手，故言"握手"；不謂以手握之。云"廣五寸，牢中旁寸"者，則中央廣三寸。廣三寸，中央又容四指而已。四指，指一寸，則四寸。四寸之外，仍有八寸，皆廣五寸也。讀從"樓"者，義取縷斂狹少之意。云"削約"者，謂削之使約少也。○決，用正王棘，若檡棘，組繫，纊極二。檡，音澤。○註曰：決，猶"闓"也。挾弓以橫執弦。《詩》云："決拾既佽。"正，善也。王棘與檡棘，善理堅刃者，皆可以爲"決"。極，猶放弦也。以沓指放弦，令不挈指也。生者，以朱韋爲之，而三；死，用纁，又二，明不用也。○疏曰：云"以沓指放弦令不挈也"者[3]，謂以此二者，與決爲籍，令弦不決挈傷指耳。○冒，緇質，長與手齊，頳殺，掩足。冒，莫傲反。齊，如字。殺，所界反。○註曰：冒，韜尸者，制如直囊；上曰"質"，下曰

"殺"。質,正也。其用之,先以殺韜足而上,後以質韜首而下。齊手,上玄下纁,象天地也。《喪大記》曰:"君錦冒黼殺,綴旁七;大夫玄冒黼殺,綴旁五;士緇冒赬殺,綴旁三。凡冒,質長與手齊,殺三尺。"○疏曰:"綴旁"者,以其冒無帶,又無鈕,一定不動,故知旁綴,質與殺相接之處使相連。○爵弁服,純衣。純,音準。○註曰:謂生時爵弁所衣之服也。"純衣"者,纁裳。古者以冠名服,死者不冠。皮弁服。註曰:皮弁,所衣之服也。其服,白布衣,素裳也。褖衣。褖,他亂反。○註曰:黑衣裳,赤緣之,謂之"褖"。褖之言"緣"也,所以表袍者也。《喪大記》曰:"衣必有裳,袍必有表,不襌,謂之一稱④。"○疏曰:知此褖衣是黑衣裳者,以其《士冠禮》陳三服玄端、皮弁、爵弁者,玄端,無褖衣。此士喪襲,亦陳三服與彼同。此無玄端,有褖衣;故知此褖衣則玄端者也。玄端有三等裳,此喪禮質,略同玄裳而已。但此玄端連衣裳,與婦人褖衣同,故變名"褖衣"也。○緣,去聲。襌,音丹。稱,尺證反。緇帶。註曰:黑繒之帶。○疏曰:襲時三服俱著,故共一帶。韎韐。韎,音妹。韐,古答反。○註曰:一命縕韍。○疏曰:韎者,據色而言,以韎革染之,取其赤;韐者,合韋爲之,故名韎韐也。云"一命縕韍"者,《玉藻》文。但祭服謂之"韍",他服謂之"韐"。士"一命"。名爲"韎韐",亦名"縕韍",不得直名"韍"也。但《士冠禮》玄端爵韠,皮弁素韠,爵弁服韎韐;今亦三服共設韎韐者,以其重服亦如帶矣。○竹笏。笏,音忽。○註曰:笏所以書思對命者。《玉藻》曰:"笏,天子以球玉,諸侯以象,大夫以魚須文竹,士以⑤竹本象可也。"又曰:"笏度二尺有六寸,其中博三寸,其殺 六分而去一。"又曰:"天子搢珽,方正於天下也;諸侯荼,前詘後直,讓於天子也;大夫前詘後詘,無所不讓⑥。"○疏曰:珽之言挺然,無所詘也;或謂之大圭,長三尺。荼,讀爲"舒遲"之"舒"。舒懦者所畏在前也。詘,謂圜殺其首,不爲椎頭,諸侯唯天子詘焉。是以謂"笏"爲"荼"。大夫奉君命出入者也,上有天子,下有己君,又殺其下而圜前後皆詘,故云"無所不讓"。彼雖不言士,士與大夫同。○夏葛屨,冬白屨,皆繶緇絇純,組綦繫于踵。繶,音億。絇,其俱反。下同。純,諸允反,音準。綦,音其。踵,諸勇反。○註曰:冬皮屨，變言"白"者，明夏時用葛亦白也。此皮弁之屨。《士冠禮》曰："素積白屨，以魁柎之，緇絇繶純，純博寸。"綦，屨係也，所以拘止屨也。綦，讀如"馬絆綦"之"綦"。○疏曰：《士冠禮》云，"爵弁纁屨"，"素積白屨"，"玄端黑屨"，三服各自用屨，屨從裳色，其色自明。今死者重用其服，屨惟一，故須見色三服相參：帶用玄端，屨用皮弁，韎韐用爵弁，各用其一。云"綦，屨係也"者，上經云"繫于踵"，則綦當屬于跟後，以兩端向前，與絇相連于腳跗踵足之上，合結之，名爲"繫于踵"也。庶襚繼陳，不用。註曰：庶，衆也。不用，不用襲也。多陳之，爲榮；少納之，爲貴。○貝三，實于笲。笲，音煩。○註曰：貝，水物；古者以爲貨，江水出焉。笲，竹器名。稻米一豆，實於筐。註曰：豆，四升。沐巾一、浴巾二，皆用絺，於笲。註曰：巾，所以拭污垢。"浴巾二"者，上體、下體異也。絺，粗葛。櫛於簞。櫛，莊乙反。簞，音丹。○註曰：簞，葦笥。浴衣於篋。註曰：浴衣，已浴所衣之衣；以布爲之，其制如今通裁。皆饌于西序下，南上。註曰："皆"者，皆具於下。東西牆謂之"序"，中以南謂之"堂"。

管人汲，不說繘，屈之。說，音脫。繘，音聿，又音橘。○註曰：管人，有司主館舍者。不說繘，將以就祝濯米。屈，縈也。祝淅米于堂，南面用盆。淅，西益反。○註曰：祝，夏祝也。淅，沃也。管人盡階，不升堂；受不潘，奠于垼，用重鬲。盡，子忽反。下同。潘，鋪官切，音拌。○註曰：盡階，三等之上。《喪大記》曰："管人受沐，乃煑之。甸人取所徹廟之西北厞薪，用爨之。"○厞，"肥"去聲。祝盛米于敦，奠于貝北。盛，音成。敦，音對。○註曰：復於笲處。士有冰，用夷槃可也。註曰：謂夏月而君賜冰也。夷槃，承尸之槃。《喪大記》曰："君設大槃，造冰焉；大夫設夷槃，造冰焉；士併瓦槃，無冰。設牀禮笫，有枕。"○禮，音展。笫，音滓。外御受沐入。註曰：外御，小臣侍從者。沐，管人所煑潘也。主人皆出，户外北面。註曰：象平生沐浴裸裎，子孫不在旁。主人出而禮笫。乃沐櫛，挋用巾。挋，音震。下同。○註曰：挋，晞也，清也。浴用巾，挋用浴衣。註曰：用巾，用拭之也。《喪大記》曰：

"御者二人浴。浴水用盆，沃水用枓。"〇枓，音主。澡濯棄于次。澡，乃亂反。濯，直孝反。〇註曰：沐浴餘潘水，巾櫛浴衣，亦并棄之。蚤、揃，如他日。蚤，音爪。揃，音翦。〇註曰：蚤，讀爲"爪"，斷爪揃鬚也。人君則小臣爲之。他日，平生時。鬠用組，乃笄，設明衣裳。註曰：用組。組，束髮也。

主人入，即位。註曰：已設明衣，可以入也。商祝襲祭服，褖衣次。註曰：商祝，祝習商禮者。商人教之以敬，於接神宜。襲，布衣牀上。祭服，爵弁服，皮弁服，皆從君助祭之服。"大蜡"有"皮弁素服而祭"，送終之禮也。襲衣於牀，牀次含牀之東，衽如初也。《喪大記》曰："含一牀，襲一牀，遷尸於堂又一牀。"〇疏曰：案《表記》云："殷人尊神，率民以事神。"故云"於接神宜"。云"襲布衣牀上"者，此雖布衣牀上，未襲；待飯含訖乃襲。爵弁，從君助祭之服；皮弁，從君聽朔之服。引《郊特牲》"大蜡"之禮，證皮弁之服有二種：一者，皮弁，白布衣，素積爲裳，是天子朝服，亦是諸侯及臣聽朔之服；二者，皮弁，時衣裳，皆素葛帶，榛杖，大蜡時送終之禮，凶服也，非此襲時所用者也。〇主人出，南面，左袒，扱諸面之右；盥于盆上，洗貝，執以入。宰洗柶，建于米，執以從。註曰：俱入户，西鄉也。〇疏曰：面，前也。謂袒左袖，扱於右掖之下帶之内，取便也。洗貝柶訖，還貝于笲，建柶於敦，執以入。鄭知"俱入户，西鄉"者，以下經始云"主人"與"宰"牀西東面，故知此時西鄉也。商祝執巾從入，當牖，北面，徹枕，設巾，徹楔，受貝，奠于尸西。註曰：當牖北面，直尸南也。設巾，覆面，爲飯之遺落米也。如商祝之事位，則尸南首明矣。〇疏曰：未葬以前，不異於生，皆南首。《檀弓》云，"葬于北方北首"者，從鬼神尚幽闇，鬼道事之故也。唯有喪朝廟時北首，順死者之孝心，故"北首"也。主人由足西，牀上坐，東面。註曰：不敢從首前也。祝受貝米奠之，口實不由足也。〇疏曰：前文祝入，"當牖，北面"，是由尸首；以其口實，不可由足。祝又受米，奠于貝北。宰從立于牀西，在右。註曰：米在貝北，便扱者也。宰立牀西，在主人之右，當佐飯事。主人左扱米，實于右，三；實一貝。左、中亦如之。又實米，唯盈。註曰：于右，尸口之右。唯盈，取滿而已。○疏曰：九扱恐不滿，是以更云"實米"。

　　主人襲，反位。註曰：位在尸東。○疏曰：鄉袒今襲，是復著衣。○商祝掩，瑱，設幎目；乃屨，綦結于跗，連絇。跗，音孚。○註曰：掩者，先結頤下；既瑱幎目，乃還結項也。跗，足上也。絇，履飾，如刀衣，鼻在履頭上，以餘組連之，止足坼也。○疏曰："掩"有四脚，後二脚先結頤下，無所妨，故先結之；若即以前二脚向後結于項，則掩於耳及面兩邊，瑱與幎目無所施，故先結頤下，待設瑱塞耳，并施幎目，乃結項後也。"足上"者，謂足背也。云"以餘組連之"者，以綦履繫既結，有餘組穿連兩履之絇，使兩足不相離，故云"止足坼也"。○乃襲三稱。稱，尺證反。下並同。○註曰：遷尸於襲上而衣之。凡衣死者，左衽不紐。襲不言"設牀"，又不言"遷尸於襲上"，以其俱當牖，無大異。○疏曰：《喪大記》註，衽，鄉左，反生時也。明衣不在筭。註曰：筭，數也。不在數，明衣褻衣，不成稱也。○設韐帶，搢笏。註曰：韐帶，韎韐緇帶。不言韎緇者，省文，亦欲見韐自有帶。韐帶用革。搢，插也。插於帶之右旁。設決，麗于掔，自飯持之；設握，乃連掔。掔，音惋，同"腕"。○註曰：麗，施也。掔，手後節中也。飯，大擘指本也。決，以韋爲之，籍有彄。彄，內端爲紐，外端有橫帶；設之，以組擐大擘本也。因沓其彄，以橫帶貫紐，結於掔之表也。設握者，以綦繫絇中指，由手表與決帶之餘連結之。此謂右手也。○疏曰：大擘指本，鄉掌爲內端，屬紐子；鄉手表爲外端，屬橫帶。先以紐擐大擘本，因沓其彄於指，乃以橫帶繞手一二貫紐，反向手表結之。○彄，區鉤切。擐，音患，貫也。掔，音慳，堅也。○設冒，櫜之，幠用衾。櫜，音高。幠，音呼。○註曰：櫜，韜盛物者。取事名焉。衾者，始死時斂衾。○巾、柶、鬠、蚤，埋于坎。鬠，音舜，櫛餘之髮及所翦鬚也。蚤，音爪。○註曰：坎，至此築之也。將襲辟奠，既則反之。○疏曰：反之於尸東，以其不可空無所依故也。按下記云："小斂，辟奠不出室。"彼還是襲奠辟小斂，則此辟襲奠，亦不出室。仍不言處，大斂時，辟小斂奠于序西南，則此宜室西南隅。若然，此奠襲後，因名"襲奠"，故下鄭註云"將小斂，則辟襲奠"。○重木，刊鑿之。甸人置重于中庭，參分庭一，在南。重，直龍反。下並同。○註曰：木也，懸物焉；曰重，刊斲治，鑿之，爲懸簪孔也。士，重木長三尺。○疏曰：鄭言"士，重木長三尺"，則大夫以上各有等，當約銘旌之杠。士三尺，大夫五尺，諸侯七尺，天子九尺。據豎之者，橫者宜半之。夏祝鬻餘飯，用二鬲于西牆也。鬻，音燭。○註曰：夏祝，祝習夏禮者也。夏人教以忠，其於養宜。鬻餘飯，以飯尸餘米爲鬻也，重主道也。士二鬲，則大夫四，諸侯六，天子八，與簋同差。冪用疏布，久之，繫用靲，縣于重。冪用葦席，北面，左衽，帶用靲賀之，結于後。冪，音覓。靲，音箝。縣，平聲。○註曰：久，讀爲"灸"，謂以蓋塞鬲口也。靲，竹篾也，以席覆重，辟屈而反兩端交於後。左衽，西端在上。賀，加也。○疏曰：篾，謂竹之青，可以爲繫者。○篾，音蔑。○祝取銘置于重。註曰：祝，習周禮者也。○疏曰：銘未用，待殯。訖乃置於肂，今且置於重。必且置於重者，以重與主皆是錄神之物故也。○楊氏曰：既沐浴，設明衣裳，乃遷于牀；徹楔徹枕，而後設含。此含之所以一牀也。又布襲衣于牀，待含訖，設掩，設瑱，設幎目，乃屨，於是遷尸於襲上而衣之。既襲，乃設韠韐、緇帶，搢笏，設決，設握手，設冒櫜之，幠用衾，此襲之所以一牀也。其將襲也，則辟奠；既襲，則反其初奠，而奠于尸東焉。《大記》曰："君設大槃，造冰焉；大夫設夷槃，造冰焉；士併瓦槃，無冰。設牀襢笫，有枕。含一牀，襲一牀，遷尸于堂又一牀，皆有枕席。君、大夫一也[⑦]。"註云：襢笫，袒簀也，謂去席，如浴時禮。自仲春之後，尸既襲，既小斂，先内水槃中，始設牀於其上，不施席而遷尸焉。秋涼而止。士有賜冰，亦用夷槃。○牪，音四。

厥明，陳衣于房，南領，西上，綪。絞，橫三縮一，廣終幅，析其末。絞，戶交反。下皆同。○註曰：綪，屈也。絞，所以收束衣服，爲堅急者也；以布爲之。縮，從也。橫者三幅，縮者一幅。"析其末"者，令可結也。《喪大記》曰："絞一幅爲三。"○疏曰：云"厥明"者，對昨日始死之日爲"厥明"。《喪大記》云："凡陳衣者，實之篋；取衣者，亦以篋。"緇衾，赬裏，無紞。赬，丑貞反。與"頳"通。紞，都敢反。○註曰：紞，被識也。斂衣或倒被，無別於前後可也。凡衾制同,皆五幅也。祭服次,註曰:爵弁服,皮弁服。散衣次,散,息但反。下皆同。○註曰:褖衣以下,袍繭之屬。凡十有九稱。註曰:祭服與散衣。○疏曰:《喪大記》註,十九,法天地之終數,則天子以下皆同也。陳衣繼之,註曰:庶襚。不必盡用。註曰:取稱而已,不務多。

饌于東堂下,脯、醢、醴、酒。冪奠用功布,實于篚,在饌東。註曰:功布,鍛濯灰治之布也。凡在東西堂下者,南齊坫。○疏曰:堂隅有坫,以土爲之。或謂,堂隅爲坫也。設盆盥于饌東,有巾。註曰:爲奠設盥也。喪事略,故無洗也。○疏曰:"喪事略,故無洗",直以盆爲盥器也。

苴絰,大搹,下本在左,要絰小焉,散帶垂,長三尺;牡麻絰,右本在上,亦散帶垂;皆饌于東方。苴,七如反。搹,音隔。○註曰:苴絰,斬衰之絰也。苴麻者,其貌苴,以爲絰。服重者尚粗,惡絰之言實也。搹,搤也。中人之手搹,圍九寸,絰帶之差,自此出焉。"下本在左",重服統於內,而本陽也。"要絰小焉",五分去一。"牡麻"者,齊衰以下之絰也。牡麻者,其貌易,服輕者宜差好也。"右本在上",服輕本於陰,而統於外。散帶之垂者,男子之道文多變也。"饌于東方",東坫之南。苴絰爲上。○疏曰:此小斂訖,當服未成服之麻。云"亦散帶垂"者,不言尺寸,亦與苴絰同垂三尺。搹,是搤物之稱,故據中人一搹而言,大者,據大拇指與大巨指搹之,故言大也。按《雜記》云"親喪外除",鄭云"日月已竟,而哀未忘"。"兄弟之喪內除",註云"日月未竟而哀已殺"。此言統內統外者,亦據哀在內外而言。○搤,音厄。拇,音某。婦人之帶,牡麻結本在房。註曰:婦人亦有苴絰。但言帶者,記其異。此齊衰婦人,斬衰婦人亦苴絰也。○疏曰:"記其異",謂男子帶有散、麻,婦人則結本,是其異者。且男子小功緦麻,小斂有帶則絞之,亦結本;婦人帶結本可以兼之矣。此帶牡麻,兼男子小功以下。陳之則別處,以其男子陳之于坫南,此經于"在房",明知異處也。

牀、第,夷衾,饌于西坫南。註曰:第,簀也。夷衾,覆尸之衾。《喪大記》曰:"自小斂以往用夷衾,夷衾質殺之裁猶冒也。"○疏曰:言"小斂以往",

則此夷衾覆尸覆柩，不入棺矣。"猶冒"者，上質下殺，形制同，唯不連則異。○西方盥，如東方。註曰：爲舉者設盥也。"如東方"者，亦用盆布巾，饌於西堂下。

陳一鼎于寢門外，當東塾，少南，西面。其實特豚，四鬄去蹄，兩胉，脊，肺。設扃鼏，鼏西末。素俎在鼎西，西順；覆匕，東柄。鬄，託歷反。去，起呂反。胉，音博。扃，與"鉉"通。鼏，音覓。○註曰：鬄，解也。四解之，殊肩髀而已。喪事略。去蹄，去其甲，爲不潔清也。胉，脅也。素俎，喪尚質，既饌，將小斂，則辟襲奠。○疏曰：鼎用茅爲編，言"西末"，則茅本在東。云"喪事略"，謂豚解，不體解也。四鬄并兩胉、脅與脊，總爲七體。襲奠者，始死之奠，襲後改爲襲奠，以恐妨斂事，故知辟襲奠。前襲時已辟之，今將小斂，亦辟之，亦當於室之西南隅。如將大斂，辟小斂奠於序西南也。凡奠在室外經宿者，皆辟之於序西南。

士盥，二人以並，東面立于西階下。註曰：立，俟舉尸也。○布席于戶內，下莞上簟。莞，音桓，又音官。下同。○註曰：有司布斂席也。商祝布絞、衾、散衣、祭服。祭服不倒，美者在中。註曰：斂者趨方，或慎倒衣裳。祭服尊，不倒之也。美，善也。善衣後布，於斂則在中也。既後布祭服，而又言善者在中，明每服非一稱也。○慎，同"顛"。

士舉遷尸，反位。註曰：遷尸於服上。設牀笫于兩楹之間，衽如初，有枕。註曰：衽，寢臥之席也，亦下莞上簟。○卒斂，徹帷。註曰：尸已飾。主人西面馮尸，踴無算；主婦東面馮，亦如之。馮，音憑。下皆同。○註曰：馮，服膺之。主人髺髮，袒；衆主人免于房。髺，音括。免，音問。○註曰：始死，將斬衰者，雞斯；將齊衰者，素冠。今至小斂，變又將初喪服也。"髺髮"者，去笄纚而紒。"衆主人免"者，齊衰將袒，以免代冠。冠服之尤尊，不以袒也。免之制未聞，舊説以爲如冠狀，廣一寸。《喪服小記》曰："斬衰，髺髮以麻[8]"，"免而以布"。此用麻布爲之，狀如今之著幓頭矣，自項中而前，交於額上，卻繞紒也。于房于室，釋髺髮宜於隱者。○疏曰：《問喪》"雞斯"，鄭云"當

257

爲'笄纚'"。"齊衰將袒，以免代冠"者，此亦小斂節，與斬衰髺髮同時。此皆據男子，若婦人，斬衰婦人以麻爲髽，齊衰婦人以布爲髽。髽與髺髮，皆以麻布自項而向前，交於額上，卻繞紒，如著幓頭焉。免亦然，但以布廣一寸爲異也。〇纚，音躧。紒，音髻。幓，音森。髽，莊華切，音撾。下文同。**婦人髽于室。**註曰：始死，婦人將斬衰者，去笄而纚；將齊衰者，骨笄而纚。今言"髽"者，亦去笄纚而紒也。齊衰以上，至笄猶髽。髽之異於髺髮者，既去纚，而以髮爲大紒，如今婦人露紒其象也。《檀弓》曰："南宮縚之妻之姑之喪，夫子誨之髽曰：'爾毋縱縱爾，爾毋扈扈爾。'"其用麻布，亦如著幓頭然。〇疏曰：鄭云"而紒"，紒即髽也。故《喪服》註亦云"髽，露紒也"。云"至笄猶髽"者，謂從小斂著未成服之髽，至成服之笄，猶髽不改；至大斂殯後，乃著成服之髽代之也。古者，男子婦人，吉時皆有笄纚。有喪至小斂，則男子去笄纚，著髺髮，婦人去纚而著髽。髽形，先以髮爲大紒，紒上斬衰；婦人以麻。齊衰，婦人以布，其著之如男子髺髮與免。〇**士舉，男女奉尸侇于堂，幠用夷衾。男女如室位，踊無算。**侇，音夷。〇註曰：侇之，言尸也。夷衾，覆尸柩之衾也。堂，謂楹間牀第上也。〇疏曰："幠用夷衾"者，初死，幠用大斂之衾，以小斂之衾當陳；今小斂後，大斂之衾當擬大斂，故用覆棺之夷衾，以覆尸也。**主人出于足，降自西階。衆主人東即位。婦人阼階上，西面。主人拜賓，大夫特拜，士旅之；即位，踊，襲、絰于序東，復位。**註曰："拜賓"，鄉賓位拜之也。"即位，踊"，東方位。"襲、絰于序東"，東夾前。〇疏曰：衆主人雖無降階之文，當從主人降自西階。主人就拜賓之時，衆主人遂東即位。經云主人"降自西階"，即云"主人拜賓"，明不即位而先拜賓。"襲、絰于序東"，謂鄉堂東東面，當序牆之東，又當東夾之前，非謂就堂上"東夾前"也。〇楊氏曰：《小記》曰："斬衰，括髮以麻；爲母，括髮以麻，免而以布。"《大記》曰"奉尸侇于堂，降拜"賓，"主人即位，襲、帶絰踊。母之喪，即位而免"。疏云：爲父小斂訖，括髮自項以前，交於額上，卻繞紒，如著幓頭焉。爲母小斂後，括髮與父禮同。自小斂後至尸出堂，子拜賓之時，猶與父不異；至拜賓後，子往即堂下位時，則異也。若爲父，此時猶括髮而踊,襲絰帶于序東,以至大斂而成服;若母喪,於此時則不復括髮,乃著布免踊而襲絰帶,以至成服。

乃奠。註曰:祝與執事為之。舉者盥,右執匕,卻之;左執俎,橫攝之;入,阼階前西面錯,錯俎北面。錯,音措。下並同。○註曰:舉者盥,出門舉鼎者,右人以右手執匕,左人以左手執俎,因其便也。攝,持也。西面錯,錯鼎於北,宜西面錯。俎北面,俎宜西順之。○疏曰:各以內手舉鼎,外手執匕俎,故云便也。右人左執匕,抽扃,予左手兼執之;取鼏委于鼎北,加扃,不坐。扃,音鉉,與"鉉"通。予,通作"與"。○註曰:抽扃、取鼏、加扃於鼏上,皆右手。乃朼載。載兩髀于兩端,兩肩亞,兩胉亞,脊肺在於中,皆覆。進柢,執而俟。朼,與"匕"同音比。髀,音俾,股也。柢,音底。○註曰:"乃朼",以朼次出牲體,右人也。載,受而載於俎,左人也。亞,次也。凡七體皆覆,為塵。柢,本也。進本者,未異於生也。骨有本末。○疏曰:凡"七體"者,前左右肩、臂、臑屬焉,後左右脾、膊、胳屬焉,并左右脅通脊為七體也。按下文大斂,"豚合升",言"合升",則髀亦升之矣。凡言"合升",多言皆并髀升,非獨喪禮。若體解升者,皆髀不升。鄭云"近竅,賤也"。○臂,音擘。臑,奴報反。膊,音粕。胳,音各。祝及執事盥,執醴先,酒、脯、醢、俎從升自阼階。丈夫踊。甸人徹鼎,巾待于阼階下。從,才用反。○註曰:"執事"者,諸執奠事者。巾,功布也。執者不升,已不設祝,既錯醴,將受之。○疏曰:執者不升,唯據執巾者,祝將受之以覆酒醴。○坡謂:"甸人徹鼎巾",註疏未明。此甸人徹鼎,例以大斂奠正同節;則此甸人徹鼎為一句,"巾"字屬下句讀,云"巾待于阼階下"。蓋前功布實于篚,至此方取出以待也。奠于尸東,執醴酒,北面,西上。註曰:"執醴酒"者,先升,尊也。立而俟後錯,要成也。豆錯,俎錯于豆東。立于俎北,西上。醴酒錯于豆南。祝受巾巾之,由足降自西階。婦人踊。奠者由重南東。丈夫踊。註曰:巾之,為塵也。東反其位。○疏曰:主人位在阼階下,婦人位在上。故奠者升,丈夫踊;奠者降，婦人踊。各以所見先後，爲踊之節也。云"奠者由重南東"，丈夫踊者，奠訖，主人見之，更與主人爲踊之節也。"東反其位"者，其位蓋在盆盥之東，南上。賓出，主人拜送于門外。註曰：廟門外也。○疏曰：以鬼神所在即曰"廟"，故名適寢爲廟也。乃代哭，不以官。註曰：代，更也。孝子始有親喪，悲哀憔悴。禮防其以死傷生，使之更哭，不絶聲而已。人君以官尊卑。士賤，以親疏爲之。三日之後，哭無時。《周禮·挈壺氏》："凡喪，懸壺以代哭。"○疏曰：云"三日之後，哭無時"者，《禮》有"三無時之哭"。始死未殯，哭不絶聲，一無時；殯後葬前，朝夕入於廟，阼階下哭，又於廬中思憶則哭，是二無時；既練之後，在堊室之中，或十日、或五日一哭，是三無時。練前葬後，有朝夕在阼階下哭，唯此有時，無"無時之哭"也。

有禭者，則將命。擯者出請，入告。主人待于位。註曰：喪禮略於威儀。既小斂，擯者乃用辭。出請之辭曰："孤某使某請事。"擯者出告須，以賓入。註曰：須，亦待也。出告之辭曰："孤某須矣。"賓入中庭，北面致命。主人拜稽顙。賓升自西階，出于足，西面委衣。如於室禮，降出。主人出拜送。朋友親禭，如初儀。西階東，北面哭，踊三，降。主人不踊。註曰：朋友既委衣，又還哭於西階上，不背主人。禭者以褶，則必有裳，執衣如初。徹衣者亦如之。升降自西階；以東。褶，音牒。○註曰：帛爲褶，無絮，雖複與襌同，有裳乃成稱，不用表也。以東，載以待事也。○疏曰："褶"與"複"相對，有著爲"複"，無著爲"褶"。散文"褶"亦爲"複"也。

宵，爲燎于中庭。燎，音料。○註曰：宵，夜也。燎，火燋。○燋，音椒。

厥明滅燎。陳衣于房，南領，西上，綪。絞，紟，衾二。君禭，祭服，散衣，庶禭，凡三十稱，紟不在算。不必盡用。紟，巨禁切，音噤。衾，音欽。○註曰：紟，單被也。"衾二"者，始死斂衾，今又復制也。小斂衣數，自天子達；大斂則異矣。《喪大記》曰："大斂布絞，縮者三，橫者三[9]。"○東方之饌：兩瓦甒，其實醴酒，角柶，木柶；篚豆兩，其實葵菹芋、蠃醢；兩籩，無縢,布巾,其實栗、不擇,脯四脡。髺,音渴,與"楬"同。芋,音羽。蠃,音騾。縢,音滕。脡,大頂反。○註曰:此饌但言東方,則亦在東堂下也。髺,白也。齊人或名全菹爲芋。縢,緣也。《詩》云"竹閉緄縢"。布巾,籩巾也。籩豆具而有巾,盛之也。《特牲饋食禮》有籩巾。○疏曰:菹法,短四寸者,全之;若長於四寸,則切之。喪中之菹葵,雖長而不切,故取齊人"全菹爲芋"之解。不言"豆巾"者,菹醢濕物,不嫌無巾,其實有巾矣。奠席在饌北,斂席在其東。註曰:大斂,奠而有席,彌神之。○疏曰:有巾又有席,是彌神之。○掘肂見衽。肂,以二反,音四。見,賢遍反。○註曰:肂,埋棺之坎者也;掘之於西階上。衽,小要也。《喪大記》曰:"君殯用輴,欑至于上,畢塗屋;大夫殯以幬,欑置于西序,塗不墍于棺;士殯見衽,塗上。帷之。"又曰:"君蓋用漆,三衽三束;大夫蓋用漆,二衽二束;士蓋不用漆,二衽二束。"○疏曰:肂,訓爲"陳";謂陳尸於坎。《檀弓》"周人殯於西階之上",引《喪大記》者,畢,盡也,四面及上,盡塗之,如屋然。大夫不得四面,但逼西序,以木幬覆棺。不墍棺者,欑中狹小,裁取容棺,但塗木,不及棺而已。士見其小要,於上塗之。云"帷之"者,君、大夫、士皆同。用漆者,塗合牝牡之中也。君棺蓋,每縫爲三道,小要每道爲一條皮束之。大夫上降于君也。○楊氏曰:古者棺不釘。鑿棺蓋之際,以衽連之。其形兩端大而中小,所謂小要也。見衽者,衽出見於平地,肂深淺之節也。棺入,主人不哭。升棺用軸,蓋在下。軸,直六反。○註曰:軸,輁軸也。輁,狀如牀,軸其輪,輓而行。○疏曰:詳見《既夕》"還于祖⑩,用軸"註。○輁,音拱。輓,音挽。熬黍、稷,各二筐,有魚腊,饌于西坫南。熬,音敖。○註曰:熬,所以惑蚍蜉,令不至棺旁也。爲舉者設盆,盥於西。○疏曰:《喪大記》註,熬者,煎穀也;謂塗設於棺旁。此士二筐,首足各一筐,餘設於左右。陳三鼎于門外,北上。豚合升,魚鱄鮒九,腊左胖,髀不升;其他皆如初。鱄,音專。鮒,音附。胖,音判。○註曰:合升,合左右體升於鼎。其他皆如初,謂豚體及匕俎之陳,如小斂時;合升四鬄,亦相互耳。○鬄,與"剔"同。燭,俟于饌東。註曰:燭,燋也。饌,東方之饌。有燭者,堂雖明,室又闇。火在地曰

"燎",執之曰"燭"。

祝徹盥于門外,入,升自阼階。丈夫踊。註曰:祝徹,祝與有司當徹小斂之奠者。小斂設盥于饌東,有巾;大斂設盥于門外,彌有威儀。○疏曰:此直云"祝徹盥于門外"者,不知何時設此。案:上小斂陳饌訖,即言設盥;則陳大斂饌訖,亦設盥於門外也。祝徹巾,授執事者以待。註曰:授執巾者於尸東,使先待於阼階下,爲大斂奠及將巾之,祝還徹醴也。徹饌,先取醴酒,北面。饌,敖氏云"當作'奠'"。○註曰:北面立,相待俱降。其餘取先設者,出于足,降自西階。婦人踊。設于序西南,當西榮,如設于堂。註曰:爲求神於庭,孝子不忍使其親須臾無所憑依也。堂,謂尸東也。几奠設于序西南者,畢事而去之。○疏曰:言凡奠,謂小斂奠。大斂奠,遷柩奠,祖奠,但將設後奠,則徹先奠於序西南,待後奠事畢,則去之。故小斂奠設之於此。不巾,以不久設故也。醴酒位如初。執事豆北,南面,東上。註曰:"如初"者,如其醴酒北面西上也。執醴尊,不爲便事變位。乃適饌。註曰:東方之新饌。帷堂。註曰:徹事畢。

婦人尸西,東面。主人及親者,升自西階,出于足西面袒。註曰:袒,大斂變也。不言髽免髺髮,小斂以來自若矣。士盥,位如初。註曰:亦既盥,並立西階下。布席如初。註曰:亦下莞上簟,鋪於阼階上,於楣間,爲少南。商祝布絞、紟、衾、衣,美者在外。君襚不倒。註曰:至此乃用君襚,主人先自盡。有大夫,則告。註曰:後來者,則告以方斂;非斂時,則當降拜之。○疏曰:《檀弓》"大夫弔,當事而至,則辭焉"。士舉遷尸,復位。主人踊無算。卒斂,徹帷。主人馮如初,主婦亦如之。

主人奉尸斂于棺,踊如初,乃蓋。註曰:棺在肂中,斂尸焉,所謂殯也。《檀弓》曰,"殯於客位"。主人降,拜大夫之後至者;北面,視肂。註曰:北面,於西階東。衆主人復位,婦人東復位。註曰:阼階上下之位。設熬,旁一筐,乃塗。踊無算。註曰:以木覆棺上而塗之,爲火備。卒塗,祝取銘置于肂。主人復位，踊，襲。註曰：爲銘設柎，樹之肂東。

乃奠。燭升自阼階，祝執巾，席從；設于奧，東面。註曰：執燭者先升堂照室。自是不復奠於尸。祝執巾，與執席者從入，爲安神位。室中西南隅謂之"奧"。執燭南面，巾委於席右。祝反降，及執事執饌。註曰：東方之饌。士盥，舉鼎入，西面，北上，如初。載，魚，左首，進鬐，三列；腊進柢。鬐，音耆。〇註曰：如初，如小斂舉鼎、執匕俎、肩鼏、枊載之儀。"魚左首"，設而在南。鬐，脊也。左首進鬐，亦未異於生也。凡"未異於生"者，不致死也。〇疏曰：按《公食》，右首進鬐。此云"左首"，則與生異。而云"亦未異於生"者，下文註"載者統於執，設者統於席"，彼《公食》言右首，據席而言；此左首，據載者統於執，若設於席前，則亦右首也。祝執醴如初，酒、豆、籩、俎從，升自阼階。丈夫踊。甸人徹鼎。註曰：如初祝先升。奠由楹內入于室，醴酒北面。註曰：亦如初。設豆，右菹；菹南栗；栗東脯。豚當豆，魚次。腊特于俎北，醴酒在籩南。巾如初。註曰：右菹，菹在醢南也。此左右異於魚者，載者統於執，設者統於席。醴當栗南，酒當脯南。既錯者出，立于戶西，西上[⑪]。祝後，闔戶；先由楹西，降自西階。婦人踊。奠者由重南東。丈夫踊。註曰：爲神馮依之也。賓出。婦人踊。主人拜送于門外，入。及兄弟北面哭殯。兄弟出，主人拜送于門外。註曰：小功以下，至此可以歸。異門大功亦存焉。〇疏曰：大功容有同門，有同財，故喪服以小功以下爲兄弟。但大功亦有不同門、不同財之義，以異門疏，至此亦可以歸；故云"亦存焉"，謂存在家之法也。既殯雖歸，至朝夕朔奠之日，近者亦入哭限也。若至葬時，皆就柩所，故既夕反哭，云"兄弟出，主人拜送"。衆主人出門，哭止。皆西面于東方。闔門。

主人揖，就次。註曰：次，謂斬衰倚廬，齊衰堊室也。大功有帷帳；小功緦麻，有牀第可也。

君若有賜焉，則視斂。既布衣，君至，註曰：賜，恩惠也。斂，大斂。

君視大斂，皮弁服，襲裘。王人成服之後往，則錫衰。○疏曰：《小記》云："諸侯弔，必皮弁錫衰。"言諸侯不言君者，以其彼是弔異國之臣法。緣弔異國之臣服皮弁，則君弔士，未成服之前可服皮弁。"襲裘"之文出《檀弓》子游弔，小斂後，"襲裘帶絰而入"。此小斂後，亦宜然也。"錫衰"者，亦約《服問》君弔卿大夫之法。《文王世子》註："同姓之士，總衰；異姓之士，疑衰。"不同者，彼謂凡平之士，此士於君有師友之恩，特賜與大夫同也。主人出迎于外門外，見馬首不哭，還入門右，北面，及衆主人袒。還，音旋。下不音者，同。○註曰："不哭"，厭於君，不敢伸其私恩。巫止于廟門外，祝代之。小臣二人執戈先，二人後。註曰：巫，掌招弭以除疾病。《周禮》：小臣，掌正君之法儀者。《周禮》：男巫，"王弔，則與祝前"。喪祝，"王弔，則與巫前"。《檀弓》曰"君臨臣喪，以巫、祝桃茢、執戈，以惡之，所以異於生也"，皆天子之禮。諸侯臨臣之喪，則使祝代巫執茢居前，下天子也。小臣，君行則在前後，君升則俠阼階北面。凡宮有鬼神曰"廟"。君釋采入門，主人辟。采，音菜。辟，音避。下"人辟"、"哭辟"、"不辟"同。○註曰："釋采"者，祝爲君禮門神也。必禮門神者，明君無故不來也。《禮運》曰："諸侯非問疾、弔喪而入諸臣之家，是謂君臣爲謔。"君升自阼階，西鄉；祝負墉，南面；主人中庭。註曰：祝南面房中，東鄉君。牆謂之"墉"。主人中庭，進益北。君哭。主人哭，拜稽顙，成踊，出。註曰：出，不敢必君之卒斂事。君命反行事，主人復位。註曰：大斂事。君升主人，主人西楹東，北面。註曰：命主人，使之升。升公卿、大夫繼主人，東上。乃斂。註曰：公，大國之孤，四命也。《春秋傳》曰："吾公在壑谷。"卒，公、卿、大夫逆降，復位。主人降，出。註曰："逆降"者，後升者先降，位如朝夕弔哭之位。君反主人，主人中庭。君坐撫當心。主人拜稽顙，成踊，出。註曰：撫，手案之。凡馮尸，興必踊。○疏曰：君與主人拾踊也。《喪大記》："君於臣撫之，父母於子執之，子於父母馮之，婦於舅姑奉之，舅姑於婦撫之。"又云："凡馮尸，興必踊。"是"馮"，爲總名。君撫之，亦踊也。○拾，音笈，更也。君反之，復初位。衆主人辟于東壁，南面。註曰：以君將降也。南面，則當坫之東。君降，西鄉，命主人馮尸。主人升自西階，由足，西面馮尸，不當君所，踊；主婦東面馮，亦如之。註曰：君必降者，欲孝子盡其情。奉尸斂于棺，乃蓋。主人降，出；君反之，入門左，視塗。註曰：堲在西階上，入門左，由便趨疾，不敢久留君。君升，即位；衆主人復位。卒塗，主人出；君命之反奠，入門右，註曰：亦復中庭位。乃奠。升自西階。註曰：以君在阼。君要節而踊，主人從踊。要，一遙反，猶"會"也。下"要節"同。○註曰：節，謂執奠、始升階及既奠，由重南東時也。卒奠，主人出，哭者止。註曰：以君將出，不敢讙囂聒尊者也。君出門，廟中哭。主人不哭，辟。君式之。註曰：辟，逡遁辟位也。古者，立乘式，謂小俛，以禮主人也。《曲禮》曰："立視五雋，式視馬尾。"○疏曰：《曲禮》："君出就車"，"左右攘辟"。又"五雋"註：雋，猶規也。車輪轉之一帀爲一規。以《冬官》輪崇計之，凡視，前十六步半。○帀，作答反，音洽。貳車畢乘，主人哭拜送。註曰：貳車，副車也。其數各視其命之等。君出，使異姓之士乘之在後。君弔，蓋乘象路。《曲禮》曰："乘君之乘車，不敢曠左；左必式。"○疏曰：《大行人》：上公"貳車九乘"，侯、伯七，子、男五。故知視命數。《坊記》："君不與同姓同車"，"與異姓同車"。彼謂"同車"爲御右者，此貳車可知。引《曲禮》者，乘車，即貳車也。以人君皆左載，惡空其位，則乘之亦居左，常爲式耳。襲，入即位；衆主人襲。拜大夫之後至者，成踊。註曰：後至，布衣而後來者。○疏曰：若未布，大夫來，即入前。卿、大夫從君之內。賓出，主人拜送。註曰：自賓出以下，如君不在之儀。○楊氏曰：哭尸、斂尸、撫尸、搢擯、視塗、視奠，凡六節；每一節，主人降出，主人不敢必君之卒事也。君命反，主人行事，所以盡哀敬之情，始終之義也。

　　三日，成服、杖。拜君命及衆賓，不拜棺中之賜。註曰：既殯之明日，全三日始歠粥矣。禮尊者加惠，明日必往拜謝之。棺中之賜，不施己也。

《曲禮》曰：“生與來日。”○疏曰：是四日矣。言三日，除死日數之也。《曲禮》註：與，數也。生數來日，謂成服杖，以死明日數也；死數往日，謂殯斂以死日數也。大夫以上，皆以來日數。

朝夕哭，不辟子卯。註曰：既殯之後，朝夕及哀至則哭，不代哭也。子卯，桀紂亡日，凶事不辟，吉事闕焉。婦人即位于堂，南上，哭；丈夫即位于門外，西面，北上；外兄弟在其南，南上；賓繼之，北上。門東，北面，西上；門西，北面，東上；西方，東面，北上。主人即位，辟門。辟，音闢。○註曰：外兄弟，異姓有服者也。辟，開也。凡廟門，有事則開，無事則閉。○疏曰：《喪大記》云“祥而外無哭者”，則此外位皆有哭。今直云婦人哭，則丈夫亦哭矣，但文不備也。外兄弟，謂若舅之子、姑姊妹從母之子等，是皆有服者也。○坡謂：言丈夫而不言主人，則包主人及衆主人，齊衰、大功兄弟，皆在其中矣。故此繼以外兄弟，而不及兄弟，下文言兄弟，而不及外兄弟，皆互文也。婦人拊心，不哭。註曰：方有事，止讙嚻。主人拜賓，旁三；右還，入門，哭；婦人踊。註曰：先西面拜，乃南面拜、東面拜也。主人堂下，直東序，西面。兄弟皆即位，如外位。卿、大夫在主人之南。諸公門東，少進。他國之異爵者，門西，少進。敵，則先拜他國之賓。凡異爵者，拜諸其位。註曰：賓皆即此位，乃哭，盡哀止，主人乃右還拜之，“如外位”矣。兄弟齊衰大功者，主人哭則哭；小功緦麻，亦即位乃哭。上言“賓”，此言“卿、大夫”，明其亦賓爾。少進，前於列。異爵，卿大夫也。他國卿、大夫，亦前於列，尊之。“拜諸其位”，就其位特拜。○疏曰：“諸公門東，少進”者，謂門東有士，故云“少進”，少進於士。此所陳位，不言士之屬吏者。按：大夫家臣位在門右，則士之屬吏亦在門右，又在賓之後也。

徹者盥于門外，燭先入，升自阼階。丈夫踊。註曰：徹者，徹大斂之宿奠。祝取醴，北面；取酒，立於其東；取豆、籩、俎，南面，西上。祝先出，酒、豆、籩、俎序從降自西階。婦人踊。註曰：序，次也。設于序西南，直西榮。醴酒北面，西上。豆，西面錯，立于豆北，南面。籩、俎既錯，立于執豆之西，東上。酒錯，復位。醴錯于西，遂先由主人之北適饌。註曰："遂先"者，明祝不復位也。適饌，適新饌，將復奠。

乃奠。醴、酒、脯醢升。丈夫踴。入如初設，不巾。註曰：入，入於室也。"如初設"者，豆先，次籩，次酒，次醴也。"不巾"，無葅、無栗也。葅、栗具，則有俎，有俎，乃巾之。○疏曰：若然，朝廟之奠亦是宿奠，無葅、栗。有巾者，謂在堂而久設，塵埃故也。錯者出，立于戶西，西上。滅燭，出。祝闔戶，先降自西階。婦人踴。奠者由重南東。丈夫踴。賓出，婦人踴，主人拜送。註曰：哭止乃奠，奠則禮畢矣。○疏曰：哭止乃奠者，謂朝夕哭止，拜賓乃奠，奠則禮畢矣。眾主人出，婦人踴。出門，哭止。皆復位。闔門。主人卒拜送賓，揖眾主人，乃就次。

朔月，奠用特豚、魚腊，陳三鼎如初。東方之饌亦如之。註曰：朔月，月朔日也。自大夫以上，月半又奠如初者，謂大斂時。無籩，有黍、稷。用瓦敦，有蓋，當籩位。敦，音對，下同。○註曰：黍、稷，併於甒北也。於是始有黍稷。死者之於朔月月半，猶平常之朝夕；大祥之後，則四時祭焉。○疏曰：平常之朝夕，謂猶生時朝夕之常食也。按《既夕記》云："燕養、饋羞、湯沐之饌，如他日。"若然，彼謂下室中，不異於生時，殯宮中，則無黍稷；今至朔月月半，乃有之。若朔月月半，殯宮中有黍稷，下室則無。下室，如今之內堂是也。云"大祥之後則四時祭焉"者，《士虞禮》禫月"吉祭，猶未配"，是大祥之後，得四時祭。若虞祭之後，平哭之等，雖不四時，亦有黍稷，是其常也。主人拜賓，如朝夕哭，卒徹。註曰：徹，宿奠也。舉鼎入，升，皆如初奠之儀。卒朼，釋匕于鼎，俎行。朼者逆出，甸人徹鼎。其序：醴、酒、葅、醢、黍、稷、俎。註曰："俎行"者，俎後執，執俎者行，鼎可以出；其序，升入之次。其設于室：豆錯，俎錯，腊特，黍稷當籩位。敦啟會，卻諸其南。醴酒位如初。註曰："當籩位"，葅南黍，黍東稷。會，蓋也。祝與執豆者巾，乃出。註曰：共爲之也。主人要節而踊，皆如朝夕哭之儀。○月半不殷奠。註曰：殷，盛也。士月半不復如朔盛奠，下尊者。○有薦新，如朔奠。註曰：薦，五穀，若時果物新出者。○徹朔奠，先取醴酒，其餘取先設者。敦啓會，面足，序出如入。註曰：啓會，徹時不復蓋也。面足，執之令足間向前也。敦有足，則敦之形，如今酒敦。其設于外，如於室。註曰：外，序西南。

　　筮宅，冢人營之。註曰：宅，葬居也。冢人，有司掌墓地兆域者。營，猶"度"也。《詩》云："經之營之。"掘四隅，外其壤；掘中，南其壤。註曰：爲葬將北首故也。既朝哭，主人皆往，兆南，北面，免絰。免，如字。下"免絰"同。○註曰：兆，域也，所營之處。"免絰"者，求吉不敢純凶。命筮者，在主人之右。註曰：命尊者，宜由右出也。《少儀》曰："贊幣自左，詔辭自右。"筮者東面，抽上韇兼執之，南面受命。韇，音獨。○註曰：韇，藏筴之器也。兼與筴執之。命曰："哀子某，爲其父某甫筮宅。度茲幽宅兆基，無有後艱。"爲，于僞反。度，音鐸。○註曰：某甫，其字也，若言山甫、孔甫矣。宅，居也。度，謀也。茲，此也。基，始也。言爲其父筮葬居个，謀此以爲幽冥居兆域之始，得無後將有艱難乎？艱難，謂有非常，若崩壞也。《孝經》曰："卜其宅兆而安厝之。"○疏曰：上大夫以上，卜而不筮，下大夫若士，則筮宅。筮人許諾，不述命；右還，北面指中封而筮。卦者在左。註曰：述，循也。既受命而申言之，曰"述"。"不述"者，《士禮》略。凡筮，因會命筮爲"述命"。中封，中央壤也。封者，識爻卦畫地者。卒筮，執卦以示命筮者。命筮者受視，反之，東面。旅占卒，進告于命筮者與主人："占之曰'從'。"註曰：卒筮，卦者寫卦示主人，乃受而執之。旅，衆也。反與其屬共占之，謂掌《連山》、《歸藏》、《周易》者。從，猶"吉"也。主人絰，哭，不踊。若不"從"，筮擇如初儀。註曰：更擇地而筮之。○《小記》："袝葬者，不筮宅。"歸殯前，北面哭，不踊。註曰：易位而哭，明非常。

　　既井椁，主人西面拜工；左還椁，反位哭，不踊。婦人哭于堂。

還,音患,繞也。○註曰:既,已也。匠人爲椁,刑治其林,以井構於殯門外也。反位,拜位也。既哭之,則往施之竁中矣。主人還椁,亦以既朝哭矣。○疏曰:井合成之也。《檀弓》"既殯,旬而布材與明器"註,"木工宜乾腊",則此布之已久,故云"既,已也"。久須作之,豈今始獻材也。但至此時將用,主人親看視,是以云"既哭之,則往施竁中也"。○獻材于殯門外,西面,北上,綪。主人徧視之,如哭椁。獻素、獻成,亦如之。註曰:材,明器之材。視之亦拜工,左還。形法定,爲"素";飾治畢,爲"成"。

卜日,既朝哭,皆復外位。卜人,先奠龜于西塾上,南首,有席。楚焞置于燋,在龜東。焞,存悶反。燋,子約反。○註曰:楚,荊也。荊焞,所以鑽灼龜者。燋,炬也;所以燃火者也。《周禮》:"菙氏掌共燋、契,以待卜事。凡卜,以明火爇燋,遂灼其焌契,以授卜師,遂以役之。"○疏曰:《周禮》註,明火,陽燧取火於日者。焌,讀如"戈鐏"之"鐏",謂以契格燋火而吹之也。契既然,以授卜師作龜。役之,使助之。是楚焞與契爲一,皆謂鑽龜之荊鐏⑬,取其銳也。族長涖卜,及宗人吉服。立于門西,東面,南上。占者三人在其南,北上。卜人及執燋、席者在塾西。長,之兩反。○註曰:族長,有司掌族人親疏者也。涖,臨也。吉服,服玄端也。"占者三人",掌玉兆、瓦兆、原兆者也。"在塾西"者,南面,東上。○疏曰:《周禮·太卜》註,兆者,灼龜發於火,其形可占者,其象似玉、瓦、原之璺罅,是用名之。原,原田也。闔東扉,主婦立于其內。註曰:扉,門扇也。席于闑西閾外。註曰:爲卜者也。宗人告事具。主人北面,免絰,左擁之。涖卜即位于門東,西面。註曰:涖卜,族長也。更西面,當代主人命卜。卜人抱龜燋,先奠龜,西首,燋在北。註曰:既奠燋,又執龜以待之。宗人受卜人龜,示高。註曰:以龜腹甲高起所當灼處,示涖卜也。涖卜受視,反之。宗人還,少退受命。註曰:受涖卜命。授龜宜近,受命宜卻也。命曰:"哀子某,來日某,卜葬其父某甫。考降,無有近悔?"註曰:考,登也。降,下也。言卜此日葬,魂神上下,得無近於咎悔者乎？許諾，不述命；還即席，西面坐；命龜，興；授卜人龜，負東扉。註曰：宗人不述命，亦士禮略。凡卜，述命、命龜異。龜重，威儀多也。負東扉，俟龜之兆也。○疏曰：大夫以上，皆有述命。述命與命龜異，云"龜重"，對筮時，述命、命、筮，同；筮，輕也。卜人坐作龜，興。註曰：作，猶"灼"也。《周禮·卜人》[14]："凡卜事，示高。揚火以作龜，致其墨。"興，起也。宗人受龜，示涖卜。涖卜受視，反之。宗人退，東面。乃旅占，卒，不釋龜，告于涖卜與主人："占曰：'某日從。'"註曰：不釋龜，復執之也。授卜人龜。告于主婦，主婦哭。註曰：不執龜者，下主人也。告于異爵者，使人告于衆賓。註曰：衆賓，僚友不來者也。卜人徹龜。宗人告事畢。主人絰，入哭，如筮宅；賓出，拜送。若不"從"，卜擇如初儀。

【校記】

① 對照李光坡《禮記述註》之《禮記》卷第十九《喪大記》第二十二，"拊"之下脫一"心"字，而"降"之前衍一"升"字。

② "益"乃"盆"之誤。

③ 對照註，"挈"字後脫一"指"字。

④ 此處所引《喪大記》文，語序應作"袍必有表，不禪；衣必有裳，謂之一稱"。

⑤ "以"字爲衍文，據《禮記》應刪之。

⑥ 據《禮記》，"讓"後脫一"也"字。

⑦ 據《禮記》，"大夫"之後脫一"士"字，應作"君、大夫、士一也"。

⑧ 據《禮記》，"髻"應作"括"。

⑨ 據《禮記》，"三"應作"五"。

⑩ 據中華書局二〇一二年版彭林譯註之《儀禮》，"還"應作"遷"。

⑪ "土"乃"上"之誤。

⑫ 對照《禮記》，此處引文中之"以惡之"，應作"惡之也"。

⑬ 依句意，"鏄"應作"焞"。

⑭ 據《周禮》，"卜人"應作"卜師"。

儀禮述註卷第十五

既夕第十三

鄭目録云：《士喪禮》之"下篇"也。先葬二日，已夕哭時，與葬間一日，凡朝廟日，請啓期，必容焉。此諸侯之下士一廟，其上士二廟；則既夕哭，先葬三日。別録名《士喪禮》(下篇)第十三。○疏曰：若然，大夫三廟者，葬前四日，諸侯六日，天子八日，差次可知。

既夕哭。註曰：既，已也。謂出門哭止，復外位時。請啓期，告于賓。註曰：將葬，當遷柩于祖；有司於是乃請啓殯之期於主人，以告賓，賓宜知其時也。

夙興，設盥于祖廟門外。註曰：祖，王父也。下士，祖、禰共廟。陳鼎皆如殯，東方之饌亦如之。註曰：皆，皆三鼎也。如殯，如大斂既殯之奠。夷牀饌于階間。註曰：夷之言尸也。朝正柩，用此牀。○疏曰：謂柩至祖廟兩楹之間，尸北首之時，乃用此牀。

二燭俟于殯門外。註曰：早，闇，以爲明也。燭用"蒸"。○疏曰：大曰"薪"，小曰"蒸"。丈夫髽，散帶垂，即位如初。髽，側瓜反。○註曰：爲將啓，變也。此互文以相見耳。髽，婦人之變。《喪服小記》曰："男子免而婦人髽，男子冠而婦人笄[①]。"如初，朝夕哭門外位。○疏曰：凡男子免與括髮，散帶垂。婦人髽，皆當小斂之節。今於啓殯時，亦見尸柩，故變同小斂之時。引《喪服小記》者，證見未成服已前，男子免而婦人髽；既成服已後，男子冠婦人笄。若然，小斂之時，斬衰男子括髮，齊衰以下男子免。不言男子括髮者，欲見啓殯之後，雖斬衰亦免而無括髮。婦人不哭。主人拜賓，入，即位，袒。註曰：此不蒙"如初"者，以男子入門不哭也。不哭者，將有事，止謹囂。商祝免袒，執功布入，升自西階，盡階不升堂。聲三，啓三，命哭。免，音問。三，息暫反。○註曰：功布，灰治之布也。執之以接神，爲有所拂仿也。聲三，三有聲，存神也。啓三，三言啓，告神也。舊説以爲"聲，噫興"也。燭入。註曰：照徹與啓殯者。○疏曰：一燭於室，一燭於堂。祝降，與夏祝交于階下。取銘置于重。重，直龍反。下同。○註曰："祝降"者，祝徹宿奠降也。"與夏祝交"，事相接也。夏祝取銘置于重，爲啓殯遷之。吉事交，相左；凶事交，相右。○疏曰：祝不言商夏，則周祝也。燭既入室，時周祝從而入室，徹宿奠降；此宿奠擬朝廟所用，即下云"重先、奠從"者是也。此奠所徹、所置之處，雖不言，按上篇"大斂遷，小斂奠于序西南"，此亦序西南可也。踊無筭。註曰：主人也。商祝拂柩，用功布；幠，用夷衾。幠，忽烏反。○註曰：拂，去塵也。幠，覆之，爲其形露。○疏曰：此夷衾，於後"朝及入壙無徹"文，當隨柩入壙矣。

　　遷于祖，用軸。註曰：遷，徙也。徙於祖，朝祖廟也。《檀弓》曰："殷朝而殯於祖，周朝而遂葬。"蓋象平生將出，必辭尊者。軸，輁軸也。軸，狀如轉轔，刻兩頭爲軹，輁狀如長牀，穿桯前後著金而關軸焉。大夫諸侯以上有四周，謂之"輴"，天子畫之以龍。○疏曰：轔，輪也。以軸頭爲軹，刻軸使兩頭細，穿入輁之兩髀前後，二者皆然。輁既如牀，則有先後兩畔之木，狀如牀髀厚大爲之，兩畔爲孔，著金釧於中，前後兩畔皆然，然後關軸於其中。言"桯"者，以其厚大可以容軸也。重先，奠從，燭從，柩從，燭從，主人從。從，才用反。後同。○註曰：行之序也。"主人從"者，丈夫由右，婦人由左，以服之親疏爲先後。各從其昭穆，男賓在前，女賓在後。升自西階。註曰：柩也，猶用子道，不由阼也。奠俟于下，東面，北上。註曰：俟正柩也。主人從升。婦人升，東面。衆人東即位。"衆"下，當從敖氏補"主"字。○註曰：東方之位。○疏曰：舉主婦東面，主人西面，可知。衆主人鄉東階下，即西面位。正柩于兩楹間，用夷牀。註曰：兩楹間，象向户牖也。是時，柩北首。○疏曰：云"鄉户牖"，則楹間近西矣。主人柩東，西面。置重如初。註曰：如殯宫時也。席升設于柩西。奠設如初,巾之。升降自西階。註曰:席設于柩之西,直柩之西,當西階也。從奠設如初,東面也。不統於柩,神不西面也。不設柩東,東非神位也。"巾之"者,爲御當風塵。○疏曰:"奠設如初",謂如朝夕奠于室中。據神位東面,設之于席前。不統於柩,不設柩東,神位在奧也。不設于室者,室中神所在,非奠死者之處。奠有牲肉,則巾之。此脯醢巾之者,爲在堂,風塵也。主人踊無算,降,拜賓;即位,踊,襲。主婦及親者,由足,西面。註曰:設奠時,婦人皆室户西,南面;奠畢乃得東也。親者西面,堂上迫,疏者可以居房中。○疏曰:知婦人户西、南面,按下記云將載柩,"祝及執事舉奠户西,南面,東上",則知此設之時,婦人辟之之户西,南面;待設奠訖,乃由柩足,鄉柩東,西面。不即鄉柩東、西面者,以主人在柩東;待設奠訖,主人降拜賓,婦人乃得東也。薦車,直東榮,北輈。輈,竹求反。○註曰:薦,進也。進車者,象生時將行陳駕也。今時謂之魂車。輈,轅也。車當東榮,東陳西上於中庭。○疏曰:"薦車"者,以明且將行,故豫陳車。云"西上"者,先陳乘車,次道車,次槀車也。既當東榮,而云"中庭"者,據南北之中庭,不據東面爲中庭也。質明滅燭。註曰:質,正也②。徹者升自阼階,降自西階。註曰:徹者,辟新奠。不設序西南,已再設爲褻。乃奠如初,升降自西階。註曰:爲遷祖奠也。奠升不由阼階,柩北首,辟其足。○疏曰:辟足者,以其來往不可由首;又,飲食之事,不可褻之由足。主人要節而踊。註曰:節升降。薦馬,纓三就;入門,北面,交轡。圉人夾牽之。註曰:駕車之馬,每車二疋。纓,今馬鞅也。就,成也。諸侯之臣飾纓,以三色而三成。此三色者,蓋條絲也。其著之,如屬然。天子之臣,如其命數。王之革路,條纓。圉人,養馬者。在左右,曰"夾"。既奠乃薦馬者,爲其踐污廟中也。凡入門,參分庭,一在南。○疏曰:三色,朱、白、蒼也。《巾車》註云:"王路之樊及纓,皆以五采屬飾之。"此則三采絲爲條飾之,但著之則同,故云"如屬然"也。王革路不用屬,而用條爲纓,與此同,故引之。既奠,乃薦馬,對薦車在奠上。言凡在庭三分,一在北,則繼堂而言;一分在南,則繼門而言。御者執策,立于馬後。哭成踊,右還,出。

還，音旋。下並同。○註曰：主人於是乃哭踊者，薦車之禮，成於薦馬。○疏曰：馬右還而出，取便也。賓出，主人送于門外。楊氏曰：喪奠之禮有三變：始死，奠于尸東；小斂，奠亦如之；既殯，奠于奧神席東面。大斂奠，朝夕奠，朔月奠，亦如之。啓殯之後，席升設于柩西，奠設如初。"如初"云者，如前日室中神席東面也。自是，朝祖奠降奠、還柩奠、遣奠，皆如之。

有司請祖期。註曰：亦因在外位請之，當以告賓。每事畢，輒出；將行，而飲酒曰"祖"。祖，始也。曰："曰側。"註曰：側，昳也。謂將過中之時。**主人入，袒。乃載。踊無算。卒束。襲。**註曰：袒，爲載變也。乃舉柩，卻下而載之。束，束棺於柩車。賓出，遂匠納車于階間，謂此車。○疏曰："卻下"，以足鄉前，下堂載也。**降奠，當前束。**註曰：下遷祖之奠也。當前束，猶當尸臂也，亦在柩車西。束有前後也。**商祝飾柩：一池，紐前緟後緇，齊三采，無貝。**緟，丑成反。敖作"赬"。齊，臍同。○註曰：飾柩，爲設牆柳也。巾奠乃牆，謂此也。牆有布帷，柳有布荒。池者，象宮室之承霤，以竹爲之，狀如小車笭，衣以青布一池，懸於柳前。士不揄絞、紐，所以聯帷荒，前赤後黑，因爲飾左右；而各有前後齊，居柳之中央，若今小車蓋上蕤矣。以三采繒爲之，上朱、中白、下蒼，著以絮。元士以上有貝。○疏曰：此並飾車之事。兩畔竪輢子，以帷繞之，上以荒。一池縣於前，面荒之爪端；荒上於中央如齊也。在旁曰"帷"，在上曰"荒"。荒，蒙也。對而言，則"帷"爲"牆"，象宮室有牆壁；"荒"爲"柳"，柳之言"聚"，諸飾之所聚。總而言之，皆得爲牆。巾奠乃牆，及《檀弓》"周人牆置翣"，是牆中兼柳；《縫人》"衣翣柳之材"，是柳中兼牆。士一池，用竹而覆之，無水可承也。揄，鷂也。絞，蒼黃色。人君於蒼黃色繒上畫鷂雉之形，縣于池下，一名"振容"。大夫士無之。左右面，謂帷也。齊，若人之"臍"，亦居身之中央。縫合采繒爲之，以絮著之使高，形如瓜分然，綴貝絡其上及旁。諸侯之士無貝也。**設披。**披，彼義反。○註曰：披，絡柳棺上，貫結於戴，人居旁牽之，以備傾虧。《喪大記》曰："士戴，前纁後緇，二披用纁。"今文披皆爲藩。○疏曰：戴，兩頭皆結于柳材，又以披在棺上輅過，然後貫穿戴之連繋棺束者，乃結于戴；

餘披出之於外，使人持之，一畔有二，爲前後披。屬引。註曰：屬，猶"著"也。引，所以引柩車。在軸輴曰"綍"，古者人引柩。《春秋傳》曰："坐引而哭之三。"○疏曰：在車曰"綍"，行道曰"引"。陳明器於乘車之西。註曰：明器，藏器也。《檀弓》曰："其曰明器，神明之也。"言神明者，異於生器。竹不成用，瓦不成味，木不成斲，琴瑟張而不平，竽笙備而不和，有鐘磬而無簨虡。陳器於乘車之西，則重之北也。○疏曰：自筲以下，皆是藏器。《檀弓》註："成，猶善也；味，當作沬，靧也。"○味，亡曷反。沬，音誨。折，橫覆之。折，之設反。覆，芳屋反。○註曰：折，猶庋也。方鑿連木爲之，蓋如牀，而縮者三，橫者五，無簀；窆事畢，加之壙上，以承抗席。橫陳之者，爲苞筲以下，紳於其北，便也。覆之，見善面也。○疏曰：云"折，橫覆之"者，鄭云"蓋如牀"，則加於壙上時，南北長，東西短；今經云"橫"，明知其長者，東西陳之。折加於壙時，擬向上看之爲面，故善者向下；今陳之，取向下看之，故反覆善面向上也。窆畢，加于壙上，若庋藏物然。云"縮三橫五"，亦約茵與抗木；但於壙曰，宜大於茵與抗席也。橫縮以當簀，故無簀。○庋，九委反。紳，側耕反。抗木，橫三縮二。抗，苦浪反，又音剛。後皆同。○註曰：抗，禦也，所以禦止土者。其橫與縮各足掩壙。○疏曰：明器由羨道入，壙曰唯以下棺，大小容柩而已。今抗木亦足掩壙曰也。加抗席三。註曰：席，所以禦塵。○疏曰：既陳抗木於折北，又加此抗席三領於抗木之上。知抗木不在折上者，以抗木直言"橫三縮二"，不言加，明別陳於折北抗木之下。而此云"加"，加於抗木之上，可知抗席之下。而云加茵，明又加於抗席之上。此三者以後，陳者先用；故先陳抗木於上，次陳抗席，而後陳茵。先用取後陳於上者，便故也。是以下文及葬時，茵先入壙，窆事訖，加折壙上；則先用抗席，後用抗木，是其次也。抗木在上，故云"禦土"；抗席在下隔抗木，故云"禦塵"。加茵，用疏布，緇翦，有幅，亦縮二橫三。茵，音因。○註曰：茵，所以藉棺者。翦，淺也。幅，緣之。"亦"者，亦抗木也。及其用之，木三在上，茵二在下；象天三合地二，人載其中焉。○疏曰：染淺緇之色，用一幅爲之，縫合兩邊幅爲袋，不去邊幅，故云"有幅"。更以物緣之使牢，因爲飾。上抗木，先云"横三"，後云"縮二"；此茵，先云"縮二"，後云"横三"，並據此陳列之時，鄭據入壙而言，故云"其用之"也，"木三在上，茵二在下"，各舉一邊而言，其實皆有二三。器西，南上，綪。綪，則耕反。○註曰：器目言之也，陳明器，以西行南端爲上。綪，屈也。不容，則屈而反之。茵。註曰：茵在抗木上，陳器次而北也。○疏曰：茵非明器，而言之者，陳器從此茵鄉北爲次第，故言之。苞二。註曰：所以裹奠羊豕之肉。筲三：黍，稷，麥。註曰：筲，畚種類也。其容蓋與簋同一觳也。○疏曰：畚器所以盛種。筲與畚同類，四升爲豆，豆實三而成觳。○畚，音本。觳，音斛。甕三：醯，醢，屑；冪用疏布。甕，烏貢反。冪，音密，本又作"幎"。○註曰：甕，瓦器，其容亦蓋一觳。屑，薑、桂之屑也。《內則》曰："屑桂與薑。"冪，覆也。甒二：醴，酒；冪用功布。甒，亡甫反。○註曰：甒，亦瓦器也。皆木桁，久之。桁，戶庚反，又戶郎反。久，讀灸。○註曰：桁，所以庪苞、筲、甕、甒也。久，當爲灸。灸，謂以蓋案塞其口。每器異桁。○疏曰：云"皆"，則自苞、筲以下，皆塞之；甕、甒，濕物非直塞口，又加冪覆之。用器：弓，矢，耒，耜，兩敦，兩杅，槃，匜。匜實于槃中，南流，敦，音對。杅，音于。匜，音移。○註曰：此皆常用之器也。杅，盛湯漿。槃、匜，盥器也。流，匜口也。無祭器，註曰：士禮略也。大夫以上，兼用鬼器、人器也。○疏曰：明器，鬼器也。祭器，人器也。兩有，則實祭器，不實明器。士，唯有明器而實之。有燕樂器可也。註曰：與賓客燕飲用樂之器也。○疏曰：許其得用，故云"可也"。琴瑟特縣，縣磬之類。役器：甲，胄，干，笮。笮，則白反。○註曰：此皆師役之器。甲，鎧。胄，兜鍪。干，楯。笮，矢箙。○疏曰：上下役用之器，皆粗沽爲之。燕器：杖，笠，翣。笠，音立。翣，所甲反。○註曰：燕居安體之器也。笠，竹簿蓋也。翣，扇。○疏曰：簿，竹青皮。○簿，芳無切，音敷。徹奠，巾席俟于西方。主人要節而踊，註曰："巾席俟於西方"，祖奠將用焉。"要節"者，來象升，丈夫踊；去象降，婦人踊。徹者，由明器北，西面；既徹，由重南東，不設於序西南者，非宿奠也。宿奠必設者,爲神馮依之久也。

祖。註曰:爲將祖變。商祝御柩,註曰:亦執功布居前,爲還柩車爲節。〇疏曰:居柩車之前卻行,詔傾虧,使執披人知其節度。乃祖,註曰:還柩鄉外,爲行始。〇疏曰:祖者,始也。爲行始,去載處而已。踊,襲,少南,當前束。註曰:主人也。柩還,則當前束南。〇疏曰:未還時,當前束近北也。婦人降,即位于階間。註曰:爲柩將去有時也,位東上。〇疏曰:"位東上"者,以堂上時,婦人在阼階西面,統於堂下男子;今柩車南還,男子亦在車東,故婦人降,亦東上,統於男子也。婦人不鄉車西者,以車西有祖奠,故辟之在車後。祖,還車,不還器。還,音旋。下並同。〇註曰:祖,有行漸。車亦宜鄉外也。器之陳,自已南上。祝取銘置于茵。註曰:重,不藏;故於此移銘加於茵上。〇疏曰:初死,爲銘置于重,啓殯至祖廟皆然。今將行,重擬埋于廟門左;茵是入壙之物,銘亦入壙之物,故置于茵也。士無廞旌,唯有乘車所建攝盛之旐,并此銘旐而已。大夫以上有廞旌。通此二旌,則皆備三旌也。二人還重,左還。註曰:重與車馬還,相反由便也。〇疏曰:車馬右還,鄉門爲便。重面北,人在其南;左還鄉門爲便,是"相反由便"。布席,乃奠如初。主人要節而踊。註曰:車已祖,可以爲之奠也。是之謂祖奠。〇疏曰:奠本爲柩設;其柩未安,不得設奠。今車既還,名之爲祖,尸柩已定,可以爲奠也。〇楊氏曰:"要節而踊"者,來,由重北而西;降,由重南而東。來象升,丈夫踊;出象降,婦人踊。所謂要節也。薦馬如初。註曰:柩動車還,宜新之也。賓出,主人送。有司請葬期,註曰:亦因在外位時。入,復位。註曰:主人也,自死至於殯,自啓至於葬,主人及兄弟恒在内位。〇疏曰:自死至於殯,在内位,據在殯宫中。自啓至於葬,在内位,據在祖廟中。處雖不同,在内不異,故總言之。云"在内位"者,始死未小斂,已前位,在尸東;小斂後,位在阼階下。若自啓之後在廟位,亦在阼階下也。

公賵:玄纁束,馬兩。賵,芳鳳反。車馬曰"賵"。〇註曰:公,國君也。

賵,所以助主人送葬也。兩馬,士制也。《春秋傳》曰：宋景曹卒,魯季康子使冉求賵之以馬,曰"其可以稱旌繁乎"？○疏曰："兩馬,士制"者,士在家常乘之法；若出使及征伐,則乘駟馬。景曹事,見哀二十三年。擯者出請,入告。主人釋杖,迎于廟門外,不哭；先入門右,北面,及衆主人袒。註曰：尊君命也。衆主人自若西面。馬入設。註曰：設於庭,在重南。賓奉幣,由馬西當前輅,北面致命。輅,音路。○註曰：賓,使者。幣,玄纁也。輅,轅縛所以屬引。"由馬西",則亦當前輅之西,於是"北面致命",得鄉柩與奠。柩車在階間,少前,參分庭之北,輅有前後。○疏曰：以木縛於柩車轅上,以屬引於上而挽之,故名轅縛。主人哭,拜稽顙,成踊。賓奠幣于棧左服,出。棧,士眼反,又才產反。○註曰：棧,謂柩車也。凡士車制,無漆飾。左服,象授人,授其右也。服,車箱。○疏曰："無漆飾",故言"棧"也。車南鄉,以東爲左。尸在車上,以東爲右。宰由主人之北,舉幣以東。註曰：柩東,主人位,以東藏之。士受馬以出。註曰：此士,謂胥徒之長也。有勇力者,受馬。《聘禮》曰："皮馬相間,可也。"主人送于外門外,拜,襲,入復位,杖。

賓賵者,將命。註曰：賓,卿、大夫、士也。○疏曰："將命"者,身不來,遣使者將命告主人。擯者出請,入告,出告"須"。註曰：不迎,告曰："孤某須。"馬入設,賓奉幣。擯者先入,賓從。致命如初。註曰：初公使者。主人拜于位,不踊。註曰：柩車東位也。既啓之後,與在室同。賓奠幣如初。舉幣、受馬如初。擯者出請。註曰：賓出在外；請之,爲其復有事。若奠,註曰：賓致可以奠也。○疏曰：所致物,可堪爲奠也。入告；出,以賓入,將命如初。士受羊,如受馬。又請。註曰：士,亦謂胥徒之長。又,復也。若賵,賵,音附。○註曰：賵之言"補"也,"助"也。貨財曰"賵"。入告。主人出門左,西面；賓,東面將命。註曰："主人出"者,賵主施於主人。主人拜,賓坐委之。宰由主人之北,東面舉之,反位。註曰："坐委之",明主人哀戚,志不在受人物。反位,反主人之後位。○疏曰：宰位也。若無器,則悟受之。悟，五路反。○註曰：謂對相受，不委地。○疏曰：悟，即"逆"也，對面相逢受也。又請。賓告事畢。拜送，入。贈者將命，註曰：贈，送。擯者出請，納賓如初。註曰：如其入告、出告須。賓奠幣如初。註曰：亦於棧左服。若就器，則坐奠于陳。註曰：就，猶"善"也。贈，無常，惟玩好所有。陳，明器之陳。凡將禮，必請而后拜送。註曰：雖知事畢，猶請，君子不必人意。兄弟，賵、奠可也。註曰：兄弟，有服親者。可，且賵且奠，許其厚也。賵、奠，於生、死兩施。所知，則賵而不奠。註曰：所知，通問相知也。降於兄弟，奠施於死者爲多，故不奠。○疏曰：奠雖兩施，然爲死者而行，故知"於死者爲多"。知死者"贈"，知生者"賵"。註曰：各主於所知。書賵於方，若九，若七，若五。註曰：方，板也。書賵、奠、賻、贈之人名與其物於板，每板若九行，若七行，若五行。書遣於策。遣，器彥反。○註曰：策，簡也。遣，猶"送"也；謂所當藏物，茵以下。○疏曰：少，故書於"方"；多，故書於"策"。策書明器之物，應在上文；而於此言之者，遣中并有贈物，故在賓客贈賻與賵之下特書也。乃代哭，如初。註曰：棺柩有時將去，不忍絕聲也。初，謂既小斂時。○宵，爲燎于門內之右。註曰：爲哭者爲明。

　　厥明，陳鼎五于門外，如初。註曰："鼎五"，羊、豕、魚、腊、鮮獸，各一鼎也。士禮，特牲三鼎，盛葬奠加一等，用少牢也。"如初"，如大斂奠時。○疏曰：凡牢鼎數，或多或少不同。若用特豚者，或一鼎，或三鼎。若《冠禮》醮子，昏禮盥饋，《士喪》小斂、朝禰，皆一鼎也。《昏禮》同牢，《士喪》大斂朔奠、遷祖奠、祖奠，皆三鼎也。若用少牢者，或三鼎，或五鼎。《有司徹》繹祭，三鼎也。《聘禮》致殯衆介，《少牢饋食禮》及此葬奠，皆五鼎也。其用大牢者，或七，或九，或十，或十二。《公食禮》，下大夫鼎七，上大夫鼎九也。《聘禮》致殯飪，鼎九；羞，鼎三，是十二也。上介飪，鼎七；羞，鼎三，是十也。《郊特牲》曰：鼎俎奇，而籩豆偶，以象陰陽。而有十與十二者，羞鼎別數也。其實：羊左胖。胖，音判。○註曰：反吉祭也。言左胖者，體不殊骨也。○疏曰：下云"髀不升",則除髀以下,膊胳仍升之,則於上肩脊脊別升,則左胖仍爲三段矣。而云"體不殊骨",據脊脊以上,膊胳已下,共爲一,亦得爲"體不殊骨"也。髀不升;髀,筆倚反,又弼禮反。註:古文"髀"作"脾"。○註曰:周貴肩,賤髀。腸五,胃五,註曰:亦盛之也。○疏曰:少牢,用腸三、胃三。離肺,註:離,捱。○疏曰:刲離之,不絕中央少者,使易絕以祭,亦名"舉肺"。豕亦如之,豚解,無腸胃;註:"如之",如羊左胖,髀不升,離肺也。"豚解",解之如解豚,亦前肩、後肫、脊脊而已。"無腸胃"者,君子不食溷腴。○疏曰:《少儀》註謂,犬豕之屬,食米穀者也。腴,有似於人穢。魚、腊、鮮獸,皆如初。註曰:鮮,新殺者。士腊用兔,加鮮獸而無膚者。豕既豚解,略之。○疏曰:乾腊、鮮獸,皆用兔。東方之饌:四豆,脾析、蜱醢、葵菹、蠃醢;蜱,蒲皆反。○註:脾,讀爲"雞脾肶"之"脾"。脾析,百葉也。蜱,蛘也。○疏曰:《醢人》註:細切爲"虀",全物爲"菹"。肉菜通。脾析,即虀也,羊百葉也。蜱蛘,即蛤也。四籩:棗、糗、栗、脯。糗,去九反。○註曰:糗,以豆糗粉餌。○疏曰:《籩人》糗餌註云:粉稻米、黍米所爲也;合蒸,曰"餌"。糗者,擣粉熬大荳,爲餌餈粘著,以粉之耳。醴,酒。註曰:此東方之饌,與祖奠同在主人之南,當前輅,北上,巾之。○疏曰:祝饌祖奠,即是還柩鄉外,仍饌之于主人之南。自還柩車至此饌葬奠,柩車未動;則此葬奠東方之饌,亦饌于主人之南,當與前同處。陳器。註曰:明器也。夜斂藏之。滅燎,執燭俠輅,北面。俠、夾通,傍也,並也。○註曰:照徹與葬奠也。○疏曰:輅西者,照徹;輅東者,照饌。賓入者,拜之。註曰:明自啓至此,主人無出禮。徹者入,丈夫踊;設于西北,婦人踊。註曰:猶阼階升時也,亦既盥乃入,入由重東,而主人踊,猶其升也。自重北西面而徹,設于柩車西北,亦由序西南。徹者東。註曰:由柩車北東,適葬奠之饌。鼎入,註曰:舉入陳之也。陳之蓋於重東北,西面,北上,如初。乃奠。豆,南上,綪;籩,蠃醢南,北上,綪。註曰:籩蠃醢南,辟醴酒也。俎二以成,南上,不綪;特鮮獸。註曰:成,猶"併"也。不綪者,魚在羊東,腊在豕東。醴酒，在籩西，北上。註曰：統於豆也。奠者出，主人要節而踊。註曰：亦以往來爲節。奠，由重北面；既奠，由重南東。

甸人抗重出自道，道左倚之。註曰：還重不言甸人，抗重言之者，重既虞將埋之。言其官，使守視之。抗，舉也。"出自道"，出從門中央也。不由闑東西者，重不反，變於恒出入。"道左"，主人位。今時，有死者鑿本置食其中，樹於道側，由此。○疏曰："道左倚之"者，當倚於門東北壁。"既虞埋之"者，《雜記》文彼註云"就所倚處埋之"。未虞以前，以重主其神，虞所以安神，雖未作主，初虞，神安於寢，不假重爲神主，明初虞即埋之也。薦馬，馬出自道，車各從其馬；駕于門外，西面而俟，南上。註曰："南上"，便其行也。行者乘車在前，道橐序從。徹者入，踊如初。徹巾，苞牲取下體。註曰："苞"者，象既饗而歸賓俎者也。"取下體"者，脛骨象行，又俎實之終始也。士苞三个，前脛折取臂臑，後脛折取骼，亦得俎釋三个。《雜記》曰："父母而賓客之，所以爲哀。"○疏曰：肩臂臑在俎上端，膊胳在俎下端，是爲終始。《檀弓》曰："國君七个，遣車七乘；大夫五"，自上差之，則士苞三个。个，謂所包遣奠牲體之數也。遣車多少，各如所包之數。大夫以上有遣車，士無遣車。所包者，不載于車，直持之而已。云"亦得俎釋三个"者，羊俎，仍有肩肫兩段在俎；豕左胉豚解，今析取外，仍有四段在俎；相通則二俎，俎有三段在，故爲"俎釋三个"也。按《特牲》"俎釋三个"註云"爲改饌于西北隅，遺之"，則此奠雖不改爲饌西北隅，留之亦爲分禱五祀也。○脛，戶定反。个，古賀反。臑，乃到反。骼，音格。不以魚腊。註曰：非正牲也。行器，註曰：目葬行，明器在道之次。茵、苞、器，序從；註曰：如其陳之先後。車從。註曰：次器。徹者出，踊如初。註曰：於是廟中當行者，唯柩車。○疏曰：徹者謂苞牲訖，當徹去所釋者，出廟門，分禱五祀者。

主人之史請讀賵，執算從。柩東，當前束，西面。不命毋哭，哭者相止也。唯主人、主婦哭。燭在右，南面。毋，音無。下同。○註曰：史北面請既，而與執算西面於主人之前，讀書釋算。燭在右南面，照書便也。讀書,釋算則坐。註曰:必"釋算"者,榮其多。卒,命哭,滅燭;書與算執之以逆出。註曰:卒,已。公史自西方,東面;命毋哭。主人、主婦皆不哭。讀遣,卒,命哭;滅燭,出。註曰:公史,君之典禮書者。"遣"者,入壙之物。君使史來讀之,成其得禮之正以終也。燭俠輅。

商祝執功布,以御柩執彼。披,彼義反。○註曰:居柩車之前,若道有低昂傾虧,則以布為抑揚左右之節,使引者、執披者知之。士執披,八人。主人袒,乃行,踊無算。註曰:袒,為行變也。乃行,謂柩車行也。凡從柩者先後左右,如遷于祖之序。出宮,踊,襲。註曰:哀次。○疏曰:大門之外,有賓客次舍之處,父母生時接賓之所;故主人至此,感而哀。此"次",《檀弓》云"哀次",亦如之。

至于邦門,公使宰夫贈玄纁束。註曰:邦門,城門也。贈,送也。主人去杖,不哭,由左聽命;賓由右致命。註曰:柩車,前輅之左右也。當時止柩車。○疏曰:此出國北門,柩車向北,左則在前輅之西也。主人哭,拜稽顙;賓升,實幣于蓋,降;主人拜送,復位,杖,乃行。註曰:升柩車之前,實其幣於棺蓋之柳中,若親受之然。復位,反柩車後。

至于壙,陳器于道東西,北上。註曰:統於壙。茵先入,註曰:當藉柩也。元士,則葬用輴軸,加茵焉。○疏曰:元士,謂天子之士,葬時先以輴軸由羨道入,乃加茵於其上,乃下棺於中。屬引。屬,音燭。○註曰:於是說載除飾,更屬引於緘耳。○疏曰:《喪大記》云"君窆以衡,大夫、士以緘",註:棺束為"緘"。士,二衽二束。束末皆為緘耳,以緋貫結之而下棺。人君又以橫木貫緘耳,於橫木之上,以屬緋也。主人袒。眾主人西面,北上。婦人東面,皆不哭。註曰:俠羨道為位。○疏曰:"不哭",下棺宜靜。"羨道",謂入壙之道。上無負土為"羨道"。天子曰"隧"。塗上有負土為"隧"。

乃窆。主人哭,踊無算,註曰:窆,下棺也。襲;贈用制幣,玄纁束;拜稽顙,踊如初。註曰:丈八尺曰"制"。二制合之"束",十制五合。○疏曰：以其君物所重，故用之送終也。卒，袒，拜賓；主婦亦拜賓；即位，拾踊三，襲。拾，其業反。後放此。○註曰：主婦拜賓，拜女賓也。即位，反位。拾，更也。○疏曰："反位"者，各反羨道東西位，男賓在衆主人之南，女賓在衆婦之南。賓出，則拜送。註曰：相問之賓也。凡弔賓有五，去皆拜之。此舉中焉。○疏曰：《雜記》云："相趨也，出宮而退；相揖也，哀次而退；相問也，既窆而退[3]；相見也，反哭而退。朋友，虞祔而退。"註云：此弔者恩厚薄、去遲速之節也。相趨，謂相聞姓名，來會喪事也。相揖，嘗會於他也。相問，嘗相惠遺也。相見，嘗執摯相見也。藏器於旁，加見；見，賢遍反。○註曰：器，用器役器也。見，棺飾也。更謂之"見"者，加此則棺柩不復見矣。先言"藏器"，乃云"加見"者，器在見内也。内之者，明君子之於事，終不自逸也。藏苞、筲於旁。註曰："於旁"者，在"見"外也。不言甕、甒、饌，相次，可知四者兩兩而居。《喪大記》曰："棺椁之間，君容祝，大夫容壺，士容甒。"○疏曰：後陳者先用。先用甕甒，後用苞筲。苞筲藏，明甕甒先藏可知。云"兩兩而居"者，苞筲居一旁，甕甒居一旁。加折，卻之；加抗席，覆之；加抗木。覆，芳屋反。○註曰：宜次也。實土三。主人拜鄉人，註曰：謝其勤勞。○疏曰：《雜記》云："鄉人，五十者從反哭，四十者待盈坎。"即位，踊，襲，如初。註曰：哀親之在斯。

乃反哭，入，升自西階，東面。衆主人堂下，東面，北上。註曰：西階東面，反諸其所作也。反哭者於其祖廟，不於阼階西面。西方，神位。○疏曰：《檀弓》"所作"，註云"親所行禮之處"。云"反哭者於其祖廟"者，謂下士祖禰共廟，故下經賓出，主人送於門外，遂適于殯宮；適士二廟者，自殯宮先朝禰，後朝祖。今反哭，則先於祖，後於禰，遂適殯宮也。"西方，神位"者，以《特牲》、《少牢》，主人先事，升降皆由阼階；今不由阼階，故決之以西方神位知者。《特牲》、《少牢》皆布席於奧，殯又在西階，是西方神位，主人非行事，直哭而已，故就神位。婦人入，丈夫踊，升自阼階。註曰：辟主人也。主婦入于室，踊,出,即位,及丈夫拾踊,三。註曰:"入于室",反諸其所養也。"出,即位",堂上西面也。○疏曰:《檀弓》"所養"註:"親所饋食之處。"賓弔者升自西階,曰:"如之何!"主人拜稽顙。註曰:賓弔者衆賓之長也。反而亡焉,失之矣,於是爲甚,故弔之。弔者北面,主人拜於位。不北面拜賓東者,以其亦主人位也。○疏曰:《鄉飲酒》、《鄉射》,主人酬賓,皆於賓東主人位;《特牲》、《少牢》,助祭之賓,主人皆拜送于西階東面;故於東面不移,以其亦主人位故也。賓降,出。主人送于門外,拜稽顙。疏曰:此於《雜記》五賓,當相見之賓。

遂適殯宮,皆如啓位;拾踊,三。註曰:啓位,婦人入,升堂;丈夫即中庭之位。○疏曰:"中庭之位",即直東序西面位。兄弟出,主人拜送。註曰:兄弟,小功以下也。異門大功,亦可以歸。○疏曰:至虞卒哭,祭還來預。衆主人出門,哭止,闔門。主人揖衆主人,乃就次。註曰:次,倚廬也。○《問喪》曰:"成壙而歸,不敢入處室,居於倚廬,哀親之在外也;寢苫枕塊,哀親之在土也。"猶朝夕哭,不奠。註曰:是日也,以虞易奠。

三虞,註曰:虞,喪祭名。虞,安也。骨肉歸於土,精氣無所不之。孝子爲其彷徨,三祭以安之。朝葬,日中而虞,不忍一日離。○卒哭。註曰:卒哭,三虞之後祭名。始朝夕之間,哀至則哭;至此祭止也,朝夕哭而已。○明日,以其班祔。註曰:班,次也。祔,卒哭之明日祭名。祔,猶屬也。祭昭穆之次而屬之。○疏曰:以孫祔於祖,孫與祖昭穆同,故以孫連屬於祖,而就祖而祭之。

記

士處適寢,寢東首于北墉下。適,音嫡。首,手又反。墉,音容。○註曰:將有疾,乃寢於適室。○疏曰:"東首"者,向生氣之所。有疾,疾者齊。齊,側皆反。下同。○註曰:正情性也。適寢者不齊,不居其室。養者皆齊。養,干亮反。○註曰:憂也。徹琴瑟。註曰:去樂。疾病,內外皆掃。掃,四奧反。○註曰：爲有賓客來問也。疾甚曰"病"。徹褻衣，加新衣。註曰：故衣垢污，爲來人穢惡之。御者四人，皆坐持體。註曰：爲不能自轉側。御者，今時侍從之人。○疏曰：《喪大記》曰："體一人。"男女改服。註曰：爲賓客來問病，亦朝服，庶人深衣。屬纊，以俟絕氣。屬，音燭。纊，音曠。○註曰：爲其氣微難節也。纊，新絮。○疏曰：案《喪大記》註云：纊，今之新綿，易搖動；置口鼻之上，以爲候。二註相兼乃具。《禹貢》：豫州貢纖纊。男子不絕於婦人之手，婦人不絕於男子之手。註曰：備褻。乃行禱于五祀。註曰：盡孝子之情。五祀，博言之。士二祀，曰"門"，曰"行"。乃卒。註曰：卒，終也。主人啼，兄弟哭。註曰：哀，有甚有否；於是始去冠而笄纚，服深衣。《檀弓》曰："始死，羔裘、玄冠者，易之。"○疏曰：啼，即"泣"也。《檀弓》皋柴"泣血三年"註：泣，無聲，如血出；則啼是哀之甚，發聲則氣竭而息之，聲不委曲，若往而不反。對齊衰以下，直哭無啼。設牀笫，當牖；衽，下莞上簟；設枕。笫，側几反。莞，音官。○註曰：病卒之間廢牀，至是設之，事相變。衽，臥席。遷尸。註曰：徙於牖下也。於是，幠用斂衾。

復者朝服，左執領，右執要，招而左。朝，音潮。要，一遙反。○註曰：衣朝服，服夫可以變。○疏曰：云"招而左"者，以左手執領，還以左手以領招之；必用左者，招魂所以求生。左陽，陽主生，故用左也。○衣，於既反。

楔，貌如軛，上兩末。楔，先結反。軛，於革反。○註曰：事便也。○疏曰：云"如軛"者，軛，謂如馬鞅軛馬領，亦上兩末，令以屈處入口，取出時易。

綴足用燕几，校在南，御者坐持之。綴，知劣反。校，胡孝反。○註曰：校，脛也。尸南首，几脛在南以拘足，則不得辟戾矣。○疏曰：几，兩頭皆有兩足；今豎用之，一頭以夾兩足，几脚向南；恐几傾倒，故使人持之。

即牀而奠，當腢，用吉器，若醴，若酒，無巾柶。腢，音隅，又音偶。○註曰：腢，肩頭也。用吉器，器未變也。或卒無醴，用新酒。○疏曰：就尸牀設之，尸南首，則在牀東，當尸肩頭。

赴曰："君之臣某死。"赴母、妻、長子，則曰："君之臣某之某死。"長，知丈反。○註曰：赴，走告也。

室中，唯主人、主婦坐。兄弟有命夫、命婦在焉，亦坐。註曰：別尊卑也。○疏曰：云"兄弟有命夫、命婦在焉，亦坐"者，若無命夫、命婦，則皆立可知。此士之禮。按《大記》，君之喪，主人、主婦坐，以外皆立；若大夫喪，主人、主婦、命夫、命婦皆坐，以外皆立也；士之喪，主人父、兄、主婦姑、姊、妹皆坐。鄭云：士賤，同宗尊卑皆坐。此命夫、命婦之外，立而不坐者，此謂有命夫、命婦來，兄弟爲士者，則立；若無命夫、命婦，則同宗皆坐也。○別，彼列反。

尸在室，有君命，衆主人不出。註曰：不二主。

襚者委衣于牀，不坐。註曰：牀高，由便。其襚于室，戶西北面致命。註曰：始死時也。

夏祝淅米，差盛之。淅，西歷反。差，七何反，又初皆反。盛，音成。○註曰：差，擇之。御者四人抗衾而浴，禮第。抗，苦浪反。禮、袒同，舊"之善反"。○註曰：抗衾，爲其裸裎，蔽之也。禮，袒也。袒簀去席，盛水便。○簀，音祿。其母之喪，則內御者浴，髺無筓。髺，古外反。○註曰：內御，女御也。無筓，猶丈夫之不冠也。○設明衣，婦人則設中帶。註曰：中帶，若今之褌衫。○疏曰：褌衫，鄭舉目驗而言，雖名"中帶"，亦號明衣。○褌，音昆。衫，音衫。

卒洗貝，反于笲。實貝，柱右齻左齻。笲，音煩。柱，知羽反。齻，音顛。○註曰：象齒堅。○疏曰：謂牙兩畔最長者，象生時齒堅也。夏祝徹餘飯。註曰：徹去鬲。瑱塞耳。瑱，佗殿反。○註曰：塞，充窒。

掘坎，南順；廣尺，輪二尺，深三尺；南其壤。掘，其勿反。深，式蔭反。○註曰：南順，統於堂輪，從也。塈，用塊。塈，音役。○註曰：塊，堛也。

明衣裳，用幕布，袂屬幅，長下膝。屬，音燭。長，直亮反。下同。○註曰：幕布，帷幕之布，升數未聞也。屬幅，不削幅也。長下膝，又有裳，於蔽下體深也。○疏曰：布幅二尺二寸。凡用布，皆削去邊幅旁一寸。爲二寸計之，則此不削幅，謂繚使相著，還以袂二尺二寸。有前後裳，不辟，長及觳。辟，音壁。觳，苦角反，又户角反。○註曰：不辟，積也④。觳，足跗也。凡他服，短無見膚，長無被土。○疏曰：乃男子，裳不連衣者，皆前三幅，後四幅；辟積其要，則示文。今此亦前三後四，不辟積者，以其一服不動，不假上狹下寬也。纁綼緆。纁，七絹反。綼，貧支反；劉，音卑。緆，他計反。○註曰：一染謂之"纁"，今紅也。飾裳，在幅曰"綼"，在下曰"緆"。緇純。純，諸允反。○註曰：七入爲緇，黑色也。飾衣曰"純"，謂領與袂。衣以緇，裳以纁，象天地也。

設握，裏親膚，繫鉤中指，結于掔。掔，音惋，同"腕"。○註曰：掔，掌後節中也。手無決者，以握繫一端繞掔，還從上自貫，反與其一端結之。○疏曰：經已云"設握"，麗于"掔"，與"決"連結。據右手有決者，不言左手無決者，故記之。按上文，握手用玄纁，裏長尺二寸；今裏親膚，據從手內置之，長尺二寸，中掩之，手纔相對也。兩端各有繫，先以一端繞掔一帀，還從上自貫，又以一端向上鉤中指，反與繞掔者，結於掌後節也。○甸人築坅坎，坅，起飲反，又五錦反。○註曰：築，實土其中堅之。穿坎之名，一曰"坅"。○疏曰：甸人掘，還使甸人築之也。隸人涅厠。涅，乃結反。厠，測異反。○註曰：隸人，罪人也，今之徒役作者也。涅，塞也。爲人復往褻之，又亦鬼神不用。○疏曰：若然，古者非直不共湢浴，亦不共厠；故得云"死者不用"也。○既襲，宵爲燎于中庭。註曰：宵，夜。

厥明，滅燎，陳衣。註曰：記節。○疏曰：記小斂陳衣，當襲之明旦滅燎之時。○凡絞紟用布，倫如朝服。絞，户交反。紟，其蔭反。○註曰："凡"，凡小斂、大斂也。倫，比也。○疏曰：言類如朝服者，《雜記》云"朝服十五升"是也。

設棜于東堂下，南順，齊于坫。饌于其上：兩甒醴、酒，酒在南；筐在東，南順，實角觶四，木柶二，素勺二；豆在甒北，二以並；籩亦如之。棜,郁庶反。齊,如字。坫,丁念反。勺,土灼反。○註曰:棜,今之"轝"也。"角觶四,木柶二",爲夕進醴酒,兼饌之也。"勺二",醴、酒各一也。豆、籩,二以併,則是大斂饌也。記於此者,明其他與小斂同陳。○疏曰:鄭意以籩豆之外,皆與小斂同;不謂大斂饌,陳之亦在小斂節內也。○轝,同"轝",音余。凡籩、豆,實具設,皆巾之。註曰:籩、豆偶而爲具,具則於饌巾之。巾之,加飾也。明小斂一豆一籩,不巾。○疏曰:實、具、設,謂東堂實之,於奠設之,二處皆巾。觶,俟時而酌,柶覆加之,面枋;及錯,建之。覆,芳屋反。枋,柄同。錯,七故反。○註曰:時,朝夕也。《檀弓》曰:"朝奠日出,夕奠逮日。"

小斂,辟奠不出室。辟,音闢。註:辟襲奠同。○註曰:未忍神遠之也。辟襲奠以辟斂。既斂,則不出於室,設於序西南,畢事而去之。○疏曰:若將大斂,則辟小斂,奠於序西南。此將小斂,辟奠於室。至於既小斂,則亦不出於室,設于序西南,故言"不出室"。若然,奠不出室,爲既斂而言也。斂事畢,奉尸侇于堂,乃去之,而設小斂奠于尸東。○遠,于萬反。辟斂,音避。侇,音夷。

無踊節。註曰:其哀未可節也。既馮尸,主人袒,髺髮,絞帶;衆主人布帶。髺,音括。○註曰:衆主人,齊衰以下。○疏曰:按《喪服》,苴、絰之外,又有絞帶;鄭註云,"絰,象大帶"。又有"絞帶,象革帶"。齊衰以下用布。齊衰無等,皆是布帶也。知衆主人非衆子者,以其衆子皆斬衰絞帶,故知。衆主人齊衰以下至緦麻,首皆免也。

大斂于阼。註曰:未忍便離主人位也,主人奉尸斂于棺,則西階上賓之。大夫升自西階,階東,北面,東上。註曰:視斂。既馮尸,大夫逆降,復位。註曰:中庭西面位。○疏曰:朝夕哭云,主人入堂下,直東序,西面;卿大夫在其南。卿大夫與主人同西面向殯,故知大夫位在中庭西面也。

巾奠,執燭者滅燭出,降自阼階,由主人之北,東。註曰:巾奠而室事已。既殯,主人說髦。說,吐活反。髦,音毛。○註曰:兒生三月,翦髮爲鬌,男角女羈;否則,男左女右。長大猶爲飾存之,謂之髦;所以順父母幼小之心。至此,尸柩不見,喪無飾,可以去之。髦之形象未聞。○疏曰:《內則》註:

"夾囟曰角，午達曰羈。"《毛詩箋》曰："髦者，髮至眉，子事父母之飾。"○髳，丁果反。

三日，絞垂。註曰：成服日。絞要絰之散垂者。**冠六升，外縪，纓條屬厭。**縪，音必。屬，音燭。厭，於葉反。○註曰：縪，謂縫著於武也。外之者，外其餘也。"纓條屬"者，通屈一條繩爲武，垂下爲纓，屬之冠。厭，伏也。○疏曰：古者冠，吉凶皆冠武別材。武，謂冠卷；以冠前後皆縫著於武。若吉冠，則從武上鄉內縫之，縪餘在內，謂之"內縪"；若凶冠，從武下鄉外縫之，謂之"外縪"。吉冠則纓武別材，凶冠則纓武同材。以一繩從前額上，以兩頭鄉項後交通至耳，各綴之於武，使鄉下纓結之。冠在武下，故云厭也。五服之冠皆厭。但此文上下據斬衰而言也。○著，直略反。**衰三升。**註曰：衣與裳也。**履外納。**註曰：納，收餘也。○疏曰：收餘末，向外爲之，取醜惡不事飾也。**杖下本，竹桐一也。**註曰：順其性也。

居倚廬，註曰：倚木爲廬，在中門外東方，北戶。○疏曰：鄭以《子夏傳》以既練居堊室而言"外"，外爲中門外，則初死居倚廬，倚廬亦知中門外可知也。"東方"者，以中門內殯宮之哭位，在阼階下西面鄉殯，明廬在中門外，亦東方鄉殯，是以主人及兄弟、卿大夫外位皆西面。"北戶"者，以倚東壁爲廬，一頭至北，明北戶鄉陰；至既虞之後，柱楣翦屏，乃西鄉開戶也。**寢苫枕塊，**苫，失占反。枕，之蔭反。○註曰：苫，編藁。塊，堛也。**不說絰帶。**說，音脫。○註曰：哀戚不在於安。**哭，晝夜無時。**註曰：哀至則哭，非必朝夕。**非喪事不言。**註曰：不忘所以爲親。**歠粥，朝一溢米，夕一溢米；不食菜果。**歠，昌悅反。粥，之六反。溢，音逸。○註曰：不在於飽與滋味。粥，糜也。二十兩曰"溢"，爲米一升二十四分升之一。**實在木曰"果"，在地曰"蓏"。**○蓏，音裸。

主人乘惡車：註曰：拜君命、拜衆賓及有故行所乘也。《雜記》曰："端衰、喪車皆無等。"然則，此惡車，王喪之木車也。○疏曰：此即《周禮‧巾車》："王之喪車五乘。"**白狗幦，**幦，迷翼反。○註曰：未成豪。狗幦，覆笭也；以狗皮爲之,取其臑也。白,於喪飾宜。○笭,力丁反。臑,乃管反。蒲蔽;註曰:蔽,藩。○疏曰:藩,謂車兩邊御風塵,爲"藩蔽"。御以蒲菆;菆,則侯反。○註曰:不在於驅馳。蒲菆,牡蒲莖。○疏曰:御車者用蒲菆以策馬。宣十二年註:蒲楊柳,可以爲箭。犬服,註曰:笭間兵服,以犬皮爲之,取堅也,亦白。○疏曰:凡兵器建於笭間自衛,以白犬皮爲服。木錧,錧,音管。○註曰:取少聲。今文錧爲"鐕"。○疏曰:常用金,喪用木。鑣亦然。○鐕,音轄。鑣,補嬌切。下文同。約綏、約轡,註曰:約,繩。綏,所以引升車。○疏曰:吉時,綏轡用索。木鑣;註曰:亦取少聲。馬不齊髦。齊,如字,又音翦。○註曰:齊,翦也。主人之惡車,如王之木車;則齊衰以下,其乘素車、繅車、駹車、漆車與?○繅,音早。駹,步江反。與,音餘。主婦之車亦如之,疏布裧。裧,處古反。○註曰:裧者,車裳幃,於蓋弓垂之。○疏曰:《巾車》云:"皆有容蓋。"容蓋相將,其蓋有弓;明於蓋弓垂之也。貳車:白狗攝服,註曰:貳,副也。攝,猶"緣"也。狗皮緣服,差飾。○疏曰:大夫以上有貳車。士卑無貳,以在喪,可有之;非常法則有兵服。云"差飾",對主人服無緣。○緣,悅絹反。差,勅賣反。其他皆如乘車。乘,繩證反。○註曰:如所乘惡車。

朔月,童子執帚卻之,左手奉之,奉,芳勇反。○註曰:童子,隸子弟,若内竪寺人之屬。執用左手;卻之,示未用。從徹者而入。註曰:童子不專禮事。比奠,舉席;掃室,聚諸宧;布席如初。卒奠,掃者執帚,垂末内鬣,從執燭者而東。比,毗志反。宧,一弔反。註並同。鬣,音獵。○註曰:比,猶"先"也。室東南隅謂之"宧"。○先,悉見反。燕養、饋、羞、湯沐之饌,如他日。養,異亮反。○註曰:燕養,平常所用供養也。饋,朝夕食也。羞,四時之珍異。湯沐,所以洗去污垢。《内則》曰:三日具沐,五日具浴⑤。孝子不忍一日廢其事親之禮,於下室日設之,如生存也。進徹之時如其頃。○疏曰:云"燕養"者,謂在燕寢之中,平生時所有供養之事,則饋、羞、湯沐之饌是也。下室,燕寢之室也。"如其頃",象生時一食之頃。朔月若薦新,則不饋于下室。註曰：以其殷奠有黍稷也。下室，如今之內堂。正寢聽朝事。○朝，直遙反。

筮宅，家人物土。註曰：物，猶"相"也。相其地可葬者，乃營之。○相，悉亮反。卜曰"吉"，告"從"于主婦。主婦哭，婦人皆哭；主婦升堂，哭者皆止。註曰：事畢。

啓之昕，外內不哭。昕，音欣。○註曰：將有事，爲其謹囂；既啓，命哭。○疏曰：自上，皆記《士喪》（上篇）事；自此以下，皆記此篇。葬，首將啓殯，唯言婦人不哭，不云男子，故記以明之。

夷牀輁軸饌于西階東。輁，九勇反。○註曰：明階間者，位近西也。夷牀，饌於祖廟；輁軸，饌於殯宮。其二廟者，於禰，亦饌輁軸焉。○疏曰：二廟，則先朝禰；明旦，乃移柩于輁軸以朝祖，故"亦饌"焉。其二廟，則饌于禰廟，如小斂奠；乃啓。註曰：祖尊禰卑也。士事祖禰，上士異廟，下士共廟。○疏曰：朝祖時，如大斂奠。此如小斂奠，故云"祖尊禰卑也"。《祭法》曰"適士二廟"，"官師一廟"，註："官師，中下之士。"

朝于禰廟，重止于門外之西，東面。柩入，升自西階。正柩于兩楹間。奠止于西階之下，東面，北上。主人升，柩東，西面。眾主人東即位，婦人從升，東面。奠升設于柩西，升降自西階。主人要節而踊。註曰："重"不入者，主於朝祖而行，若過之矣。門西東面，待之便也。○疏曰：此是上士二廟，先朝禰之事；祖廟在東，明旦出門東向，故"東面待之便"也。燭，先入者，升堂，東楹之南，西面；後入者，西階東，北面，在下。註曰：照正柩者。先，先柩者；後，後柩者。適祖時，燭亦然。互記於此。主人降，即位。徹，乃奠。升降自西階。主人踊如初。註曰：如其降拜賓，至於要節而踊，不薦車，不從此行。祝及執事舉奠，巾席從而降，柩從，序從如初，適祖。註曰：此謂朝禰明日，舉奠適祖之序也。此祝執醴先，酒脯、醢俎從之，巾席爲後。既正柩，席升設，設奠如初。祝受巾巾之。凡喪，自卒至殯，自啓至葬，主人之禮其變同。即此日數亦同，然序從主人以下。○疏曰："其變同"者，主人常在喪位不出；唯君命，乃出迎及送。其變同，則此日數亦同，以其此二篇啓日朝禰，又明日朝祖，又明日乃葬，與始死日襲，明日小斂，又明日大斂而殯，亦同日。主人、主婦變服亦同，以其小斂，主人散帶，主婦髽；自啓至葬，主人主婦亦同於未殯也。

薦乘車，鹿淺幦干、笮、革靾。載旃。載皮弁服。纓轡貝勒、縣于衡。乘，繩證反。後皆同。笮，菑赫反。靾，先列反。旃，諸延反。縣，音懸。下註同。○註曰：士乘棧車。鹿淺，鹿夏毛也。幦，覆笭。《玉藻》曰："士齊車，鹿幦豹犆。"干，盾也。笮，矢箙也。靾，韁也。旃，旌旗之屬，通帛爲旃，孤卿之所建，亦攝焉。"皮弁服"者，視朔之服。貝勒，貝飾勒。有干無兵，有箙無弓矢，明不用。○疏曰：此并下車三乘，謂葬之魂車。鹿淺幦，爲車前式豎者笭子，以鹿夏皮淺毛者爲幦以覆式。引《玉藻》者，彼註云"犆，緣也"，證此鹿幦，亦以豹皮爲緣。○齊，側皆反。犆，音直。韁，居良反。道車，載朝服。註曰：道車，朝夕及燕出入之車。"朝服"者，視朝之服也，玄衣素裳。○疏曰：士乘棧車，更無別車。云"乘"，云"道"，云"稾"，所用各異也。《司常》云"道車載旞"，註云："王以朝夕燕出入，亦以'象路'名道也。"稾車，載蓑笠。稾，古老反。蓑，素禾反，同"蓑"。○註曰：稾，猶"散"也。散車，以田以鄙之車。蓑笠，備雨服。今文"稾"爲潦。凡道車、稾車之纓、轡及勒，亦縣于衡也。○疏曰：《司常》云"斿車載旌"，註云："斿車，木路也。"王以田以鄙，謂王行小小田獵，巡行縣鄙。此散車與彼斿車同，是游散所乘，士從王以田以鄙者也。云"纓、轡及勒，亦縣於衡"者，以車三乘，皆當有馬，有馬則有此三者。將載，祝及執事舉奠，户西，南面，東上。卒束前，而降奠席于柩西。註曰：將於柩西，當前束設之。巾奠，乃牆。註曰：牆，柩飾也。

抗木，刊。註曰：剝削之。○疏曰：有皮者，剝乃削之。茵，著用荼，實綏澤焉。著，張吕反。荼，大奴反。○註曰：荼，茅秀也。綏，廉薑也。澤，澤蘭也。皆取其香，且御濕。葦苞，長三尺一編。註曰：用便易也。菅筲三，其實皆瀹。菅，古頑反。筲，所交反。瀹，餘若反。○註曰：米、麥皆湛之湯，未知神之所享，不用食道，所以爲敬。○坡案：字訓"瀹，漬也"，又湯中薄熟出之也。○湛，子廉反。

祖，還車，不易位。還，音旋。○註曰：爲鄉外耳，未行。○鄉，音向。

執披者，旁四人。披，彼義反，又劈漪反。○註曰：前、後、左、右各二人。

凡贈幣無常。註曰：賓之贈也。玩好曰"贈"，在所有。

凡糗，不煎。註曰：以膏煎之則褻，非敬。

唯君命，止柩于堩，其餘則否。堩，古鄧反。○註曰：不敢留神也。堩，道也。《曾子問》曰："葬既⑥引至于堩。"

車至道左，北面立，東上。註曰：道左，墓道東。先至者在東。○疏曰：以不入壙，故東上，不統於壙也。當是陳器之南。"先至"謂乘車。柩至于壙，斂服載之。註曰：柩車至壙，祝説載除飾，乃斂乘車、道車、槀車之服載之，不空之以歸。送形而往，迎精而反，亦禮之宜。○説，土活反。卒窆而歸，不驅。註曰：孝子往如慕，反如疑，爲親之在彼。○疏曰："慕"者，如嬰兒隨母而啼慕；"疑"者，孝子不見其親，不知精魂歸否。"在彼"者，疑精魂在彼不歸。

君視斂，若不待奠，加蓋而出；不視斂，則加蓋而至，卒事。註曰：爲有他故及辟忌也。○疏曰："卒事"者，待大斂訖，乃出。○楊氏曰：哭尸、斂尸、撫尸、楹殯、視塗、視奠，凡六節；每一節，主人降出，主人不敢必君之卒事也。君命反，主人行事，所以盡哀敬之情，始終之義也。

既正柩，賓出，遂、匠納車于階間。註曰：遂、匠，遂人、匠人也。遂人主引徒役，匠人主載柩窆，職相左右也。車，載柩車，《周禮》謂之"蜃車"。其車之輂狀如牀，中央有轅，前後出，設前後輅，輂上有四周，下則前後有軸，以輇爲輪。許叔重説：有輻曰"輪"，無輻曰"輇"。○疏曰：正經不云納柩車時節，故記人明之。《遂師》註云，"蜃車柩路，四輪迫地而行，有似於蜃"。此註輂狀與輲車同。但輲車無輪，有轉轔；此有輇輪，爲異耳。○屢，市輇反。輇，市專反。

祝饌祖奠于主人之南，當前輅，北上，巾之。註曰：言饌於"主人之南，當前輅"，則既祖，祝乃饌。○疏曰：以其未祖以前，柩車鄉北，輅在主人之北；今云"饌于主人之南"，明知既祖還，乃鄉饌之。

弓矢之新，沽功。沽，音古，又谷烏反。○註曰：設之宜新。沽示不用。有弭飾焉，弭，密倚反。○註曰：弓無緣者，謂之"弭"。弭以骨角爲飾。○疏曰：《爾雅》："有緣，謂之'弓'；無緣，謂之'弭'。"⑦孫氏云：緣繫約而漆之，無緣不以繫約骨飾兩頭。《詩》云："象弭魚服。"○緣，以絹反。亦可張也。註曰：亦使可張。有柲。柲，彼肄反。○註曰：柲，弓檠。弛，則縛之於弓裏，備傷損，以竹爲之。《詩》云："竹閉緄縢。"○檠，音景。弛，式氏反。緄，古本反。縢，大登反。設依撻焉。撻，他達反。○註曰：依，纏絃也。撻，柎側矢道也。皆以韋爲之。○疏曰：撻，所以撻矢令出者，生時以骨爲之。有韣。韣，音獨。○註曰：韣，弓衣也，以緇布爲之。鍭矢一乘，骨鏃，短衛。鍭，音侯，又音候。鏃，租屋反。○註曰：鍭，猶"候"也。候物而射之矢也。四矢曰"乘"。骨鏃短衛，亦示不用也。生時鍭矢金鏃。凡爲矢，五分笴長，而羽其一。○疏曰：名羽爲衛，所以防衛其矢，不使不調。志矢一乘，軒輖中，亦短衛。輖，音周。○註曰：志，猶"擬"也。習射之矢。《書》云："若射之有志。"輖，墊也。無鏃短衛，亦示不用。生時志矢骨鏃。凡爲矢，前重後輕也。○疏曰：《周禮·司弓矢》註云："恒矢之屬，軒輖中。"所謂志，則志矢，恒矢也。八矢，鍭矢居前，最重；恒矢居後，最輕。既不盡用，取其首尾也。軒墊中，前後輕重等也。經不云"鏃"，故知無鏃也。○墊，音至。

【校記】

① 據《禮記》原文，語序應作"男子冠而婦人笄，男子免而婦人髽"。

② "正"，原誤作"証"，據《四部叢刊》影印《儀禮》改。

③ 據《禮記》，"既窆而退"應作"既封而退"。封、窆同音。

④ "不辟,積也",鄭註原文作"不辟,質也"。
⑤ 據《禮記·內則》,原文作"五日則燂湯請浴,三日具沐"。
⑥ 據《禮記·曾子問》,"既"爲衍文。
⑦ 據《爾雅》,原文在"有緣"和"無緣"之後,均有一"者"字。

儀禮述註卷第十六

士虞禮第十四

鄭目録云：虞，猶"安"也。士既葬其父母，迎精而反，日中祭之於殯宮以安之。○疏曰：案此經及記皆云廟。目録云"祭之於殯宮"者，廟則殯宮也。故鄭註《士喪禮》："凡宮有鬼神曰'廟'。"以其虞，卒哭在寢，祔乃在廟，是以鄭註《喪服小記》云："虞於寢，祔於祖廟是也。"

士虞禮。○特豕饋食，饋，其位反。食，音嗣。○註曰：饋，猶"歸"也。○疏曰：左氏云："卜日曰'牲'。"此葬日虞，無卜牲之禮，故持豕體而言。側亨于廟門外之右，東面。亨，音烹。○註曰：側亨，亨一胖也。亨於爨用鑊，不於門東，未可以吉也。是日也，以虞易奠。祔而以吉祭易喪祭，鬼神所在則曰"廟"，尊言之。○疏曰：吉禮皆全左右胖，不云"側"。虞不致爵，無主人、主婦及賓以下之俎，故惟亨一胖也。○胖，音判。魚、腊爨亞之，北上。註曰：爨，竈。饎爨在東壁，西面。饎，昌志反。○註曰：炊黍稷曰"饎"。饎北上，上齊於屋宇。於虞，有亨饎之爨，彌吉。○疏曰：《特牲》云，"視饎爨于西堂下"，宗婦主之，在西方。今在東，亦反吉也。宇，屋梠。○梠，音吕，楣也。設洗于西階西南，水在洗西，篚在東。註曰：反吉也。亦當西榮，南北以堂深。○尊于室中北墉下，當戶。兩甒醴、酒，酒在東。無禁，冪用絺布，加勺，南枋。冪，迷繹反。枋，同"柄"。○註曰：酒在東，上醴也。絺布，葛屬。○疏曰：吉禮，玄酒在酒上；今以喪祭禮，無玄酒，則醴代玄酒在上，故云"上醴也"。○素几，葦席，在西序下。註曰：有几，始鬼神也。苴刌茅，長五寸，束之，實于篚，饌于西坫上。苴，子於反。下及記，同。刌，七本反。

○註曰：苴，猶"藉"也。○饌兩豆菹、醢于西楹之東，醢在西，一鉶亞之；註曰"醢在西"，南面取之，得左取菹，右取醢，便其設之。○疏曰："亞之"者，菹以東也。從獻豆兩，亞之；四籩，亞之。北上。註曰：豆，從主人獻祝；籩，從主婦獻尸祝。"北上"，菹與棗。不東陳，別於正。○疏曰：云"北上"，是不從鉶東爲次，宜於鉶東北，以北爲上，向南陳之。東北菹爲首，次南醢，醢東栗，栗北棗，棗東棗，棗南栗；故云"北上，菹與棗"也。○饌黍稷二敦于階間，西上；藉用葦席。敦，音對。後放此。○註曰：藉，猶"薦"也。○楊氏曰：虞敦，藉用葦席；特牲敦，藉用萑。註：萑，細葦。○匜水錯于槃中，南流，在西階之南，簞巾在其東。匜，音移。錯，七故反。下並同。簞，音丹。○註曰：流，匜吐水口也。○陳三鼎于門外之右，北面，北上，設扃鼏。扃，居熒反。鼏，迷繹反。○註曰：門外之右，門西也。匕俎在西塾之西。註曰：不饌於塾上，統於鼎也。塾有西者，是室，南鄉。羞燔俎在內西塾上，南順。燔，音煩。○註曰：南順，於南面取縮，執之便也。肝俎在燔東。

主人及兄弟如葬服，賓執事者如弔服；皆即位于門外，如朝夕臨位。婦人及內兄弟服，即位于堂，亦如之。註曰："葬服"者，《既夕》曰，"丈夫髽，散帶垂"也。"賓執事者"，賓客來執事也。○疏曰："丈夫髽，散帶垂"者，始虞與葬服同，三虞皆同；至卒哭，卒去無時之哭，則依其喪服，乃變麻服葛也。祝免，澡葛絰帶，布席于室中，東面，右几；降出，及宗人即位于門西，東面，南上。免，音問。澡，音早。○註曰：祝亦執事。"免"者，祭祀之禮，祝所親也。澡，治也。治葛以爲首絰及帶，接神宜變也。然則，士之屬官，爲其長弔服加麻矣。至於既卒哭，主人變服則除。右几，於席近南也。宗人告"有司具"，遂請拜賓；如臨，入門哭，婦人哭。註曰：臨，朝夕哭。主人，即位于堂；衆主人及兄、弟、賓，即位于西方；如反哭位。註曰：既夕曰，乃反哭。入門，升自西階，東面。衆主人堂下，東面，北上。此則異於朝夕。祝入門左，北面。註曰：不與執事同位，接神，尊也。○疏曰：執事，即上兄、弟、賓。宗人西階前,北面。註曰:當詔主人及賓之事。

祝盥,升;取苴,降;洗之,升,入設于几東席上,東縮;降,洗觶;升,止哭。註曰:縮,從也。主人倚杖,入。祝從,在左,西面。註曰:主人北旋,倚杖西序,乃入。《喪服小記》曰:"虞,杖不入於室;祔,杖不升於堂。"然則,練杖不入於門明矣。贊薦菹醢,醢在北。註曰:主婦不薦。齊、斬之服不執事也。《曾子問》曰:"士祭不足,則取於兄弟大功以下者。"○疏曰:此齊、斬不執事,唯爲今時。至于尸入之後,亦執事。兩籩棗栗,設于會南。至于祔祭,雖陰厭,亦主婦薦,主人自執事也。知者,下記云"其他如《饋食》"。佐食及執事盥,出舉,長在左。長,知丈反。○註曰:舉,舉鼎也。長在左,西方位也。凡事宗人詔之。鼎入,設于西階前,東面,北上。匕、俎從設。左人抽扃、鼏;匕,佐食及右人載。註曰:載,載於俎。佐食載,則亦在右矣。卒,朼者逆退復位。朼、匕通。○註曰:復賓位也。俎入,設于豆東,魚亞之;腊特。註曰:亞,次也。贊設二敦于俎南,黍,其東稷。註曰:簋實,尊黍也。設一鉶于豆南。註曰:鉶,菜羹也。佐食出,立于戶西。註曰:饌已也。贊者徹鼎。註曰:反于門外。○祝酌醴,命佐分啓會。佐食許諾,啓會,卻于敦南,復位。會,古外反。後放此。○註曰:會,合也,謂敦蓋也。復位,出立于戶西。祝奠觶于鉶南,復位。主人再拜稽首。註曰:復位,復主人之左。祝饗,命佐食祭。註曰:饗告神饗此。祭,祭于苴也。饗神辭,記所謂"哀子某,哀顯相,夙興夜處不寧",下至"適爾皇祖某甫,尚饗"是也。○疏曰:此文,饗神引記者,是陰厭饗神辭。下文迎尸上釋孝子辭者,經記無文。按《少牢》迎尸,祝孝子辭云:"孝孫某,敢用柔毛、剛鬣、嘉薦、普淖,用薦歲事于皇祖伯某,以某妃配某氏。尚饗。"此是釋孝子辭。此迎尸上釋孝子辭,宜與彼同,但稱哀爲異。其迎尸後祝辭者,即下記饗辭云:"哀子某,圭爲而哀薦之。饗。"鄭註云:"饗辭,勸強尸之辭也。"佐食許諾,鉤袒,取黍、稷祭于苴,三;取膚祭,祭如初。祝取奠觶祭,亦如之;不盡,益,反奠之。主人再拜稽首。註曰：鉤袒，如今"擐衣"也。苴，所以藉祭也。孝子始將納尸以事其親，爲神疑於其位，設苴以定之耳。或曰："苴，主道也。"則《特牲》、《少牢》當有主象，而無可乎？○疏曰：擐衣以露臂。○擐，音患。祝祝卒，主人拜如初，哭，出復位。註曰："祝祝"者，釋孝子祭辭。

祝迎尸。一人衰絰，奉篚哭從尸。衰，七回反。奉，芳勇反。○註曰：尸，主也。孝子之祭，不見親之形象，心無所繫，立尸而主意焉。"一人"，主人兄弟。《檀弓》曰："既封，主人贈，而祝宿虞尸。"○封，彼驗反。尸入門，丈夫踊，婦人踊。註：踊不同文者，有先後也。尸入，主人不降者，喪事主哀不主敬。淳尸盥，宗人授巾。淳，音純。○註曰：淳，沃也。沃尸盥者，賓執事者也。○疏曰：《特牲》設尸盥，在門内之右，註云："尸尊，不就洗。"門内之右，象洗在東。此虞禮反吉祭，故在西階東。《少牢》禮異於士禮，故尸盥在西階東，與此虞禮同也。尸及階，祝延尸。註曰：延，進也。告之以升。○疏曰：《特牲》註云："在後詔侑曰'延'。"《雜記》云："尸謖，祝前鄉尸。"故《禮器》云："詔侑無方。"①尸升，宗人詔踊如初。註曰：言詔踊如初，則凡踊，宗人詔之。尸入户，踊如初。哭止。註曰：哭止，尊尸。婦人入于房。註曰：辟執事者。○辟，音避。主人及祝拜妥尸。尸拜，遂坐。妥，他果反。○註曰：妥，安坐也。從者錯篚于尸左席上，立于其北。從，才用反；後"從者"並同。○註曰：北，席北也。尸取奠左執之，取菹，擩于醢，祭于豆間。祝命佐食墮祭。擩，如員反，又如悦反。墮，許規反，又他果反。○註曰：下祭曰"墮"。墮之，猶言"墮下"也。《周禮》曰："既祭，則藏其墮。"謂此也。齊魯之間，謂"祭"爲"墮"。○疏曰：凡祭皆手舉之，向下祭之，故云"下祭曰墮"。《周禮》文，見《守祧》。佐食取黍、稷、肺祭，授尸；尸祭之。祭奠，祝祝，主人拜如初。尸嘗醴，奠之。註曰：如初，亦"祝祝"卒，乃再拜稽首。佐食舉肺、脊授尸。尸受，振祭，嚌之，左手執之。嚌，才計反。○註曰：右手將有事也。尸食之時，亦奠肺、脊于豆。○疏曰：《特牲》"舉肺脊"在邇敦後，吉凶相變也。○坡謂：舉肺、脊在逼敦前，與《特牲》異，與《少牢》同，恐亦是加一等，用大夫禮，如遣奠五鼎然。祝命佐食逼敦。佐食舉黍，錯于席上。註曰：逼，近也。尸祭鉶，嘗鉶。註曰：右手也。《少牢》曰："以柶祭羊鉶，遂以祭豕鉶，嘗羊鉶。"泰羹湆自門入，設于鉶南；胾四豆，設于左。湆，去及反。胾，側吏反。○註曰：博異味也。湆，肉汁也。胾，切肉也。○疏曰：左者，正豆之左。尸飯，播餘于篚。飯，扶晚反；註及下並九飯同。○註曰：不反餘也。古者，飯用手；吉時播餘于會。三飯，佐食舉幹；尸受，振祭，嚌之，實于篚。註曰：飯間啗肉，安食氣。○啗，大敢反。又三飯，舉胳，祭如初。佐食舉魚腊，實于篚。胳，音格。○註曰：尸不受魚腊，以喪不備味。又三飯，舉肩，祭如初。註曰：後舉肩者，貴要成也。○疏曰：《祭統》曰"周人貴肩"，故云"貴者，要成也"。舉魚腊俎，俎釋三个。註曰：釋，猶"遺"也。遺之者，君子不盡人之歡，不竭人之忠。个，猶"枚"也。此腊亦七體，如其牲也。○疏曰：上舉脊幹、胳肩，惟有臂、臑、肫三者，故此經直云"魚腊"而已。按《特牲》"釋三个"註云"謂改饌於西北隅遺之"，與此註不同者，此註亦有改饌之義，又兼有此不盡歡忠之禮。尸卒食。佐食受肺、脊，實于篚；反黍，如初設。註曰：九飯而已，士禮也。篚，猶吉祭之有斯俎。○疏曰：《少牢》十一飯，諸侯十三，天子十五。斯俎見《特牲》、《少牢》。○斯，音祈。

主人洗廢爵，酌酒，醋尸。尸拜受爵，主人北面答拜。尸祭酒，嘗之。醋，以刃反。○註曰：爵無足曰"廢爵"。醋，安食也。主人北面以醋酢，變吉也。凡異者，皆變吉。○疏曰：《特牲》、《少牢》"尸拜受，主人西面拜送"，與此北面相反，變吉也。賓長以肝從，實于俎，縮，右鹽。長，丁丈反；下同。○註曰：縮，從也。從實肝炙於俎也。喪祭進柢，右鹽於俎，近北，便尸取之也。縮執俎，言"右鹽"，則肝、鹽併也。○柢，丁計反。尸左執爵，右取肝，擩鹽，振祭，嚌之，加于俎。賓降，反俎于西塾，復位。註曰：取肝，右手也。加于俎，從其牲體也，以喪不志於味。○疏曰：《特牲》、《少牢》，尸嚌用訖，加菹豆以近身；此遠加于俎，以同牲體。尸卒爵，祝受，不相爵。主人拜，尸答拜。相，息亮反。○註曰：不相爵，喪祭於禮略。相爵者，《特牲》曰："送爵，皇尸卒爵。"祝酌授尸，尸以醋主人。主人拜受爵，尸答拜。醋，才各反；本亦作"酢"。○註曰：醋，報。○楊氏曰：授尸醋，主要亦北面拜受，坐祭，卒爵。及主人獻祝之時，乃反西面位。主人坐祭，卒爵拜；尸答拜。

筵祝，南面。註曰：祝，接神，尊也。筵，用莞席。○疏曰：祝先得獻，尊也。主人獻祝。祝拜，坐受爵。主人答拜。註曰：獻祝，因反西面位。薦菹醢，設俎。祝左執爵，祭薦，奠爵，興；取肺，坐祭，嚌之，興；加于俎，祭酒，嘗之。肝從，祝取肝擩鹽，振祭，嚌之，加于俎，卒爵拜。主人答拜。祝坐授主人。○主人酌，獻佐食。佐食北面拜，坐受爵。主人答拜。佐食祭酒，卒爵拜。主人答拜，受爵，出，實于篚，升堂復位。註曰：篚在庭，不復入，事已也。亦因取杖，乃東面立。

主婦洗足爵于房中，酌，亞獻尸，如主人儀。註曰：爵有足，輕者飾也。《昏禮》曰："婦洗在北堂，直室東隅。"○直，音置。自反，兩籩棗、栗。設于會南，棗在西。註曰：尚棗，棗美。○疏曰：《特牲》宗婦執兩籩，主婦受設。此主婦自反者，以喪尚縱縱，反吉故然。上主人獻，使贊薦菹醢，齊、斬不執事；此亞獻，已所有事，故自薦。尸祭籩，祭酒，如初。賓以燔從，如初。尸祭燔，卒爵，如初。酌獻祝，籩燔從，獻佐食，皆如初。以虛爵入于房。註曰：初主人儀。

賓長洗繶爵，繶，於力反。○註曰：繶爵，口足之間有篆，又彌飾。三獻，燔從，如初儀。婦人復位。註曰：復堂上西面位，事已，尸將出，當哭踊。祝出戶，西面，告利成。主人哭，註曰：西面告，告主人也。利，猶養也。成，畢也。言養禮畢也。不言養禮畢，於尸間嫌。○疏曰：即於尸中間有嫌諷去之。皆哭。註曰：丈夫婦人於主人哭，斯哭矣。祝入，尸謖。謖，所六反。○註曰：謖，起也。祝入而無事，尸則知起矣。不告尸者，無遣尊者之道。

從者奉篚,哭,如初。註曰:初,哭從尸。祝前尸出戶,踊如初;降堂,踊如初;出門,亦如之。註曰:前,道也。如初者,出如入,降如升,三者之節悲哀同。

祝反,入,徹,設于西北隅;如其設也,几在南,厞用席。厞,扶未反;劉,音非。○註曰:改設饌者,不知鬼神之節;改設之,庶幾歆饗,所以爲厭飫也。几在南,變古文,明東面不南面,漸也。厞,隱也。于厞隱之處,從其幽闇。○疏曰:上文,陰厭時右几;今云"几在南",明其同。必變古文者,《少牢》大夫禮陽厭時,南面,亦几在右。此言右几,則嫌與大夫同,故云"明東面也"。《特牲》改"饌几在南",與此同。今示向吉有漸,故與吉祭同。厞用席,以席爲障,使之隱也。祝薦席,徹入于房。祝自執其俎出。註曰:徹薦席者,執事者祝薦席,則初自房來。贊闔牖戶。註曰:鬼神尚居幽闇,或者遠人乎?贊,佐食者。主人降,賓出。註曰:宗人詔主人降,賓則出廟門。主人出門,哭止。皆復位。註曰:門外,未入位。宗人告事畢。賓出,主人送,拜稽顙。註曰:送拜者,明于大門外也。賓執事者皆去,即徹室中之饌者,兄弟也。○疏曰:上文云"復位",是未出大門;此云"送拜",是大門外可知。

記

虞,沐浴,不櫛。櫛,莊乙反。○註曰:"沐浴"者,將祭自潔清。"不櫛",未在於飾也。唯三年之喪不櫛;期以下,櫛可也。陳牲于廟門外,北首,西上;寢右。註曰:言牲,腊在其中,西上,變吉。"寢右"者,當升左胖也,腊用麋。《檀弓》曰:"既反哭,主人與有司視虞牲。"○疏曰:唯有一豕,而云"西上",明兼兔腊也。《少牢禮》二牲,東上②。《特牲禮》:牲尚右③。今皆反吉。日中而行事。註曰:朝葬,日中而虞。君子舉事,必用辰正也。再虞,三虞,皆質明。殺于廟門西,主人不視。豚解,註曰:主人視牲,不視殺。凡爲喪事,略也。豚解,解前後脛、脊、脅而已。熟乃體解,升於鼎也。○羹飪,升左肩、臂、臑、肫、骼、脊、脅、離肺。膚祭三，取諸左脇上；肺祭一，實于上鼎。飪，而甚反。臑，乃報反。肫，音純。骼，音格。脇，音益。○註曰：肉，謂之羹。飪，孰也。脊、脅，正脊、正脅也。喪祭，略七體耳。離肺，舉肺也。《少牢饋食禮》曰：“舉肺一，長終肺；祭肺三，皆刌。”脇，脅肉也。○疏曰：《特牲》“尸俎”十一體。升魚：鱄鮒九，實于中鼎。鱄，市專反。鮒，音附。○註曰：差減之。○疏曰：《特牲》：“魚，十有五。”升腊，左胖，髀不升，實于下鼎。髀，步禮反，又必爾反。○註曰：腊亦七體，牲之類。○疏曰：《特牲記》云：“腊，如牲骨。”皆設扃鼏陳之。註曰：嫌既陳，乃設扃鼏也。

載猶進柢，魚進鬐。鬐，渠之反。○註曰：猶，猶《士喪》、《既夕》言未可以吉也。柢，本也。鬐，脊也。○疏曰：云與吉反，則明與生人同。《士喪禮》小斂云“進柢”，註云：“柢，本也。進本者，未異於生也。”至大斂“載，魚左首，進鬐”，“腊進柢”，註云：“亦未異於生也。”又，葬奠云“如初”，皆未異於生。

祝俎，髀、脀、脊、脅、離肺，陳于階間，敦東。脀，音豆。○註曰：不升於鼎，賤也。統於敦，明神惠也；祭以離肺，下尸。

淳尸盥，執槃西面；執匜東面；執巾在其北，東面；宗人授巾，南面。註曰：槃，以盛棄水，爲淺污人也。執巾不授巾，卑也。○淺，音箭。

主人在室，則宗人升，戶外，北面。註曰：當詔主人室事。佐食無事，則出戶，負依南面。依，於豈反。○註曰：室中尊，不空立。戶牖之間，謂之“依”。

鉶芼用苦，若薇，有滑；夏用葵，冬用荁，有柶。薇，音微。荁，音丸。○註曰：苦，苦荼也。荁，堇類也，乾則滑。夏、秋用生葵，冬、春用乾荁。○疏曰：《公食記》，“牛藿，羊苦，豕薇”，各用其一。一牲者，容兼用其二。○豆實，葵菹。菹以西臝醢。籩，棗烝，栗擇。臝，力禾反。○註曰：棗烝，栗擇，則菹刌也。棗烝，栗擇，則豆不揭。籩，有縢也。○疏曰：大斂，用毼豆兩，其實葵菹芋，兩籩無縢，栗不擇。至此乃云“棗烝，栗擇”，則菹亦切矣。豆籩有飾可知。○楬,音渴;或從毛,作"毼"同。

尸入,祝從尸。註曰:祝在主人前也,嫌如初時,主人倚杖入,祝從之。初時,主人之心,尚若親存,宜自親之;今既接神,祝當詔侑尸也。○疏曰:上經陰厭時,主人先祝入户,至此迎尸,"祝在主人前",先後有異,故記人明之。尸神象,故云"接神"。尸坐不說屨。說,他活反。○註曰:侍神不敢燕惰。

尸謖,祝前,鄉尸;鄉,許亮反。下並同。○註曰:祝道尸,必先鄉之,爲之節。還,出户,又鄉尸;還,過主人,又鄉尸;還,降階,又鄉尸;還,音旋。下同。○註曰:"過主人",則西階上。不言及階,明主人見尸,有踧踖之敬。○疏曰:"出户","降階","及門",皆指物而言。主人在西階上,不言西階而言主人,欲見敬。降階,還,及門,如出户。註曰:及,至也。言還至門,明其間無節也。降階如升時,將出門,如出户時,皆還鄉尸。每將還,必有辟退之容。凡前尸之禮儀在此。○辟,音避。尸出。

祝反,入門左,北面,復位。然後宗人詔降。

尸服卒者之上服。註曰:"上服"者,如《特牲》士,玄端也。不以爵弁服爲上者,祭於君之服,非所以自配鬼神。士之妻,則宵衣耳。男,男尸;女,女尸;必使異姓,不使賤者。註曰:"異姓",婦也。"賤者",謂庶孫之妾也。尸配尊者,必使適也。○疏曰:尸須得孫列者,女尸先使適孫妻;無,則適孫妾;又無,乃使庶孫妻。即不得使庶之妾,是賤之極者。喪祭,自禫以前,男女別尸,皆異几;祭於廟,同几,精氣合。《少牢》吉祭云"某妃配",是男女共尸。○適,丁狄反。

無尸,則禮及薦饌皆如初。註曰:無尸,謂無孫列可使者也。殤亦是也。"禮",謂衣服,即位,升降。○疏曰:《曾子問》曰:"祭成喪者必有尸。"明殤死,無尸可知。既饗,祭于苴。祝祝卒,註曰:記異者之節。不綏祭,無泰羹、湆、胾,從獻。註曰:不"綏"言"獻",記終始也。事尸之禮,始於綏祭,終於從獻。綏,當爲"墮"。○疏曰:從獻用燔也。無尸,闕此四事。守姚,墮字爲正，取減爲義。主人哭，出復位。註曰：於祝祝卒。祝闔牖户，降，復位于門西。註曰：門西，北面位也。男女拾踊三，拾，其業反。註及下同。○註曰：拾，更也。三更踊。○疏曰：凡言"更踊"者，主人踊，主婦踊，賓乃踊；三者三，爲拾也。如食間。註曰：隱之如尸一食九飯之頃也。祝升，止哭，聲三啓户。註曰：聲者，噫歆也。將啓户，覺驚神也。主人入。註曰：親之。祝從，啓牖鄉，如初。鄉，許亮反。○註曰：牖，先闔後啓，扇在内也。鄉、牖，一名也。"如初"者，主人入，祝從在左。○疏曰：《詩》"塞鄉墐户"，註：北出"牖"也；語異義同，亦是"牖"。主人哭，出復位。註曰：堂上位也。卒徹，祝、佐食降，復位。註曰：祝，復門西北面位；佐食，復西方位。不復設西北隅者，重閉牖户，褻也。○疏曰：佐食即賓，復西方位可知。宗人詔降如初。註曰：初贊闔牖户，宗人詔主人降。

始虞用柔日，註曰：葬之日，日中虞欲安之。柔日陰，陰取其静。曰："哀子某，哀顯相，夙興夜處不寧。"相，息亮反。下"顯相"同。○註曰：曰，辭也。祝祝之辭也。喪祭稱"哀"。顯相，助祭者也。顯，明也。相，助也。《詩》云："肅雍顯相。"不寧，悲思不安。敢用潔牲剛鬣、註曰：敢，昧冒之辭。豕曰"剛鬣"。香合，註曰：黍也。大夫、士於黍、稷之號合言普淖而已，此言"香合"，蓋記者誤耳。辭次，黍又不得在薦上。○疏曰：《曲禮》所云黍、稷别號者，是人君法。《特牲》《少牢》黍、稷合言"普淖"。此别號"黍"爲"香合"，下特號"稷"爲"普淖"，故知記誤也。依設薦法，先設葅醢，次設俎，後設黍稷；今黍在嘉薦之上，此亦記者之誤，故鄭非之也。嘉薦、普淖，淖，奴孝反。○註曰：嘉薦，葅醢也。普淖，黍、稷也。普，大也。淖，和也。德能大和，乃有黍、稷，故以爲號云。明齊溲酒，齊，才計反。溲，所求反。○註曰：明齊，新水也。言以新水溲釀此酒也。《郊特牲》曰："明水涗齊，貴新也。"哀薦祫事，祫，音合。○註曰：始虞謂之祫事者，主欲其祫先祖也，以與先祖合爲安。適爾皇祖某甫。註曰：爾，女也。女死者，告之以適皇祖，所以安之也。皇，君也。某甫，皇祖字也，若言"尼甫"。○女，並音汝。饗！"註曰：勸强之也。再虞皆如初，曰"哀薦虞事"。註曰：丁日葬，則己日再虞。其祝辭異者一言耳。三虞，卒哭。他，用剛日，亦如初，曰："哀薦成事。"註曰：當祔於祖廟，爲神安於此。後虞改用剛日。剛日，陽也；陽取其動也。士則庚日三虞，壬日卒哭，其祝辭異者亦一言耳。他，謂不及時而葬者。《喪服小記》曰："報葬者報虞，三月而後卒哭。"然則虞、卒哭之間，有祭事者，亦用剛日。其祭無名，謂之"他"者，假設言之。文不在"卒哭"上者，以其非常也，令正者自相亞也。《檀弓》曰："葬日中而虞。弗忍一日離也④。是日也，以虞易奠。卒哭曰'成事'。是日也，以吉祭易喪祭。明日，祔於祖父。"如是虞爲喪祭，卒哭爲吉祭。○疏曰：云"他，謂不及時而葬者"，謂有故及家貧，不及三月。因三日殯日，即葬於國北。《小記》註云："報，讀爲'赴疾'之'赴'，謂不待三月喪，因殯日虞，所以安神；以送形而往，迎魂而反，而須安之，故疾。"虞"三月而後卒哭"者，謂卒去無時之哭。鄭云卒哭待哀殺，故至三月。待尋常葬後，乃爲卒哭祭也。

　　獻畢未徹，乃餞。餞，音賤。○註曰：卒哭之祭，既三獻也，餞送行者之酒。《詩》云："出宿于泲，飲餞于禰。"尸旦將始祔於皇祖，是以餞送之。○疏曰：三虞不餞尸者，以其三虞與卒哭同在寢。祔則在廟，以明旦當入廟，以其易處鄉尊所，故特有餞送尸之禮也。尊兩甒于廟門外之右，少南。水尊在酒西，勺北枋。註曰："少南"，將有事於北。有玄酒，即吉也。此在西，尚凶也。言"水"者，喪質無酳，不久陳。

　　洗在尊東南，水在洗東，篚在西。註曰：在門之左，又少南。饌籩豆，脯四脡，脡，徒頂反，又他頂反。○註曰：酒宜脯也。有乾肉折俎二尹，縮祭半尹，在西塾。乾，音干。○註曰：乾肉，牲體體之脯也，如今涼州烏翅矣。折以爲俎實，優尸也。尹，正也。雖其折之，必使正。縮，從也。尸出，執几從、席從。註曰：祝入亦告利成。入前尸，尸乃出。几席，素几葦席也。以几席從執事也。尸出門右，南面。註曰：俟設席也。席設于尊西北，東面；几在南。賓出，復位。註曰：將入臨之位。《士喪禮》賓繼兄弟⑤，"北上。門東，北面西上；門西，北面東上；西方，東面北上。"主人出，即位于門東，少南；婦人出，即位于主人之北；皆西面，哭不止。註曰："婦人出"者，重餞尸。○疏曰：婦人有事，自堂及房而已；今出寢門外，重餞尸也。尸即席坐。唯主人不哭，洗廢爵，酌獻尸；尸拜受；主人拜送，哭，復位。薦脯醢，設俎于薦東，胊在南。胊，其俱反。○註曰：胊，脯及乾肉之屈也。屈者在南，變於吉。○疏曰：《曲禮》曰"以脯脩置者，左胊右末"，註："屈中曰胊。"吉時，屈者在左；今尸東面，而云"在南"，則是凶禮，屈者在右。尸左執爵，取脯擩醢，祭之。佐食授嚌。註曰：授乾肉之祭。尸受，振祭，嚌，反之。祭酒卒爵，奠于南方。註曰："反之"，反於佐食，佐食反之於俎。尸奠爵，禮有終。○疏曰：上經云三獻尸，皆有酢；今餞尸，三獻皆不酢而奠之，是爲"禮有終"。謂若主人拜送，賓不答拜，亦是"禮有終"也。主人及兄弟踊，婦人亦如之。主婦洗足爵，亞獻如主人儀，無從，踊如初。賓長洗繶爵，三獻如亞獻，踊如初。佐食取俎實于篚。尸謖，從者奉篚，哭從之。祝前，哭者皆從；及大門內，踊如初。長，知丈反。○註曰：男女從尸，男由左，女由右。及，至也。從尸不出大門者，由廟門外無事尸之禮也。○疏曰：正祭在廟，廟門外無事尸之禮。今餞尸在寢門外，則大門外無事尸之禮。鄭舉正祭況之。尸出門，哭者止。註曰：以餞於外，大門猶廟門。○疏曰：以儀於寢門，以大門爲限，似事尸在廟門爲限，故知。賓出；主人送，拜稽顙。註曰：送賓拜於大門外。主婦亦拜賓。註曰：女賓也。不言"出"，不言"送"，拜之於閨門之內。閨門，如今東西掖門。○丈夫說絰帶于廟門外。註：今文"說"爲"稅"。○註曰：既卒哭，當變麻，受之以葛也。夕日則服葛者，爲祔期。○疏曰：《喪服》註云："大夫以上，虞而受服，士卒哭而受服。士亦約此文而言也。明旦爲祔，夕期之時變之。因爲祔期，使賓知變節也。"入徹，主人不與。與，音豫。○註曰："入徹"者，兄弟大功以下，言主人不與，則知丈夫、婦人在其中。婦人説首絰，不説帶。註曰：不説帶，齊、斬婦人帶不變也。婦人少變而重帶，帶下體之上也。大功、小功者葛帶。時亦不説者，未可以輕文變於主婦之質。至祔，葛帶以即位。《檀弓》曰："婦人不葛帶。"○疏曰《小記》云："齊衰帶⑥惡笄以終喪。"鄭云："有除無變。"舉齊衰，則斬衰帶不變可知。齊、斬帶不變，則大功以下變可知。男子既葬，首絰腰帶俱變；男子陽多變。婦人既葬，直變首絰，不變帶，故云"少變"也。男子陽重首，首在上體；婦人陰重腰，腰是下體，以重下體，故帶不變也。云"時亦不説者，未可以輕文變於主婦之質"者，變是文，不變是質。知大功以下，夕時未變麻服葛者，以其與主婦同在廟門外，主婦不變，大功以下亦不變。若然，夕時不變，夕後入室可以變；故至祔旦，以葛帶即位也。引《檀弓》者，亦證齊衰婦人不葛帶之事。無尸則不餞，猶出几席，設如初；拾踊三。註曰：以餞尸者，本爲送神也。丈夫婦人亦從几席而出。古文席爲筵。哭止，告事畢，賓出。

死三日而殯，三月而葬，遂卒哭。註曰：謂士也。《雜記》曰："大夫三月而葬，五月而卒哭；諸侯五月而葬，七月而卒哭。"此記更從死起，異人之間，其義或殊。將旦而祔，則薦。註曰：薦，謂卒哭之祭。卒辭曰："哀子某，來日某，隮祔爾于爾皇祖某甫。尚饗。"註曰：卒辭，卒哭之祝辭。隮，"升"也。尚，"庶幾"也。不稱饌，明主爲告祔也。女子，曰"皇祖妣某氏"。註曰：女孫祔於祖母。○疏曰：此女子，謂女未嫁而死，或出而歸，或未廟見而死，歸葬女氏之家，既葬祔於祖母也。婦，曰"孫婦于皇祖姑某氏"。註曰：不言爾，曰"孫婦"，差疏也。其他辭，一也。註曰：來日某，隮祔，尚饗。饗辭曰："哀子某，圭爲而哀薦之。饗。"註曰：饗辭，勸強尸之辭也。圭，"潔"也。《詩》曰："吉圭爲饎⑦。"凡吉祭饗尸，曰孝子。○疏曰：《特牲禮》迎尸入室，"尸即席坐，主人拜妥尸。尸答拜，執奠祝饗。"鄭云"勸強"之也。其辭引此《士虞記》，則宜云"孝孫某，圭爲孝薦之。饗"。

明日，以其班祔。註曰：卒哭之明日也。班，次也。《喪服小記》曰：祔必以其昭穆,亡則中一以上⑧。凡祔已,復于寢。如既祫主反其廟,練而後遷廟。○疏曰:《小記》解"中"猶"間"也。"一以上",祖又祖。孫祔祖爲正;若無祖,則祔于高祖;祔已復于寢。若大夫士無木主,以幣主其神。天子諸侯有木主者,以主祔祭訖,主反于寢,如祫祭訖,主反廟相似。《穀梁》作僖公主,傳云於練焉壞廟,易檐可也,改塗可也,是練而遷廟也。《左氏》云:卒哭而祔,祔而作主;特祀於主,蒸嘗祭於廟。服註:特祀在寢,三年喪畢,遭蒸嘗乃於廟。此不與鄭義同。鄭意謂唯祔與練,祭在廟;祭訖,主反於寢。其大祥與禫祭,其主自然在寢祭之。禫月逢四時吉祭,即得在廟,但未配而已。又鄭註《玄鳥》詩,君喪三年畢,更有特禘。沐浴,櫛,搔翦。搔,依註音爪。翦,子淺反。○註曰:彌自飾也。搔,當爲"爪"。用專膚爲折俎,取諸脰膉。膉,音益。○註曰:專,猶"厚"也。折俎,謂主婦以下俎也。體盡人多,折骨以爲之。今以"脰膉"貶於純吉。古文"脰膉"爲"頭嗌"。○疏曰:《特牲記》云"主婦俎,觳折","佐食俎,觳折"。《少牢》云:主婦俎,臑折。其他如饋食。食,音嗣。○註曰:如《特牲饋食》之事。或云,以左胖虞右胖祔。今此如饋食,則尸俎肵俎,皆有肩臂,豈復用虞臂乎?其不然明矣。○疏曰:虞不致爵,則夫婦無俎矣。上文有俎,則祔時夫婦致爵,以祔時變麻服葛,其辭稱孝夫婦致爵,與《特牲》同,故云"如《特牲饋食》之事"也。《特牲饋食禮》尸俎,用右胖解之;主人俎,左臂,豈得復取虞時左臂用之乎?用嗣尸。註曰:虞祔尚質,未暇筮尸。○疏曰:從虞至祔,唯用一尸而已。曰:"孝子某,孝顯相,夙興夜處,小心畏忌,不惰其身,不寧。註曰:稱"孝"者,吉祭。○疏曰:按《檀弓》,虞爲喪祭,卒哭以後爲吉祭。用尹祭、註曰:尹祭,脯也。大夫士祭,無云"脯"者。今不言牲號,而云"尹祭",亦記者誤矣。○疏曰:《曲禮》,"脯曰'尹祭'",是天子諸侯禮。嘉薦、普淖、普薦、溲酒,註曰:普薦,鉶羹不稱牲,記其異者。○疏曰:《虞禮》及《特牲》皆云,祝酌奠于鉶南,則鉶在酒前而設;此亦普薦在酒上,故知也。但《虞禮》一鉶,此云饋食,則與《特牲》同二鉶,故云"普薦"也。適爾皇祖某甫,以隮祔爾孫某甫。尚饗。"註曰:欲其祔合,兩告之。《曾子問》曰："天子崩,國君薨,則祝取羣廟之主而藏諸祖廟,禮也。卒哭成事,而後主各反其廟。"然則,士之皇祖於卒哭亦反其廟,無主則反廟之禮未聞,以其幣告之乎?

期而小祥,註曰:小祥,祭名。祥,吉也。《檀弓》曰:"歸祥肉⑨。"曰:"**薦此常事**。"註曰:祝辭之異者。言"常"者,期而祭,禮也。〇疏曰:虞祔之祭非常。此一期,天氣變易,孝子思之而祭,是其常事。

又期而大祥,曰:"**薦此祥事**。"註曰:又,"復"也。〇疏曰:變言"祥事",亦是常事也。

中月而禫。禫,大感反。〇註曰:中,猶"間"也。禫,祭名也。與大祥間一月。自喪至此,凡二十七月。"禫"之言,澹澹然,平安意也。**是月也,吉祭,猶未配**。註曰:"是月",是禫月也。當四時之祭月則祭,猶未以某妃配某氏,哀未忘也。《少牢饋食禮》:"祝祝曰:'孝孫某,敢用柔毛、剛鬣、嘉薦、普淖,用薦歲事于皇祖伯某,以某妃配某氏。尚饗。"〇疏曰:謂是禫月,得禫祭仍在寢。此月當四時吉祭之月,則從四時祭於廟,而猶未得以某妃配,哀未忘,若喪中然也。

【校記】

① "尸謖,祝前鄉尸",未見于《雜記》。"尸謖"二字見于《祭統》。"尸謖,祝前"四字,見于《特牲饋食禮》。"詔侑無方"之"無",《禮器》作"武"。

② 據《少牢饋食禮》,原文作"牲北首東上"。

③ 據《特牲饋食禮》,原文作"牲在其西,北首、東足"。

④ 據《禮記》原文,"弗忍一日離也"之前,脱"葬日虞"三字。

⑤ 據《儀禮》,原文作"賓繼之,北上"。

⑥ "帶",據《禮記‧喪服小記》應爲衍文。

⑦ 《詩‧小雅‧天保》作"吉蠲爲饎",其意思相同。

⑧ 據《禮記》,原文作"亡則中一以上而祔,祔必以其昭穆"。

⑨ 據《禮記》,原文作"饋祥肉"。

儀禮述註卷第十七

特牲饋食禮第十五

鄭目録云：諸侯之士祭祖禰，非天子之士。○疏曰：《曲禮》曰："大夫以索牛，士以羊豕。"彼天子大夫士，此《儀禮·特牲》、《少牢》諸侯大夫士也。經直云"適其皇祖某子"，不云"考"。鄭云"祖禰"者，《祭法》云"適士二廟"，"官師一廟"。官師，謂中下之士。祖禰共廟，亦兼祭祖，故祖禰俱言也。若祭無問一廟二廟，皆先祭祖，後祭禰；祭無問尊卑廟數多少，皆同日而祭畢。以此及《少牢》惟筮一日，明不別日祭也。

　　特牲饋食之禮。食，音嗣。○**不諏日**。諏，子須反。○註曰：祭祀自孰始，曰"饋食"。饋食者，食道也。諏，謀也。士賤職褻，時至事暇，可以祭則筮其日矣。不如《少牢》大夫，先與有司於廟門諏丁己之日。○疏曰：云"自孰始"者，天子諸侯饋熟已前，仍有灌鬯、朝踐、饋獻之事也。**及筮日，主人冠端玄，即位于門外，西面**。註曰："冠端玄"，玄冠、玄端。下言"玄"者，玄冠，有不玄端者。門，謂廟門。○疏曰：不玄端，則朝服。一冠冠兩服也。**子姓兄弟如主人之服，立于主人之南，西面，北上**。註曰：所祭者之子孫。言"子姓"者，子之所生。小宗祭，而兄弟皆來與焉；宗子祭，則族人皆侍。○疏曰：姓之言生也。小宗，謂繼禰者，五世則遷。宗子，謂繼別為大宗者。若據小宗，有服者；若據大宗，兼有絕服者也。**有司、羣執事，如兄弟服，東面，北上**。註曰：士之屬吏也。**席于門中闑西閾外**。闑，魚列反。閾，于逼反。○註曰：為筮人設之也。**筮人取筮于西塾，執之，東面受命于主人**。註曰：筮人，官名也。筮，問也。取其所用問神明者，謂"蓍"也。○疏曰：凡卜筮實問於鬼神，謂卜用龜，龜知生數一二三四五之神；筮用蓍，蓍知成數七八九六之神。宰自主人之左贊命,命曰:"孝孫某,筮來日某,諏此某事,適其皇祖某子。尚饗。"註曰:宰,羣吏之長。自,由也。贊,佐也,達也。贊命由左者,爲神求變也。士祭曰"歲事",此言"某事",又不言妃者,容大祥之後,禫月之吉祭。皇,君也。言君祖者,尊之也。某子者,祖字也,伯子、仲子也。尚,"庶幾"也。筮者許諾,還即席,西面坐。卦者在左,卒筮,寫卦。筮者執以示主人。還,音旋。下並同。○註曰:士之筮者坐,箸短由便。卦者主畫地識爻,爻備以方寫之。○疏曰:《少牢禮》"立筮",三正記云:"天子箸長九尺,諸侯七,大夫五,士三。"主人受視,反之。註曰:反,還。筮者還,東面。長占,卒,告于主人:"占曰'吉'。"註曰:長占,以其年之長幼旅占之。若不吉,則筮遠日,如初儀。註曰:遠日,旬之外日。○疏曰:《曲禮》云:"旬之內曰'近某日',旬之外曰'遠某日①'。"吉禮先近日。假令孟月,先於孟月上旬內筮,不吉;乃用中旬之內更筮,不吉;更於下旬內筮,不吉,即止。大夫以上,先於前月下旬,筮來月之上旬,不吉;又於上旬筮中旬,不吉;又於中旬筮下旬,又不吉,即止。今云"旬之外日"者,謂上旬不吉,更於上旬外筮中旬,非如大夫以上旬前爲旬外也。○張子曰:祭之筮日,若再不吉,則止。諏日而祭,更不筮。據《儀禮》唯有筮遠日之文,不云三筮。筮日之禮,只是二筮,先筮近日,後筮遠日;不從,則直諏用下旬遠日,蓋亦足以致於鬼神之意矣。宗人告事畢。

前期三日之朝,筮尸,如求日之儀。命筮曰:"孝孫某,諏此某事,適其皇祖某子,筮某之某爲尸。尚饗。"註曰:"三日"者,容宿賓視濯也。"某之某"者,字尸父而名尸。連言其親,庶幾其憑依之也。大夫士以孫之倫爲尸。○疏曰:云"字尸父"者,《曲禮》爲人子者,祭祀不爲尸。註:尸卜筮無父者,然則卒不稱名,故知是字。對父,故爲名。大夫士以孫之倫爲尸,皆取無爵者,無問成人與幼,皆得爲之。《曾子問》曰"祭成喪者必有尸,尸必以孫;孫幼則使人抱之"是也。若天子諸侯,雖用孫之倫,取卿大夫有爵者爲之。故《鳧鷖》詩祭尸之等,皆言"公尸"。

乃宿尸。註曰:宿,讀爲"肅"。肅,"進"也。進之者,使知祭日當來。

○疏曰：乃，緩辭，則與筮尸別日矣。**主人立于尸外門外。子姓兄弟立于主人之後，北面，東上。**註曰：不東面者，來不爲賓客。子姓立于主人之後，上當其後。○疏曰：尸者，父象也。主人有子道，故北面；子姓兄弟，北面陪主人後。東頭爲上者，不得過主人；故爲上者，當主人之後也。**尸如主人服，出門左，西面。**註曰：不敢南面當尊。**主人辟，皆東面，北上。**辟，音避。○註曰：順尸。**主人再拜，尸答拜。**註曰：主人先拜，尊尸。**宗人擯辭如初，卒曰："筮子爲某尸，占曰'吉'，敢宿。"**註曰："宗人擯"者，釋主人之辭。"如初"者，如宰贊命筮尸之辭。"卒曰"者，著其辭所易也。**祝許諾，致命。**註曰：受宗人辭、許之傳命於尸。始宗人祝北面，至於傳命，皆西面受命，東面釋之。**尸許諾，主人再拜稽首。**註曰：其許，亦宗人受於祝，而告主人。**尸入，主人退。**註曰：相揖而去，尸不拜送，尸尊。○疏曰：知有相揖者，約《少牢》云"尸送，揖，不拜"也。但彼有送文，大夫尊也。

宿賓。疏曰：宿尸與宿賓，中無厥明之文，則二者同日明矣。**賓如主人服，出門左，西面再拜。主人東面答，再拜。宗人擯曰："某薦歲事，吾子將涖之，敢宿。"**涖，音利。○註曰：薦，"進"也。涖，"臨"也。言吾子將臨之，知賓在有司中；今特肅之，尊賓耳。○疏曰：此宿屬吏內一人，爲備三獻賓之事也。知"賓在有司中"者，以上無戒文；今宿之云"吾子將涖之"，明知賓在有司內可知。按：前文"有司羣執事，如兄弟服，東面，北上"，鄭云"士之屬吏"，此云"賓在有司內"，則賓是士之屬吏可知。特宿之者，將使爲賓也。**賓曰："某敢不敬從？"主人再拜，賓答拜。主人退，賓拜送。**

厥明夕，陳鼎于門外，北面，北上，有鼏。鼏，亡狄反。○註曰：厥，"其"也。宿賓之明日夕。門外，北面，當門也。**棜在其南，南順，實獸于其上，東首。**棜，於庶反。○註曰：順，猶"從"也。棜之制，如今大木轝矣，上有四周，下無足。獸，"腊"也。**牲在其西，北首，東足。**註曰："其西"，棜西也。"東足"者，尚右也。牲不用棜，以其生。**設洗于阼階東南，壺、禁在東序，**

豆、籩、鉶,在東房,南上。几、席、兩敦,在西堂。鉶,音刑。敦,音對。後放此。○註曰:"東房",房中之東,當夾北。"西堂",西夾之前,近南耳。○疏曰:大夫士,直有東房、西室。若言房,則"東房"矣。今此經特言"東房",明房內近東邊,故云"東房"也。夾室,半以南爲之,以壁外相望,則當夾北也。夾室在房近南東,故云"房中之東,當夾北"也。"西堂"者,按《爾雅》註,夾室前堂謂之"廂"。此在西堂,在西廂,故云"西夾之前,近南"也。○主人及子姓兄弟,即位于門東,如初。註曰:初,筮位也。賓及衆賓,即位于門西,東面,北上。註曰:不蒙"如初"者,以宰在而宗人祝不在。○疏曰:宰前筮時,在門東贊主人辭,今在門西同行。宗人、祝立于賓西北,東面南上。註曰:事彌至,位彌異。宗人、祝於祭,宜近廟。主人再拜,賓答再拜;三拜衆賓,衆賓答再拜。註曰:衆賓再拜者,士賤旅之,得備禮也。○疏曰:《有司徹》,主人三拜,衆賓皆答一拜。卿大夫尊,賓賤純臣,經云皆答一拜,明人人從上至下,皆一一獨答拜,以其純故也。所以不再拜者,避國公故也。此士賓莫問多少,皆得一時再拜者,以其士賤,衆賓得致禮故也。主人揖入,兄弟從,賓及衆賓從,即位于堂下,如外位。註曰:爲視濯也。宗人升自西階,視壺濯及豆籩,反降,東北面告"濯具"。註曰:濯,"溉"也。不言敦鉶者,省文也。"東北面告",緣賓意欲聞也。言"濯具"不言"潔",以有几席。○疏曰:几席不洗者,告具而已。○賓出,主人出,皆復外位。註曰:爲視牲也。宗人視牲,告"充"。雍正作豕。註曰:充,猶"肥"也。雍正,官名也。北面以策動作豕,視聲氣。○疏曰:聲氣不和,即是疾病,不堪祭祀。宗人舉獸尾,告"備";舉鼎鼏,告"絜"。註曰:備,具。○請期,曰"羹飪"。註曰:肉,謂之"羹"。"飪","熟"也。謂明日質明時。而曰肉熟,重豫勞賓。宗人既得期,西北面告賓有司。告事畢,賓出,主人拜送。

夙興,主人服如初,立于門外東方,南面,視側殺;註曰:夙,早也。興,起也。主人服如初,則其餘有不玄端者。側殺,殺一牲也。○疏曰:有同服者，有著朝服者。側，猶"特"也。主婦視饎爨于西堂下。饎，尺志反。○註曰：炊黍稷曰"饎"，宗婦爲之。爨，竈也。西堂下者，堂之西下也；近西壁，南齊坫。亨于門外東方，西面，北上。亨，普庚反。○註曰：亨，煑也。煑豕魚腊以鑊，各一爨。《詩》云："誰能烹魚？溉之釜鬵。"羹飪實鼎，陳于門外，如初。註曰：初，視濯也。尊于户東，玄酒在西。註曰：户東，室户東。玄酒在西，尚之。凡尊，酌者在左。○疏曰：左爲上尊，是以《鄉飲酒》、《鄉射》皆玄酒在西，尊酒在東。若《燕禮》、《大射》，唯君西尊，不從此義也。實豆、籩、鉶，陳于房中，如初。註曰："如初"者，取而實之，既而反之。執事之俎，陳于階間，二列，北上。註曰：執事，謂有司及兄弟。"二列"者，因其位在東西，祝、主人、主婦之俎亦存焉。不升鼎者，異於神。○疏曰：《士虞記》祝俎"陳於階間，敦東"，彼虞不致爵，故不見主人、主婦俎，明此吉祭，有致爵主人、主婦，陳於階間可知，以主婦亦是執事之人也。盛兩敦，陳于西堂，藉用萑。几席陳于西堂，如初。盛，音成。藉，慈夜反。萑，音丸。○註曰：盛黍稷者，宗婦也。萑，細葦。尸盥匜水，實于槃中；簞巾在門内之右。註曰：設盥水及巾，尸尊，不就洗，又不揮。"門内之右"，象洗在東，統于門東，西上。凡鄉内以入爲左右，鄉外以出爲左右。○疏曰：揮，振去水，使手乾。門右，據鄉内以入爲右者。

祝筵几于室中，東面。註曰：爲神敷席也。至此，使祝接神。○疏曰：前未有"使祝"之文。○主婦纚笄宵衣，立于房中，南面。纚，所綺反，又山買反。○註曰：主婦，主人之妻。雖姑存，猶使之主祭祀。纚笄，首服。宵，綺屬也。此衣染之以黑，其繒本名曰"宵"。《詩》有"素衣朱宵"，記有"玄宵衣"。凡婦人助祭者，同服也。《内則》曰："舅没則姑老，冢婦所祭祀賓客，每事必請於姑。"○疏曰：引《詩》者，證"宵"；引《玉藻》者，證"玄"。主人及賓、兄弟、羣執事，即位于門外，如初。宗人告有司具。註曰：具，猶"辦"也。主人拜賓，如初；揖入，即位，如初。註曰：初，視濯也。佐食北面立于中庭。註曰：佐食，賓佐尸食者；立于宗人之西。○疏曰：《士虞禮》云："主人及兄弟、賓即位于西方，如反哭位②。"又云，"宗人西階前，北面"。註云：當詔主人。此特牲吉禮，主人行事阼階，宗人亦在阼階南擯主人。"佐食北面於中庭"，明在宗人之西可知。

　　主人及祝升，祝先入，主人從，西面于戶內。註曰：祝先入，接神宜在前也。《少牢饋食禮》曰："祝盥于洗，升自西階。主人盥，升自阼階。祝先入，南面。"主婦盥于房中，薦兩豆：葵菹、蝸醢；醢在北。蝸，力禾反。○註曰：主婦盥，盥於內洗。《昏禮》："婦洗在北堂，直室東隅。"宗人遣佐食及執事盥，出。註曰：命之盥出，當助主人及賓舉鼎。主人降，及賓盥，出。主人在右，及佐食舉牲鼎。賓長在右，及執事舉魚腊鼎。除鼏。長，知丈反。下放此。○註曰：及，"與"也。主人在右，統於東。主人與佐食者，賓尊不載。《少牢饋食禮》："魚用鮒"，"腊用麋"，士腊用兔③。○疏曰：東為右人，西為左人。入時，左人在鼎後。又盡載牲體於俎，又設俎于神坐前，賓主當相對為左右。以賓尊不載牲體，故使佐食對主人，使賓為右人，而使執事在左而載。宗人執畢先入，當阼階，南面。註曰：畢，狀如叉；蓋為其似畢星取名焉。主人親舉，宗人則執畢導之；既錯，又以畢臨匕載，備失脫也。《雜記》曰："枇用桑，長三尺。"畢用桑，三尺，刊其本與末。枇、畢同材明矣。今此枇用棘心，則畢亦用棘心。舊說云，畢似御他神物。神物惡桑叉，則《少牢饋食》及《虞》無叉，何哉？此無叉者，乃主人不親舉耳。《少牢》大夫祭，不親舉。虞喪祭也，主人未執事。祔、練、祥，執事用桑叉。自此純吉，用棘心叉。鼎西面錯，右人抽扃，委于鼎北。錯，七故反。下同。○註曰：右人，謂主人及二賓。既錯，皆西面俟也。贊者錯俎，加匕。註曰：贊者，執俎及匕，從鼎入者。其錯俎，東縮；加匕，東枋。既則退。而左入，北面也。乃枇。枇，音匕。○註曰：右人也。尊者於事，指使可矣。左人載之。佐食升肵俎，鼏之，設于阼階西。肵，音祈。○註曰：肵，謂心舌之俎也。《郊特牲》曰："肵之為言敬也。"言主人之所以敬尸之俎。卒載，加匕于鼎。註曰：卒，已也。已載，畢亦加焉。主人升，入復位。俎入，設于豆東；魚次，腊特于俎北。註曰：入設俎，載者腊特，饌要方也。凡饌必方者，明食味人之性，所以正。主婦設兩敦黍稷于俎南，西上；及兩鉶芼，設于豆南，南陳。芼，亡報反。○註曰：宗婦不贊敦鉶者，以其少，可親之。芼，菜也。祝洗，酌奠，奠于鉶南，遂命佐食啓會。佐食啓會，卻于敦南，出，立于戶西，南面。會，如字。○註曰：酌奠，奠其爵觶也。《少牢饋食禮》："啓會"，乃奠之。主人再拜稽首。祝在左，註曰：稽首，服之甚者。祝在左，當爲主人釋辭於神也。祝祝曰："孝孫某，敢用剛鬣、嘉薦、普淖，用薦某事於皇祖某子。尚饗。"卒祝。主人再拜稽首。

祝迎尸于門外。註曰：尸自外來，代主人接之；就其次而請，不拜，不敢與尊者爲禮。《周禮·掌次》："凡祭祀"，"張尸次"。主人降，立于阼階東。註曰：主人不迎尸。成尸尊尸，所祭者之孫也。祖之尸，則主人乃宗子；禰之尸，則主人乃父道。事神之禮，廟中而已，出迎則爲厭。○疏曰：《祭統》云："君迎牲而不迎尸，別嫌也。尸在廟門外，則疑於臣；在廟中，則全於君。君在廟門外，疑於君，入廟門，則全於臣，全於子。"○厭，一葉反。尸入門左，北面盥，宗人授巾。註曰：侍盥者執其器就之。執簞者不授巾，賤也；宗人授巾，庭長尊。《少牢饋食禮》曰："祝先，入門右；尸，入門左。"尸至于階，祝延尸。尸升，入；祝先，主人從。註曰：延，進。在後詔侑曰"延"。《禮器》謂"詔侑武方"者也。《少牢饋食禮》曰："尸升自西階，入；祝從。主人升自阼階。祝先入，主人從。"○武，音無。尸即席坐，主人拜妥尸。註曰：妥，安坐也。尸答拜，執奠祝饗。主人拜，如初。註曰：饗，勸彊之也。其辭取于《士虞記》，則宜云"孝孫某，圭爲孝薦之。饗。"舊說云"明薦之"。祝命挼祭。尸左執觶，右取菹換于醢，祭于豆間。挼，依註，音墮。換，如悅反，又而弦反。後放此。○註曰：命，詔尸也。挼祭，祭神食也。《士虞禮》古文曰："祝命佐食墮祭。"《周禮》曰："既祭則藏其墮。"墮與挼，讀同耳。今文改"挼"皆爲

"綏",古文此皆爲"授祭"也。摸醓者,染於醓。○疏曰:祭神食者,向者陰厭厭飫神;今尸祭訖,當食神餘也。○"厭"、"饜"通。**佐食取黍、稷、肺祭授尸。尸祭之,祭酒,啐酒,告旨。主人拜,尸奠觶,答拜。**啐,七内反。○註曰:肺祭,刌肺也。旨,美也。祭酒,穀味之芬芳者,齊敬共之,惟恐不美;告之以美,達其心,明神享之。**祭鉶,嘗之,告旨。主人拜,尸答拜。**註曰:鉶,肉味之有菜和者。《曲禮》曰:"客絮羹,主人辭不能烹。"**祝命爾敦。佐食爾黍稷于席上,**爾,同"邇"。○註曰:爾,近也。近之,便尸之食也。**設大羹湆于醓北。**大,音泰。湆,去及反。○註曰:大羹湆,煑肉汁也。不和,貴其質。設之,所以敬尸也。不祭、不嚌,大羹不爲神,非盛者也。《士虞禮》曰:"大羹湆自門入。"○疏曰:《公食》、《昏禮》,大羹湆皆在薦右;此在左者,神禮變於生人。《士虞禮》"設於鉶南"在右,與生人同,有不忍異於生故也。云"不爲神"者,陰飫時未設,尸來始設爲尸;故《士虞記》云:"無尸",則"不授祭,無大羹湆、胾、從獻"。**舉肺脊以授尸。尸受,振祭;嚌之,左執之,**註曰:肺,氣之主也。脊,正體之貴者。先食啗之,所以導食通氣。**乃食,食舉。**註曰:舉言食者,明凡解體皆連肉。○疏曰:"乃食",謂食肺。云"食舉",謂骨體正脊。**主人羞胏俎于臘北。**註曰:胏俎主於尸。主人親羞,敬也。神俎不親設者,貴得賓客,以神事其先。○疏曰:胏俎,尸入乃設之,故知主於尸。**尸三飯,告飽。祝侑,主人拜。**飯,扶晚反。下同。○註曰:三飯告飽,禮一成也。侑,勸也;或曰"又勸之,使又食"。《少牢饋食禮》侑辭曰"皇尸未實,侑"也。**佐食舉幹。尸受,振祭;嚌之。佐食受,加于胏俎;舉獸幹、魚一,亦如之。**註曰:幹,長脅也。獸臘,其體數與牲同。**尸實舉于菹豆。**註曰:爲將食庶羞。舉,謂肺脊。**佐食羞庶羞四豆,設于左,南上,有醓。**註曰:庶,衆也。衆羞以豕肉,所以爲異味。四豆者,膮、炙、胾、醓。南上者,以膮、炙爲上。以有醓,不得絣也。○疏曰:《公食大夫禮》,牛炙南醓,牛胾西醓,絣之次也。此惟一醓,不得與胾炙相對。相對之法,炙在南,醓在北,胾在北,醓在南。如此見得綧。尸又三飯，告飽。祝侑之，如初。註曰：禮再成也。舉骼及獸、魚，如初。尸又三飯，告飽。祝侑之，如初。骼，音格，又音各。後同。○註曰：禮三成，獸魚如初者，獸骼、魚一也。舉肩及獸、魚，如初。註曰：不復飯食。三三者，士之禮大成也。舉，先正脊，後肩，自上而卻，下綧而前，終始之次也。○疏曰：先舉正脊，自上也；次舉胉，即卻也；後舉骼，即下綧也；終舉肩，即前也。前者，牲體之始；後者，牲體之終。佐食盛肵俎，俎釋三个；盛，音成。○註曰：佐食取牲魚、腊之餘，盛於肵俎，將以歸尸。俎釋三个，爲改饌於西北隅遺之。所釋者牲腊，則正脊二骨，長脅一骨，及臑也；魚則三頭而已。个，猶"枚"也。○疏曰：案下記云："尸俎：右肩、臂、臑、肫、胳，正脊二骨，橫脊，長脅二骨，短脅。"○楊氏曰：前已舉四體外，今宜盛臂、肫、橫脊、短脅，故知所釋者惟此耳。舉肺脊加于肵俎，反黍稷于其所。註曰：尸授佐食，佐食受而加之。反之也，肺脊初在菹豆。

主人洗角，升酌，酢尸。酢，羊進反。○註曰：酢，猶衍也。是獻尸也，謂之"酢"者，尸既卒食，又欲頤衍養樂之。不用爵者，下大夫也。因父子之道質而用角，角加人事略者。○疏曰："不用爵"，次當用觚。而用角者，因無臣助祭。父子相養之道是質。云"人事略"，得用功少也。尸拜受，主人拜送。尸祭酒，啐酒；賓長以肝從。註曰：肝，肝炙也。○疏曰：亦當如《少牢》用俎，鹽在右。尸左執角，右取肝撄于鹽，振祭，嚌之，加于菹豆，卒角。祝受尸角，曰："送爵。皇尸卒爵。"主人拜，尸答拜。註曰：曰"送爵"者，節主人拜。

祝酌授尸，尸以醋主人。醋，同"酢"。○註曰：醋，報也。祝酌不洗。尸不親酌，尊尸也。古文"醋"作"酢"。主人拜受角，尸拜送。主人退，佐食授挼祭。註曰：退者，進受爵反位，尸將嘏主人。佐食授之挼祭，亦使祭尸食也；其授祭，亦取黍稷肺祭。主人坐，左執角，受祭祭之；祭酒，啐酒，進聽嘏。嘏，古雅反。○註曰：聽，猶"待"也。受福曰"嘏"。嘏，長也，大也。待尸授之，以長大之福也。佐食搏黍授祝，祝授尸。尸受以菹豆，執以親嘏主人。搏，大官反。○註曰：獨用黍者，食之主。其辭則《少牢饋食禮》有焉。○疏曰：《少牢》尸不親嘏者，大夫尸尊。又大夫禮文，此親嘏者，士尸卑，禮質故也。主人左執角，再拜稽首，受，復位；詩懷之，實于左袂，挂于季指；卒角，拜。尸答拜。挂，音卦。註同。○註曰：詩，猶"承"也；謂奉納之懷中。季，小也。實于左袂，挂袪以小指者，便卒角也。《少牢饋食禮》曰："興，受黍，坐振祭，嚌之。"主人出，寫嗇于房；祝以籩受。註曰：變"黍"言"嗇"，因事託戒，欲其重稼嗇。嗇者，農力之成功。

筵祝，南面。註曰：主人自房還時。主人酌獻祝，祝拜受角；主人拜送，設菹醢俎。註曰：行神惠也。先獻祝，以接神尊之。菹醢皆主婦設之，佐食設俎。○疏曰：佐食接尸，祝接神，故先獻。前獻尸時，菹醢主婦設之；亞獻及致爵於主人，籩豆亦皆主婦設之；則此設菹醢，亦主婦可知。《少牢》："主人獻祝"，"佐食設俎"；故此亦佐食設俎可知。祝左執角，祭豆；興，取肺；坐祭，嚌之；興，加于俎；坐祭酒，啐酒，以肝從。祝左執角，右取肝揆于鹽，振祭，嚌之，加于俎，卒角，拜。主人答拜，受角；○酌獻佐食，佐食北面拜受角。主人拜送。佐食坐祭，卒角，拜。主人答拜，受角；降，反于篚；升，入復位。疏曰：獻佐食不言俎者，上經云"執事之俎陳於階間，二列，北上"，鄭註"執事，謂有司，以佐食亦在有司內"者，下記有"佐食俎"也。又，下經"賓長獻"節，註云"凡獻佐食，皆無從"。其薦俎，獻兄弟以齒設之。

主婦洗爵于房，酌，亞獻尸。註曰：亞，次也。次，猶貳。主婦貳獻不夾拜者，士妻儀簡耳。尸拜受，主婦北面拜送。註曰："北面拜"者，辟內子也。大夫之妻，拜於主人北，西面。○疏曰：《少牢》"西面拜"註，"不北面，辟人君夫人"。然則，士妻賤，不嫌，得與人君夫人同也。宗婦執兩籩，戶外坐；主婦受，設于敦南。註曰：兩籩，棗栗；棗在西。祝贊籩祭。尸受祭之，祭酒，啐酒。註曰：籩祭，棗栗之祭也。其祭之，亦於豆祭。兄弟長以燔從。尸受，振祭，嚌之，反之。燔，音煩。○註曰：燔，炙肉也。○疏曰："反之"者，謂反燔于長兄弟。羞燔者受，加于肵，出。註曰："出"者，俟後事也。○疏曰：云"俟後事"者，謂俟主婦獻祝之時，更當羞燔于祝。知者，約上文主人獻尸，云"賓長以肝從"，至獻祝時，但云"以肝從"，不言其人，明亦賓長可知。此下文主婦"獻祝，籩燔從，如初儀"，明獻祝時，亦長兄弟羞燔可知。尸卒爵，祝受爵，命送如初。註曰："送"者，送卒爵。○酢，如主人儀。註曰：尸酢主婦，"如主人儀"者，自祝酌至尸拜送，如酢主人也。不易爵，辟內子。主婦適房，南面。佐食授祭。主婦左執爵，右撫祭，祭酒，啐酒；入，卒爵，如主人儀。註曰：撫授祭，示視祭。佐食不授而祭於地，亦儀簡也。入室卒爵，於尊者前成禮，明受惠。○獻祝，籩燔從，如初儀。○及佐食，如初。卒，以爵入于房。註曰："及佐食，如初"，如其獻佐食，則拜主人之北，西面也。○疏曰：佐食北面拜受，主婦不宜同面拜送，故與內子同。

賓三獻，如初。燔從，如初。爵止。註曰：初，亞獻也。尸止爵者，三獻禮成，欲神惠之均於室中，是以奠而待之。○疏曰：待均者，謂尸得三獻，祝與佐食亦得二獻，主人、主婦各得一酢而已。待主人、主婦致爵，乃均也。此一科之內，乃有十一爵：賓獻尸，一也；主婦致爵於主人，二也；主人酢主婦，三也；主人致爵於主婦，四也；主婦酢主人，五也；尸舉奠爵酢賓長，六也；賓長獻祝，七也；又獻佐食，八也；賓又致爵於主人，九也；又致爵於主婦，十也；賓獻主人酢，十一也。

席于戶內。註曰：爲主人鋪之，西面，席自房來。主婦洗爵，酌，致爵于主人。主人拜受爵，主婦拜送爵。註曰：主婦拜，拜於北面也。○疏曰：約有司儐尸於堂。主婦致爵於主人，主人致爵於主婦，北面于阼階上答拜是也。宗婦贊豆如初，主婦受，設兩豆兩籩。註曰：初贊，亞獻也。主婦薦兩豆籩，東面也。俎入設。註曰：佐食設之。○疏曰：有司，下大夫不儐尸者。主婦致爵於主人，待佐食設俎。彼室內行事，與士禮略同，故知佐食設之也。主人左執爵，祭薦，宗人贊祭；奠爵，興，取肺；坐絕祭，嚌之；興，加于俎；坐挩手，祭酒，啐酒；註曰：絕肺祭之者，以離肺長也。《少儀》曰："牛羊之肺，離而不提心。"豕亦然。挩，"拭"也。挩手者，爲絕肺染污也。刌肺不挩手。肝從。左執爵，取肝擩于鹽，坐振祭，嚌之。宗人受，加于俎。燔亦如之。興，席末坐，卒爵，拜。註曰：於席末坐，卒爵，敬也。一酳而備再，從而次之，亦均。主婦答拜，受爵，酌醋，左執爵，拜；主人答拜。坐祭，立飲，卒爵，拜；主人答拜。主婦出，反于房。○主人降，洗，酌，致爵于主婦，席于房中，南面。主婦拜受爵。主人西面答拜。宗婦薦豆、俎，從獻，皆如主人。主人更爵酌醋，卒爵，降；實爵于篚，入復位。註曰：主人更爵自酢，男子不承婦人爵也。《祭統》曰："夫婦相授受，不相襲處，酢必易爵，明夫婦之別。"○疏曰：案下記"設洗"，"篚在洗西"，實二爵。此賓長所獻爵，尸奠之未舉，其篚唯有一爵。得云易者，上主婦亞獻，洗爵于房中，則房中有爵；又主婦獻祝及佐食訖，以爵入于房，後主婦致爵于主人，還是房內爵。後主人致爵于主婦者，是下篚之爵；主婦飲訖，實于房中之篚，主人更取房內之爵以酌酢，酢訖，奠于下篚。云"主人更爵"者，謂酌酢爵與房內爵相更。

三獻作止爵。註曰：賓也，謂三獻者，以事命之。作，起也。舊說云，賓入戶，北面曰："皇尸，請舉爵。"尸卒爵，酢。酌，獻祝及佐食。楊氏曰：上文賓三獻，尸止爵不舉，故未得獻祝與佐食；待主人、主婦致爵與醋，神惠已均，賓乃作止爵。尸卒爵酢賓，賓遂獻祝及佐食，事之序也。洗爵，酌，致于主人、主婦；燔從，皆如初。更爵，酢于主人；卒，復位。註曰：洗乃致爵，爲異事新之。"燔從，皆如初"者，如亞獻及主人、主婦致爵也。凡獻佐食，皆無從。其薦俎，獻兄弟以齒設也。賓更爵自酢，亦不承婦人爵。○疏曰：案：下篇不儐尸，洗爵致于主人，註云"以承佐食賤，新之"。此云"爲異事新之"。異事，則是承賤。承賤後，則事異。言雖不同，理則一也。燔從如初，則無肝從。皆者，謂主人主婦，嫌獻佐食亦然。故云"凡獻佐食，皆無從"。下記云："佐食於旅也④,齒於兄弟。"故薦俎亦與兄弟同時設之。

主人降阼階,西面拜賓,如初。洗,註曰:拜賓而洗爵,爲將獻之。如初,如視濯時,主人再拜,賓答拜;三拜衆賓,衆賓答再拜者。賓辭洗。卒洗。揖讓升,酌,西階上獻賓。賓北面拜受爵。主人在右答拜。註曰:就賓拜者,此禮不主於尊也。賓卑,則不專階。主人在右,統於其位。○疏曰:所尊者,謂尸也。又,賓是士家有司。薦脯醢,設折俎。註曰:凡節解者,皆曰"折俎",不言其體,略。云"折俎",非貴體也。上賓,骼;衆賓,儀。公有司設之。○疏曰:《有司徹》註"儀"者,尊體盡,儀度餘骨,可用而用之。賓左執爵,祭豆,奠爵;興,取肺;坐,絕祭,嚌之;興,加于俎;坐,挩手,祭酒,卒爵,拜。主人答拜,受爵,酌酢,奠爵,拜。賓答拜。註曰:主人酌自酢者,賓不敢敵主人,主人達其意。主人坐祭,卒爵,拜。賓答拜,揖,執祭以降,西面,奠于其位;位如初。薦俎從設。註曰:位如初,復其位,東面。《少牢饋食禮》⑤:"宰夫執薦以從,設于祭東;司士執俎以從,設于薦東。"是則皆公有司爲之與?○衆賓升,拜受爵,坐祭,立飲。薦俎設于其位,辯。主人備答拜焉,降,實爵于篚。辯,音遍。後皆同。○註曰:衆賓立飲,賤不備禮。《鄉飲酒記》曰:"立卒爵者不拜既爵。"備,盡。盡人之答拜。

尊兩壺于阼階東,加勺,南枋;西方亦如之。勺,時灼反。○註曰:爲酬賓及兄弟。行神惠,不酌上尊。卑異之,就其位尊之。兩壺皆酒,優之先尊東方,示惠由近。《禮運》曰:"澄酒在下。"主人洗觶,酌于西方之尊,西階前北面酬賓。賓在左。註曰:先酌西方者,尊賓之義。主人奠觶,拜;賓答拜。主人坐祭,卒觶,拜;賓答拜。主人洗觶,賓辭;主人對,卒洗,酌,西面;賓,北面拜。註曰:"西面"者,鄉賓位。立於西階之前,賓所答拜之東北。○鄉,許亮反。主人奠觶于薦北。註曰:奠觶於薦左,非爲其不舉;行神惠,不可同於飲酒。○疏曰:以其神惠右不舉,生人飲酒左不舉。今行神惠,不可同於飲酒,故奠於左,與生人相變。下文"奠觶於薦南",明將舉。以初在北,飲酒將舉;奠於薦南,便其復舉。賓坐取觶,還,東面,拜;主人答拜。賓奠觶于薦南,揖,復位。還,音旋。○註曰:還東面,就其位薦西。奠觶薦南,明將舉。

主人洗爵,獻長兄弟于阼階上,如賓儀。註曰:酬賓乃獻長兄弟者,獻之,禮成於酬,先成賓禮,此主人之義。亦有薦胥設于位,私人爲之歟。○疏曰:如賓儀,則長兄弟初受獻於阼階上時,亦薦脯醢、設折俎於阼階上;祭訖,乃執以降,設於下位,皆當如賓儀。○胥,音蒸。○洗,獻衆兄弟,如衆賓儀。註曰:獻卑而必爲之洗者,顯神惠。此言"如衆賓儀",則知"獻衆賓,洗"明矣。○楊氏曰:如西階獻衆賓儀,"坐祭立飲,薦俎設于其位,辯"。

洗,獻內兄弟于房中,如獻衆兄弟之儀。註曰:內兄弟,內賓宗婦也。如衆兄弟,如其拜受,坐祭立飲,設薦俎於其位而立。內賓,其位在房中之尊北。不殊其長,略婦人也。《有司徹》曰:"主人洗,獻內賓於房中。南面拜受爵。"主人西南答拜,更爵酢,卒爵;降,實爵于篚;入復位。註曰:爵辯乃自酢,以初不殊其長也。內賓之長,亦南面答拜。○疏曰:對上賓與長兄弟,不待獻衆賓衆兄弟徧,主人先自酢也。

長兄弟洗觚爲加爵,如初儀;不及佐食,洗、致如初,無從。註曰:大夫士三獻而禮成,多之爲"加"也。不及佐食,無從,殺也。致,致於主人、主婦。○疏曰:如初儀,如三獻之儀。但三獻十一爵,此唯有六爵:洗觚獻尸,一也;尸酢,二也;獻祝,三也;致爵于主人,四也;于主婦,五也;受主人酢,六也。○衆賓長爲加爵,如初;爵止。註曰:尸爵止者,欲神惠之均於在庭。○疏曰:已得三獻,又別受加爵,故停之,使庭行旅酬。

嗣舉奠,盥入,北面,再拜稽首。註曰:嗣,主人將爲後者。舉,猶"飲"也。使嗣子飲奠者,將傳重累之者。大夫之嗣子不舉奠,辟諸侯。○疏曰:不言"適"而言"將爲後者",欲見無適長,立庶子及同宗爲後,皆是奠者。即上文祝"酌奠,奠於鉶南"是也。尸執奠,進受,復位。祭酒,啐酒。尸舉肝。舉奠，左執觶，再拜稽首，進受肝，復位；坐，食肝，卒觶，拜。尸備答拜焉。註曰：食肝，受尊者賜，不敢餘也。備，猶"盡"也。每拜答之，以尊者與卑者爲禮，略其文耳。〇疏曰：食若不盡，直云"嚌之"而已；此云"食肝"，明不敢餘也。舉奠洗，酌，入；尸拜受；舉奠答拜；尸祭酒，啐酒，奠之；舉奠，出，復位。註曰："啐之"者，答其欲酢己也。"奠之"者，復神之奠觶。嗣齒於子姓，凡非主人，升降自西階。

兄弟弟子洗，酌于東方之尊，阼階前北面，舉觶于長兄弟，如主人酬賓儀。註曰：弟子，後生也。宗人告祭胾。胾，音蒸。〇註曰：胾，俎也。所"告"者，衆賓、衆兄弟內賓也。獻時設薦俎于其位。至此，禮又殺。告之祭，使成禮也。其祭皆離肺，不言祭豆可知。乃羞。註曰：羞，庶羞也。下尸"胾、醢、豆"而已。此所"羞"者，自祝主人至於內賓，無內羞。〇疏曰：尸四豆，膷、炙、胾、醢。此祝以賓降于尸，故云"胾、醢、豆而已"。又，下記云："公有司"，"獻次衆賓"；"私臣"，"獻次兄弟"，則內賓亦及之。是以，《少牢》下篇云"乃羞庶羞于賓、兄弟、內賓及私人"；"不儐尸"亦云"乃羞于賓、兄弟、內賓及私人，辯"是也。若然，《少牢》與《有司徹》儐尸與不儐尸，庶羞與房中羞，皆與尸佐食及祝、主人、主婦皆同時羞之者，彼上下大夫禮尊，故得與尸同時羞。此士禮卑，故不得與尸同也。尸尊尚無內羞，祝卑故無內羞。

賓坐取觶，註曰：薦南奠觶。〇楊氏曰：此即主人酬賓之觶。阼階前北面，酬長兄弟。長兄弟在右。註曰：特牲之禮，堂下行旅酬，無算爵。並在室中者，不與旅酬之事，上大夫儐尸與旅酬，不與無算爵之事；故別使二人舉觶於尸侑。尸侑得舉，爲旅酬徧及堂下。尸與旅酬者，以其儐尸在堂，禮殺故也。若下大夫不儐尸者，堂下無旅酬，直行無算爵於堂下而已，尸則不與之。所以下大夫無旅酬，直有無算爵者，以其禮尸於室中，辟國君堂下不設尊，故無旅酬，直行無算爵而已。賓奠觶拜，長兄弟答拜。賓立卒觶，酌于其尊，東面立。長兄弟拜受觶，賓北面答拜；揖，復位。註曰："其尊"，長兄弟尊也。此受酬者拜，亦北面。〇疏曰：以其旅酬無算爵以飲者酌己尊，酬人之時酌彼尊,是各自其酒。長兄弟西階前,北面。衆賓長自左受旅,如初。註曰:旅,行也。受行酬也。初,賓酬長兄弟。長兄弟卒觶,酌于其尊,西面立。受旅者拜受。長兄弟北面答拜,揖,復位。衆賓及衆兄弟交錯以辯,皆如初儀。註曰:交錯,猶言東西。○爲加爵者作止爵,如長兄弟之儀。註曰:於旅酬之間言"作止爵",明禮殺並作。○疏曰:此決上文"三獻""爵止",待室中致爵訖,乃作止爵;此旅酬未訖作止爵,故云"並作"。○長兄弟酬賓,如賓酬兄弟之儀,以辯。卒受者實觶于篚。註曰:長兄弟酬賓,亦坐取其奠觶。此不言交錯以辯,賓之酬,不言卒受者實觶于篚,明其相報禮終於此。其文省。○疏曰:奠觶,即上弟子舉觶於其長是也。賓舉奠觶於長兄弟,行旅酬,盡皆徧;長兄弟舉觶於賓,行旅酬,亦皆徧。交錯省文。

　　賓弟子及兄弟弟子洗,疏曰:自此論二觶,並行無算爵之事。各酌于其尊,中庭北面,西上;舉觶於其長,奠觶,拜;長皆答拜。舉觶者祭,卒觶,拜;長皆答拜。舉觶者洗,各酌于其尊,復初位;長皆拜。舉觶者皆奠觶于薦右。註曰:奠觶,進奠之于薦右,非神惠也。○疏曰:同於生人飲酒,舉者奠於薦右也。《中庸》:"旅酬下爲上,所以逮賤。"長皆執以興,舉觶者皆復位答拜。長皆奠觶于其所,皆揖其弟子,弟子皆復其位。註曰:"復其位"者,東西面位。弟子舉觶於其長,所以序長幼,教孝弟也。凡堂下拜,亦皆北面。○疏曰:上既言"皆復位答拜",此復重云"復位",則上文其位,復在庭初舉北面位。此重言"復位"者,當復東西面位可知。云"凡"者,賓以下至於私人拜受送,皆北面,故云"凡"也。爵皆無算。註曰:算,數也。賓取觶酬兄弟之黨,長兄弟取觶酬賓之黨,唯己所欲,亦交錯以辯,無次第之數。因今接會,使之交恩定好,優勸之。

　　利洗散,獻于尸。酢,及祝,如初儀。降,實散于篚。散,悉但反。下同。○註曰:利,佐食也。言"利",以今進酒也。更言"獻"者,以利侍尸禮將終,宜一進酒,嫌於加酒亦當三也。不致爵禮,又殺也。○疏曰:上文設俎、啓會、爾敦之時，以黍稷爲食，故名"佐食"。今進以酒，酒所以供養，故名"利"。利，即"養"也。主人出，立于户外，西面。註曰：事尸禮畢。祝東面告利成。註曰：利，猶"養"也。供養之禮成，不言禮畢，於尸閒之嫌。○養，羊亮反。尸謖，祝前，主人降。謖，所六反。○註曰：謖，"起"也。前，猶"導"也。《少牢饋食禮》曰："祝入，尸謖；主人降立于阼階東，西面。祝先，尸從，遂出于廟門。"前尸之儀，《士虞禮》備矣。祝反，及主人入，復位。命佐食徹尸俎，俎出于廟門；註曰：俎，所以載胖俎。《少牢禮》曰："有司受，歸之⑥。"徹庶羞，設于西序下。註曰：爲將餕去之。庶羞主爲尸，非神饌也。《尚書傳》曰：宗室有事，族人皆侍終日。大宗已侍於賓奠，然後燕私。燕私者，何也？已而與族人飲也。此徹庶羞置西序下者，爲將以燕飲與？然則，自尸祝至於兄弟之庶羞，宗子以與族人燕飲于堂；内賓、宗婦之庶羞，主婦以燕飲于房。○疏曰：《楚茨》"鐘鼓送尸"下，云"備言燕私"，鄭註："祭祀畢，歸賓客之俎，同姓則留與之燕，所以尊賓客，親骨肉也。"

筵對席，佐食分簋鉶。註曰：爲將餕分之也。分簋者，分敦黍於會，爲有對也。敦，有虞氏之器也，周制士用之。變"敦"言"簋"，容同姓之士，得從周制耳。《祭統》曰："餕者，祭之末也，不可不知也。是故，古之人有言曰：'善終者如始，餕其是已'；是故，古之君子曰：'尸亦餕鬼神之餘也，惠術也，可以觀政矣。'"宗人遣舉奠及長兄弟盥，立于西階下，東面，北上。祝命嘗食，饔者舉奠許諾，升，入，東面。長兄弟對之，皆坐。佐食授舉，各一膚。"饔"與"餕"同。○註曰：命，"告"也。士使嗣子及兄弟饔，其惠不過族親也。古文"饔"皆作"餕"。○疏曰：此決《少牢》餕及異姓。主人西面再拜，祝曰："饔，有以也。"兩饔奠舉于俎，許諾，皆答拜。以，如字，一音似。○註曰：以，讀如"何其久也，必有以也"之"以"。祝告饔，釋辭以戒之，言"女饔于此，當有所以也"。以先祖有德，而享於此祭。其坐饔其餘，亦當以之也。《少牢饋食》不戒者，非親昵也。舊説曰：主人拜下饔席南。○疏曰：《少牢》有二賓長,是非親昵。若是者三。註曰:丁寧戒之。皆取舉,祭食,祭舉;乃食,祭鉶,食舉。註曰:食乃祭鉶,禮殺。○疏曰:正祭時,尸祭鉶,乃爾黍。卒食,主人降洗爵,宰贊一爵。主人升酌,酳上餕。上餕拜受爵,主人答拜。酳下餕亦如之。註曰:《少牢饋食禮》曰:"贊者洗三爵,酌。主人受于戶內,以授次餕。"舊説云:"主人北面,授下餕爵。"主人拜,祝曰:"酳,有與也。"如初儀。註曰:主人復拜,爲戒也。與,讀如"諸侯以禮相與"之"與"。言女酳此,當有所與也。與者,與兄弟也。既知似先祖之德,亦當與女兄弟,謂教化也。兩餕執爵拜,註曰:答主人也。祭酒,卒爵,拜;主人答拜。兩餕皆降,實爵于篚。上餕洗爵,升酌,酢主人;主人拜受爵。註曰:下餕復兄弟位,不復升也。上餕即位坐,答拜。註曰:既授爵户內,乃就坐。主人坐祭,卒爵,拜。上餕答拜,受爵;降,實于篚。主人出立于户外,西面。註曰:事餕者禮畢。

祝命徹阼俎、豆、籩,設于東序下。註曰:命,命佐食。阼俎,主人之俎。宗婦不徹豆籩,徹禮略,各有爲而已。設于東序下,亦將燕也。○疏曰:豆籩,宗婦贊設之。佐食設俎,理應佐食,還自徹俎,宗婦徹豆籩,以徹禮略。故宗婦豆籩,命佐食并徹之。"各有爲而已"者,謂宗婦徹祝俎豆籩,佐食徹阼俎豆籩,是各自有爲,何必依前所設之時也。祝執其俎以出,東面于户西。註曰:俟告利成。《少牢》下篇曰:"祝告利成,乃執俎以出⑦。"○宗婦徹祝豆、籩入于房,○徹主婦薦、俎。註曰:宗婦既並徹,徹其卑者。《士虞禮》曰:"祝薦席,徹入于房。"○疏曰:宗婦不徹主人豆籩,而徹祝豆籩入房者,爲主婦將用之爲燕。祝接神尸之類,宜行神惠。故主人以薦羞并祝庶羞,燕宗人於堂;主婦以祝籩豆,燕內賓於房。

佐食徹尸薦、俎敦,設于西北隅,几在南,扉用筵,納一尊。佐食闔牖户,降。扉,扶未反。○註曰:扉,隱也。不知神之所在,或諸遠人乎?尸謖而改饌爲幽闇,庶其饗之,所以爲厭飫。《少牢饋食禮》曰"南面,如饋之設"

也⑧。所謂當室之白，陽厭也；則尸未入之前，爲陰厭矣。《曾子問》曰："殤不備祭，何謂陰厭陽厭也⑨？"○疏曰："當室之白"，謂西北隅，得戶之明者也。奧中不得戶明，故名"陰厭"。○楊氏曰：案《釋宮》云"西南隅，謂之'奧'，西北隅，謂之'屋漏'"，註："奧者，隱奧；屋漏者，當室之白，日光所漏入也。"祝告利成，降，出。主人降，即位。宗人告事畢。賓出；主人送于門外，再拜。註曰：拜送賓也。凡去者，不答拜。佐食徹阼俎。堂下俎畢出。註曰：記"俎出"節，兄弟及衆賓，自徹而出；唯賓俎，有司徹歸之，尊賓也。○疏曰：賓出，主人送，明賓不自徹。若助君祭，必自徹其俎。

記

特牲饋食，其服皆朝服，玄冠，緇帶，緇韠。註曰：於祭服此也。"皆"者，謂賓及兄弟筮日、筮尸、祝濯亦玄端，至祭而朝服。朝服者，諸侯之臣與其君日視朝之服。大夫以祭，今賓兄弟，緣孝子欲得嘉賓、尊客以事其祖禰，故服之。緇韠者，下大夫之臣夙興主人服如初，則固玄端。唯尸、祝、佐食，玄端，玄裳、黃裳、雜裳可也，皆爵韠。註曰：與主人同服。玄裳，上士也；黃裳，中士；雜裳，下士。

設洗，南北以堂深，東西當東榮。註曰：榮，屋翼也。水在洗東。註曰：祖天地之左海。筐在洗西，南順，實二爵、二觚、四觶、一角、一散。註曰：順，"從"也。言南從，統於堂也。"二爵"者，爲賓獻爵止，主婦當致也。二觚，長兄弟酌，衆賓長爲加爵；二人班同，迎接並也。四觶，一酌奠其三。長兄弟酬賓，卒受者與賓弟子、兄弟弟子舉觶於其長。禮殺事相接。《禮器》曰："貴者獻以爵，賤者獻以散，尊者舉觶，卑者舉角。"舊説云："爵一升，觚二升，觶三升，角四升，散五升。"壺、棜禁，饌于東序，南順，覆兩壺焉，蓋在南。明日卒奠，冪用綌；即位而徹之，加勺。覆，芳屋反。○註曰：覆壺者，盪瀝水，且爲其不宜塵。冪用綌，以其堅潔。禁言棜者，祭尚厭飫，得與大夫同器，不爲神戒也。○疏曰：大夫用棜，士用禁。大夫尊，以厭飫爲名；士卑，以禁戒爲稱。又，無足曰"棜"，有足曰"禁"。《鄉飲酒》、《鄉射》：非祭禮，雖大夫去足，猶存"禁"名；至祭，則去足名爲"棜禁"，不爲神戒也。○楊氏曰：卒奠，酌奠于鉶南時。即位，尸即席坐時。

籩，巾以綌也，纁裏；棗烝，栗擇。註曰：籩有巾者，果實之物多皮核，優尊者可烝裹之也。"烝"、"擇"互文。舊説云：纁裹者，皆玄被。○鉶芼，用苦，若薇，皆有滑；夏葵，冬荁。荁，音桓。○註曰：苦，苦荼也。荁，菫屬，乾之，冬滑於葵。《詩》云："周原膴膴，菫荼如飴。"○疏曰：云"冬滑於葵"，明冬不用葵而用荁。

棘心匕刻。註曰：刻，若今"龍頭"。

牲爨在廟門外東南，魚腊爨在其南，皆西面；饎爨在西壁。註曰：饎，炊也。西壁者，堂之西牆下。舊説云："南北直屋，梠稷在南。"○肵俎心舌，皆去本末，午割之，實于牲鼎，載心立、舌縮俎。註曰：午割，從橫割之亦勿没。立、縮，順其性。心舌知食味者，欲尸之饗此祭，是以進之。○疏曰："亦"者，亦《少牢》文，謂四面皆鄉中央割之，不絶中央少許，謂之"勿没"。

賓與長兄弟之薦自東房，其餘在東堂。註曰：東堂，東夾之前，近南。

沃尸盥者一人。奉槃者，東面；執匜者，西面，淳沃；執巾者，在匜北。奉，芳勇反。淳，之純反。○註曰：匜北，執匜之北，亦西面。每事各一人。淳沃，稍註之。宗人東面取巾，振之三，南面授尸；卒，執巾者受。註曰：宗人代授巾，庭長尊。尸入，主人及賓皆辟位；出，亦如之。註曰：辟位，逡遁。○嗣舉奠，佐食設豆、鹽。註曰：肝宜鹽也。

佐食當事，則户外，南面；無事，則中庭，背面。註曰：當事，將有事而未至。凡祝呼，佐食許諾。註曰：呼，猶"命"也。

宗人獻與旅，齒於衆賓。註曰：尊庭長，齒從其長幼之序。佐食於旅，齒於兄弟。

尊兩壺于房中西墉下，南上。註曰：爲婦人旅也。其尊之節，亞西方。

○疏曰：設尊，亞次西方。内賓立于其北，東面，南上。宗婦北堂，東面，北上。註曰：二者所謂内兄弟。内賓，姑姊妹也。宗婦，族人之婦。其夫屬于所祭爲子孫，或南上，或北上。宗婦，宜統於主婦；主婦南面，北堂，中房而北。○疏曰：内賓，姑姊妹。賓客之類，南上。自取《曲禮》云"東鄉西鄉，以南方爲上"。宗婦雖東鄉，取統于主婦，故北上，主婦南面故也。

主婦及内賓、宗婦亦旅，西面。註曰："西面"者，異於獻也。男子獻於堂上，旅於堂下；婦人獻於南面，旅於西面。内賓象衆賓，宗婦象兄弟；其節與其儀，依男子也。主婦酬内賓之長，酌奠于薦左。内賓之長，坐取奠于右。宗婦之娣婦，舉觶於其姒婦，亦如之。内賓之長，坐取奠觶酬宗婦之姒，交錯以辯；宗婦之姒，亦取奠觶酬内賓之長，交錯以辯。内賓之少者，宗婦之娣婦，各舉奠於其長，並行交錯，無算。其拜及飲者，皆西面，主婦之東南。

宗婦贊薦者，執以坐于户外，授主婦。

尸卒食，而祭饎爨、雍爨。註曰：雍，熟肉。以尸享祭，竃有功也。舊説云：宗婦，祭饎爨；亨者，祭雍爨；用黍肉而已，無籩豆俎。《禮器》曰："燔燎於爨。夫爨⑩者，老婦之祭。盛於盆，尊於瓶。"○疏曰：老婦，先炊者也。盆、瓶，炊器也。

賓從尸，俎出廟門，乃反位。註曰：賓從尸，送尸也。士之助祭終其事也。俎，尸俎也。賓既送尸，復入反位者，宜與主人爲禮，乃去之。

尸俎：右肩、臂、臑、肫、骼，正脊二骨，横脊，長脅二骨，短脅；臑，乃報反。肫，同"膞"，音純。骼，音格。○註曰：尸俎，神俎也。士之正祭禮九體，貶於大夫；有併骨二，亦得十一之名，合少牢之體數。此所謂放而不致者，凡俎實之數奇，脊無中，脅無前，貶於尊者。不貶正脊，不奪正也。正脊二骨，長脅二骨者，將舉於尸；尸食未飽，不欲空神俎。○疏曰：放而不致，《禮器》註："致，至也。"膚三，註曰：爲羹，用二；厭飫，一也。離肺一，註曰：離，猶"捝"也。小而長，午割之，亦不提心，謂之"舉肺"。刌肺三；刌，七本反。○註曰：爲尸，主人主婦祭。魚十有五。註曰：魚，水物，以頭枚數。陰中之物，取數於月。十有五日而盈。《少牢饋食禮》亦云"十有五而俎",尊卑同。此所謂經而等也。腊,如牲骨。註曰:不但言體,以有一骨二骨者。祝俎:脾,脡脊二骨,脇二骨;註曰:凡接於神及尸者,俎不過牲三體。以《特牲》約,加其可併者二,亦得奇名。《少牢饋食禮》,羊、豕各三體。○疏曰:脅二骨,謂代脅。接神者,謂祝與佐食。佐食,尸未入,爲神設俎卻會,祝酌奠於鉶南,故曰"接神"也。接尸者,賓爲三獻;長兄弟爲加爵;尸盥,宗人授巾,皆是與尸相接也。知皆三體者,下"佐食俎",觳折,脊,脅也。賓,骼。長兄弟及宗人,折。其餘如佐食俎。故知皆三體也。衆賓之長,亦有加爵接於尸,亦應三體。下文但言"兄弟及宗人",而"衆賓長"亦在焉可知。加其可併者二骨者,是尊祝也。佐食已下,卑無加,故下註云"卑者從正"是也。少牢二牲,故祝俎無加者,直三體。膚一,離肺一。

阼俎:臂,正脊二骨,横脊;長脅二骨,短脅。註曰:主人尊,欲其體得祝之加數五體,又加其可併者二,亦得奇名。臂,左體臂。膚一,離肺一。○主婦俎:觳折,觳,苦角反,又户角反。○註曰:觳,後足折。分後右足以爲佐食俎,不分左臑折,辟大夫妻。○疏曰:《少牢》:主婦用左臑;此士妻辟之,不用左臑;用後右足,不用後左足,左足大卑故也。其餘如阼俎。註曰:餘,謂脊、脅、膚、肺。

佐食俎:觳折,脊,脅。註曰:三體卑者從正。膚一,離肺一。○賓,骼。長兄弟及宗人,折。其餘如佐食俎。註曰:骼,左骼也。賓俎全體,尊賓。不用尊體,爲其已甚卑而全之,其宜可也。長兄弟及宗人折,不言所分,略之。衆賓及衆兄弟、內賓、宗婦,若有公有司、私臣,皆殽脊,註曰:又略。此所折骨,直破折餘體可殽者。升之俎,一而已,不備三者,賤。祭禮:接神者貴。凡骨有肉曰"殽"。公有司,亦士之屬,命於君者也。私臣,自己所辟除者。○疏曰:云"又略"者,上文"長兄弟及宗人"直言"折",不言所折骨體,已是略;此又不言"折",而言"殽脊",是又略也。接神,謂長兄弟及宗人以上,俎皆三,皆有嚌肺。衆賓以下,不接神尸,賤,無獻也。宗人雖不接神,執巾以授尸,亦接尸也。膚一,離肺一。

公有司,門西,北面,東上;獻次衆賓。私臣,門東,北面,西上;獻次兄弟。升受,降飲。註曰:獻在後者,賤也。祭祀有上事者貴之,亦皆與旅。○疏曰:擇取公有司可執事者,門外,在有司羣執事中;入門,列在東面,爲衆賓;餘者,在門西位。不執事者,賤於執事者,故曰"有上事者,貴之"。宗人獻與旅,齒於衆賓,則公有司爲之;佐食於旅,齒於兄弟,則私臣之中擇爲之。但賓俎,公有司設之;兄弟骨,私人爲之。然則,公有司、私臣薦俎,皆使徒隸爲之與?

【校記】

① 《禮記》原文作"旬之外曰'遠某日',旬之内曰'近某日'"。

② 上所引《士虞禮》文,"主人"前脱一"衆"字。"衆主人"前還有一句"主人即位于堂"。"主人"與"衆主人"所指不同。

③ "士臘用兔",未見于此禮之經文中。

④ 對照下記,"旅"下之"也"字衍。

⑤ 此引言出處,非《少牢饋食禮》,而是《有司徹》,即下文所稱《少牢饋食禮》下篇。

⑥ 引言出處非《少牢禮》,而是其下篇,即《有司徹》。

⑦ 《少牢》下篇,即《有司徹》。"乃執俎以出"後尚有"于廟門外"四字。

⑧ 此引言,出自其下篇,即《有司徹》。

⑨ "備",《禮記》原文作"祔",而句末無助詞"也"。

⑩ "爨",《禮記》原文作"奥"。作者依鄭註徑改之。

儀禮述註卷第十八

少牢饋食禮第十六

鄭目錄云：諸侯之卿、大夫，祭其祖禰於廟之禮，羊、豕曰"少牢"。〇疏曰：鄭知諸侯之卿、大夫者，《曲禮》（下）云："大夫以索牛。"用大牢，是天子卿大夫，明此用少牢，爲諸侯之卿、大夫可知。賓尸，是卿；不賓尸，爲下大夫，爲異也。

少牢饋食之禮。註曰：禮：將祭祀，必先特牲繫于牢而芻之。羊、豕曰"少牢"，諸侯之卿大夫祭宗廟之牲。〇疏曰：特牲，不言"牢"。但非一牲，即得"牢"稱。三牲具，爲"大牢"。〇**日用丁、己。**己，音紀。註皆同。〇註曰：内事用柔日，必丁己者，取其令名。自丁寧，自變改，皆爲謹敬，必先諏此日。**明日乃筮。筮旬有一日。**註曰：旬，十日也。以先月下旬之己，筮來月上旬之己。**筮於廟門之外。主人朝服，西面于門東。史朝服，左執筮，右抽上韇，兼與筮執之，東面受命於主人。**朝，直遥反。下"朝服"並同。〇註曰：史，家臣主筮事者。**主人曰："孝孫某，來日丁亥，用薦歲事于皇祖伯某，以某妃配某氏。尚饗。"**註曰：丁未必亥也，直擧一日以言之耳。禘于太廟，《禮》曰"日用丁亥"。不得丁亥，則己亥、辛亥亦用之；無則苟有亥焉可也。薦，進也，進歲時之祭事也。皇，君也。伯某，其字也。大夫或因字爲謚。《春秋傳》曰，魯無駭卒，請謚與族，公命之以字爲展氏是也。某仲、叔、季，亦曰仲某、叔某、季某。某妃，某妻也。合食曰配某氏，若言姜氏、子氏也。尚，庶幾。饗，歆也。〇劉敞曰：丁巳、丁亥，皆取於丁。所以取丁者，以先庚三日、後甲三日也。郊卜辛，社卜甲，宗廟卜丁，無取於亥。〇楊氏曰：上文"日用丁己"

334

註云，"取其令名，自丁寧，自變改"，謂十干丁日己日也。如丁亥、己亥之類是也。下文"來日丁亥"，亦舉一端以明之耳。註家乃云"不得丁亥，則己亥、辛亥，無則苟有亥焉可也"。此則不論十干之丁己，而專取十二支之亥以爲解，其失經文之意遠矣！史曰："諾！"西面于門西，抽下韇，左執筮，右兼執韇以擊筮，註曰：將問吉凶焉，故擊之以動其神。《易》曰："蓍之德，圓而神。"遂述命曰："假爾大筮有常。孝孫某，來日丁亥，用薦歲事于皇祖伯某，以某妃配某氏。尚饗。"大，音泰。〇註曰：述，循也，重以主人辭告筮也。假，借也。言因蓍之靈以問之。常，吉凶之占繇。〇疏曰：云"遂述命"者，史既受主人命，乃右還，向闑外西面，遂述上主人之辭，謂之"述命"；訖，乃連言曰"假爾大筮有常"。此是即席西面命筮，與述命同爲一辭者，對《士喪禮》下葬日云"不述命"；若述命，即與即席西面命龜異。鄭云"述命"，"命龜異"，龜重，威儀多也。對此，少牢"述命"、"命筮"同。筮輕，威儀少。乃釋韇，立筮。註曰：卿大夫之蓍，長五尺；立筮由便。〇疏曰：云"卿大夫之蓍，長五尺"者，《大戴禮》三正記，皆有此文。"立筮由便"，對士之蓍三尺，坐筮爲便。若諸侯蓍七尺，天子蓍九尺，立筮可知。卦者在左坐，卦以木。卒筮，乃書卦于木，示主人，乃退占。註曰：卦者，史之屬也。"卦以木"者，每一爻，畫地以識之。六爻備書於板，史受以示主人。退占，東面旅占之。吉，則史韇筮。史兼執筮與卦以告于主人："占曰'從'。"註曰："從"者，求吉得吉之言。〇乃官戒，宗人命滌，宰命爲酒，乃退。註曰：官戒，戒諸官也。當共祭祀事者，使之具其物且齊也。滌，溉濯祭器，掃除宗廟。〇疏曰：筮日即齊，故云"乃"，不云"厥明"也。〇共，音恭。齊，側皆反。下同。若不吉，則及遠日，又筮日如初。註曰：及，至也。遠日，後丁若後己。

宿。註曰：宿，讀爲"肅"。肅，進也。大夫尊，儀亦多。筮日既戒諸官以齊戒矣，至前祭一日，又戒以進之，使知祭日當來。前宿一日，宿戒尸。註曰：皆肅諸官之日，又先肅尸者，重所用爲尸者，又爲將筮。明日朝，筮尸，如筮日之儀。命曰："孝孫某，來日丁亥，用薦歲事于皇祖伯某，以某妃配某氏，以某之某爲尸。尚饗。"筮、卦、占，如初。註曰："某之某"者，字尸父而名尸也。字尸父，尊鬼神也。不前期三日筮尸者，大夫下人君，祭之朝乃視濯，與士異。○疏曰：天子諸侯，前期十日卜得吉日，則戒諸官散齊；至前祭三日，卜尸得吉，又戒宿諸官，使之致齊。士卑不嫌，故得與人君同三日筮尸；但下人君，不得散齊七日耳。大夫尊，不敢與人君同。直散齊九日，前祭一日筮尸，並宿諸官致齊。吉，則乃遂宿尸。祝擯，註曰：筮吉，又遂肅尸，重尸也。既肅尸，乃肅諸官及執事者，祝爲擯者，尸神象。○疏曰：云"既肅尸，乃肅諸官及執事者"，此重解上文"宿"，是此宿尸後事。置於上文者，彼爲前宿一日宿戒尸之事，故云。其實，當在此重宿尸之後也。主人再拜稽首。祝告曰："孝孫某，來日丁亥，用薦歲事于皇祖伯某，以某妃配某氏。敢宿。"註曰：告尸以主人爲此事來肅。尸拜，許諾。主人又再拜稽首。主人退；尸送，揖，不拜。註曰：尸不拜者，尸尊。若不吉，則遂改筮尸。註曰：即改筮之，不及遠日。

既宿尸，反，爲期于廟門之外。註曰：爲期，肅諸官而皆至，定祭早晏之期；爲期亦夕時也。言既肅尸，反爲期，明大夫尊。肅尸而已，其爲賓及執事者，使人肅之。主人門東，南面；宗人朝服，北面曰："請祭期。"主人曰："比於子。"比，毗志反。○註曰：比次早晏，在於子也。主人不西面者，大夫尊，於諸官有君道也。爲期亦唯尸不來也。宗人曰："旦明行事。"主人曰："諾。"乃退。註曰：旦明，旦日質明。

明日，主人朝服，即位于廟門之外，東方，南面。宰、宗人，西面，北上。牲，北首，東上。司馬刲羊，司士擊豕。宗人告備，乃退。刲，苦圭反。○註曰：刲、擊，皆謂殺之。此實既省告備，乃殺之。文互者，省也。《尚書傳》曰："羊屬火，豕屬水。"○疏曰：《特牲》視牲與視殺別日。今《少牢》，不言視牲，直言刲、擊，告備乃退者，省文。此大夫禮，視牲告充，即刲擊殺之。下人君士卑不嫌，故異日矣。諸侯禮殺于門內，此大夫與特牲士皆殺于門外者，辟人君。雍人槩鼎，匕、俎于雍爨。雍爨在門東南，北上。槩，古愛反。○註曰：雍人，掌割亨之事者。爨，竈也。在門東南，統于主人。北上，羊豕魚腊皆有竈，竈西有鑊。凡槩者皆陳之，而後告潔。廩人槩甑、甗、匕與敦于廩爨。廩爨在雍爨之北。甑，子孕反。甗，魚展反；劉音彥。敦，音對。後倣此。○註曰：廩人，掌米入之藏者。甗，如甑，一孔。匕，所以匕黍稷也。司宫槩豆、籩、勺、爵、觚、觶、几、洗，篚于東堂下，勺、爵、觚、觶實于篚；卒槩，饌豆、籩與篚于房中，放于西方；設洗于阼階東南，當東榮。放，方往反。○註曰：放，猶"依"也。大夫攝官、司宫，兼掌祭器也。○疏曰：下文"司宫筵神席①於奧"，此又掌豆籩之等，故鄭云"攝官"。

羹定，雍人陳鼎五：三鼎在羊鑊之西，二鼎在豕鑊之西。註曰：魚、腊從羊，膚從豕，統於牲。司馬升羊右胖，髀不升；肩、臂、臑、膊、胳，正脊一，脡脊一，横脊一，短脅一，正脅一，代脅一，皆二骨以並；腸三，胃三，舉肺一，祭肺三，實于一鼎。胖，音判。髀，步禮反，又筆倚反。臑，奴到反，又人于反。膊，音純，與"肫"同。胳，音格。脡，他頂反。○註曰：升，猶"上"也。上右胖，周所貴也。髀不升，近竅，賤也。肩、臂、臑，肱骨也。膊、胳，股骨。脊從前爲正，脅旁中爲正。脊先前，脅先後。屈而反，猶器之紳也。並，併也。脊脅骨多，六體各取二骨，併之，以多爲貴。舉肺一，尸食所先舉也。祭肺三，爲尸、主人、主婦。○紳，側耕反。後皆同。司士升豕右胖，髀不升；肩、臂、臑、膊、胳，正脊一，脡脊一，横脊一，短脅一，正脅一，代脅一，皆二骨以並；舉肺一，祭肺三，實于一鼎。註曰：豕無腸胃，君子不食溷腴。雍人倫膚九，實于一鼎。註曰：倫，擇也。膚，脅革肉，擇之，取美者。司士又升魚、腊，魚十有五而鼎，腊一純而鼎，腊用麋。註曰：司士又升，副倅者。合升左右胖曰"純"。純，猶"全"也。○疏曰：司士三人，此明是副倅，非升豕者。卒脀，皆設扃鼏，乃舉。陳鼎于廟門之外，東方，北面，北上。胾，支膺反。○註曰：北面，北上，鄉內相隨。司宮尊兩甒于房戶之間，同梡，皆有羃，甒有玄酒。甒，文甫反。梡，於庶反。○註曰：房戶之間，房西室戶東也。梡，無足禁者，酒戒也。大夫去足改名優尊者，若不爲之戒然。司宮設罍水于洗東，有枓，設篚于洗西，南肆。枓，音主。○註曰：枓，斛水器也。凡設水用罍，沃盥用枓。禮在此也。○疏曰：《士冠》直言"水在洗東"，《士昏》、《鄉飲酒》、《特牲》，器亦云然，皆不言"罍器"，亦不云"有枓"。《燕禮》、《大射》雖云"罍水"，又不言"有枓"，故鄭云"凡此等設水用罍，沃盥用枓"，其禮具在此。○斛，九于反。改饌豆、籩于房中，南面，如饋之設，實豆、籩之實。註曰：改，更也。爲實之更之，威儀多也。如饋之設，如其陳之左右也。饋，設東面。○疏曰：前司宮"饌豆籩"，放於西方；今欲實之，乃更設豆、籩於房中，南面，如饋之禮東面設然者。《特牲》士禮，視濯時，豆籩鉶在東房；至實豆籩時，直云"豆籩鉶陳於房中，如初"，是其不改豆籩之處，因而實之，是士禮威儀略也。小祝設槃、匜與簞、巾于西階東。匜，以支反。簞，音丹。○註曰：爲尸將盥。

主人朝服，即位于阼階東，西面。註曰：爲將祭也。司宮筵于奧；祝設几于筵上，右之。註曰：布陳神坐也。室中西南隅謂之"奧"。席東面，近南爲右。○主人出迎鼎，除羃。士盥，舉鼎。主人先入。註曰：道之也。主人不盥，不舉。司宮取二勺于篚，洗之，兼執以升；乃啓二尊之蓋羃，奠于梡上；加二勺于二尊，覆之，南柄。註曰：二尊，兩甒也。鼎序入，雍正執一匕以從，雍府執四匕以從，司士合執二俎以從。司士贊者二人，皆合執二俎以相，從入。相，息亮反；敖氏讀如字。○註曰：相，助。○陳鼎于東方，當序，南于洗西，皆西面，北上，膚爲下；匕皆加于鼎，東枋。枋，同"柄"。後同。○註曰：膚爲下，以其加也。南于洗西，陳于洗西南。○疏曰：膚者，豕之實。前陳鼎在門外時，未有俎。據鼎所陳，則膚在魚上。今將載于俎，設之最在後，故須分別之也。"加"者，以羊無別俎，而豕有膚俎，故謂之"加"。俎皆設于鼎西，西肆。肵俎在羊俎之北，亦西肆。註曰：肵俎在北，將先載也。異其設文，不當鼎。宗人遣賓就主人，皆盥于洗，長朼。長，丁丈反。朼，同"匕"。後同。○註曰：長朼者，長賓先，次賓後也；主人不朼，言就主人者，明親臨之。佐食上利升牢心舌，載于肵俎；心皆安下切上，午割勿沒；其載于肵俎，末在上；舌皆切本末，亦午割勿沒，其載于肵，橫之；皆如初為之于爨也。註曰：牢，羊、豕也。安，平也。平割其下，於載便也。凡割本末，食必正也。午割，使可絕也；勿沒，為其分散也。肵之為言敬也，所以敬尸也。《周禮》，祭，尚肺；事尸，尚心舌。心舌知滋味。佐食遷肵俎于阼階西，西縮，乃反。佐食二人。上利升羊，載右胖，髀不升；肩、臂、臑、膊、骼，正脊一，脡脊一，橫脊一，短脅一，正脅一，代脅一，皆二骨以並；腸三，胃三，長皆及俎拒；舉肺一，長終肺；祭肺三，皆切。肩、臂、臑、膊、骼在兩端，脊、脅、肺、肩在上。註曰：升之以尊卑，載之以體次，各有宜也。拒，讀為"介距"之"距"。俎距，脛中當橫節也。凡牲體之數及載，備于此。○疏曰：在雞，足曰距；在俎，則俎足中央橫者也。云"凡牲體之數及載，備于此"者，按此經節折，前體肩、臂、臑，兩相為六；後體膊、骼，兩相為四；短脅、正脅、代脅，兩相為六；脊有三，總為十九體。唯不數觳二，通之為二十一體。二觳正祭，不薦於神尸，故不言。是牲體之數，備於此。下利升豕，其載如羊，無腸胃體；其載于俎，皆進下。註曰：進下，變於食生也。所以交於神明，不敢以食道，敬之至也。《鄉飲酒禮》進腠，羊次其體，豕言進下，互相見。○疏曰：《公食》、《鄉飲酒》，牲體皆進腠；腠是本，是食生人之法。此言"進末"；末為終，謂骨之終，食鬼神法。司士三人，升魚、腊、膚。魚用鮒，十有五而俎，縮載，右首，進腴。鮒，音附。有，音又。○註曰：右首進腴，亦變於食生也。《有司》："載魚橫之。"《少儀》曰："羞濡魚者，進尾。"○疏曰：生人、死人皆右首。鬼神進腴者，是氣之所聚。生人進鰭者，鰭是脊，生人尚味也。引《有司》、《少儀》者，欲見正祭與儐尸，載魚禮異，又與生人食禮不同。《有司徹》進首，是上大夫繹祭儐尸之禮。有乾魚橫於俎，宜進其首。則《少儀》羞濡魚者，是天子諸侯繹祭可知。以其天子諸侯繹祭，乾溼皆有；乾魚則進首，鮮魚則進尾。腊，一純而俎，亦進下，肩在上。註曰：如羊豕，凡腊之體載，禮在此。膚，九而俎，亦橫載，革順。註曰：列載於俎，令其皮相順。亦者，亦其骨體。○疏曰：上牲體橫載，文不明，故舉膚亦橫載以明之。此膚言橫，則上羊、豕骨體，亦橫載可知也。

卒脀，祝盥于洗，升自西階。主人盥，升自阼階。祝先入，南面；主人從，戶內，西面。註曰：將納祭也。主婦被錫，衣侈袂，薦自東房，韭菹、醓醢；坐奠于筵前。主婦贊者一人，亦被錫，衣侈袂，執葵菹、蠃醢，以授主婦。主婦不興，遂受，陪設于東，韭菹在南，葵菹在北。主婦興，入于房。被錫，依註讀"髲鬄"，音被替。蠃，力禾反。○註曰：被錫，讀爲"髲鬄"。古者，或剔賤者、刑者之髮，以被婦人之紒爲飾，因名"髲鬄"焉。此《周禮》所謂次也。不纚笄者，大夫妻尊。亦衣綃衣，而侈其袂耳。侈者，蓋半士妻之袂以益之。衣三尺三寸，袪尺八寸。韭菹、醓醢，朝士之豆也。而饋食用之，豐大夫禮。葵菹在絥。○疏曰：追師註"次"，次第，髮長短爲之。云"贊一人，亦被錫"，則其餘當與士妻同纚笄綃衣。士妻與婦人助祭，皆綃衣，服窮則同也。云"半士妻之袂以益之"者，士妻之袂二尺二寸，袪尺二寸；三分益一，故袂三尺三寸，袪尺八寸也。《醢人》職"朝事之豆"。彼天子八豆，今取二豆饋食，豐大夫也，若葵菹、蠃醢，亦天子饋食之豆。以當其節，故不須言之。韭菹在南，醓醢在北，次當葵菹在北，蠃醢在南，是其絥也。佐食：上利執羊俎，下利執豕俎，司士三人執魚、腊、膚俎，序升自西階，相，從入。設俎，羊在豆東，豕亞其北，魚在羊東，腊在豕東，特膚當俎北端。註曰：相，助也。主婦自東房，執一金敦黍，有蓋；坐設于羊俎之南。婦贊者執敦稷以授主婦。主婦興受，坐設于魚俎南；又興受贊者敦黍，坐設于稷南；又興受贊者敦稷，坐設于黍南；敦皆南首。主婦興，入于房。

儀禮述註卷第十八　少牢饋食禮第十六

註曰：敦有首者，尊者器飾也。飾蓋象龜。周之禮，飾器各以其類。龜有上下甲。祝酌奠，遂命佐食啓會。佐食啓會，蓋二以重，設于敦南。會，如字。重，直容反。○註曰：酌奠，酌酒爲神奠之。後酌者，酒尊要成也。《特牲饋食禮》曰："祝洗，酌奠，奠于鉶南。"重，累之。主人西面，祝在左。主人再拜稽首。祝祝曰："孝孫某，敢用柔毛、剛鬣、嘉薦、普淖，用薦歲事于皇祖伯某，以某妃配某氏。尚饗。"主人又再拜稽首。祝祝下，之又反。鬣，刀輒反。淖，女孝反。○註曰：羊曰"柔毛"，豕曰"剛鬣"。嘉薦，菹醢也。普淖，黍稷也。普，大也。淖，和也。德能大和，乃有黍稷。《春秋傳》曰："奉粢以告曰：'潔粢豐盛。'"謂其三時不害，而民和年豐也。

　　祝出，迎尸於廟門之外。主人降立于阼階東，西面。祝先，入門右；尸，入門左。註曰：主人不出迎尸，伸尊也。《特牲饋食禮》曰："尸入，主人及賓皆辟位；出亦如之。"祝入門右者，辟尸盥也。既則後尸。○辟，音避。下同。宗人奉槃，東面于庭南。一宗人奉匜水，西面于槃東；一宗人奉簞、巾，南面于槃北。乃沃尸，盥于槃上；卒盥，坐奠簞；取巾，興，振之三，以授尸；坐取簞，興，以受尸巾。奉，並芳勇反。○註曰：庭南，没溜。○疏曰：庭南者，於庭近南，是没盡門屋霤，近門而盥也。祝延尸。尸升自西階，入；祝從。註曰：由後詔相之曰"延"。延，進也。《周禮》曰：大祝相尸禮，祝從，從尸升自西階。主人升自阼階。祝先入，主人從。註曰：祝接神，先入宜也。尸升筵；祝、主人西面立于户内，祝在左。註曰：主人由祝後而居右，尊也。祝從尸，尸即席，乃卻居主人左。祝、主人皆拜妥尸，尸不言；尸答拜，遂坐。妥，他果反。○註曰：拜妥尸，拜之使安坐也。尸自此答拜，遂坐而卒食；其間有不啐奠、不嘗鉶、不告旨。大夫之禮，尸彌尊也。不告旨者，爲初亦不饗，所謂曲而殺。○疏曰：不嘗鉶，謂不嘗豕鉶。饗者，圭爲而孝薦之。饗，大夫尊，嫌與人君同；士賤，不嫌也。祝及南面。註曰：未有事也。墮祭，爾敦，官各肅其職，不命。尸取韭菹，辯揳于三豆，祭于豆間。上佐食取黍稷于四敦；下佐食取牢一切肺于俎，以授上佐食。上佐食兼與黍以授尸；尸受，同祭于豆祭。註曰：牢，羊、豕也。同，合也。合祭於俎豆之祭也。黍稷之祭，爲"墮祭"。將食神餘，尊之而祭之。〇楊氏曰：切肺，祭肺也；三取其一也。俎豆，當作"菹豆"。上佐食舉尸牢肺、正脊以授尸。上佐食爾上敦黍于筵上，右之。註曰：爾，"近"也，或曰"移"也。右之，便尸食也。重言"上佐食"，明更起，不相因。〇楊氏曰：賈疏"授尸"下，有"尸受祭肺"四字。主人羞肵俎，升自阼階，置于膚北。註曰：羞，"進"也。肵，"敬"也。親進之，主人敬尸之加。上佐食羞兩鉶，取一羊鉶于房中，坐設于韭菹之南；下佐食又取一豕鉶于房中以從。上佐食受，坐設于羊鉶之南；皆芼，皆有柶。尸扱以柶，祭羊鉶，遂以祭豕鉶，嘗羊鉶。芼，亡報反。柶，音四。扱，初洽反。〇註曰：芼，菜也。羊用苦，豕用薇，皆有滑。食舉。註曰：舉，牢肺、正脊也。先食啗之，以爲道也。三飯。註曰：食以黍。上佐食舉尸牢幹；尸受，振祭，嚌之；佐食受，加于肵。註曰：幹，正脅也。上佐食羞胾兩瓦豆，有醢，亦用瓦豆，設于薦豆之北。胾，莊吏反。下同。〇註曰：設于薦豆之北，以其加也。四豆亦絾，羊胾在南，豕胾在北，無膷臐膮者，尚牲不尚味。〇臐，許云反。膮，許堯反。尸又食，食胾。上佐食舉尸一魚；尸受，振祭，嚌之；佐食受，加于肵，橫之。註曰：又，復也。或言食，或言飯。"食"，大名；小數曰"飯"。魚橫之者，異於肉。又食。上佐食舉尸腊肩；尸受，振祭，嚌之；上佐食受，加于肵。註曰：腊、魚皆一舉者，少牢二牲，略之。腊必舉肩，以肩爲終也。別舉魚腊，崇威儀。〇疏曰：特牲，獸魚常一時同舉。又食。上佐食舉尸牢骼，如初。註曰：如舉幹也。又食。註曰：不舉者，卿大夫之禮不過五舉，須侑尸。〇疏曰：云"五舉"者，舉牢肺，一也；又舉牢幹，二也；又舉一魚，三也；又舉腊肩，四也；又舉牢骼，五也。是卿大夫之禮"五舉"也。尸告飽。祝西面于主人之南，獨侑不拜。侑曰："皇尸未實，侑。"註曰：侑，勸也。祝獨勸者，更則尸飽。實，猶"飽"也。祝既侑，復反南面。尸又食。上佐食舉尸牢肩；尸受，振祭，嚌之；佐食受，加于肵。註曰：四舉牢體，始於正脊，終于肩，尊於終始。尸不飯，告飽。祝西面于主人之南。註曰：祝當贊主人辭。主人不言，拜侑。註曰：祝言而不拜，主人不言而拜，親疏之宜。尸又三飯。註曰：爲祝一飯，爲主人三飯，尊卑之差。凡十一飯，下人君也。上佐食受尸牢肺、正脊，加于肵。註曰：言"受"者，尸授之也。尸受牢幹，而實舉于菹豆；食畢，操以授佐食焉。○疏曰：上文初食舉，謂正脊與牢肺，不言置舉之所；此卻本初食，約特牲舉肺脊。其時，尸實舉于菹豆。今尸食畢，尸乃於菹豆上取而授上佐食；上佐食受而加于肵。○操，七刀反。

主人降，洗爵；升，北面酌酒，乃酳尸。尸拜受，主人拜送。酳，羊進反。○註曰：酳，猶"羨"也。既食之，而又飲之，所以樂之。尸祭酒，啐酒。賓長羞牢肝，用俎，縮執俎，肝亦縮；進末，鹽在右。註曰：羞，進也。縮，從也。鹽在肝右，便尸擩之。○疏曰：鹽在肝右，據賓長西面手執而言，尸東面；若至尸前，鹽在尸之左，尸以右手取肝，鄉左擩之，是其便也。尸左執爵，右兼取肝擩于俎鹽；振祭，嚌之，加于菹豆，卒爵。主人拜。祝受尸爵，尸答拜。註曰：兼，兼羊、豕。

祝酳授尸，尸醋主人。主人拜受爵，尸答拜。主人西面奠爵，又拜。醋，同"酢"，才各反。○註曰：主人受酢酒，俠爵拜，彌尊尸。上佐食取四敦黍稷；下佐食取牢一切肺，以授上佐食。上佐食以綏祭；綏，許規反。註：授與墮、隋皆同。○註曰：綏，或作"授"。授，讀爲"墮"。將受嘏，亦尊尸餘而祭之。主人左執爵，右受佐食，坐祭之，又祭酒，不興，遂啐酒。註曰：右受佐食，右手受墮於佐食也。至此言坐祭之者，明尸與主人爲禮也。尸恒坐，有事則起；主人恒立，有事則坐。○疏曰：《禮器》："周，坐尸。"《曲禮》："坐如尸，立如齊。"註：齊，謂祭祀時。祝與二佐食皆出，盥于洗，入。二佐食各取黍于一敦。上佐食兼受搏之，以授尸；尸執以命祝。搏，大官反。○註曰：命祝以嘏辭。卒命祝，祝受以東，北面于戶西，以嘏于主人曰："皇尸命工祝，承致多福無疆于女孝孫。來女孝孫，使女受祿于天，宜稼于田，眉壽萬年，勿替引之。"女，音汝。○註曰：嘏，大也。予主人以大福。工，官也。承，猶"傳"也。來，讀曰"釐"。釐，賜也。耕種曰"稼"。勿，猶"無"也。替，廢也。引，長也。言無廢上時，長如是也。主人坐，奠爵；興，再拜稽首；興，受黍；坐，振祭，嚌之；詩懷之，實于左袂，挂于季指，執爵以興；坐，卒爵，執爵以興；坐，奠爵，拜。尸答拜。執爵以興，出。宰夫以籩受嗇黍；主人嘗之，納諸內。挂，音卦。○註曰：詩，猶"承"也。實於左袂，便右手也。黍，猶"小"也。出，出戶也。宰夫，掌飲食之事者。收斂曰"嗇"。明豐年乃有黍稷也。復嘗之者，重之至也。納，猶"入"也。

主人獻祝，設席南面。祝拜于席上，坐受。註曰：室中迫狹。主人西面答拜。註曰：不言拜送，下尸。薦兩豆菹、醢。註曰：葵菹、蠃醢。佐食設俎：牢髀，橫脊一，短脇一，腸一，胃一，膚三，魚一橫之，腊兩髀屬于尻。屬，音燭。尻，苦刀反。○註曰：皆升下體；祝，賤也。魚橫者，四物其俎，殊之也。腊兩髀屬于尻，尤賤，不殊。○疏曰：髀、短脅、橫脊，皆羊豕之下體。四物者，羊、豕、魚、腊也。腊用左右胖，故有兩髀，尻在中。祝取菹擩于醢，祭于豆間。祝祭俎，註曰：大夫祝俎，無肺；祭用膚，遠下尸。不嚌之，膚不盛。○疏曰：特牲祝俎，有"離肺"，無"祭肺"；今俱無，是遠下尸。無肺，故不嚌。祭酒，啐酒。肝牢從；祝取肝擩于鹽，振祭，嚌之；不興，加于俎；卒爵，興。註曰：亦如佐食，授爵乃興。不拜既爵；大夫祝，賤也。○疏曰：此決《特牲》，祝"卒角，拜。主人答拜"。士卑，故祝不賤。○主人酳獻上佐食；上佐食戶內牖東，北面拜，坐受爵。主人西面答拜；佐食祭酒，卒爵，拜，坐授爵，興。註曰：不啐而卒爵者，大夫之佐食，賤，禮略。俎設于兩階之間，其俎：折，一膚。註曰：佐食不得成禮於室中。折者，擇取牢正體餘骨，折分用之，有肴而無薦，亦遠下尸。○主人又獻下佐食，亦如之；其脊亦設于階間，西上，亦折、一膚。註曰：上佐食既獻，則出，就其俎。《特牲記》曰：佐食"無事，則中庭北面"，謂此時。

　　有司贊者取爵于篚以升，授主婦贊者于房戶。註曰：男女不相因。《特牲饋食禮》曰：佐食"卒角"；主人"受角，降，反于篚"。○疏曰：《內則》："非祭非喪，不相授器。其相授，則女受以篚；其無篚，則皆坐奠之而後取之。"此經雖不言"受以篚"，及奠於地之事，亦當然也。婦贊者受，以授主婦。主婦洗于房中，出酌，入戶，西面拜獻尸。註曰：入戶西面拜，由便也。不北面者，辟人君夫人也。拜而後獻者，當俠拜也。《昏禮》曰："婦洗在北堂，直室東隅。"○疏曰：《特牲》"主婦北面拜"註云："北面拜者，辟內子也。"則是士妻卑，不嫌得北面，與人君夫人同也。○辟，音避。尸拜受。主婦主人之北，西面，拜送爵。註曰：拜於主人之北，西面。婦人位在內。此拜於北，則上拜於南矣；由便也。尸祭酒，卒爵。主婦拜。祝受尸爵，尸答拜。○易爵，洗，酌，授尸。註曰：祝出易爵，男女不同爵。主婦拜受爵，尸答拜。上佐食綏祭。主婦西面，于主人之北受祭祭之；其綏祭，如主人之禮，不嘏，卒爵，拜。尸答拜。註曰：不嘏，夫婦一體。綏，亦當作"挼"。主婦以爵出；贊者受，註曰：贊者，有司贊者也。○易爵于篚，以授主婦于房中。註曰：易爵，亦以授婦贊者；婦贊者受房戶外，入授主婦。主婦洗，酌，獻祝；祝拜，坐受爵。主婦答拜于主人之北。卒爵，不興，坐授主婦。註曰：不俠拜，下尸也。○主婦受，酌，獻上佐食于戶內；佐食北面拜，坐受爵。主婦西面答拜。祭酒，卒爵，坐授主婦。○主婦獻下佐食，亦如之。主婦受爵以入于房。註曰：不言"拜於主人之北"可知也。爵奠于內篚。

　　賓長洗爵獻于尸，尸拜受爵，賓戶西北面拜送爵。尸祭酒，卒爵。賓拜。祝受尸爵，尸答拜。○祝酌授尸。賓拜受爵，尸拜送爵。賓坐，奠爵，遂拜，執爵以興；坐祭，遂飲，卒爵，執爵以興；坐奠爵，拜。尸答拜。○賓酌獻祝。祝拜，坐受爵。賓北面答拜。祝祭酒，啐酒，奠爵于其筵前。註曰：啐酒而不卒爵，祭事畢，示醉也。不獻佐食，將儐尸，禮殺。○疏曰：《特牲》：賓長獻，"爵止"，待夫婦致爵。此大夫禮。或有儐尸者，致爵在儐尸之上，故不致爵，爵不止也。若然，《有司徹》："尸作止爵。"三獻致爵於主人，主人不酢主婦，又不致爵于主婦。下大夫不儐尸，賓獻尸，止爵。主婦致爵于主人，酢主婦。主人不致於主婦。《特牲》：主人與主婦交相"致爵"，參差不同者，此以尊卑爲差降之數，故有異也。上大夫得儐尸，故致爵上辟人君；下大夫不儐尸，故增酢主婦而已。士卑，不嫌與君同，故致爵具也。

主人出立于阼階上，西面。祝出立于西階上，東面。祝告曰："利成。"註曰：利，猶"養"也。成，畢也。孝子之養禮畢。祝入。尸謖。主人降立于阼階東，西面。謖，所六反。○註曰：謖，起也。謖，或作"休"。祝先，尸從，遂出于廟門。註曰：事尸之禮，訖於門外。祝反，復位于室中。主人亦入于室，復位。祝命佐食徹肵俎，降設于堂下阼階南。註曰：徹肵俎，不出門，將儐尸也。肵俎而以儐尸者，其本爲不反魚肉耳。不云"尸俎"，未歸尸。○疏曰：《曲禮》謂食時魚肉不反俎，故尸食亦加肵俎；今儐尸將更食魚肉，儐尸訖，併後加者歸之。

司宮設對席，乃四人餕。餕，同"餕"。○註曰：大夫禮，四人餕，明惠大也。上佐食盥升，下佐食對之，賓長二人備。註曰：備四人餕也。三餕亦盥升。○疏曰：不謂東西相對，直取上佐食東面、下佐食西面爲對；以其下佐食西面近北，故不得東西相當也。云"賓長二人備"者，亦不東西相當，以其一賓長在上佐食之北，一賓長在下佐食之南，是亦不東西相當也；故云"備"，不言"對"也。司士進一敦黍于上佐食，又進一敦黍于下佐食，皆右之于席上。註曰："右之"者，東面在南，西面在北。資黍于羊俎兩端，兩下是餕。註曰：資，猶"減"也。減置於羊俎兩端，則一賓長在上佐食之北，一賓長在下佐食之南。○疏曰："兩下"者，據二賓長地道尊右，故二佐食皆在右。必知上佐食東面近南，下佐食西面近北者，以其尸東而近南，今尸起，上佐食居尸坐處，明知位次如此。司士乃辯舉，餕者皆祭黍、祭畢。註曰：舉，舉膚。○疏曰：

以尸舉肺,下尸,當舉膚。是以《特牲》云,佐食授餕者"各一膚",明此大夫禮,亦舉膚也。主人西面,三拜餕者。餕者奠舉于俎,皆答拜,皆反,取舉。註曰:三拜旅之,示徧也。言"反"者,拜時或去其席。在東面席者,東面拜;在西面席者,皆南面拜。司士進一鉶于上餕,又進一鉶于次餕,又進二豆湆于兩下。乃皆食,食舉。註曰:湆,肉汁也。○疏曰:神坐止有羊豕二鉶,故更羞二豆湆,從門外鑊中來。卒食,主人洗一爵,升酌以授上餕。贊者洗三爵,酌,主人受于戶內,以授次餕。若是以辯。皆不拜受爵。主人西面,三拜餕者。餕者奠爵,皆答拜;皆祭酒,卒爵、奠爵皆拜。主人答壹拜。註:古文"壹"爲"一"。○註曰:不拜受爵者,大夫餕者賤也。答一拜,略也。餕者三人興,出。註曰:出降實爵于篚,反賓位。上餕止。主人受上餕爵,酌以醋于戶內,西面,坐,奠爵,拜;上餕答拜。坐,祭酒,啐酒。註曰:主人自酢者,上餕獨止;當尸位尊,不酌也。○疏曰:"不酌"者,將嘏主人,在尸位不可親酌。上餕親嘏曰:"主人受祭之福,胡壽保建家室。"註曰:親嘏,不使祝授之,亦以黍。主人興,坐,奠爵,拜;執爵以興,坐,卒爵,拜。上餕答拜。上餕興,出。主人送,乃退。註曰:送佐食,不拜賤。

【校記】

① 下文中無"神席"二字,乃爲衍文。

儀禮述註卷第十九

有司徹第十七

鄭目錄云：《少牢》之"下篇"也。上大夫既祭，儐尸於堂之禮，若下大夫祭畢，禮尸於室中，無別行儐尸於堂之事。天子諸侯之祭，明日而繹。

有司徹。註曰：徹室中之饋及祝佐食之俎。卿大夫既祭而賓尸，禮崇也。賓尸則不設饌西北隅，以此薦俎之陳有祭象，而亦足以厭飫神。天子諸侯，明日祭於祊而繹。《春秋傳》曰"辛巳有事於太廟，仲遂卒于垂。壬午猶繹"是也。《爾雅》曰："繹，又祭也。"○祊，百庚反。**掃堂。**掃，索到反。○註曰：爲賓尸新之。《少儀》曰："泛掃曰'掃'，掃席前曰'拚'。"○拚，方問反。**司宮攝酒，**註曰：更洗，益整頓之。○疏曰：洗，當作"撓"；因前正祭之酒，更撓擾添益，整新之也。**乃燅尸俎。**燅，音尋。下同。○註曰：燅，溫也。溫尸俎於爨。胏亦溫焉，獨言溫尸俎，則祝與佐食不與賓尸之禮。古文"燅"，皆作"尋"。記或作"燂"。《春秋傳》曰："若可燂也，亦可寒也。"**卒燅，乃升羊、豕、魚三鼎，無腊與膚；乃設扃鼏，陳鼏于門外，如初。**扃，古螢反。鼏，亡狄反。○註曰：腊爲庶羞，膚從豕。去其鼎者，賓尸之禮殺於初。"如初"者，如廟門之外，東方，北面，北上。○疏曰：下載不見腊體，明從庶羞可知。下載體時，膚猶在豕鼎，不爲庶羞可知。

乃議侑于賓，以異姓。侑，音又。○註曰：議，猶"擇"也。擇賓之賢者，可以侑尸。必用異姓，廣敬也。是時主人及賓有司已復內位。**宗人戒侑。**註曰：戒，猶"告"也。南面告於其位，戒曰："請子爲侑。"○疏曰：賓位在門東，北面。**侑出，俟于廟門之外。**註曰：俟，待也。待於次。當與尸更入，主人興；禮事尸，極敬心也。

司宮筵于戶西，南面；註曰：爲尸席也。又筵于西序，東面。註曰：爲侑席也。尸與侑，北面于廟門之外，西上。註曰：言"與"，殊尊卑。"北面"者，賓尸而尸益卑。"西上"，統於賓客。○疏曰：北面，執臣道。主人出迎尸，宗人擯。註曰：賓客尸而迎之，主人益尊。擯，贊。○疏曰：宿尸祝擯，此宗人擯。正祭主人不迎尸，以申尸之尊。此迎之。主人拜，尸答拜。主人又拜侑，侑答拜。主人揖，先入門，右；註曰：道尸。尸入門，左；侑從亦左。揖，乃讓。註曰：沒霤相揖，至階又讓。主人先升自阼階；尸、侑升自西階，西楹西，北面，東上。註曰：東上，統於其席。○疏曰：以其賓席以東爲上，故也。主人東楹東，北面拜至；尸答拜。主人又拜侑，侑答拜。註曰："拜至"，喜之。

乃舉。註曰：舉，舉鼎也。舉者不盥，殺也。司馬舉羊鼎，司士舉豕鼎、舉魚鼎以入。陳鼎如初。註曰："如初"，如阼階下，西面，北上。雍正執一匕以從，雍府執二匕以從，司士合執二俎以從，司士贊者亦合執二俎以從。匕皆加于鼎，東枋。二俎設于羊鼎西，西縮。二俎皆設于二鼎西，亦西縮。註曰：雍正，羣史掌辨體名、肉物者，府其屬。凡三匕，鼎一匕。四俎，爲尸、侑、主人、主婦。其二俎，設于豕鼎、魚鼎之西，陳之宜具也。雍人合執二俎，陳于羊俎西，並，皆西縮；覆二疏匕于其上，皆縮俎，西枋。覆，芳屋反。下並同。○註曰：並，併也。其南俎，司馬以羞羊匕湆、羊肉湆；其北俎，司士以羞豕匕湆、豕肉湆、豕脊、湆魚。疏匕，匕柄有刻飾者。○疏曰：匕湆，謂無肉直汁，以其在匕湆也。肉湆者，直是肉，從湆中來，實無汁。此二俎爲益送之俎。

主人降，受宰几。尸、侑降，主人辭，尸對。註曰：几，所以坐安體。《周禮·太宰》：掌贊"玉几、玉爵"。宰授几；主人受，二手橫執几，揖尸。註曰：獨"揖尸"，几禮主於尸。主人升，尸、侑升，復位。註曰：位，阼階賓階上位。主人西面，左手執几縮之，以右袂推拂几三，二手橫執几，進授尸于筵前。註曰：衣袖謂之"袂"。推拂，去塵示新。尸進，二手受于手間。註曰：受從手間，謙也。主人退。尸還几縮之，右手執外廉，北面奠于筵上，左之，南縮，不坐。註曰："左之"者，異於鬼神。生人陽，長左；鬼神陰，長右。不坐奠之者，几輕。○疏曰：尸橫受之，將欲縱設於席，故還之使縮。主人東楹東，北面拜。註曰：拜送几也。尸復位。尸與侑，皆北面答拜。註曰：侑拜者，從於尸。

主人降洗；尸、侑降，尸辭洗。主人對，卒洗，揖。主人升，尸、侑升。尸西楹西，北面拜洗。主人東楹東，北面奠爵，答拜，降盥。尸、侑降，主人辭，尸對。卒盥，主人揖，升。尸、侑升。主人坐，取爵，酌，獻尸。尸北面拜受爵；主人東楹東，北面拜送爵。註曰："降盥"者，爲上污手，不可酌。主婦自東房薦韭菹、醓，坐奠于筵前，菹在西方。婦贊者執昌菹、醓以授主婦。主婦不興，受；陪設于南，昌在東方；興，取籩于房，麷、蕡坐設于豆西，當外列，麷在東方。婦贊者執白、黑以授主婦；主婦不興，受，設于初籩之南，白在西方，興，退。麷，芳中反。蕡，扶云反。○註曰：昌，昌本也。韭菹醓醢，昌本麋臡。麷，熬麥也。蕡，熬枲實也。白，熬稻。黑，熬黍。此皆朝事之豆籩。大夫無朝事，而用之賓尸，亦豐大夫之禮。主婦取籩興者，以饋異親之。當外列，辟鉶也。退，退入房也。○疏曰：若正祭，則先薦後獻；若繹祭，則先獻後薦。故《祭義》云："君獻尸，夫人薦豆。"鄭註云："謂繹日也。"則此儐尸禮，與天子諸侯繹祭同。《籩人》：朝事之籩，麷、蕡白黑。《醢人》：朝事之豆，韭菹醓醢，昌本麋臡。有骨爲"臡"，無骨爲"醢"。○醓，他感反。臡，乃兮反。枲，思治反。辟，音避。○乃升。註曰：升牲體於俎也。司馬枇羊，亦司馬載。載右體：肩，臂，肫，骼，臑，正脊一，脡脊一，橫脊一，短脅一，正脅一，代脅一，腸一，胃一，祭肺一，載于一俎。肫，音純。○註曰：言熬尸俎，復序體者，明所舉肩骼存焉；亦著脊、脅，皆二骨也。臑在下者，折分之以爲肉渻，貶也。一俎，謂司士所設羊鼎西第一俎。○疏曰：上篇載牲體十一，脊、脅皆加，並骨二。尸食特舉脊、肩、骼在肵俎。上文直言嚌尸俎，嫌所舉在肵者不在；故復序其體，所舉肩、骼則存焉。脊、脅雖舉，以其二以並；今脊、脅，載一骨在正俎，一骨在湆俎，故鄭云"亦著脊、脅，皆一骨也①"。"第一俎"者，此俎在侑俎之南，故下文註"侑俎"云"羊鼎西之北俎也"。鄭君知尸俎在南，見羊肉湆俎在豕俎之南；羊尊豕卑，明尸俎在侑俎之南。羊肉湆：臑折，正脊一，正脅一，腸一，胃一，嚌肺一，載于南俎。臑，音猱。嚌，才計反。○註曰：肉湆，肉在汁中者，以增俎實；爲尸加也。必爲臑折，上所折分者嚌肺，離肺也。南俎，雍人所設在南者。此以下十二俎，俟時而載，於此歷說之耳。○疏曰：凡牲體，皆出汁，不言湆。又下豕胾，亦出于汁，皆不言湆。此特得湆名者，《特牲》《少牢》正祭，升牲體於鼎時，皆無匕湆；今此升牲體於尸前，匕湆亦升焉，故得湆名。以在俎，實無汁，故進羊肉湆，必先進羊匕湆，見此湆爲肉而有，故在羊肉湆前進之，使尸嘗之。豕亦有匕湆，不名"肉湆"，而名"豕胾"者，互見爲文。言"胾"者，見在俎無汁；言"肉湆"者，見在鼎內時有汁也。"湆魚"者，魚前無進匕湆；故先言湆，以明魚在湆可知。通十二俎，其四俎，尸、侑、主人、主婦，載羊體俎，皆爲正俎；其餘八俎，雍人所執二俎，羞送往還有八，其實止二俎也。司士杝豕，亦司士載，亦右體：肩、臂、肫、骼、臑，正脊一，脡脊一，橫脊一，短脅一，正脅一，代脅一，膚五，嚌肺一，載于一俎。註曰：臑在下者，順羊也。俎，謂雍人所設在北者。○疏曰：豕胾不折臑，臑亦在下。順上文，豕無正俎。侑俎：羊左肩，左肫，正脊一，脅一，腸一，胃一，切肺一，載于一俎。侑俎：豕左肩折，正脊一，脅一，膚一，切肺一，載于一俎。註曰：侑俎用左體，侑賤。其羊俎，過三體，有肫，尊之加也。豕左肩折，折分爲長兄弟俎也。切肺，亦祭肺，互言之耳。無羊湆，下尸也。豕又祭肺，不嚌肺，不備禮。俎，司士所設羊鼎西之北俎也。豕俎與尸同。○疏曰：鼎俎數奇，今有四，故云"加"。阼俎：羊肺一，祭肺一，載于一俎。羊肉湆：臂一，脊一，脅一，腸一，胃一，嚌肺一，載于一俎。豕胾：臂一，脊一，脅一，膚三，嚌肺三，載于一俎。註曰：阼俎，主人俎；無體，遠下尸也。以肺代之,肺尊也。加羊肉湆而有體,崇尸惠,亦尊主人。臂,左臂也。侑用肩,主人用臂,下之也。不言左臂者,大夫尊,空其文也。降於侑羊體一,而增豕膚三,有所屈,有所伸,亦所謂順而攡也。阼俎,司士所設豕鼎西俎也。其湆俎與尸俎同,豕俎又與尸豕俎同。主婦俎:羊左臑,脊一,脅一,腸一,胃一,膚一,嚌羊肺一,載于一俎。註曰:無豕體而有膚,以主人無羊體,不敢備也。無祭肺,有嚌肺,亦下侑也;祭肺尊。言嚌羊肺者,文承膚下,嫌也。膚在羊肺上,則羊、豕之體名同相亞也。其俎,司士所設在魚鼎西者。司士朼魚,亦司士載:尸俎,五魚,橫載之;侑、主人,皆一魚,亦橫載之,皆加膴祭于其上。膴,火吴反。○註曰:"橫載之"者,異於牲體,彌變於神。膴,讀如"殷喈"之"喈"。刌魚時,割其腹以爲大臠也,可用祭也。其俎,又與尸豕俎同。○疏曰:牲體皆橫載,鬼進下,生人進腠;今進腠,從生人禮,魚皆縮載右首。於俎爲"縮",於尸爲"橫"。祭進"腴",生人進"鰭"。今橫載,於人爲"縮",不與正祭同,又與生人異。○楊氏曰:主人獻尸,羞羊俎。及主婦獻尸,始羞豕胾。及賓作三獻之爵,始羞湆魚俎。今並述於主人獻尸之時者,以載俎事同一類,故以類相從,庶使易見也。不惟此也,主人獻侑,羞羊俎;主婦獻侑,奠豕胾。又尸酢主人,羞阼羊俎;主婦致爵于主人,始羞豕胾。又主婦羊俎,亦尸酢主婦始用之。今並述於主人獻尸之下者,亦欲以類相從也。鄭註云:"此以下十一俎,俟時而載,於此歷説之爾。"蓋謂此也。○卒升。註曰:卒,已也。已載尸羊俎。賓長設羊俎于豆南,賓降。尸升筵自西方,坐;左執爵,右取韭菹撋于三豆,祭于豆間。尸取籩、蕡,宰夫贊者取白、黑以授尸。尸受,兼祭于豆祭。註曰:賓長,上賓。雍人授次賓疏匕與俎。受于鼎西,左手執俎左廉,縮之,卻右手執匕柄,縮于俎上,以東面受于羊鼎之西。司馬在羊鼎之東,二手執挑匕柄以抯湆,註于疏匕;若是者三。挑,音由,又湯堯反。抯,因入反。○註曰:挑謂之"歃",讀如"或舂或抗"之"抗"字。或作挑者,秦人語也。此二匕者,皆有淺升,狀如飯槮。挑長柄,可以抒物於器中者。註,猶"瀉"也。○疏曰:淺升,對常勺升深也。○歃,初洽反。抗,音由。槮,所斬切。抒，音暑。尸興，左執爵，右取肺，坐祭之，祭酒；興，左執爵。註曰：肺，羊祭肺。次賓縮執匕俎以升，若是以授尸。尸卻手受匕枋，坐祭，嚌之；興，覆手以授賓。賓亦覆手以受，縮匕于俎上以降。註曰：嚌湆者，明湆肉加耳。嘗之，以其汁，尚味。○疏曰：此匕湆似大羹。案《特牲》，大羹不祭不嚌，以不爲神，非盛。此嚌之者，明肉湆加；先進其汁而嘗之，尚味故也。以湆肉加，在鼎有汁，在俎無汁，故以匕進汁。尸席末坐啐酒，興；坐奠爵，拜，告旨，執爵以興。主人北面于東楹東，答拜。註曰：旨，美也。拜告酒美，答主人意。司馬羞羊肉湆，縮執俎。尸坐奠爵，興；取肺，坐，絕祭，嚌之；興，反加于俎。司馬縮奠俎于羊湆俎南，乃載于羊俎；卒載俎，縮執俎以降。註曰：絕祭，絕肺末以祭。《周禮》曰：“絕祭，湆使次賓，肉使司馬。”大夫禮多，崇敬也。○楊氏曰：按正俎，皆橫執橫奠；加俎，皆縮執縮奠。羊湆俎，湆字衍。尸坐，執爵以興。次賓羞羊燔，縮執俎，縮一燔于俎，上鹽在右。尸左執爵，受燔擩于鹽；坐，振祭，嚌之；興，加于羊俎。賓縮執俎以降。註曰：燔，炙。尸降筵，北面于西楹西；坐，卒爵，執爵以興；坐，奠爵，拜，執爵以興。主人北面于東楹東答拜。主人受爵。尸升筵，立于筵末。疏曰：獻尸有五節：主人獻酒，并主婦設籩豆，一也；賓長設俎，二也；次賓羞羊匕湆，三也；司馬羞羊肉湆，四也；次賓羞羊燔，五也。

主人酌，獻侑。侑西楹西，北面拜受爵。主人在其右，北面答拜。註曰：不洗者，俱獻間無事也。主人就右者，賤不專階。○疏曰：以獻尸訖，即獻侑，中間無別酬酢之事也。然爵從卑者來向尊，雖無事，亦洗。主婦薦韭菹醓，坐奠于筵前，醓在南方。婦贊者執二籩棗、糗以授主婦。主婦不興，受之，奠糗于醓南、棗在糗東。主婦入于房。註曰：醓在南方者，立侑爲尸，使正饌統焉。○疏曰：凡設菹，常在右，便其擩；今菹在醓北者，以其立侑以輔尸，故菹在北，統於尸也。侑升筵自北方。司馬橫執羊俎以升，設于豆東。侑坐,左執爵,右取菹擩于醢,祭于豆間;又取黍、稷同祭于豆祭;興,左執爵,右取肺,坐祭之,祭酒;興,左執爵。次賓羞羊燔,如尸禮。侑降筵自北方,北面于西楹西;坐,卒爵,執爵以興;坐,奠爵,拜。主人答拜。註曰:答拜,拜於侑之右。○疏曰:此節有三事:主婦薦籩豆,一也;司馬羞羊俎,二也;次賓羞羊燔,三也。侑降於尸二等,無羊匕湆,又無肉湆。

尸受侑爵②,降洗。侑降立于西階西,東面。主人降自阼階,辭洗。尸坐,奠爵于篚;興對,卒洗。主人升,尸升自西階。主人拜洗。尸北面于西楹西,坐,奠爵,答拜,降盥。主人降,尸辭,主人對。卒盥,主人升。尸升,坐,取爵酌。註曰:酌者,將酢主人。○疏曰:《特牲》、《少牢》:主人獻尸,尸即酢主人;此特獻侑乃酢,尸卑,達主人之意也。司宮設席于東序,西面。疏曰:《特牲》《少牢》皆致爵乃設席;此賓尸受酢即設者,主人益尊。主人東楹東,北面拜受爵;尸西楹西,北面答拜。主婦薦韭菹、醢,坐,奠于筵前,菹在北方。婦贊者執二籩黍、稷;主婦不興,受,設黍于菹西北,稷在黍西。主人升筵自北方,主婦入于房。註曰:設籩于菹西北,亦辟鉶。長賓設羊俎于豆西。主人坐,左執爵,祭豆籩,如侑之祭;興,左執爵,右取肺;坐祭之,祭酒,興。次賓羞匕湆,如尸禮。席末坐,啐酒,執爵以興。司馬羞羊肉湆,縮執俎。主人坐,奠爵于左;興,受肺;坐,絕祭,嚌之;興,反加于湆俎。司馬縮奠湆俎于羊俎西,乃載之;卒載,縮執虛俎以降。註曰:奠爵于左者,神惠變於常也。言"受肺"者,明有授。言"虛俎"者,羊湆俎訖於此,虛不復用。○疏曰:此雍人所陳羊俎西在南者,不復用此俎;見下次賓羞羊燔於主人,用北之豕俎。用豕俎,羞羊燔禮殺也。主人坐取爵以興。次賓羞燔;疏曰:燔,即羊燔。主人與尸侑皆用羊體。主婦獻尸以後,悉用豕體。賓長獻尸後,悉用魚從。是以知之。主人受,如尸禮。主人降筵自北方,北面于阼階上;坐,卒爵,執爵以興；坐，奠爵，拜，執爵以興。尸西楹西答拜。主人坐，奠爵于東序南。註曰：不降奠爵於篚，急崇酒。侑升。尸、侑皆北面于西楹西。註曰：見主人不反位，知將與己為禮。主人北面于東楹東，再拜崇酒。註曰：崇，充也。拜謝尸、侑以酒薄充滿。尸、侑皆答再拜。主人及尸、侑皆升就筵。疏曰：此亦有五節，尊主人，故與尸同。

司宮取爵于篚，以授婦贊者于房東，以授主婦。註曰：房東，房戶外之東。主婦洗爵于房中，出實爵，尊南，西面拜獻尸。尸拜于筵上受。註曰：尊南，西面，拜由便也。○疏曰：賓主獻酢，無在筵上受法。今筵上受者，以婦人所獻故。尸不與行賓主之禮，故不得各就其階。若然，《少牢》主人祝拜於席上坐受者，註云"室內迫狹，故拜筵上"，與此禮異。主婦西面于主人之席北，拜送爵；入于房，取一羊鉶，坐奠于韭菹西。主婦贊者執豕鉶以從；主婦不興，受，設于羊鉶之西；興，入于房，取糗與腶脩，執以出；坐設之，糗在籩西，脩在白西；興，立于主人席北，西面。糗，去九反。腶，丁亂反。本又作"段"，音同。○註曰：飲酒而有鉶者，祭之餘鉶。無黍稷，殺也。糗，糗餌也。腶脩，擣肉之脯。○餌，音二。擣，丁老反。尸坐，左執爵，祭糗脩，同祭于豆祭；以羊鉶之柶挹羊鉶，遂以挹豕鉶，祭于豆祭，祭酒。次賓羞豕匕湆，如羊匕湆之禮。尸坐，啐酒，左執爵，嘗上鉶，執爵以興；坐，奠爵，拜。主婦答拜。執爵以興。司士羞豕脅。尸坐，奠爵，興受，如羊肉湆之禮；坐，取爵興。次賓羞豕燔。尸左執爵，受燔，如羊燔之禮；坐，卒爵，拜。主婦答拜，受爵；疏曰：上文主人獻節，凡有三爵，有主人獻尸、獻侑，并受酢。此主婦獻內，凡有四節：主婦獻尸，一也；獻侑，二也；致爵於主人，三也；受尸酢，四也。下文賓長為三獻，爵止；故與主婦亞獻同。亞獻凡五節：設兩鉶，一也；設糗脩，二也；次賓羞豕匕湆，三也；司士羞豕脅，四也；次賓羞豕燔，五也。

酌，獻侑。侑拜受爵。主婦主人之北，西面答拜。註曰：酌獻者，主婦。主婦羞糗、脩，坐，奠糗于醓南，脩在糗南。侑坐，左執爵，取糗、脩，兼祭于豆祭。司士縮執豕脅以升。侑興，取肺；坐，祭之。司士縮奠豕脅于羊俎之東，載于羊俎，卒，乃縮執俎以降。侑興。註曰：豕脅無湆，於侑禮殺。○疏曰：案上下文，尸與侑及主人、主婦，俱是正俎，皆橫執俎以升，又橫設於席前，若益送之俎，皆縮執之，又縮於席前。今司士所羞豕脅，是益送之俎，縮執是其常。而言縮執者，以其文承上主人獻侑時無羊肉湆，故主婦獻侑，司士羞豕脅，不得相如。是以經特著縮執俎，見異於正俎諸文。○坡謂"上下文尸、主人、主婦"設正俎，皆無橫文；惟侑正俎，言司馬橫執，恐誤以爲侑禮異。益送之俎，亦橫未可知。故特著縮執，以見侑正俎橫，則凡正俎皆橫。上下益俎皆縮，侑益俎亦縮，文理互足爲義。次賓羞豕燔；侑受如尸禮，坐，卒爵，拜。主婦答拜，受爵。疏曰：降於尸二等，無鉶羹與豕匕湆。

　　酌以致于主人。主人筵上拜受爵，主婦北面于阼階上答拜。註曰：主婦易位，拜于阼階上，辟併敬。○疏曰：前主婦獻尸侑，拜送於主人北；今致爵於主人，拜於阼階上者，辟併敬主人與尸侑，故易位也。《特牲》三獻，爵止乃致爵；此未三獻已致爵者，以上篇已有獻於尸，故此不待三獻，又見儐尸禮殺，故早致。主婦設二鉶與糗、脩，如尸禮。主人共祭糗、脩，祭鉶，祭酒，受豕匕湆，拜，啐酒，皆如尸禮。嘗鉶不拜。註曰：主人如尸禮，尊也。其異者，不告旨。○疏曰：前獻尸，啐酒，不拜。"拜"，在嘗鉶下，或此"拜"字衍。其受豕脅，受豕燔，亦如尸禮；坐，卒爵，拜。主婦北面答拜，受爵。疏曰：此亦有五節行事，與尸同。

　　尸降筵，受主婦爵以降。註曰：將酢主婦。主人降，侑降，主婦入于房。主人立于洗東北，西面；侑東面于西階西南。註曰：俟尸洗。尸易爵于篚，盥，洗爵。註曰：易爵者，男女不相襲爵。主人揖尸、侑。註曰：將升。主人升；尸升自西階，侑從。主人北面立于東楹東；侑西楹西，北面立。註曰：俟尸酌。尸酌。主婦出于房，西面，拜受爵。尸北面于侑東答拜。主婦入于房。司宮設席于房中，南面。主婦立于席西。註曰：設席者，主婦尊。○疏曰：賓長以下，皆無設席之文。婦贊者薦韭菹、醓，坐奠于筵前，菹在西方。婦人贊者執麷、蕡以授婦贊者；婦贊者不興，受，設麷于菹西，蕡在麷南。註曰：婦人贊者，宗婦之少者。○疏曰：大夫贊，非一人贊主婦及長婦，故云"宗婦少者"。主婦升筵。司馬設羊俎于豆南。主婦坐，左執爵，右取菹擩于醓，祭于豆間；又取麷、蕡兼祭于豆祭。主婦奠爵，興，取肺；坐，絕祭，嚌之；興，加于俎；坐，挩手，祭酒，啐酒。挩，由銳反。○註曰：挩手者于帨。帨，佩巾。《內則》曰：婦人亦"左佩紛帨"。次賓羞羊燔。主婦興，受燔，如主人之禮。主婦執爵以出于房，西面于主人席北，立卒爵，執爵拜。尸西楹西，北面答拜。主婦入，立于房。尸、主人及侑皆就筵。註曰：出房立卒爵，宜向尊。不坐者，變於主人也。執爵拜，變於男子也。○疏曰：此科內從酢有三：婦贊者設豆籩，一也；司馬設羊俎，二也；次賓羞羊燔，三也。主婦與侑同，主人與尸同。

　　上賓洗爵以升，酌，獻尸。尸拜受爵。賓西楹西，北面拜送爵。尸奠爵于薦左。賓降。註曰：上賓，賓長也。謂之"上賓"，以將獻，異之。或謂之"長賓"。奠爵，爵止也。○疏曰：尸不舉者，以三獻訖。正禮終，欲使神惠均於庭，徧得獻，乃舉之。故下文主人獻反衆賓以下訖，乃作止爵。若然，特牲及下大夫尸在室內，始行三獻，未行致爵，尸奠爵，欲得神惠均於室。此擯尸之禮，室內已行三獻，至此儐尸，夫婦又已行致爵訖，儐尸又在堂，故爵止者，欲得神惠均於庭，與正祭者異。

　　主人降，洗爵。尸、侑降。主人奠爵于篚，辭。尸對。卒洗，揖尸升。侑不升。註曰：侑不升，尸禮益殺，不從。主人實爵酬尸，東楹東，北面，坐，奠爵，拜。尸西楹西，北面答拜。坐祭，遂飲，卒爵，拜。尸答拜。降洗。尸降辭。主人奠爵于篚，對，卒洗。主人升，尸升。主人實爵，尸拜受爵。主人反位，答拜。尸北面，坐，奠爵于薦左。註曰：

降洗者，主人。○疏曰：此主人酬尸。尸奠於薦左者，不舉。案下經，二人舉觶於尸侑，侑奠觶於右，註云"奠於右者，不舉也"。神惠右不舉，變於飲酒。與此不同者，特牲及下不儐尸，皆無酬尸之事。此特有之，由儐尸如與賓客飲酒然，故有酬；異於神惠，故奠於左也。尸、侑、主人皆升筵。

乃羞。宰夫羞房中之羞于尸、侑，主人、主婦皆右之；司士羞庶羞于尸、侑，主人、主婦皆左之。註曰：工羞所以盡歡心。房中之羞，其籩，則糗餌、粉餈；其豆，則酏食、糝食。庶羞，羊臐、豕膮，皆有㿻醢。房中之羞，內羞也。內羞在右，陰也；庶羞在左，陽也。○疏曰：房中之羞，其籩，是《周禮·籩人》職云"羞邊之實"；其豆，則《醢人》職云"羞豆之實"。《公食大夫》牲，皆臐及炙㿻；此直云"臐㿻"，不言炙者，彼是食禮，故庶羞並陳，此飲酒之禮，燔炙前已從獻，故止有臐㿻而已。內羞是穀物，故云"陰"；庶羞是牲物，故云"陽"。○餈，在私反。酏，以支反。食，音嗣。糝，素感反。臐，火酷切，音燻。

主人降，南面，拜衆賓于門東，三拜。衆賓門東，北面，皆答壹拜。今文"壹"為"一"。○註曰：拜于門東，明少南就之也。言"三拜"者，衆賓賤，旅之也。衆賓一拜，賤也。卿大夫尊，賓賤；純臣也，位在門東。主人洗爵，長賓辭。主人奠爵于篚，興，對，卒洗，升酌，獻賓于西階上。長賓升，拜受爵；主人在其右，北面，答拜。宰夫自東房薦脯、醢，醢在西。司士設俎于豆北，羊骼一，腸一，胃一，切肺一，膚一。註曰：羊骼，羊左骼。上賓一體，賤也。薦與設俎者，既則俟于西序端。○疏曰：《鄉飲酒》司正升相，受酬者降席，司正退立于序端。然則先事既設，後事未至，其退立之位，當在于序端。知此不降者，下文賓執祭以降，宰夫執薦以從，司士執俎以從，無升文；明此不降，退立于序端可知。賓坐，左執爵，右取脯擩于醢，祭之；執爵興，取肺；坐祭之，祭酒，遂飲，卒爵，執以興；坐，奠爵，拜，執爵以興。主人答拜，受爵。賓坐，取祭以降，西面坐委于西階西南。註曰：成祭於上，尊賓也；取祭以降，反下位也。反下位而在西階西南，已獻尊之。祭，脯肺。○疏曰：凡言反位者，或反初位，或上下位異，亦為反；此則初位在門東，今得獻反在西階南,與主人相對,已獻尊之故也。若《燕禮》,士得獻,位于東方,亦是尊之者也。宰夫執薦以從,設于祭東;司士執俎以從,設于薦東。○衆賓長升,拜受爵,主人答拜。坐祭,立飲,卒爵,不拜既爵。註曰:既,盡也。長賓升者,以次第升受獻。言衆賓長拜,則其餘不拜。宰夫贊主人酌,若是以辯。註曰:主人每獻一人,奠空爵于棜;宰夫酌,授於尊南。辯受爵,其薦脯醢與胥,設于其位。其位繼上賓而南,皆東面。其胥體,儀也。註曰:徧獻乃薦;略之,亦宰夫薦,司士胥。用儀者,尊體盡,儀度餘骨可用而用之;尊者用尊體,卑者用卑體而已。亦有切肺膚。乃升長賓。主人酌,酢于長賓,西階上北面。賓在左。註曰:主人酌,自酢。序賓意,賓卑不敢酢。○疏曰:《特牲》,獻長賓訖即酢,此主人益尊,先自達其意。主人坐,奠爵,拜,執爵以興。賓答拜。坐祭,遂飲,卒爵,執爵以興;坐,奠爵,拜。賓答拜。賓降。註曰:降,反位。

宰夫洗觶以升。主人受,酌,降酬長賓于西階南,北面。賓在左。主人坐,奠爵,拜;賓答拜。坐祭,遂飲,卒爵,拜;賓答拜。註曰:宰夫授主人觶,則受其虛爵,奠于篚。主人洗,賓辭。主人坐,奠爵于篚,對,卒洗,升酌,降復位。賓拜受爵,主人拜送爵。賓西面坐,奠爵于薦左。疏曰:奠薦左者,後舉之,爲無算爵也。

主人洗,升酌,獻兄弟于阼階上。兄弟之長升,拜受爵;主人在其右答拜。坐祭,立飲,不拜既爵。皆若是以辯。註曰:兄弟長幼立飲,賤不別。大夫之賓,尊於兄弟。宰夫不贊酌者,兄弟以親昵來,不以官待之。○疏曰:上文,大夫賓貴,使宰夫贊酌;今兄弟酌,不使宰夫贊酌者,爲兄弟是親昵,不以官待之。故兄弟雖賤於賓,不得使人贊酌而親之也。辯受爵,其位在洗東,西面,北上。升受爵,其薦胥設于其位。註曰:亦辯獻乃薦。既云辯矣,復言升受爵者,爲衆兄弟言也。衆兄弟升,不拜受爵,先著其位於上,乃後云"薦胥設於其位",明位初在是也。位不繼於主人,而云"洗東",卑不統於尊。

359

此薦脀皆使私人。○疏曰：上賓拜受爵，又拜既爵；衆賓及長兄弟拜受爵，不拜既爵；衆兄弟又不拜受爵，是其差也。○坡謂："升受爵"，是設薦脀者所用爲節；言當升受爵之時，則設薦脀于其位耳。衆兄弟亦拜受爵，辨見獻私人節。**其先生之脀**[③]，**折脅一，膚一。**註曰：先生，長兄弟。折，豕左肩之折。**其衆，儀也。**

　　主人洗，獻內賓于房中。南面拜受爵，主人南面于其右答拜。註曰：內賓，姑姊妹及宗婦，獻于主婦之席東。主人不西面，尊，不與爲賓主禮也。南面於其右，主人之位恒左人。**坐祭，立飮，不拜既爵。若是以辯，亦有薦脀。**註曰：亦設薦脀於其位。《特牲饋食禮記》曰：內賓立"于房中西墉下"，"東面南上。宗婦北堂，東面，北上"。

　　主人降洗，升獻私人于阼階上。拜于下，升受。主人答其長拜。乃降，坐祭，立飮，不拜既爵。若是以辯。宰夫贊主人酌。主人於其羣私人不答拜。其位繼兄弟之南，亦北上，亦有薦脀。註曰：私人，家臣己所自謁除也。大夫言私人，明不純臣也。士言私臣，明有君之道。北上，不敢專其位。亦有薦脀，初亦北面，在衆賓之後耳。言繼者，以爵既獻爲文，凡獻位定。○疏曰：謂"除"者，謁請於君，除其課役，以補任爲之。大夫尊，近於君，故屈名"私人"；士卑不嫌也。云"凡獻位定"，是獻以前，非定位也。未獻時，在衆賓後。《特牲記》云"門東，北面"是也。○坡謂：云"主人於羣私人不答拜"，則羣私人亦拜受，不但其長拜受而已；推之，則上衆賓衆兄弟亦當拜受，主人亦答拜。註似未考。**主人就筵。**

　　尸作三獻之爵。註曰：上賓所獻爵，不言三獻作之者，賓尸而尸益卑，可以自舉。**司士羞湆魚，縮執俎以升。尸取膴祭祭之，祭酒，卒爵。**註曰：不羞魚匕湆，略小味也。羊有正俎，羞匕湆，肉湆，豕無正俎，魚無匕湆，隆污之殺。**司士縮奠俎于羊俎南，橫載于羊俎，卒，乃縮執俎以降。尸奠爵拜。三獻北面答拜，受爵。○酌，獻侑。侑拜受。三獻北面答拜。**

司馬羞湆魚一，如尸禮。卒爵拜。三獻答拜，受爵；註曰：司馬羞湆魚，變於尸。○酳，致主人。主人拜受爵。三獻東楹東，北面答拜。註曰：賓拜於東楹東，以主人拜受於席，就之。司士羞一湆魚，如尸禮。卒爵拜。三獻答拜，受爵。○尸降筵，受三獻爵，酌以酢之。註曰：既致主人，尸乃酢之，遂賓意。三獻西楹西，北面拜受爵；尸在其右以授之。尸升筵，南面答拜，坐祭，遂飲，卒爵拜。尸答拜，執爵以降，實于篚。

　　二人洗觶，升，實爵，西楹西，北面，東上；坐，奠爵，拜，執爵以興；尸、侑答拜。坐祭，遂飲，卒爵，執爵以興；坐，奠爵，拜；尸、侑答拜。皆降，註曰：三獻而禮小成。使二人舉爵，序殷勤於尸、侑。○疏曰：《鄉飲》、《鄉射》、《特牲》，皆一人舉觶，爲旅酬始。二人舉觶，爲無算爵始。今以二人爲旅酬始者，此賓尸別一體，與彼不同。其初時，主人酬尸，尸奠之，侑未得酬；故使二人舉觶，侑乃奠而不舉，尸則執觶以酬主人，主人酬侑，侑酬長賓。如是以辯。洗，升酌，反位。尸、侑皆拜受爵，舉觶者皆拜送。侑奠觶于右。註曰：奠于右者，不舉也。神惠右不舉，變於飲酒。尸遂執觶以興，北面于阼階上酬主人，主人在右；註曰：尸拜於阼階上，酬禮殺。坐奠爵，拜；主人答拜；不祭，立飲，卒爵，不拜既爵；酳，就于阼階上酬主人。註曰：言就者，主人立待之。主人拜受爵，尸拜送。註曰：酬不奠者，急酬侑也。尸就筵。○主人以酬侑于西楹西，侑在左；坐奠爵，拜，執爵興；侑答拜。不祭，立飲，卒爵，不拜既爵；酳，復位。侑拜受，主人拜送。註曰：言酳復位，明授於西階上。主人復筵。○乃升長賓；侑酬之，如主人之禮。註曰：遂旅也。言升長賓，則有贊呼之。至于衆賓，遂及兄弟，亦如之；皆飲于上。註曰：上，西階上。遂及私人，拜受者升受，下飲；註曰：私人之長拜於下，升受兄弟之爵，下飲之。卒爵，升酳，以之其位相酬，辯。註曰：其位，兄弟南位，亦拜受、拜送。升酳由西階。卒飲者實爵于篚。註曰：未受酬者，雖無所旅，猶飲。○疏曰：此私人未受酬者，彼雖無人可旅，猶自飲之訖,乃實爵於篚。以其酒是前人所酬,不可不飲故也。○乃羞庶羞于賓、兄弟、內賓及私人。註曰:無房中之羞,賤也。此羞同時羞,則酌房中,亦旅。其始,主婦舉酬於內賓,遂及宗婦。○疏曰:內賓羞在私人之上。私人得旅酬,則房中內賓亦旅可知。

兄弟之後生者舉觶于其長,註曰:後生者,年少也。洗,升酌;降,北面立于阼階南,長在左;坐奠爵,拜,執爵以興;長答拜。註曰:長在左,辟主人。坐祭,遂飲,卒爵,執爵以興;坐奠爵,拜,執爵以興;長答拜。洗,升酌,降。長拜受于其位,舉爵者東面答拜。爵止。註曰:拜受、答拜,不北面者,儐尸禮殺。長賓言"奠",兄弟言"止",互相發明相待也。○疏曰:上文主人酬賓,賓奠爵于薦左;與此爵止相待,俱時舉行。下文交錯其酬,爵無算是也。依次第不交錯,爲旅酬。

賓長獻于尸,如初;無湆,爵不止。註曰:如初,如其獻侑、酌致主人、受尸酢也。無湆,爵不止,別不如初者,不使兄弟不稱加爵,大夫尊也。不用觚,大夫尊者也。○疏曰:賓長者,賓之長,次上賓者,非即上賓也。前上賓獻,有湆魚從,今無。前上賓獻尸,亦止爵,待堂下獻眾賓畢,乃作止爵;今尸不止爵,即飲。《特牲》長兄弟洗觚爲加爵,又眾賓長爲加爵,此尊大夫。言獻者,若三獻之外,更容有獻也。用爵,爵尊於觚。

賓一人舉爵于尸,如初;亦遂之於下。註曰:一人,次賓長者。如初,如二人洗觶之爲也。遂之於下者,遂及賓兄弟,下至于私人。是言"亦遂之于下",上言"無湆,爵不止",互相發明。○疏曰:此更爲旅酬,如上旅酬之事。

賓及兄弟交錯其酬,皆遂及私人,爵無算。註曰:算,數也。長賓取觶,酬兄弟之黨;長兄弟取觶,酬賓之黨,唯己所欲,無有次第之數也。○疏曰:長賓取觶者,是主人酬賓觶;長兄弟取觶者,是後生舉于其長之觶。

尸出,侑從。主人送于廟門之外,拜。尸不顧。註曰:拜送之。拜侑與長賓,亦如之。眾賓從。註曰:從者,不拜送也。司士歸尸、侑之俎。註曰：尸、侑尊，送其家。主人退，註曰：反於寢也。有司徹。註曰：徹堂上下之薦俎也。外賓尸，雖堂上，婦人不徹。○疏：堂上有尸、侑之薦俎，堂下有賓及兄弟之薦俎，皆徹之也。此篇首云"有司徹"，別無婦人也；下大夫有司饌，陽厭，婦人徹之，註云"外内相兼，禮殺"。此户外儐尸，亦禮殺，嫌婦人亦徹之，故云"雖堂上，婦人不徹"。婦人必不徹者，異於下大夫也。堂上賓尸，猶如堂內之陽厭。

若不賓尸，註曰：不賓尸，謂下大夫也。其牲物則同，不得備其禮耳。舊説云"謂大夫有疾病，攝昆弟祭"，《曾子問》曰："攝主不厭祭，不旅，不假，不綏祭，不配。布奠于賓，賓奠而不舉。"而此備有，似失之矣。○疏曰：不備禮，謂儐尸之禮。厭祭，陽厭也。假，讀爲"嘏"。則祝侑亦如之。註曰：謂尸七飯時。○疏曰：上篇，尸食七飯，告飽。祝"獨侑不拜，曰'皇尸未實，侑'"是也。此以前皆與上大夫同，以後以此如之。尸食，註曰：八飯。乃盛俎：臑、臂、肫、脡脊、横脊、短脅、代脅，皆牢；盛，音成，註及下同。○註曰：盛者，盛於肵俎也。此七體，羊、豕，其脊、脅皆取一體也；與所舉正脊、幹、骼凡十矣。肩未舉。既舉，而俎猶有六體焉。○疏曰：《特牲》"尸食訖乃盛"，今八飯即盛，大夫禮與士相變。先言臑，從下起。不言肩，肩未舉；不言正脊、長脅、骼，已舉在俎。有司徹不盛俎者，更無所用，全以歸尸故也。三脊三脅，皆取一骨盛於肵，各有一骨在俎，以備陽厭，故"猶有六體"。魚七；註曰：盛半也。魚十有五而俎，其一已舉，必盛半者，魚無足翼，於牲象脊脅而已。○疏曰：牲，脊、脅亦盛半。腊辯。無髀。註曰：亦盛半也。所盛者，右體也，脊屬焉。言"無髀"者，云純而俎，嫌有之。○疏曰：下經"乃摭于魚、腊俎，俎釋三个"，明不盡盛。腊在魚下，明盛半與魚同。牲用右，知此亦盛右體。腊、脊不拆，左右三脅，并脊爲七；通肩、臂等十，爲十脊七體。肩既舉，俎惟有十六在。言盛半，明脊屬焉；兩髀在祝俎，明無髀。○楊氏曰：辯者，蓋辯盛右體也。盛半脊，屬則左胖。五體并三脇，八體耳。卒盛，乃舉牢肩。尸受，振祭，嚌之。佐食受，加于肵。註曰：舉匕。佐食取一俎于堂下，以入，奠于羊俎東。註曰：不言魚俎東,主于尊。○疏曰:《少牢》魚在羊東。今撫魚腊,宜在魚俎東。乃撫于魚、腊俎,俎釋三个。其餘皆取之,實于一俎以出。撫,之益反。个,古賀反。○註曰:个,猶"枚"也。魚撫四枚,腊撫五枚,其所釋者,腊則短脅、正脅、代脅;魚三枚而已。祝、主人之魚、腊取于是。註曰:祝、主人、主婦,俎之魚腊取於此者,大夫之禮文,待神餘也。三者各取一魚;其腊,主人臂,主婦臑,祝則髂也。與此皆於鼎側更載焉。不言主婦,未聞。○疏曰:《特牲》祝、主人、主婦者,無腊。上大夫儐尸,腊為庶羞,不載於俎。與此異。此下大夫"待神餘",故祝、主人、主婦皆有腊,主人臂,主婦臑,祝則髂。祝用髂,無正文,故云與以疑之。云"更載"者,撫時共在一俎,設時各俎異,故知"更載"。云"鼎側",不復升鼎也。不言主婦,轉寫脫耳。尸不飯,告飽。主人拜侑,不言;尸又三飯。飯,扶晚反。○註曰:凡十一飯。士九飯,大夫十一飯;其餘,有十三飯、十五飯。○疏曰:士大夫既不分命數,則諸侯同十三飯,天子十五飯可知。佐食受牢舉,如儐。儐,臂印反,一音賓,下並同。○註曰:舉,肺脊。○疏曰:自此盡薦脀皆如賓禮,論主人獻尸祝及佐食之事。此主人獻有五節:主人獻尸,一也;酢主人,二也;獻祝,三也;獻上佐食,四也;獻下佐食,五也。○楊氏曰:以上舉者,先已舉在俎盛者,方盛于俎未舉者,卒盛乃舉撫者,取為祝、主人、主婦之俎。釋者,備陽厭于西北隅。

主人洗,酌,酳尸;賓羞肝,皆如儐禮。卒爵,主人拜;祝受尸爵,尸答拜。○祝酌授尸,尸以醋主人,亦如儐。其綏祭,其嘏,亦如儐。醋,同"酢";下並同。○註曰:肝,牢肝也。綏,皆當作"挼"。挼,讀為"藏其墮"之"墮"。○其獻祝與二佐食,其位,其薦脀,皆如儐。

主婦其洗獻于尸,亦如儐。註曰:自尸、侑不飯告飽至此,與儐同者,在上篇。主婦反取籩于房中,執棗、糗;坐設之,棗在稷南,糗在棗南。疏曰:此設籩,繼在《少牢》陰厭神饌也。婦贊者執栗、脯;主婦不興,受,設之,栗在糗東,脯在棗東。主婦興,反位。註曰:棗,饋食之籩;糗,羞籩之實。雜用之，下賓尸也。栗脯，加籩之實也。反位，反主人之北，拜送爵位。○疏曰：《籩人》饋食之籩，棗、栗、桃、乾䕩、榛實；羞籩之實，糗餌、粉餈；加籩之實，菱、芡、栗、脯。上儐尸，朝事之籩，羞籩之實，不雜也。又，賓尸，主婦亞獻，直有脯、脩二籩；此有四籩者，彼主人獻尸，主婦設韭菹白黑。故至主婦，直設二籩，通六籩。此主婦初獻無籩，則主婦四籩，猶少兩籩。尸左執爵，取棗、糗。祝取栗、脯以授尸。尸兼祭于豆祭，祭酒，啐酒。次賓羞牢燔，用俎，鹽在右。尸兼取燔擩于鹽，振祭，嚌之。祝受，加于肵。卒爵，主婦拜。祝受尸爵，尸答拜。註曰：自主婦反籩至祝受加于肵，此異於儐。○疏曰：上篇，主婦但有獻而已，無籩燔從之事。此篇首，儐尸，主婦亞獻尸，乃有籩餌之事。其物又異，唯糗同耳。故云"此異于儐"也。○祝易爵，洗，酌，授尸。尸以醋主婦，主婦主人之北拜受爵。尸答拜。主婦反位，又拜。上佐食綏祭，如儐。卒爵拜。尸答拜。註曰：主婦夾爵拜，爲不賓尸降，崇敬。○疏曰：《特牲》主婦不夾爵拜。上篇主婦夾爵拜，此下大夫□，與士妻同。爲不賓尸降，崇敬，故夾爵拜。主婦獻祝，其酌如儐。拜，坐受爵。主婦主人之北答拜。註曰：自尸卒爵至此，亦與儐同者，亦在上篇。宰夫薦棗、糗，坐設棗于菹西，糗在棗南。祝左執爵，取棗、糗祭于豆祭，祭酒，啐酒；次賓羞燔，如尸禮。卒爵。註曰：內子不薦籩，祝賤，使官可也。目宰夫薦至賓羞燔，亦異于儐。○疏曰：《特牲》主婦設籩，《少牢》無籩，燔從。主人受爵，酌獻二佐食，亦如儐。主婦受爵，以入于房。疏曰：獻數與主人同。惟不受嘏爲異。

　　賓長洗爵，獻于尸。尸拜受，賓戶西北面答拜，爵止。註曰：尸止爵者，以三獻禮成，欲神惠之均，於室中，是以奠而待之。○疏曰：《少牢》賓獻與此篇首賓長獻，皆云"拜送"，此言"答拜"者，下大夫也。拜送重，答拜輕。○主婦洗于房中，酌，致于主人。主人拜受，主婦戶西北面拜送爵。司宮設席。註曰：拜受乃設席，變於士也。○疏曰：上大夫受致不酢；下大夫受致又酢,不致;士受致自致。是上大夫尊,辟君。下大夫與士卑,不嫌與君同。主婦薦韭、菹、醢,坐設于席前,菹在北方。婦贊者執棗、糗以從;主婦不興,受,設棗于菹北,糗在棗西。佐食設俎,臂、脊、脅、肺皆牢。膚三,魚一,腊臂。註曰:臂,左臂也。《特牲》五體,此三者,以其牢與腊臂而已。牢腊俱臂,亦所謂腊如牲體。○疏曰:牢,謂羊、豕也。既羊、豕臂、脊、脅俱有,是六也,通腊臂而七,是以牲體,唯有三也。主人左執爵,右取菹擩于醢,祭于豆間;遂祭籩,奠爵興,取牢肺,坐絕祭,嚌之;興,加于俎;坐挩手,祭酒,執爵以興;坐卒爵,拜。註曰:無從者,變於士也,亦所謂順而撫也。○疏曰:《特牲》主婦致爵於主人,肝燔並從;此無從,故云"變於士也"。主婦答拜,受爵。○酌以醋,户內北面拜;註曰:自酢不更爵,殺。主人答拜;卒爵,拜;主人答拜。主婦以爵入于房。楊氏曰:自主人酳尸以後,其節卒與《特牲禮》同;但主人不致爵于主婦,爲異。○尸作止爵,祭酒,卒爵。賓拜。祝受爵,尸答拜。註曰:作止爵,乃祭酒,亦變於士。自爵止至作止爵,亦異於儐。○疏曰:《特牲》祭酒訖,乃止爵者,以經云燔從如初。乃云爵止。鄭云"初、亞獻也"。亞獻時,祭酒訖,乃始燔從。則三獻,燔從如初。始云爵止,明是祭酒,既訖,乃始止爵;今大夫作止爵乃祭酒,故云變於士。賓尸止爵,在致爵後,其作之在獻私人後。○祝酌授尸。賓拜受爵,尸拜送。坐祭,遂飲,卒爵拜。尸答拜。○獻祝及二佐食。○洗,致爵于主人。註曰:洗致爵者,以承佐食,賤,新之。主人席上拜受爵,賓北面答拜。坐祭,遂飲,卒爵,拜。賓答拜。受爵。○酌,致爵于主婦。主婦北堂;司宮設席,東面。註曰:北堂,中房以北,東面者,變於士妻。賓尸不變者,賓尸禮異矣。內子東面,則宗婦南面,西上。內賓自若東面南上。○疏曰:宗婦位繼於主婦,今主婦准特牲在宗婦易處,則宗婦位亦是處,在主婦位,南面,西上可知。主婦席北東面拜受爵,賓西面答拜。註曰:席北東面者,北爲下。○疏曰:《曲禮》東鄉西鄉,以南方爲上。婦贊者薦韭、菹、醢,菹在南方。

婦人贊者執棗、糗授婦贊者,婦贊者不興,受,設棗于菹南,糗在棗東。註曰:婦人贊者,宗婦之弟婦也。○弟,音娣。佐食設俎于豆東:羊臑,豕折,羊脊,脅,祭肺一,膚一,魚一,腊臑。註曰:豕折,豕折骨也。不言所折,略之。特牲主婦觳折,豕無脊脅,下主人羊豕四體與腊臑而五。○疏曰:主人七體。主婦升筵,坐,左執爵,右取菹擩于醢,祭之;祭籩,奠爵;興,取肺;坐絕祭,嚌之;興,加于俎;坐挩手,祭酒;執爵興,筵北東面立卒爵,拜。註曰:立飲拜既爵者,變於大夫。賓答拜。賓受爵,易爵于篚,洗,酌,醋于主人,戶西北面拜。主人答拜。卒爵,拜;主人答拜。賓以爵降,奠于篚。註曰:自賓及二佐食至此,亦異於賓。○疏曰:少牢及祝而止。○乃羞,宰夫羞房中之羞,司士羞庶羞于尸、祝、主人、主婦,內羞在右,庶羞在左。疏曰:此爵尸有十爵:獻尸,一也;主婦致爵於主人,二也;主人酢主婦,三也;尸作止爵訖,酢賓長,四也;獻祝,五也;獻上佐食,六也;獻下佐食,七也;致爵主人,八也;致爵主婦,九也;受主人酢,十也。

主人降,拜衆賓;洗,獻衆賓。其薦脀,其位,其酬醋,皆如儐禮。○主人洗,獻兄弟與內賓,與私人,皆如儐禮。其位,其薦脀,皆如儐禮。卒,乃羞于賓、兄弟、內賓及私人,辯。註曰:自"乃羞"至"私人"之薦脀,此亦與儐同者在此篇。不儐尸,則祝猶侑耳。卒,已也。"乃羞"者,羞庶羞。

賓長獻于尸,尸醋。獻祝,致醋。賓以爵降,奠于篚。註曰:致,謂致爵于主人、主婦。不言"如初"者,爵不止,又不及佐食。○疏曰:上賓長已獻訖,此見次賓長,爲加爵也。

賓,兄弟,交錯其酬,無算爵。註曰:此亦與儐同者,在此篇。○疏曰:此堂下兄弟及賓,行無算爵。似上大夫無旅酬,故鄭與儐同。若兼有旅酬不得言同。案:《特牲》尸在室內,亦不與旅酬之事。而堂下賓及兄弟得旅酬,又使弟子二人舉觶爲無算爵者,下大夫雖無儐尸之禮,堂下亦與神靈共尊,不敢與人君之禮同。既與神靈共尊,故闕旅酬,直行無算爵而已。《特牲》堂下得獻之後,與神別尊,故旅酬、無算爵並皆行之。士賤,不嫌與君同,故得禮備也。

利洗爵,獻于尸。尸酢。獻祝。祝受,祭酒,啐酒,奠之。註曰:利獻不及主人,殺也。此亦異於賓。○疏曰:此佐食爲加爵。云殺者,賓長加爵,此亦與賓異者,《少牢》無利獻,儐尸,佐食又不與也。

主人出,立于阼階上,西面。祝出,立于西階上,東面。祝告于主人曰:"利成。"祝入,主人降立于阼階東,西面。尸謖。祝前,尸從,遂出于廟門。

祝反,復位于室中。祝命佐食徹尸俎。佐食乃出尸俎于廟門外;有司受,歸之。○徹阼薦俎。註曰:自"主人出"至此,與賓雜者也。先薦徹主人薦俎者,變于士。《特牲饋食禮》曰:徹阼俎豆籩,設于東下。○疏曰:與賓雜者,明有同有不同。見《少牢》。

乃熯,如儐。

卒熯,有司官徹饋,饌于室中西北隅,南面,如饋之設。右几,厞用席。厞,附胃反。○註曰:官徹饋者,司馬、司士舉俎,宰夫取敦及豆。此於尸謖改饌,當室之白,孝子不知神之所在,庶其饗之於此。所以爲厭飫,不令婦人改徹饌敦豆,變於始也,尚使官也。佐食不舉羊豕俎,親饌尊也。厞,隱也。○疏曰:宰夫多主主婦之事。敦豆本主婦設之,今云"官徹",明宰夫爲之,故云"變於始也"。納一尊于室中。註曰:陽厭殺,無玄酒。司宮掃祭。註曰:掃,豆間之祭。舊說云埋之西階東。○疏曰:引舊說者,案《曾子問》几幣帛皮至爲主命,埋之階間。此豆間之祭,舊說埋之西階東,以神位在西,故近西階。

主人出,立于阼階上,西面。祝執其俎以出,立于西階上,東面。司宮闔牖户。註曰:閉牖與户,爲鬼神或者欲幽闇。祝告"利成",乃執俎以出于廟門外;有司受,歸之。衆賓出。主人拜送于廟門外,乃反。註曰:拜送賓者,亦拜送其長,不言長賓者,下大夫無尊賓也。○疏曰:賓尸特拜送侑與長賓也,此云拜送者,拜送其長可知。**婦人乃徹**,註曰:徹祝之薦及房中薦俎,不使有司者,下上大夫之禮。○疏曰:上大夫祭畢,將儐尸。《有司徹》賓尸禮終,亦有司徹。今婦人徹,故云下上大夫之禮也。**徹室中之饌**。註曰:有司饌之,婦人徹之,外內相兼,禮殺。

【校記】

① 鄭所云,前作"皆二骨也",此作"皆一骨也"。按"今脊、脅"至"故鄭云"的説明,"皆一骨也"之"一",應作"二"。

② "尸"字原脱,據中華書局二〇一二年版彭林譯註之《儀禮》補。

③ "其"字原脱,據中華書局二〇一二年版彭林譯註之《儀禮》補。

校 點 後 記

李光坡(一六五一——一七二三),字耜卿,號茂夫,福建泉州安溪湖頭人,大學士李光地之季弟。少承家學,弱冠食餼。矩度端重,喜讀秦漢以上書,次第講治十三經、昌黎全書、濂洛關閩之書,旁及子史。家居不仕,潛心經學;質不甚敏,而以勤苦致熟。壯歲專治"三禮",積四十年之功,融會漢唐註疏,先後撰就《周禮述註》、《禮記述註》和《儀禮述註》。所著還有《離騷註》和《皋軒文編》等。泉南碑文墓銘,出自光坡之手不少。《清史稿》、《福建通志》、《泉州府志》和《安溪縣志》,均有其傳。

《儀禮》一名,最早出現於東晉元帝時,而作爲通稱並沿用至今,則在唐文宗開成年間石刻九經之後。此前,《儀禮》原名《禮》,在"三禮"中成書最早,且首先取得"經"的地位。它計有十七篇,其中十二篇在正文後附有起補充説明作用的"記",因此,漢代人以專主經言而稱之爲《禮經》,合"記"而言則名之曰《禮記》;又因其内容以士之禮儀爲主,且首篇名爲《士冠禮》,故又别稱《士禮》。此書文字艱深,經義晦澀,種種禮典繁複瑣細,早在我國社會消失部分,内容也存在一些糟粕。但是,這部距今兩千多年的古籍,對于我國的考古學、歷史學、文獻學、語言學、文字學、音韻學、社會學、政治學、民俗學、教育學、心理學等諸多學科的研究,仍有不可或缺的資料價值與豐贍的人文内藴的文化意義,值得繼續發掘。

《儀禮述註》,是李光坡所"述"有關《儀禮》之"註"的著作。此書取東漢鄭玄《儀禮註》和唐朝賈公彦《儀禮疏》爲主,總撮大義,刪繁舉要,並間取諸家異同之説附于後,亦以"坡謂"表達己見,互相發明。《四庫全書總目提要》雖然就其對鄭註、賈疏原文的删削有不當或太簡之失,以及于諸家之言有未審之誤有所批評,但也稱道"坡謂"之"深有抉擇","其義最允","頗有可取",且在末尾強調指出:"《三禮》之學,至宋而微,至明殆絶。《儀禮》尤世所罕習,幾以爲故紙而棄之;註其書者,寥寥數家,即郝敬《完解》之類,稍著于世者,亦大抵影響揣摩,橫生臆見。蓋《周禮》猶可談王談霸,《禮記》猶可言敬言誠;《儀禮》則全爲度數節文,非空辭所可敷演,故講學家避而不道也。光坡此編,雖瑕瑜互見,然疏解簡明,使學者不患於難讀,亦足爲説禮之初津矣。"此論甚爲允當。

　　此次據以爲校點工作底本之《儀禮述註》,系藏于福建師範大學圖書館之清乾隆三十二年丁亥(一七六七)鎸刻的清白堂藏版十九卷本,前有李光坡於清康熙六十年辛丑(一七二一)所寫的序,落款處加鈐兩枚篆刻方形圖章,上爲陰文"李光坡印"四字,下爲陽文"茂夫"二字;序後附有《授長兒瓊〈儀禮〉跋》一文,題下署"庚辰年"三字,則時間當在康熙三十九年,即一七〇〇年。在校點過程中,我們發現卷之四《鄉射禮》之一第十一和十二頁倒置,即予以糾正;而問題較大的是缺頁:卷之四《鄉射禮》之一缺第九、十兩頁,卷之七《大射儀》之一缺第二十頁下半頁最後兩行至第二十一頁共一頁多,卷之十二《喪服》之一缺第二十六頁下半頁至第二十八頁上半頁共兩頁,卷之十六《士虞禮》缺第五頁至第八頁共四頁,卷之十九《有司徹》缺第十九頁至第二十八頁共十頁之多。這些缺頁連同一些蛀蝕不清的字,均從泉州藏書家蘇大山捐獻給泉州市圖書館的清乾隆三十二年丁亥(一七六七)安溪李氏清白堂刊本《三禮述註》中之《儀禮述註》補入。但泉州市圖書館藏本雖然頁碼完整,可頁中仍有不少蛀蝕處,文中註、疏,均依阮刻《十三經註疏》補入,不一一出校。註疏中許多引文,則盡可能找到原文進行對照,無誤者則加引號,不盡符合原文或找不到原文對照的則不加引號。發現引文衍、脱、誤者,則予以糾正並出註。書中有不少字用異體,則徑改爲通行字,概不出註。

編　者

二〇一五年六月八日

圖書在版編目(CIP)數據

儀禮述註／(清)李光坡著；陳忠義點校. —北京：商務印書館，2018
（泉州文庫）
ISBN 978-7-100-16188-6

Ⅰ.①儀… Ⅱ.①李…②陳… Ⅲ.①禮儀—中國—古代②《儀禮》—註釋 Ⅳ.①K892.9

中國版本圖書館CIP數據核字(2018)第114326號

權利保留，侵權必究。

責任編輯　閻海文
特約審讀　李夢生

儀禮述註
(清)李光坡　著

商務印書館出版
（北京王府井大街36號　郵政編碼100710）
商務印書館發行
山東鴻君傑文化發展有限公司印刷
ISBN 978-7-100-16188-6

2018年7月第1版　　　開本705×960　1/16
2018年7月第1次印刷　　印張24　插頁2
定價：102.00元